变革时代的社会科学

话语及其思维

张康之　著

中国人民大学出版社
·北京·

目　录

导　论　变革时代中的思想和行动

　　大致在 20 世纪 80 年代，全球化、后工业化运动的脚步启动了。这一场伟大的社会转型运动意味着人类历史从工业社会向后工业社会的转变。在此过程中，对人类在工业社会中所建构的思想及其物化设置进行审视，处理好传承与创新的问题，是我们必须要承担的任务。在历史上，工业化、城市化是一场从农业社会向工业社会转型的运动，而全球化、后工业化则是一场从工业社会向后工业社会转型的运动。虽然这两场运动都意味着开辟人类历史的新阶段，但所面对的问题是不一样的。特别是在全球化、后工业化运动中，我们遭遇了风险社会，以至于我们的所有行动都必须建立在构建人类命运共同体的理念之下。

一、社会变革的时代

　　全球化、后工业化是一场人类告别工业社会而走进后工业社会的运动。"后工业社会"这个概念是贝尔（Bell）在他的一篇会议论文中提出的，后来，他把这篇论文扩展成一本科普读本，从而使这个概念流行开来。实际上，贝尔所说的"后工业社会"并不是一个创造性的构想，在很大程度上，他所指的"后工业社会"与哈贝马斯（Habermas）所说的"晚期资本主义社会"相类似。这是因为，贝尔并没有预见全球化必将改变工业社会的地域性特征，并将开启人类历史的一个新的阶段，而是将其作为工业社会这个历史阶段中的一个小的阶段来对待的。贝尔把工业社会这个历史阶段划分为三个小阶段，"后工业社会"就是他所划分出来的工业社会的第三个小阶段。

　　虽然贝尔提出了"后工业社会"的概念，但从其论述来看，他一直从工业社会的结构以及构成要素等方面去观察所发生的变动，而不是去提出一个社会全面重构的设想。实际上，在进入 21 世纪后，特别是在"反全球化""逆全球化"的力量开始采取行动后，全球化、后工业化运动的历史性社会转型属性才在对比中凸显出来，在遭受攻击的时候才让人更加清晰地看到它的面貌。正如历史上所发生的每一次社会转型运动一样，守旧的势力必然表现出"最后的疯狂"。不过，我们相信，全球化、后工业化运动不会因为任何阻碍变革的力量而停下脚步，即便前行的道路是曲折的，我们的社会也会迈着坚定的步伐走向后工业社会，即必将进入人类历史的一个新的阶段。在我们使用"后工业社会"这个概念时，人们可以认为我们是从贝尔那里借用了这个概念，但我们所说的后工业社会是可以与农业社会、工业社会相比较的人类历史的新阶段，而不是贝尔所阐述的作为工业社会中的一个阶段。

当然，"后工业社会"这个概念是具有某种不确定性的，或者说，它有着学术上的过渡性色彩。一旦全球化、后工业化运动取得了积极进展，即人类历史的一个新的阶段的基本特征显现了出来，"后工业社会"这个概念也许就会被置换。事实上，在与工业社会相比较的意义上，未来社会应当被称为"合作的社会"。之所以我们在今天使用"后工业社会"这一概念，是出于一种学术叙事的策略性考虑，因为我们尚处在工业社会的话语环境中，需要借助"后工业社会"这一概念将人们一步步地从工业社会的语境中引导出来。但是，我们在使用"后工业社会"这个概念时又在一定程度上赋予其新的性质，也就是说，我们是在人类历史的伟大社会转型的意义上使用这个概念的。其实，20世纪后期以来的诸多新的社会变动，比如，新兴社会组织的涌现、科学技术的迅速发展、信息以及网络技术的广泛应用、社会加速化以及风险社会所具有的高度复杂性和高度不确定性特征等，都赋予了"后工业社会"这个概念诸多不同于贝尔提出这个概念时的内涵。最重要的是，全球化对政治、经济以及社会生活所造成的冲击，意味着一场全面的社会变革正在发生，并必然指向"后工业社会"这个人类历史的新阶段。

在近代早期，也就是在欧洲走出中世纪的过程中，出现了工业化、城市化运动。这场运动的另一个维度就是"资本主义世界化"。民族国家是资本主义世界化的推动者，同时，民族国家也诞生于资本主义世界化的进程中。所以，在资本主义世界化进程中，既建构了国家体系，也建构了国际关系体系，这两个体系的相互作用和交叉重叠构成了整个世界体系。全球化、后工业化意味着这个世界体系的终结，代之以全新的全球体系。全球体系既是全球性的也是地域性的，是一种不同于工业社会"世界性"体系的"全球性"体系。

在社会转型的意义上，工业化、城市化、资本主义世界化是一场从农业社会向工业社会转型的运动，梅因（Maine）在其《古代法》一书中把这场社会转型概括为"从身份向契约"的转变。如果说农业社会所拥有的是某种自然秩序，那么契约的出现以及基于契约的社会建构，则表现为秩序的自觉创制。这就是现代社会既已拥有的在契约的基础上建立的工业社会民主法治模式以及社会治理体系，形塑了工业社会的生产、生活和社会行动模式。在全球化、后工业化进程中，人类遭遇了风险社会，使得工业社会的全部创制和构造都面临失灵的问题。所以，我们正在经历一场走向后工业社会的社会变革运动。

工业社会的建构是走在启蒙思想规划的道路上的。我们知道，在欧洲从农业社会向工业社会转型的社会变革中，文艺复兴运动发现了人，或者说将人从神的阴影中解放了出来。但是，文艺复兴运动所发现的人还是"自然的人"，而启蒙思想则对人加以改造，赋予人以社会规定性，从而使"自然的人"转化为"社会的人"。不过，由启蒙思想改造而成的这种"社会的人"是"原子化个人"。启蒙思想构想或抽象出来的原子化个人成了工业社会建构的前提、出发点和基础，特别是由启蒙思想以"天赋"的名义赋予原子化个人的那些基本的社会规定，在之后的工业社会建构中不断地得到发掘，从而引领了工业社会的发展行程。但是，到了20世纪后期，启蒙思想这座富矿已经采掘殆尽。面对着社会的复杂性和不确定性迅速增长的形势，依据启蒙思想的逻辑开展社会建构、社会治理以及一切社会活动，都显现出了适应性日益衰减的状况。

历史前行的脚步会将任何一种思想、理论、学说都抛到身后。在人类进入全球化、后工业化进程时，启蒙了工业社会并成为这个社会全部建构活动之基础的思想，却不能为这一社会变革过程以及风险社会中的问题提供可行的解决方案。昂格尔（Unger）在《现代社会中的法律》一书的开篇中说，"伟大的人物让后继者背上包袱是常有的事。每当政治、艺术或思想取得显著的成就时，随之而来并从中受益的一代人，可能会有一种没有什么真正重要的事情值得再去做的无所作为的感觉。他们觉得最宝贵的机会已经为前人所把握并转化成了成功的契机。因此，后来者总像是处于困境之中：或者仅仅是伟人们留下的遗产的看管人，或者虽希望独立，但由于对成功缺乏信心，只能将抱负大大压缩，并开始以技术上的熟练性在狭小的领域内进行耕耘。"①

当一个社会定型了，并处在常态运行中，人们享受着前人的功绩，在前人所建构起来的舞台上表演，是无可指责的，也不应刻意挑剔。然而，在社会变革的进程已经启动的时候，如果人们还隐藏在前人的阴影下而不自知，就不可

---

① 昂格尔 . 现代社会中的法律 . 北京：中国政法大学出版社，1994.

能有积极回应现实要求的行动，甚至会不自觉地维护前人所留下的那些东西而成为阻碍历史进步的力量。

就现实而言，我们已经处在全球化、后工业化的历史性社会变革进程中，也已经在改革的名义下尝试了诸多回应社会变革要求的行动方案，更重要的是，我们提出了"构建人类命运共同体"的主张。尽管如此，我们还应看到，不仅属于工业社会的思想和行动逻辑没有受到触动，甚至还出现了"反全球化""逆全球化"的思潮以及行动。也许人们是出于个人利益的考虑，才会采取"反全球化""逆全球化"的行动，即试图阻碍社会变革。也就是说，促使人们采取"反全球化""逆全球化"行动的原因是，在既有的框架下，即既有的框架不发生变革，他们能够在利益分配格局中获得更多。然而，这对于社会、对于人类而言，却是非常危险的，因为社会变革已经发生，"反全球化""逆全球化"实际上就是阻碍历史进步的脚步，就会在冲撞中释放巨大的毁灭力量。

我们已经陷入了风险社会，人们怎样在这个社会中生存，已经成了一个其重要性无论作出什么样的估计都不为过的问题。可是，很少有人认真地去思考这个问题。因为很少有人去思考，所以不用说顺应社会变革而开展积极行动，即便对现存的任何一个方面作出调整，都会遇到极大的阻力。这样的话，在受到风险的侵袭和危机事件的冲击时，就会陷入手足无措的境地。在社会科学研究的各个领域中，有的人往往满足于通过实证研究去争取更多的成果，甚至嘲讽、排挤真正关心人类命运的人。对此，昂格尔批评道，这种做法表明人们"不愿直面伟大的事物，也不敢勇敢和诚实地模仿他们所钦佩的前辈。这种怯弱付出了沉重的代价，它致使学者们陷入一种以对一般理论持防御性的态度为面具的内在自卑之中"①。走前人开辟出来的道路是轻松愉快的，但在前人所开辟的那条道路已经走到了尽头的时候，仍然徘徊在那条道路上而不愿前进，则是不应当的。

在社会变革的时代，应该认识到我们所在的这个社会的特殊性和具体性。我们既已拥有的这个现代性的国家治理以及世界治理模式是需要加以变革的。曼海姆（Mannheim）希望人们认识到思想体系的具体性，而不是在一般和普遍的意义上去理解思想体系。曼海姆说："每一种思想体系只能应用于某一种过程。只有当假设的解释能够在没有歪曲内在性质的情况下整理某一限定经验范

---

① 昂格尔．现代社会中的法律．北京：中国政法大学出版社，1994.

围内的事实时，它才适用于其特有的目的。这正是此种体系为什么不能直接被一般化的理由。它在一种范围内可以发挥作用，而在另一种范围却不能，或者只有通过修改才可应用……例如，适用于对历史作经济解释的马克思的体系。在某些时代，事件的发展过程即因果顺序可以与规划相一致，因为这些时代的主要动力是技术和经济。但是，也存在着另外一些这样的时代，在其中，具有强烈反响的至关重要的变迁出现在非经济技术领域，或者说来自对人的意识的猛烈冲击。"①

任何一种把某种思想体系作为教条的做法都是不可取的，因为任何一种思想体系都有着适应性的问题。在一种历史条件下是科学的思想体系，在被搬到另一种历史条件下，也许就会对行动造成误导。当然，几乎所有的思想体系都是有名称的，人们乐于使用某个新的名称而放弃与那个思想体系联系在一起的原来的名称，这是一种常见的现象。它说明，一旦人们使用了一个新的名称去为一种思想体系命名，就已经包含了根据时代的变迁去对那个思想体系进行调整的愿望了，可能对那个思想体系作了新的阐释，或者将一些新的内容嵌入那个思想体系之中。就促进社会发展而言，这应当看作积极的举措。然而，在社会变革的时代，这样做是远远不够的，而是需要在诸如黑格尔（Hegel）"扬弃"的概念下去作出开拓性的创新和对原来的思想体系作出否定。

从时代变迁的角度去看思想体系，必须优先采取行动反对教条主义。所以，我们应当看到，对于工业社会的建构来说，启蒙思想发挥了指导作用，但在全球化、后工业化进程中，当人们需要否定和超越工业社会的既定设置和模式时，如果通过反复申述启蒙思想家们的言论而阻挠变革的话，就属于倒行逆施的行为。思想有着适应性的问题，工业社会是在启蒙思想以及它所包含的逻辑的基础上建构起来的。如果现实的社会状况尚处在工业社会的框架之中，那么我们不能够说启蒙思想不再适应现实了。可是，在启蒙思想中，全球化、后工业化以及风险社会都是找不到位置的，即便在其得以展开的逻辑中，也找不到任何踪迹。

在 20 世纪，国家转型已经开始悄悄地发生了，因为它不仅专注于立法、司法、行政三个方面，而且在社会福利以及社会保障方面花费了更多的精力。从表

---

① 卡尔·曼海姆. 重建时代的人与社会：现代社会结构的研究. 北京：生活·读书·新知三联书店，2002.

现上来看，这是行政权的增长；从业务类型来看，这是对统治的进一步远离，表现为社会（公共）服务内容的增加。包含在这个历史演进中的逻辑意味着，关于 20 世纪后期开始兴起的全球化、后工业化运动对国家构成的挑战，是需要从实质性的意义上加以认识的。如果说列宁在指出了国家必将走向消亡时是基于逻辑作出的判断，那么全球化、后工业化运动则用事实证明列宁的判断是正确的。尽管这个事实仅仅是以某种迹象的形式出现的，但我们已经能够清晰地感受到，一方面，国家在全球化进程中表现出了外部边界变得逐渐模糊，国民在全球范围的流动虽然还受到诸如护照、签证等手续的约束，但毕竟人以及诸多原先被作为主权要素的东西都进入了越来越频繁的流动中，这意味着国家主权开始松动、变得透明；另一方面，由于各种各样的社会组织纷纷涌现，许多在 20 世纪由国家通过行政机构提供的社会服务不断地转移到了由这些社会组织去承担，而且国家在此过程中却没有回到原先那种集中在立法、司法、行政方面展现其职能的迹象。这意味着国家内部的主权分布发生了变化，以国家的名义代表主权和拥有主权的状况因为社会组织的涌现发生了改变。国家主权是一体性的，但它包含着对外的主权和对内的主权两个方面。在全球化、后工业化进程中，这两个方面都表现出了弱化、模糊化的趋势。这个时候，无论是国家的对外关系还是内部关系，都有可能与原有的主权观念发生冲突。

全球化、后工业化是一场伟大的社会变革运动，它必然要经历一个过渡时期。在这个过渡期中，也许某些微不足道的现象会逐渐地显性化。而且，一旦这些现象显形后，就会迅速地变成某种显著的现象，其影响会让没有做好准备的人感到慌乱。在今天，全球化、后工业化带来的主权弱化和模糊化只是一种微不可察的现象，既没有在国际关系方面造成颠覆性的冲击，也没有改变国家运行模式。我们可以认为，在未来很长的时期中，国家仍然是必要的治理主体，但其主权的弱化是不可避免的。其实，主权的内涵与外延都一直处在变化中，人们在今天说到"人民主权"时，肯定与 19 世纪以及 20 世纪早期有着很大不同了。

在欧洲走出中世纪的过程中，人们在"绝对国家"的框架下反思神权、君权，从而凝练出了"主权"这个概念，并在关于主权归属问题的讨论中提出了人民主权和形成了现代民族国家的意识，构造了民族国家这种国家模式。在全球化、后工业化进程中，这一从主权意识生成到民族国家产生的历史过程也许会表现出颠倒过来的状况，即首先是主权意识的逐渐淡漠，然后民族国家的形式会在一个相当长的时期内得到保留。这个历史过程的颠倒并不是回复到前工业社会的时代，而是一个走向人类命运共同体建构的过程。

阿明（Amin）认为："全球化已经削弱了民族国家的力量，因此需要对全球的经济、财政和金融体系进行管理……经济全球化从逻辑上需要建立一个能够对危机做出反应的世界政治体系，它是一个能够在世界范围内达成社会妥协的权力体系，就如同民族国家在国家层面上进行的一样。"① 这看上去是一个非常现实的方案，显然也是最能够为人们所理解和所接受的。但是，如果按照阿明所说的这个方案去回应全球化，那么它在经济和政治模式上实现了何种意义的变革？实际上，那无非是对工业社会的模式的再度强化，是要求民族国家扩张为一个统一的"全球国家"，继续运用官僚制的运作方式来对这个"全球国家"进行管理。

这样做是否可行？如果做出了肯定的回答，就无异于说人类的后工业社会仅仅是在更大范围内复制了工业社会的模式，全球化也就不再意味着人类社会将面临一场根本性的变革。那样的话，一切都变得简便易行了，只要由强国领头进行一次全球性的征服，然后做出建立全球性国家的安排，那么似乎当前人类所面临的一切问题也就全部解决了。非常明显，这是一个过于简单的线性思维，没有把人类当前所面临的高度复杂性和高度不确定性因素考虑进来。鉴于此，我们认为，需要在根本性的社会变革的意义上去把握我们当前应当承担的任务，而不是按照工业社会中的惯常逻辑去构想适应于全球化运动的社会建构方案。

二、从"工业化"到"后工业化"

在全球化、后工业化进程中，我们自然而然地想到了历史上的那场从农业社会向工业社会的转型运动。工业化、城市化运动将人类领进了工业社会的历史阶段，而工业社会是由两个方面构成的：其一，它是"工业的社会"；其二，它又是"资本主义的社会"。所以，我们既可以将工业化、城市化所造就的这个历史阶段称为"工业社会"，也可以将其称为"资本主义社会"。虽然吉登斯（Giddens）在对工业社会与资本主义社会进行区分时指出了它们的发生过程不

---

① 萨米尔·阿明. 全球化时代的资本主义：对当代社会的管理. 北京：中国人民大学出版社，2013.

同，认为工业社会与资本主义社会在产生的时间点上有所区别，但就它们在时间上的基本重合而言及代表了一个历史阶段来看，它们是一致的。"工业化"与"城市化"是人类走进工业社会这场伟大社会运动的两个方面，不应将它们分开来看。正如我们当前的"全球化"与"后工业化"也是一个整体一样，尽管人们可以争辩说，在20世纪后期呈现出来的是全球化的社会演进趋势，而在进入21世纪后，才展现出了后工业化的迹象。之所以当前出现了"反全球化""逆全球化"思潮，也许是人们仅仅看到了始于20世纪80年代的这场运动的"全球化"一面，却没有看到它是一场"后工业化"运动。

在我们将"工业化"与"城市化"看作从农业社会向工业社会转变的那场运动的两个方面时，也许会遇到如何理解"城市化"的问题。因为城市并不是近代才有的，而是在农业社会甚或更早时期就出现了。虽然城市有着较为古老的历史，但与工业化相伴随的"城市化"则具有现代性。就西方近代早期的历史来看，一个地区或国家能否实现工业化，取决于城市的转型。如果城市仅仅作为农业产品的集散地而存在，那么这个地区就无法走上工业化的道路。在中国的农业社会历史阶段中，城市遍布各地，产生了许多规模较大的城市，并且经济非常繁荣，但中国古代的城市一直未实现从农业产品集散向工业产品生产的转型，即便存在一些手工业生产，其规模也是非常小的，并不能构成对农业社会经济类型的冲击。

与中国古代不同，在西欧地区，随着农业人口涌入城市，手工业生产不仅在规模上迅速扩大，而且在不断的自我改造中走上了社会化大生产的道路，促进了交换形式及内容的多样化，促进了服务于社会化大生产的资本积聚，促进了市场的完善，并造就了资本主义。由此可见，在资本主义的产生和成长中，城市所承载的社会化大生产发挥了轴心作用，而仅仅发挥农业产品集散功能的城市，显然无法促进资本主义的产生和成长。在某种意义上，我们认为，城市天然地就是交易场所，就是市场，但只有当城市同时也获得了经济生产功能时，才包含着促进资本主义产生和成长的能量。

在这两种类型的城市背后，我们看到的是经济结构以及社会结构的不同。作为农业产品集散地的城市是附属于农村的，通过农业产品的交易而为农业、农民提供服务，这种城市仅仅扮演着"中介"的角色。一旦城市有了经济生产功能，不仅对农业产品进行深度加工，而且致力于工业产品的生产，城市的角色也就多重化了，甚至会作为一种独立的经济力量而与农村开展交易，并在这种交易中获得某种优势地位。

事实上，当分散在农村家庭中自给自足式的手工劳动转移和集中到了城市之后，农村的自主生存能力受到了削弱，以至于出现了对城市的依赖。然后，城市所生产出来的大量工业品被输送到农村。为了提高农业生产效率，城市在工业生产方面所形成的体制和经营管理模式被输送到农业生产过程中。当城市中积聚起来的资本被投入农业生产过程时，农村、农业、农民都得到了改造，劳动方式发生了根本性的改变。不仅在城市，在农村也出现了雇佣劳动。虽然农业生产品在类型上没有出现明显的变化，但生产过程以及生产目的等诸多方面都打上了工业化的印记，并逐渐把农村改造成了工业社会的构成部分。所以，城市的生产功能的获得本身就表现为工业化；城市的工业化，使城市在整个社会的工业化中的地位得到了提升。城市不仅成了经济中心，也成了政治、文化中心，城市不断地刷新生活观念和不断地创造新的生活风尚，并将其扩散到农村，即在农村中得到效仿。结果，城市成了农村新一代人的向往之地，许多农民希望进入城市而成为市民。

在工业化、城市化进程中，大量人口流入城市，使得原有的城市居民在性质上发生了改变。比如，一间开设在居民区的店铺，老板的儿子可能不愿像其父亲那样终其一生从事小本经营，在父亲因年老而无力再在店铺中继续营业的时候，儿子便将店铺转让给他人，而他自己则从事期货交易。虽然他每天都在小区中进进出出，但对这个居民区的老住户而言，他因为与他父亲所做的事完全不同而变得陌生，成为一个陌生人。这无疑是从熟人向陌生人转化的一条路径。如果说原先的城市仍然是个熟人社会，那么工业化、城市化则将城市改造成了陌生人社会。这就是我们所说的，从农业社会向工业社会转变等同于从熟人社会向陌生人社会的转变，而工业化、城市化就是这个转变过程，城市的性质在这一过程中从农业社会的城市转变为工业社会的城市。

城市首先将人改造为陌生人，然后向农村渗透，直到将整个社会改造为陌生人社会。在这一转型的过程中，新的文化开始生成，新的规则体系被制定出来，发挥着既联系又隔离人们的社会整合功能。比如，用契约将人们联系起来，但人们却没有因为被联系起来而成为熟人；在人们因为有了权利的设定而被隔离开来时，每一个人又必须时时防范他人破坏、侵入自己的边界。总之，工业化、城市化运动消解了熟人社会，并以陌生人社会取而代之。

工业化、城市化运动没有消灭"乡巴佬"。在某种意义上，因为城市地位的提升而将这个社会中的一部分人打造成"乡巴佬"。比如，原先居住在乡村的贵族有着相对于城市的优越感，而工业化、城市化运动则把他们变成了"乡巴佬"。也就是说，当较多的人成为见多识广的城市市民后，另一部分人则变成了"乡巴佬"。造就出了"乡巴佬"，就意味着雇佣劳动有了大批的"后备军"。因为，"乡巴佬"不断地涌入城市，使得扩大再生产有了源源不断的人力资源的补充。

在全球化、后工业化运动中，所面对的人都经历过工业化、城市化的改造。也就是说，工业化、城市化造就了市民社会，将人都改造成了市民，无论其居住地是不是在城市。如果说城市在表现形式上是以人的聚集生活和生产为特征的，那么通信、网络等技术则将人的聚集形态打碎，人的生活、生产等活动都可以分散进行。在这场社会转型运动中，也许会为城市留下"市侩"，但是，如果说"乡巴佬"作为一种人力资源而在工业社会的发展中发挥了积极作用，那么相对于后工业社会，"市侩"则不具有积极价值。

从政治方面来看，如上所述，民族国家的生成是工业化、城市化所取得的最伟大的成就，但民族国家又是可以作为意识形态的创造物来看待的。因为，民族国家在一定程度上是由民族主义支撑起来的，也可以认为，民族国家是一架生产民族主义的机器。生产力水平的提升，生产关系的变革，都不足以撼动民族国家的基本框架，其原因在于民族主义是稳固的。从20世纪80年代以来的全球化、后工业化运动来看，即便民族国家的边界已经变得模糊，但只要民族主义的观念和情结尚存，就会极力抓住民族国家不放手。

所以，在全球化、后工业化运动中，民族主义将更多地显现为历史前行的阻力。特别是当民族主义以民粹主义的形式出现时，不仅对全球化、后工业化进程造成阻碍，还会凭空制造出诸多的社会风险。当社会风险汇集成为风险社会时，一方面，使构建人类命运共同体的任务显得更为迫切；另一方面，民族主义、民粹主义又显现为构建人类命运共同体的极大阻力。

从历史上来看，在工业社会发展的过程中，民族主义在民族解放中发挥了巨大的作用，创造了许多具有历史标志意义的丰功伟绩。正是因为民族主义的生成，把地球上的大片土地从殖民主义下解放了出来。所以，民族主义对于民族国家的生成、主权独立主张的提出以及搭建现代性国家框架等，都发挥了积极的促动作用。然而，在全球化、后工业化进程中，民族主义逐渐转化成了保守力量，甚至表现为民粹主义的躁动。不仅如此，当恐怖主义行动在从工业社会向后工业社会的转型过程中对秩序构成了挑战，而且直接地在人们心理上投下了阴影。

当然，出现在一些地区的恐怖主义是全球化、后工业化所代表的历史转型中的躁动，这意味着一次新的从无序到有序的转化过程。因而，恐怖主义乃至民粹主义问题的解决，只能走在全球化、后工业化的道路上，而不应随着"反全球化""逆全球化"的声音和行动起舞。只有当全球化、后工业化运动取得了积极进展，只有当构建人类命运共同体的理念被人们普遍认同，才能从根本上解决民粹主义、恐怖主义等问题。任何以"反全球化""逆全球化"的理由而放弃构建人类命运共同体主张的做法，都有可能带来极大的消极后果。

在工业社会中，公共领域、私人领域与日常生活领域的分化和分离构成了基本的社会结构。可以说，这一社会结构是代表了工业文明的一项伟大成就。因为，这种领域分离决定了社会生活和社会治理采取什么样的样式。但是，网络的发展，特别是网络社区、言论平台等，轻易地突破了领域边界，将各领域贯通了起来，因而打乱了领域分离条件下的秩序。

其实，在历史上总是能够看到，社会变革的过程中出现了沉渣泛起的现象，这并不会令人感到奇怪。在全球化、后工业化这场社会转型运动中，必然会出现沉渣泛起的问题。当然，从历史经验来看，社会转型一旦完成，社会就会趋于稳定，到了风平浪静之时，渣滓就会再度沉淀下去。然而，这次的社会转型有所不同，因为我们不可能通过完成社会转型而消除社会的高度复杂性和高度不确定性，而是需要在风浪迭起中去净化那些渣滓。也就是说，我们将面对的是对人进行全面改造的工作，即把人改造成适应和追求共生共在的物种。至于对人的改造的路径，又是通过社会建构铺设起来的。"流水不腐，户枢不蠹"，可以作为全球化、后工业化运动中净化社会渣滓的一种思路。也就是说，在社会的高度复杂性和高度不确定性条件下，需要通过增强社会的流动性、开放性去解决沉渣泛起的问题。

在社会转型的过程中，我们更加深切地体会到阿伦特（Arendt）所说的一种情况，那就是人总是生活在偏见之中。在阿伦特看来，"没有人可以离开偏见生活，因为完全摆脱偏见的生活需要的是一种超人般的敏捷，随时准备遭遇和应对现实世界之全部……偏见与愚蠢的闲谈并非一回事。正是因为偏见总是有一种内在的合法性，因此只有当偏见不再实现其功能的时候，也就是说，只有当偏见不再能够帮助人们给出判断以摆脱现实部分的负担时，人们才可能实际上去冒险与偏见对抗。但正是在这一点上，当偏见与现实相冲突的时候，也就是偏见变得危险的时候，而人们在思考中不再能感到偏见的保护，并且开始润饰偏见并将偏见变成那种我们通常称之为'意识形态'或'世界观'等理论歪曲的基石"①。

偏见是反映在既有观念与现实的不一致之中的。根据阿伦特的看法，源于过去的思想、观点等，大都可以归入偏见之列。也许只有那些转化为知识的因素，而且应当是能够直接地与现实相印证的和对人的实践有帮助的知识，才能够勉强地被认为不是偏见。如果是这样的话，阿伦特虽然是在表达一种革命性的主张，但那显然是太过激进的革命立场。考虑到我们既已拥有的世界也是基于思想、理论建构起来的，当我们从前人手中继承了这个世界，虽然也在改革的名义下去做一些修修补补的工作，但基本的方面却依然保持原样。

按照阿伦特的逻辑，这个世界正是偏见的物化形态，从我们的感情上，这似乎很难接受。在全球化、后工业化进程中，我们希望的是改造世界而不是颠覆世界，如果将整个世界看作偏见的物化形态，就会在行动上表现出某种犹豫。尽管如此，在全球化、后工业化的时代，当我们面临一场根本的革命性变革任务时，又必须看到，阿伦特把世界看作偏见之汇聚地的看法，也许能够给予我们诸多激励，促使我们抱着消除偏见的愿望去改造世界。虽然我们不同意将我们所在的这个世界的一切都归于偏见，但有了阿伦特的这一观点给我们加油打气，就会让我们在社会变革中构想新的世界时表现得更加有勇气一些。

在全球化、后工业化进程中思考新的社会建构方案时，随着思考越来越深入，就会发现，工业化、城市化的历史经验能够为我们提供直接借鉴的因素并不多。人类已经走过的道路是不可复制的，走向后工业社会的道路必须基于当下的现实去开拓。就我们当下的现实来看，其中最为显著的现象就是风险社会及其高度复杂性和高度不确定性。从这一社会现象中所导出的最为迫切的任务就是构建人类命运共同体。

从历史具有继承性这一点来看，我们需要从过去、前人那里寻找和发现有益于建构后工业社会的材料。这意味着，我们并不像阿伦特那样把源于过去的一切斥为偏见。如果把过去的一切都斥为偏见的话，也就等于否定了人类文明的传承。在逻辑上，就会让人类再重新从原始的野蛮时代走一遍整个历史行程，那其实是不可能的。所以，在走向后工业社会的进程中，我们不能全部否定工

---

① 汉娜·阿伦特，杰罗姆·科恩. 政治的应许. 上海：上海人民出版社，2016.

业社会，反而应该从中继承一切对后工业社会建构有用和有益的因素。尽管我们有着这种愿望，但又必须看到，工业社会的思想、观念、文化等仍然具有偏见的性质，特别是当它们反映在民粹主义的行动中时，会为全球化、后工业化运动带来诸多困难。

三、社会研究的动态视角

社会本身是处在运动之中的，其运动一方面表现为自身的运行，另一方面表现为发展的变化。这两个方面意味着社会不会处在静止状态。但是，在关于社会的研究中，长期以来，人们对社会所做的是一种静态观察。也就是说，人们往往把社会当作一种静止的存在来看待，或者说，在静止的视角中去看社会的运动。尽管在有了"历史"这个概念后让人们看到了历史的动态性，并通过史学的方式去描述从过去向未来的行进过程，但在历史研究中，我们更多看到的是将历史事件孤立起来的做法，历史研究者所做的其实是把发生在过去的事件作为静止的存在而加以研究的工作。可以认为，社会科学中关于社会和历史的研究，即使描述的是一个动态的过程，也只是将站在静止的视角中所看到的现象描述了出来。在全球化、后工业化进程中，随着人类陷入风险社会及其高度复杂性和高度不确定性状态，这种社会和历史研究的方法应当废止，即便作为一种范式，也应当得到扬弃。

全球化、后工业化运动呼唤着社会研究中动态视角的引入。因为风险社会及其高度复杂性和高度不确定性，因为社会运行和社会变化的加速化带来的社会高流动性，让我们认识到，以静态观察为基本内容的社会科学研究与对象的疏离已经成为一个严重的问题，研究者与对象的距离变得越来越远了。也就是说，不仅不能从对社会的静态观察中获得具有合理性的理解，而且也无法对社会进行静态观察，甚至任何静态的研究视角都会使研究工作陷入困境，即陷入一种自反的状态。

卢曼（Luhmann）认为，在时间的未来指向中，"时间约束的概念意味着在系统持续的自我更新这一自生过程中生成结构，也就是说，它并非简单地指涉一段时间内实际状态（原子、太阳、臭氧空洞等）的发生。时间约束的社会问题，如今看起来好像占有着社会性意义，也就是改变形式并影响着社会性分配"①。一

---

① 尼克拉斯·卢曼. 风险社会学. 南宁：广西人民出版社，2020.

切都会在时间指向未来的进程中发生改变，没有什么是稳固不变的。只不过，在时间的社会性表现中，因为人的能动性的状况而使得变化的节奏在不同的时间流经阶段表现不同而已。

在社会转型的过程中，既有的社会结构发生变革的情况会表现得更迅速。在全球化、后工业化进程中，虽然未来社会的结构以及其他所有方面都不明晰、不确定，但我们知道工业社会的一切都需要加以变革。时间约束了我们，把我们置于当下的现实之中，但通向未来的道路却是由我们开辟的。就我们置身于风险社会的现实而言，只能把人的共生共在作为我们当前必须致力于承担的任务。也只有承担起这一任务，通向未来的前景才有明亮的光彩。

信息技术以及相关的新技术代表了一场真正的技术变革，显现出来的是脱离了 18 世纪以及 19 世纪的技术模式。信息技术是一种新的技术模式，隐含着与之相适应的社会变革的发生。在人类历史上，18 世纪是一个值得记忆的世纪，因为各种各样的技术如涌泉般出现，从而造就了 19 世纪的科学，也开拓了 19 世纪和 20 世纪的技术进步之路。然而，20 世纪后期出现的许多新技术，特别是与信息技术相关的技术，都不再走在 18 世纪所开拓出的那条道路上了，而是包含了有着无限可能性的未来隐喻。很快地，在 20 世纪与 21 世纪交接的时刻，人类进入了风险社会。当我们在风险社会中寻求行动的技术支持时，更加深切地体会到，正是在这场技术变革中，包含着许多可以在风险社会的行动中加以直接应用的技术及其工具。

显然，移动通信设备的应用，使办公室与职员的关系发生了变化。原先那些只在办公室中才能扮演上下沟通角色的人，在不断移动自己的物理地点的情况下仍然可以运用通信设备与上下沟通。而且，只要遵循一些简单的约定，就可以避免因不在办公室中而让领导、下属或服务对象找不到自己的问题出现。移动通信设备，特别是当这些设备不再归属于办公室的群体或作为"公产"而被使用时，那么它们就是属于个人的，由个人随身携带。虽然是私产，却被用来处理"公事"，并使传统的办公空间发生了改变。办公可以不在办公室中，可以在任何一个地点，可以在第一线和任何最为需要的场合，而且能够更加贴近需要处理的事项。这种空间的改变，或空间限制的消除，使得工作单元与传统的单元分开了，这意味着组织成了不再在某个固定地点和依赖于固定的办公场所的社会体，而是处在一种流动的状态中，甚至具有虚拟的特征。

在今天，计算技术、大数据、人工智能方兴未艾，这些意味着数字化有着广阔的前景，甚至有可能成为历史趋势中的代表性标志。数字化必将对人类的生产、生活以及社会的和政治的活动等带来巨大而深远的影响。事实上，数字化引发社会总体变革的运动正在发生，而且是不可遏止的。

当我们思考数字化有无起点或终点的问题时，就想到了中国"易学"的发展史。也许我们会产生这样一种联想：人类社会发展中的这一波数字化运动，是包含着一种中国易学发展史逆溯式流向的可能性的。如果说中国易学兴起于原始巫术，尔后走上了数字化的道路，那么它在儒家思想对其作了吸纳并应用于社会治理和广泛的人的活动方面后，却销声匿迹了。今天，社会发展中的数字化是可以从科学发展史中作出解释和得到理解的，但当数字化运动取得突破性进展后，则有可能神秘化，甚至会将人类重新带入一个"巫术"的时代。当然，此时的"巫术"仅仅在形式上与原始巫术相似，其性质则有可能完全不同。因为，人类经历了漫长的科学洗礼，重建的"巫术"将有可能是更高级的文明的标志。

鉴于一种简单地把数学和统计的方法应用于社会科学研究的做法非常流行，曼海姆提醒人们注意，"在社会科学的研究中，我们绝对要关心总体社会情境所提出的直接任务，这只有通过质的分析才能得到充分领会。只有当这一点已经得到解决的时候，一个人才应当考虑复杂的问题怎样才能被分解为更简单的要素。假如这一点业已达到，我们就应当询问，怎样才能通过简化的要素检验结果，以及更为广泛的原有主题是如何必然由我们已检验过的个别要点而产生的。直到质的分析已被做出之后，量的分析才能产生。把社会事实的复合仅仅还原为可测量的要素，被证明很少具有科学的洞见。但是，针对质的分析容许有量的控制的诸点来检验我们的知识，则是一项严格的科学任务"①。

就曼海姆的观点来看，他并不反对量化研究，只是认为这种量化研究需要建立在质的分析的基础上，只有在做好了质的分析后，量化研究才具有科学性。在工业社会既有的科学研究范式中，或者说，在社会的低度复杂性和低度不确定性条件下，曼海姆的这一建议是需要引起重视的。因为，简单地搬弄定量研究，是根本谈不上什么科学的。不过，在我们看来，只要出现了社会的高度复杂性和高度不确定性这样一个条件，科学研究就会发生根本性的变革，无论是定量研究还是质性分析，无论是切入一点还是拥有总体，都不能满足高度复杂

---

① 卡尔·曼海姆. 重建时代的人与社会：现代社会结构的研究. 北京：生活·读书·新知三联书店，2002年.

性和高度不确定性条件下的认识要求。

在高度复杂性和高度不确定性条件下，关于认识对象和行动环境的观念将不再是总体或个体的问题，也不是全局或部分的问题，而是集中到了综合性这一点上。对于这种综合性，既不是质性分析也不是定量分析的方法可以把握的，而是需要在直观、体验、领会等方式中达成"所与物"与"行动者"的交互作用和相互融合。这就是社会科学研究的变革，而且是要落实到思维方式上的变革。只要变革，就会遭遇阻力。所以，在这种变革的过程中，需要做出克服各种各样阻力的准备。不用说运用科学知识，即便凭着日常经验，我们也可以看到，静止的物体不会让人感到有阻力，只有当物体运动起来，人们才能从中观察到阻力的存在，物体越加速运动，阻力也就越大。社会、思想、观念的变革也是这样，无论什么样的变革都会遭遇阻力。所以，在全球化、后工业化进程中遇到各种各样的阻力，是难以避免的。

在人类陷入了风险社会这个问题上，虽然每个人都承认风险社会的现实性，但要想让人们改变生活方式、行为习惯，就会遇到阻力。特别是在思想观念方面，如果让人们接受风险社会中不得不秉持的人的共生共在的理念，人们也许就会瞻前顾后地默念自我以及自我利益。尤其是受到了工业社会利己主义文化熏染甚深的知识阶层，则会慷慨激昂地捍卫个人的权利以及工业社会的既有设置，认为那是具有普遍合理性的。尽管如此，风险社会以及这一社会中频繁爆发的危机事件，必然会引发新的思考，必然会有人关注人的生命、生存所遭受的威胁，必然会有人要求建构适应这一社会条件下的生活方式、行动方式。因而，确立人的共生共在的理念和倡导合作行动等呼声无论遭遇了什么样的反对声音，都需要我们坚持将其呼喊出来，以求对人们产生一定的影响，引发人们思考自我的生存与人的共生共在之间的关系。

对于社会以及一切社会存在而言，如果是静态的存在形态，而且其结构是明确的，那么根据认识论所提供的思维方式，就是比较容易把握的。然而，社会的加速化以及社会的流动性将大量结构不明的问题推了出来，原先结构明确的存在物变得结构不明确了。这是对认识的挑战，也是对实践的挑战。基于以往的经验，社会及其存在物的变化大都是由结构不明确的问题引发的。随着大量结构不明的问题的出现，随着社会及其存在物的结构越来越不稳定、不明确，社会变革的必然性也就蕴于其中了。

当我们对历史进行阶段性划分时，可以看到，农业社会具有简单和确定性的特征，工业社会具有低度复杂性和低度不确定性的特征，而风险社会所具有的则是高度复杂性和高度不确定性的特征。可以认为，社会发展在不同历史阶段所具有的这些特征是由结构明确的问题与结构不明确的问题间的比重不均衡所造成的。其实，在社会发展的维度中，结构明确的问题与结构不明确的问题一直处在变化中。有的时候，结构不明确的问题很少，而有的时候，结构不明确的问题在人类面对的所有问题中却占有很大的比重。就人类社会发展的总体进程来看，结构不明确的问题一直处在增长的过程中，而且从 20 世纪开始，呈现出了明显的加速态势。随着结构不明确的问题所占的比重大于结构明确的问题，我们的社会也就呈现出了高度复杂性和高度不确定性的特征。

结构不明确的问题，就是具有不确定性的问题。杜威（Dewey）说："不确定性是一件实事，它意味着当前经验的结果是不确定的，这些经验本来就是障碍重重，未来充满危险。克服这些障碍的行动又没有成功的把握，因而这些行动本身也是有危险的。情境内在地具有烦难和不确定的性质，因为这种情境的后果悬而未决，它们走向厄运也走向好运。人类的自然倾向就是立即采取行动，悬而不决是不能忍耐的，渴望立即行动起来。"① 也就是说，行动本身就意味着不确定性。而且，在不确定性条件下采取行动，也是人类的一种自然反应。所以，行动的结果也是具有不确定性的。

对于结构明确的问题，可以在模式化的解决方式中去加以处理；对于结构不明确的问题，需要通过创新去加以解决。这是因为这两类问题形塑了两种不同的行动方式：一种是模式化的行动；另一种是创造性的行动。随着结构不明的问题在我们所面对的问题中占了很大的比重，也就对创新提出了更为强烈的要求。反映在社会治理中，一旦结构不明确的问题所占比重达到了某个临界点，也就意味着社会治理创新应当实现根本性的变革。事实上，我们当前所面对的和需要承担的就是一个社会治理变革的课题。这种社会治理的根本性变革，不可能作为一个自然过程而出现，而是需要社会科学研究为其提供支持。因而，我们关于社会的研究，有着更为迫切的使命。

四、自觉地推动社会治理变革

虽然人类社会进入了全球化、后工业化进程，尽管我们的社会呈现出以往

---

① 约翰·杜威. 确定性的寻求：关于知行关系的研究. 上海：上海人民出版社，2005.

从未有过的高度复杂性和高度不确定性，而且我们已经拥有了改革的意识和观念，但在社会治理模式是否需要有一场根本性变革的问题上，应当承认，人们思考的并不多。从既有的理论探讨和改革实践来看，人们关注较多的是通过某项改革去解决局部性的或特定领域中的问题，对于工业社会的基本社会治理框架进行反思和审查显然是严重缺位的。因此，综合性的、全面的、根本性的社会治理模式变革问题，很少得到讨论。即使将这一问题提出来，也不会得到人们的关注，更不用说有什么反响了。我们所面对的是人类"百年未有之大变局"，但在谋划社会治理变革的要求和行动方面，却明显地看到存在着勇气不足的问题。我们在改革的进程中看到的大都属于一些"头痛医头、脚痛医脚"的调整方案，在解决了某个（些）具体的、局部性的问题时，又总会发现更多、更大的问题向我们袭来。这就是我们当前所遇到的困境，它意味着人类需要在社会治理模式的根本性变革中去寻求出路，即通过社会治理模式的变革去适应社会转型的要求。

哈贝马斯说："伟大的传统意义上的理论之所以为生活所接受，是因为这种理念认为它在宇宙秩序中发现了世界的理想联系，也就是说，认为发现了人间秩序的典范。"① 这些"传统意义上的理论"往往是简略、含混和模糊不清的，给人以巨大的解释和想象空间，人们总是将思维进化的最新成果和所达到的文明水平偷偷地放进那些理论之中，将荣誉赠予先贤。正是这样，传统不断地获得生命力，越来越显现出巨大的魅力。但是，如果人们对传统的崇尚走到了迷信的地步，就会产生一种用传统压制当下创新的问题。应当说，这个问题在工业社会的历史时期一直存在着，除了在社会变革的时期，人们一般不会产生强烈的怀疑传统和告别传统的要求。也许正是看到了这个问题，阿伦特才会表达激烈的反传统的意见。当我们置身于风险社会时，这个问题也许应当得到更多的关注和思考。

显然，在风险社会中，当人们直面现实并直观行动事项时，就会发现，存在着诸多与传统意义上的伟大理论不一致的问题，而且这种不一致更容易导致冲突。也就是说，在风险社会中，如果将传统意义上的理论强加于行动者的话，就会形成某种对行动的束缚。其实，一切需要突出创新功能的行动都应当同传统保持一定的距离。因为，对于风险社会及其高度复杂性和高度不确定性条件

---

① 尤尔根·哈贝马斯. 作为"意识形态"的技术与科学. 上海：学林出版社，1999.

下的行动来说，除了创新无路可行。

在社会治理的问题上，希望从传统中汲取智慧是可取的，但任何模仿都是不可取的。因为条件发生了变化，致使模仿前人的治理技巧和方式只能把社会治理搞得一团糟。从根本的意义上来讲，社会治理的属性是不同的。在农业社会，社会治理是统治型的；在工业社会，社会治理是管理型的；当人类处在从工业社会向后工业社会转型的时期，统治型甚至管理型社会治理中的方式、方法都会因为社会治理属性的不同而不能得到模仿。我们可以带着崇敬的心情欣赏前人在社会治理方面所取得的伟大业绩，并在那些引人入胜的伟大业绩中领悟智慧，但我们不应去模仿他们取得那些伟大业绩所走过的道路。

历史上并不存在可以作为典范而加以继承的社会治理遗产，只要我们相信人类社会是处在发展过程中的，就必须根据时代的要求而致力于创新。所以，在全球化、后工业化这场社会转型运动中，如果背负着工业社会的思想、理论以及文化的包袱前行，就会受到诸多困扰，就不能从现实出发去发现社会重构的可行方案；如果人们过于看重传统的话，也许心中有着到历史上去寻觅某些东西的愿望，一旦付诸行动，就会落入旧思想、旧理论的窠臼，就会受到工业社会文化的束缚。虽然我们并不一概地反对传统，但传统的所有积极因素都必须得到现实的检验，而不是成为我们必须背负的包袱。

在社会治理变革中，要求抛弃既有的观念和理论。从 18、19 世纪的情况来看，在工业社会得以建构的时代，产生了一大批设计师。正是他们的伟大思想，造就了工业社会。然而，当一种伟大的思想被用过了头的时候，社会的发展就会陷入停滞。我们在这里说伟大思想被用过了头，是对人们习惯上所说的"思想僵化"提法的否定。对于个人甚至一个组织而言，确实有可能出现思想僵化的问题，而对于已成事实的伟大思想来说，则不存在思想僵化的问题。如果认为一个社会对某位伟人的思想用过了头的状态是一种思想僵化，那是一种错觉或误解。也就是说，如果把那种状态当作思想僵化来看待，就不可能打破那种状态的。因为，所谓的思想僵化只是幻想出来的，而打破思想僵化的行动无异于是在与一个并不存在的敌人战斗。任何一种向根本不存在的敌人挑战的行动都不可能取得胜利，因为那个不存在的敌人其实只是他的心魔。如果我们看到一个社会在发展上的停滞是因为对某种伟大思想用过了头所致，那么问题就非常清晰了。

在社会发展中，人们经常会遇到将某种伟大思想用过了头的情况。就像哈耶克（Hayek）在评述法国的状况时所说的，孔多塞作为一个伟大的思想家，其著作在很大程度上指引了法国大革命，并将其转化成了法国的教育改革，通过教育改革"创造了科学进步史上最为荣耀的一个时期，不但成为我们更为关心的唯科学主义的诞生地，而且对法国的科学地位在这个世纪的相对衰落也可能负有很大责任，使它从无可置疑的世界第一的地位，变得不仅落后于德国，而且落后于其他一些民族"①。对此，哈耶克评论道，"伟人的弟子们惹下了祸患，他们夸大老师的思想，错误地将其用过了头"②。

在今天，我们应该对我们自己进行一番反省式的观察和思考，当我们谈论卢梭、洛克、孟德斯鸠的时候，有没有将他们的思想用过了头。所谓用过了头，就是与现实不一致。全球化、后工业化运动业已发生，人类社会处在变革的时代，如果我们恪守那些"老师们"提出的社会构想，并将其当作教条，会不会成为历史进步的绊脚石呢？特别是对 18 世纪启蒙时期提出的那些基本原则，如果我们用过了头，就会阻碍我们探索后工业社会建构的行动，就会让我们无法寻找风险社会中的生存之道。而且，许多明显是荒唐的做法，也许会被认为是合理的。比如，把"天赋人权"的思想用过了头，就会要求将人权扩大到动物世界。就人类需要保护动物而言，这是一项无法逃避的责任，但当我们确认了"狗权""猫权""鸟权"后，难道能够建构起由那些动物组成的防止侵权行为或追究侵权责任的机构吗？

就历史的行程来看，当人们在近代通过认识论而确立了认识自然的信心后，特别是当科学在认识论为其规划的路线中发展起来，并证明了人的认识能力，也就点燃了人们改造自然、控制自然的热情，在付诸行动的时候，开拓了自然社会化的行程，而且进入了持续加速的进程。在此过程中，关于人的认识的局限性，以及认识能力的不足、认识成果可能出现的错误，都被忽视了。因此所生产出的社会风险，只能到了风险社会降临时才会引起人们的关注。然而，到了这个时候，由认识论形塑出来的人的行动模式以及人与自然的关系模式，都已经稳固地建立起来，形成了一种社会惯性，支配着人的思维。虽然 20 世纪的哲学研究不断地向认识论哲学发起挑战，产生了诸多有着较大影响的哲学家及思想流派，但并未对认识论造成根本性的冲击。当人类置身于风险社会的时

---

① 哈耶克.科学的反革命：理性滥用之研究.南京：译林出版社，2019.
② 同①.

候，也许需要对此进行一场全面的反思，并作出进行革命性变革的思想准备。

就实践而言，任何改革的动议都不应要求投入更多的资源，至多只能在资源原来的配置不合理的问题上提出重新配置的想法。这是因为，如果改革建立在追加资源的基础上，那还不如在维持系统不变的条件下加大资源投入。那样的话，至少节省了改革本身的资源消耗。然而，令人失望的是，"在大多数情况下，为了使一个我们认为很简单的改革成功，我们被迫不断地追加新资源的投入，并试图对一个过于复杂的整体中的越来越多的因素加以控制，这样做的结果，只能给我们带来彻底的放弃和失败的教训。因为所有的组织和社会，不论它们是否丰富，都生活在一个资源有限的世界里，一旦如此，变革的意愿就越发快速地化为泡影"①。更不用说还存在着一些莫明其妙的"为了改革而改革"的行动，不仅把原来的系统状况搞得更糟，还消耗了大量的资源。

虽然我们处在变革的时代，但在改革的问题上，应当保持某种理性的清醒。改革问题上的任何轻举妄动，都有可能破坏改革的严肃性。一切改革都应致力于使系统变得更好，并在此前提下使资源消耗更少。如果把改革当作儿戏，如果利用改革者名义来实现个人或小集团的利益，都是应当受到谴责的。之所以在改革的过程中会出现我们所说的这些问题，应归结为研究上的不足。如果社会科学研究仅仅建立在对改革者思路的揣摩上，而不是勇敢地从现实中发现问题，那么所扮演的就是宣传者而不是研究者的角色。

在经典理论的逻辑中，我们看到的社会是一种虚拟形态，在很大程度上是思想家们想象出来并由学者们不断作出理论证明的一种存在形式，它并无实体性存在的特征。一旦提到社会，我们脑中所闪现的是人、家庭、组织、交往方式、生产关系等。所有这些，都不能作为社会的具体表现形式，因为社会恰恰是包含在这些具体的存在形式中的，是可以抽象地去加以把握的一种虚拟形态。既然社会本身就是虚拟性的存在，是包含在各种各样的实体性存在之中的和以实体性存在为载体的，那么实体性存在的变化，就意味着社会寻到了新的"宿主"。就我们当前进入互联网时代来看，以互联网等各种各样的新的形式出现的新的因素无非是社会的新的"宿主"。但是，在行动的意义上，特别是对于治理行动来说，我们不能囿于这种理论认识，而是要看到网络所开拓出的社会不同于我们既有的这种源于远古的社会，它代表着一个新的世界。

---

① 克罗齐耶，费埃德伯格.行动者与系统：集体行动的政治学.上海：上海人民出版社，2007.

当然，经典理论逻辑中的社会在现代社会科学中并没有得到广泛的接受，因为更多的人把社会当作实体性存在来看待，甚至在某些学科中会出现所谓"小政府，大社会"的荒唐说法。显然，在工业社会中，政府是以组织的形式出现的一种实体性存在，而社会则是虚拟性的存在。将实体性存在与虚拟性存在放在一起进行比较，反映出来的这些社会科学家的水平是何等低下啊！即使我们按照这种庸俗社会科学的思路而将社会当作一种实体性存在来加以把握，也应当看到它无非是与自然相对应的一种存在。

如果说在人从自然界中孕育而出的时候出现了两个世界——自然界和社会，那么互联网所预示的未来则被当作"虚拟世界"。当我们看到了互联网所预示的虚拟世界的出现，就意味着我们在观念中承认了三个世界的并存，它们是自然世界、社会世界和虚拟世界。指出三个世界的并存，目的是要说明社会治理正在面对一个新开拓出来的世界，而对这个世界，传统的和既有的社会治理方式都不足以承担解决问题的任务，而是需要做出新的探索。

无论是把虚拟世界看作社会演进中出现的新世界，还是把虚拟世界的出现看作影响社会和使社会发生质变的新因素，都需要通过社会治理的根本性变革去适应新时代的需求。总之，我们正处在一场伟大的社会变革进程中，既有的一切存在之中都包含着变革的要求。对这种变革要求的感知，并付诸行动，就是我们当前必须承担起来的任务，社会科学研究中主题的确立，都应围绕这个变革过程展开。

第一章
文化转型与社会科学研究

在近代早期的工业化、城市化进程中建构竞争文化，即以文化的形式把自有人类以来就存在的竞争行为固定下来。竞争文化以及这一文化框架下的竞争行为，使工业社会获得了活力和发展动力，创造了伟大的工业文明。但是，竞争在总体上对人类社会的共生共在是有害的。竞争文化，在20世纪后期把人类引进风险社会，致使危机事件频发。如今，人类正走在从工业社会向后工业社会转型的过程中，与之相伴随的必然是一场文化转型的运动，即用合作文化替代竞争文化。

合作文化是一种为了人的共生共在的文化，是适应建构人类命运共同体的需要而必须建立的新型文化。从历史进步的必然性来看，是一种必然选择。合作文化具有广泛的包容性，其中，也会表现出对竞争行为的包容，但在根本性质上，是不同于竞争文化的。对于竞争而言，或者说，人之所以竞争，是根源于人的个体化，是因为发生在历史上的一场个体化运动而把人从自发的竞争引入自觉的竞争之中。人的个体化使得人们可以在自我与他人之间划定边界，进而在边界上开展竞争。所以说，有了边界就有了竞争。工业社会的所有科学研究活动都是为了划定边界和在划定了边界的情况下进行的。应当说，这种科学研究反映了工业社会的要求，具有工业社会的特征，是通过各种各样的划界活动确立了明确的研究对象。这样做，为我们提供了边界清晰的科学门类，充分地诠释了工业社会专业化的精神。

如今，我们正处在全球化、后工业化进程中，科学的发展同样反映了社会发展的要求。这种要求就是打破领域限制和消除边界。就科学研究而言，这意味着思维方式的变革。工业社会的科学以及科学研究所运用的是分析性思维，在面对后工业社会的时候，思维方式的建构将会走向确立相似性思维的方向。如果图绘分析性思维与相似性思维的话，会看到它们的分化与融合两种不同的特征。就科学必然包含着和反映了特定的思维而言，可能看到近代以来的科学是通过学科分化的方式为自己开辟道路的。在科学的学科分化中，出现了自然科学、社会科学等科学门类。在科学研究方法上，为了促使社会研究科学化，更多的学者倡导引入自然科学的方法。

然而，当人类陷入风险社会后，人们突然发现，这种简单地移植自然科学研究方法的做法并不明智。如果对自然科学研究方法背后的思维方式作出适切的评价，我们认为，分析性思维在自然科学研究中是成功的，在工业社会中的社会科学研究中也取得了可喜的成就，但风险社会及其高度复杂性和高度不确定性却对这种思维方式构成了否定。在风险社会及其高度复杂性和高度不确定性条件下从事科学研究，所应用的是相似性思维。所以，在我们当前所遭遇的社会变革进程中，建构相似性思维方式，并用以替代分析性思维方式，是一项必须承担的任务。思维方式的变革意味着科学的重建，对于社会科学研究者而言，在自己的领域中承担科学重建的使命，是一项不可推卸的责任。

第一节　全球化、后工业化中的文化转型

如果说文化是以人的行为模式的形式表现出来的，或者说，人的行为模式反映和塑造了文化，那么文化的变革，则可以从人的行为模式的变动中去加以观察、认识和理解。而且，自觉地促进文化变革的行动可以从人的行为模式方面去寻求突破口。

就竞争文化而言，虽然在直接的意义上我们更看重竞争文化观念与欧洲中世纪后期以及近代早期的各种学说、理论之间的关系，但在历史演进的过程中，从欧洲中世纪后期开始，个体的人的发现、自我意识的生成、市场经济的确立以及陌生人的生存策略建立等，逐渐地塑造了人的竞争行为模式，并以竞争文化的形式出现。在某种意义上，这一时期的各种学说、理论正是现实的反映，是出于理解竞争行为和为竞争行为的合理性作出证明的需要而提出的，在塑造竞争文化方面发挥了巨大作用。

在全球化、后工业化进程中，社会的高度复杂性和高度不确定性使人的共生共在的问题凸显了出来，予人以极大的压力，促使人们必须调整和改变其行为。可以相信，要不了多久，就会生成一种合作的行为模式，并实现对竞争行为模式的替代。从文化的角度来看，这个过程就是合作文化替代竞争文化的过程。我们对竞争文化作出理论上的反思，主动地探索合作文化建构的可能性及路径，无非是希望减少这个过程的动荡，让人类为了合作文化以及合作行为模式建构这样一场变革运动付出更少的代价，或者说，少走弯路。

一、竞争文化及其表现

文化总会表现出人的观念的稳定性和人的行为的重复性。人拥有一种文化，也就意味着他具有某种格式化的观念。因为有了这种观念，他会对所接触的事物作出合乎文化精神的判断，也会在行为选择上表现出某种定势。因而，当我

们感知到人的观念和行为具有模式化的特征时，也就意味着人的观念和行为中有着某种文化在发挥作用。

在某些情况下，文化的作用是比较弱的，是以人的观念的形式出现的，即使反映在人的行为上，其模式化程度也比较低。这种情况会让我们看到，人的观念的稳定性较低，容易发生改变，人的行为的可复制性同样也较低，无规律可循。在另一些情况下，文化的作用可能是很强的，表现为人的观念和行为的模式化程度很高。一旦模式化达到了一定的程度，与你处在相同的文化背景中并共享这种文化的人就会明显地感受到：你未发言，已知你会表达什么意见和想法；你未行动，已知你会朝着哪个方向走。

工业社会所拥有的是竞争文化。在这个社会中，竞争文化所发挥的是支配性的作用，即以隐蔽的方式控制人的观念和行为，使得这个社会中的每一个人日思夜想的都是如何通过竞争去获取属于自己的更多利益，举手投足都透露着竞争和散发出准备竞争的气息。也就是说，在工业社会中的人的观念和行为背后发挥强支配作用的，是竞争文化。正是竞争文化，成为人的观念和行为的主导性因素，使人的观念和行为模式化。特别是在人们习惯了这种模式和把这种模式当作自然而然的事情之后，也会极力使自己的观念和行为趋附于这种模式，并努力捍卫这种模式。

文化是一种隐蔽的力量，而模式则使这种隐蔽的力量外显，让这种力量易于感知，尽管模式是无形的。可以认为，正是因为工业社会有了竞争文化，正是因为竞争文化促使人的竞争行为模式化，才让竞争赋予整个工业社会以无穷的发展动力。不过，需要指出的是，我们之所以会有着上述感受以及认识，是因为在近代以来的这个工业社会的历史阶段中生成了竞争文化，并造就了模式化的竞争行为。也就是说，因为我们生活和活动在一个由竞争文化主导的社会中，所以才感知到竞争行为具有社会发展动力的性质。

在农业社会，存在着大量的竞争行为，但那时的竞争行为并未显现出成为社会发展动力的迹象。我们可以看到，所有在历史上发展出了成熟农业文明的地区，其实都存在着对竞争的抵制，甚至会以法令（王权政策）的形式去抵制和排斥竞争。如果对中国古代农业社会中的政令进行分析，可以看到，占大多数的政令都是出于抑制和排斥竞争而下达的。在这个社会中，得到鼓励的是生产，而且是非竞争性的生产。只是到了工业社会，生产过程中才充斥了竞争。

在工业社会中，因为拥有了竞争文化，所以竞争行为才无处不见。正是因为工业社会拥有了竞争文化，所以才有了这么多诠释竞争和证明竞争合理性的思想、学说和理论，才让这些思想、学说和理论受到大众的追捧。不难发现，在工业社会这个历史阶段中，在竞争的问题上提出有建树的观点的人，容易赢得殊荣；对竞争表示怀疑的观点会招来骂声。哪怕是一个刚刚在竞争中落败的人，也不容许任何人质疑竞争，他可以厌恶竞争，但不允许对竞争表示质疑。个中原因，就是受到了竞争文化的控制。

竞争文化要求人们取得业绩、名望，并不断进步。正是这一点，激发了人们不断奋进，并赋予社会以巨大的发展动力。在 19 世纪，人们把社会生产力理解成物质的形态。根据一种静态分析，生产力的构成要素都是物质性的，生产资料、生产工具和劳动力都属于物质意义上的存在。但是，在 20 世纪，人们在对生产力进行重新厘定的时候却改变了对生产力的这种认识。同样是这些要素，却不再从属于物质的理解，而是从属于"物质主义"的理解，即在"物质主义"的意义上去认识生产力，特别是劳动力要素，被赋予了更为复杂的内涵。

这样一来，人所具有的无穷无尽的物质欲望就得到了正当性证明，甚至会认为劳动力要素中的欲望包含了生产力的基本动力机制。在市场中，成功的商业营销，是源于对人的欲望的发掘。市场经济中的成功企业或人，都是因为基于"物质主义"的观念而对生产力进行了开发和利用才表现出了某种"卓越"。生产力概念的这种变化是有着重要意义的，因为生产力中的物质要素是不能对竞争行为作出合理解释的，而生产力概念中的物质主义内涵，则能够解释工业社会为什么是竞争社会。

一旦涉及人的欲望，就会走向从欲望到竞争的过程，进而对竞争文化的生成作出合理的解释。反过来，竞争文化所发挥的又是把人的物质欲望引入人们之间的竞争中来的作用，即让人们通过竞争去找到物质欲望得到满足的可能性。在自然界中，如果说雄性动物是通过厮杀而获得与雌性动物的交配权，那么从竞争的视角来看，就是把动物的这种行为看作人得以满足自身欲望的合理行为。事实上，竞争文化充分地利用了这一点，让人像动物一样通过竞争而达成欲望的满足。最为重要的是，人的所有欲望都需要通过竞争去寻找满足的途径。

工业社会是由个人构成的，或者说，工业社会的建构是把个人作为原点，所以，担负社会治理功能的政府也被要求建立在个人的基础上。一种流行的观念认为，"政府体制是由个人构成的，而人本身应该恰当地被看作是单位的个人。正是个人才应该被认为是创建、设计政府体制的因素。在考虑政府结构时，正是个人以及他们与他们之间的关系，构成了赋予任何政府体制以活力的积极因素。他们都是政府行为的工具，也是政府行为的目的"①。因此，在工业社会的社会治理中，是贯穿着个人主义逻辑的。因为整个工业社会处处弥漫着个人主义精神，所以所有集体行动都难以避免地包含着不同程度的离心倾向。当每个人都为了自我利益谋划和以自我利益的实现为目的而去开展行动的时候，就只能把行动中的整合力量寄托于外在于人的设置。在集体行动中，由于个人的自我利益取向，必然会使协调成本升高，难以避免会发生竞争和冲突。

在工业社会的发展过程中，对集体行动之合力的追求，让人们找到了诸多协调机制。总体看来，在社会的低度复杂性和低度不确定性条件下，这些协调机制的确发挥了令人满意的协调效果。但是，这种从个人出发的社会建构和社会治理设计，必然导致竞争和冲突，致使社会运行以及社会治理成本大幅增长。这些社会治理成本甚至会达到让整个社会难以承受的地步。所以，我们在全球化、后工业化背景下思考社会以及社会治理重构的问题时，首先要怀疑的就是从个人出发的逻辑，进而对工业社会所拥有的竞争文化进行理性的审视。

工业社会的竞争推动了科学技术的进步。然而，在科学技术的进步中，我们经常看到，一项发明可能意味着一个产业的出现，也意味着某个产业的衰落。比如，数码相机的出现极大地促进了芯片生产，但它却对胶片产业造成了极大的冲击。它提高了人们的生活便利度，提高了人们的生活水平，但却使一个行业走向衰落。这说明，科学技术的进步虽然使一部分人遇到了失业和转型的痛苦，但对整个社会而言，却包含着促进社会进步的积极价值。从工业社会的发展历程来看，尽管一部分人享有的社会发展成果会更多一些，似乎社会发展所带来的机遇不断地从一部分人那里转移到另一部分人那里，但是，在此过程中，整个社会及其成员的生活水平都得到了不断的提高。如果说传统的竞争是在行业内部展开的，即俗话说的"同行是冤家"，那么随着科学技术的进步，竞争更多地超出了行业的边界，在不同的行业之间展开。一个行业的兴起，可能是另一个行业的衰落，甚至消亡。

科学技术是驱动社会进步的标杆。不过，对于社会进步而言，这仅仅是一个方面，制度、人的组成方式和行为方式等，则是更为根本的方面。事实上，科学技术在驱动社会进步方面的积极作用需要从制度、人的组成方式和行为方

---

① 文森特·奥斯特罗姆. 复合共和制的政治理论. 上海：上海三联书店，1999.

式等方面去加以认识。比如，在既有的制度、人的组成方式和行为方式的框架下，科学技术大大地提升了人的竞争能力，促进了社会意义上的效率，使人们的生活水平实现了整体提升。但是，以这种方式实现的社会发展，都是把需要付出的成本转嫁给自然界的。社会表现出了进步，人们享用着社会进步带来的成果，而自然却承受着人们活动的几乎所有消极后果。

当自然界的承受和容纳能力达到了某个临界点的时候，就会以"增长的极限"的形式出现。从罗马俱乐部的研究报告来看，科学技术的新成果拓展了社会发展的张力，将所谓"极限"的边界外移了，但我们绝不能在既有的制度、人的组织方式和行为方式不做根本改变的条件下去设想这种"极限"会消失。所以，我们面对的关键问题是要谋求制度、人的组织方式和行为模式的变革。在人类仍然生活在地球上和仅仅拥有自然界的条件下，让社会自身容纳和消解其发展的代价，更少地向自然界转移社会发展的代价，这已经成为一个非常迫切的问题。

在竞争国际化的背景下，一个国家可以通过 GDP 的迅速增长去获得某种国际声誉，抑或为政治家带来某种荣誉。但是，只要它的国民处于贫富分化的状态，只要医疗、就业、教育等不因 GDP 的增长而改善，那么他们就不可能过上有尊严的生活。现实情况是，在工业社会竞争文化的驱动下，特别是在竞争国际化的条件下，某些国家致力于促进 GDP 的迅速增长，似乎将其作为强国之路上的唯一通道。在某些民众的心中，在国家抵御外部威胁的某种期望中所获得的安全感可以冲抵因社会保障体系不健全带来的现实不安全感。正是这个原因，决定了国家间的竞争转变为国家间 GDP 增长上的一场竞赛。这种竞赛导致了资源争夺、贸易冲突以及生态环境的毁灭性破坏，其间也夹杂着从未停歇的战争。在全球化进程中，所有这些不仅没有呈现减缓的趋势，反而变得更加激烈。

如果说民族国家的消亡在时间上是一个较为长远的事情，那么在民族国家尚存的情况下，我们却到了必须改变上述状况的时候。为了迎接这种挑战，显然需要向有智慧的政治家提出要优先关注民生问题的要求。这样的话，就应当终结 GDP 导向的增长模式，借以终结国家间的无谓竞争，努力抑制贫富分化和提升社会保障水平。在今天的国际社会中，存在着某些国际组织和联盟机构，它们表面上声称是为了和平、发展和合作，但在实际上，它们的存在本身是从属于国际竞争之要求的。如果这些组织和机构能够实现转型，那么在人的共生共在理念下去从事促进各国改善民生的事业，及时地对那些专注于 GDP 增长的国家给予善意的批评和提醒，也许就能够把人类带入真正的和平与发展的状态中。

二、完全竞争的不可能性

近代早期的自由主义理论发现了竞争，并表达了对竞争行为的极度推崇，认为通过竞争可以实现社会公平正义。人一旦通过竞争去实现社会公平正义，通过看不见的手的作用，就可以从自私、自利的人转化为道德主体。

从自由主义的理论源头来看，是在对市场的观察中发现了竞争，或者说，发现了竞争与市场机制这两种相互作用的要素。根据早期自由主义的理论，竞争行为主体是有着自利追求的个人或个人的集合体，而市场机制则是客观性的因素。有了市场机制，就能够在保证竞争行为主体自利追求得以实现的同时，也把竞争行为主体转化为理性的和道德的存在物。这就是亚当·斯密（Adam Smith）学说的基本内核，而且也成为近代以来整个人文社会科学的逻辑叙事起点。

虽然工业社会的思想源头可以追溯到工业化、城市化的早期，甚至可以从欧洲中世纪后期以及文艺复兴开始谈起，但真正属于工业社会的人文思索和科学论证，则应当以亚当·斯密为起点。甚至可以认为，近代以来一切关于社会的整体性理解，都必须以亚当·斯密的证明为起点。如果启蒙运动造就了一大批思想家的话，那么亚当·斯密于其中更显得具有科学家的品质。无论是研究道德问题还是研究经济问题，他都表现出了科学家的品质。

我们认为，无论后世是否将亚当·斯密列入启蒙思想家的行列，都不能否认，他第一次对启蒙时期的思想作了科学证明和逻辑叙述。如果把现代社会科学产生的时间点再向前移的话，应当在孔德（Comte）之前列出亚当·斯密。那是因为，亚当·斯密所做的研究工作以及提出的判断和主张，是关于人类社会的科学思维的起点。所以，当人类走向后工业社会的时候，当人类的合作从竞争帷幕的后台走向前台的时候，就会发现，亚当·斯密所提供的是用以理解社会的理论起点。也就是说，并不是因为亚当·斯密发现了"看不见的手"，而是因为他的全部著述都在破解一个问题，那就是，人们在市场经济条件下是否有道德的生活和能否拥有道德情操。

对竞争和市场机制的分析和描述构成了亚当·斯密学说的基本内容，其中首先需要举出的是竞争。因为，作为"看不见的手"的市场机制其实也是竞争，只不过它所指的是一种完全竞争的形态。也就是说，作为亚当·斯密学说基本内容的竞争和市场机制是可以表述为竞争和完全竞争的。亚当·斯密不仅发现了竞争，而且要求把竞争确认为完全竞争。事实上，在亚当·斯密眼中，只有完全竞争这一种竞争。当然，也需要看到，在亚当·斯密学说中，竞争行为主体是个人。但是，个人只有在作为市场的社会系统中才是现实的竞争行为主体，而作为市场的社会系统则被亚当·斯密设定为一种完全竞争的形态。

近代早期的科学基本上都会设定某种理想状态，从属于牛顿力学范式的早期科学理论都做了同样的工作。就亚当·斯密设定了完全竞争这一理想形态来看，明显地证明了亚当·斯密学说是从属于牛顿力学范式的。牛顿范式在解释自然现象时是成功的，但社会系统要远比自然系统复杂得多。就现实而言，并不存在完全竞争。正是这一点，成了亚当·斯密学说中的症结之所在。正如奈特（Knight）所指出的："就完全竞争的理想系统而言，我们有必要指出，这个系统内含着自我毁灭的基因，在现实世界里没有存在的可能。完全竞争所暗含的条件，特别是人性缺陷方面的条件，既会使得垄断大行其道，又令自由合约的组织生存无望，并终将使独裁体制凌驾于社会之上。"①

基于完全竞争的假设包含着这样一种判断：涉入竞争过程中的每一个主体都无所不知。也就是说，凡参与竞争过程的人，对于影响竞争的所有因素都了然于胸，掌握了充分的信息。事实上，这在现实中是完全不可能的，更不用说有些信息是被作为商业秘密而得到法律保护的。就信息而言，处于竞争过程中的人是不平等的，是没有资格去开展完全竞争的。所以，完全竞争的假设是不成立的。而且，对于理解实际经济过程来说，是否做到完全竞争，也不会像古典经济学所认为的那样重要。在此，我们解读出的是，完全竞争会因信息的不能充分共享而无法出现。或者说，现实中根本不可能存在完全竞争，一切实际存在的竞争都是非完全竞争。

从逻辑上来看，非完全竞争必然导致垄断，事实也确实是这样。垄断不仅会对市场造成破坏，使"看不见的手"无法发挥作用，而且还会扩展到经济生活之外，并在社会生活中的许多方面都造成破坏性的影响，特别是对社会公平正义等会造成非常严重的伤害。看到了这一点，就使我们产生了对竞争行为普世性的怀疑。在自由主义完全竞争的假设之中，虽然通过"看不见的手"对竞

---

① 弗兰克·奈特. 风险、不确定性与利润. 北京：华夏出版社，2011.

争的调节在理论上是可以成立的，但在现实的经济运行中，却找不到可以支持这种理论的依据。即便在当下信息技术、大数据的发展和应用中让人看到了信息共享的可能性，但在实际上，若认为作为行动者的社会成员均能无差别地实现信息共享，则是不可能的。还有一个重要的问题，在社会高度复杂性和高度不确定性条件下，竞争的危害性会加倍放大，甚至会在很大的范围内对社会造成极大伤害。

我们可以得出两点结论：其一，完全竞争在低度复杂性和低度不确定性条件下是不可能的，在高度复杂性和高度不确定性条件下则会变得更加不可能；其二，非完全竞争在低度复杂性和低度不确定性条件下有着有害性的一面，而这种有害性在高度复杂性和高度不确定性条件下会得到无限放大。鉴于此，我们要终结竞争的社会，去自觉地建构合作的社会，用普遍性的合作替代竞争。

奈特发现，"不确定性是完全竞争机制重要的干扰因素"[①]。也就是说，不确定性对理论上所描绘的竞争形成冲击，使理论上的完全竞争假设无法转化为现实。实际上，即便是现实中存在的非完全竞争，也会受到不确定性的冲击。在工业社会，之所以经济、社会等诸多领域中的竞争机制能够建立起来并得以运行，是以消除不确定性为前提的。比如，法制就是一个确定性的框架，最大可能地防范和消除了不确定性，从而使得这一框架中的竞争能够展开。

在社会低度复杂性和低度不确定性条件下，通过法制以及科学技术手段，基本上达到了防范和消除不确定性的目标。所以，广泛的社会竞争发挥了更多的正向功能。而且，由于能够得到规则的规范，使竞争及其后果也具有某些确定性特征。然而，在高度复杂性和高度不确定性条件下，是无法建立防范和消除不确定性的几乎任何一种社会设置的。工业社会在消除不确定性方面曾经行之有效的制度和科学技术手段，不仅不能提供确定性，反而会受到不确定性的冲击，而且可以预见，所有这些设置都必然会被不确定性冲击得七零八落。在高度复杂性和高度不确定性条件下，竞争赖以展开的那个确定性框架将不复存在。这样一来，我们又怎能设想一种可以顺畅运行的竞争机制呢？考虑到奈特所说的不确定性是竞争的干扰因素，高度不确定性对竞争所形成的不仅是干扰，而且是实质性的破坏。一切竞争信念和行动一旦遭遇了高度不确定性，便如泥牛入海，甚至连一朵浪花都不会激起。

---

① 弗兰克·奈特. 风险、不确定性与利润. 北京：华夏出版社，2011.

公共选择学派把政治过程称为市场，在作为市场的政治过程中，竞争行为主体往往是以党派的形式出现的。事实上，现代民主政治就是以党派的活动为前提的。在近代以来的民主政治发展中，党派的出现是一个重要的转折点，标志着民主政治开始走向成熟。如果没有党派的话，民主政治也就无从谈起。既然民主政治需要以党派为前提，也就意味着，这种政治属于一种竞争政治，需要通过竞选的方式去选择政治生活以及社会治理的领导人。

应当承认，人们一直在探索某种非竞争性的民主政治，但一直未表现出成功的迹象。或者说，人们并不承认任何形式的非竞争性民主政治。在人们的观念中，只有包含着竞争的政治才被认为是民主政治。竞争政治是差异化的或者具有冲突性的不同利益进行博弈的场所以及活动，党派代表着不同利益诉求，通过政治活动达到利益均衡，使各方的利益诉求都能在某个合理的水平上得到满足，或者，得到最低限度的满足。这说明，西方民主政治无非是党派所代表的利益得以实现的途径，而不同党派所代表的利益又是相互冲突的，需要通过竞争的方式加以实现。

就西方国家而言，如果对党派所代表的利益进行追问的话，那无非是包含在一个社会的特定阶级、群体的利益诉求中的因素。再进一步说，是可以追溯到个人的要求的。然而，在社会高度复杂性和高度不确定性条件下，人的共生共在的主题突现，党派所代表的利益诉求在合理性的问题上开始变得可疑。从逻辑上看，党派的存在价值也必将受到质疑。一旦人们发现党派所代表的利益诉求并不在它们之间存在相互冲突，而是与人的共生共在相冲突，也就是说，某个党派在民主政治中的活动不仅是与其他党派的博弈活动，不仅是要通过博弈而达到利益均衡，而是对人的共生共在的冲击和破坏，那么，人们会不会提出终结党派这一政治形式的要求呢？果若如此，也就意味着民主政治失去了竞争者。假如民主政治失去了竞争者，那么它的唯一发展方向就只能是改变甚至废除既存的竞争政治的各种设置，从而把竞争政治转变为合作政治。

对于合作政治，是否需要党派这一政治形式？也许有些人会作出肯定的回答。其实不然。因为，合作本身会以直接行动的形式出现，并不需要某种政治实体去集结合作的力量和代表合作的诉求，更不需要通过代理行动去开展合作。所以，与竞争政治不同，合作政治将是全民的政治，每一个人都将参与其中。也就是说，合作政治是向全体社会成员开放的，任何体制上的、技术上的对任何人的排斥都将不被允许，任何排斥都将走向消亡。即便依然存在着党派，那么这种党派也必然是全民的代表，其纲领和主张都必须具有充分的普遍性。而且，其纲领和主张实现的过程必然是民主的，采用真正的实质性民主的运行方式。

在社会学的视野中，市场无非是一个分工-协作体系。事实上，现代社会本身就是一个分工-协作体系，在社会生活的每一个领域和每一处地方，展现给我们的都是分工-协作的运作方式。当分工促使人们开展竞争的时候，使得个人"内在的紧张和分裂在个体的心灵世界中格外地加剧了。不仅仅是本能调节和转化的加剧，而且成年人功能的狭隘化和专门化，甚至不同成年人群体之间竞争和对立的加剧，所有这一切都使得协调单个人之间的行为变得尤其困难，另一方面也增加了协调——不是在这一环节就是在另一环节——归于失败的概率"①。当人们被纳入协作体系时，往往会消极地开展协作行动，被动地执行协作要求。当协作是由外在性力量驱使时，人们会更加地感受到有一种被迫行动的因素构成的驱使力量，并产生抗拒的心态。在外在要求与抗拒心态的冲突中，人们也许会陷入紧张和焦虑之中。所以，在分工-协作体系中出现的各种各样的被称为社会原因诱发的疾病可以说大都是由上述原因引起的。

总的说来，就社会的运行来看，在竞争的社会中，每一个涉入社会实践的行动者都倾向于占有资源。即便那些资源是当下的行动不需要的，也会出于储备的动机而加以占有。因为，对资源的占有往往能够给予人们获取某种竞争优势的期待。事实上，迄今为止，在工业社会的运行过程中，在竞争所遍布的所有领域中，人们通过资源的占有确实获得过竞争优势，以至于人们形成了某种占有资源的心理定势。即便因为诸如某项新技术的出现而使占有的资源变成了垃圾，人们也会因为获取竞争优势的心理期待而加以占有。这样做，往往导致大量本应该提高生产力、改善人们生活、促进社会繁荣的资源被浪费了。即使那些资源是长期有效的，也会因为出于占有的目的而被封存，从而导致时间成本的增加，这同样是一种因资源闲置而浪费的状况。

在社会的低度复杂性和低度不确定性条件下，由于社会运行的速度较缓，所占有的资源在有效性方面并不明显地表现出快速地非资源化。而且，资源占有的成本也是竞争者能够承受的，或者，竞争者能够将资源占有成本以及"资源非资源化"带来的损失转嫁给下游的竞争者。然而，许多资源的有效性在时

---

① 诺贝特·埃利亚斯. 个体的社会. 南京：译林出版社，2003.

间上是非常短暂的。如果占有了资源而不加以利用，可能那些资源很快就变成了废品。同样，对那些长期有效的资源的占有，也会造成巨大的时间成本。也许就具体的行动体系而言，资源占有的各种成本都能够承受，但对整个社会而言，所造成的资源浪费加总在一起，却是不可承受的。所以，在我们构想的一个非竞争的合作社会中，应当取缔一切非利用目的的资源占有。合作的社会将在信息技术的支持下让每一个行动者都能够对所需资源进行随取随用。这就是一个从根本上改变人的观念、意识形态以及文化的问题了。

三、从竞争文化到合作文化

文化会因一个社会总体上的生存和发展需要而选择适合自己的内容和形式。在低度复杂性和低度不确定性条件下，不仅允许竞争，而且也需要竞争文化。然而，在高度复杂性和高度不确定性条件下，则需要一种合作文化。人类在20世纪后期已经进入了全球化、后工业化进程中，所面临的是社会的高度复杂性和高度不确定性，然而，工业社会的惯性使然，以至于我们依然在竞争文化的框架下去开展社会活动。克尔伯格（Kohlberg）指出："在当今这个时代，无休止的军备竞赛霸占了太多本已稀缺的公共卫生、教育和其他社会福利资源，其程度和规模可谓空前。"① 即便在一国内部，在社会结构已经因为新的社会因素的出现而发生了改变的情况下，人的行为模式也仍然从属于竞争文化。

20世纪后期以来，新社会组织的迅速涌现意味着社会变革运动正在发生。然而，我们需要做的一项工作却没有做，那就是，没有对工业社会成长起来的竞争文化进行一场彻底的反思，以至于这些新成长起来的社会构成要素被竞争文化格式化，进入了竞争过程，并非常享受竞争的乐趣。在我们的时代中，人们已经习惯于戴着竞争文化的眼镜去看待一切新的社会现象。所以，在新社会组织迅速成长的过程中，要从竞争文化出发去理解和框定新社会组织之间以及它们与政府之间的关系，并根据这种理解去作出相应的安排。这其实是将新社会组织这一全新的因素纳入工业社会的框架之中，其结果将是阻碍社会变革的发生。

20世纪后期迅速涌现出来的新社会组织是这个时代的特定产物，是在全球

① 迈克尔·克尔伯格. 超越竞争文化：在相互依存的时代从针锋相对到互利共赢. 上海：上海社会科学院出版社，2015.

化、后工业化进程中产生的，也是全球化、后工业化运动的一项内容，所代表的是一种面向未来的力量，必然会对工业社会的框架、竞争文化形成冲击，造成社会结构以及社会治理结构新的变动。但是，如果将新社会组织纳入工业社会的框架中，在它们以及它们与政府间形塑出竞争关系，让它们从属于竞争文化的规范，那么即便获得某种社会平衡，也是暂时的。既有的基于竞争文化而对它们所作出的安排和实施的规范只能将这种力量暂时地压制下来，一旦这种力量得到了更多的积累，突破既有安排和规范的行动爆发了，使人类社会出现动荡，将是非常危险的。正是考虑到这一问题，我们希望对竞争文化作出全面反思，要求对工业社会的框架作出扬弃，进而提出合作的社会以及合作治理的构想。

总之，我们需要在全球化、后工业化的时代背景中认识新社会组织的涌现这一社会现象，我们需要从新社会组织的涌现中解读出社会变革的要求，需要根据这种要求去规划面向未来的行动方案。以此为切入点去认识社会变革，对竞争文化的扬弃，对竞争行为的节制，都是需要我们加以思考的重要问题。

人类学家通过对不同民族的人的行为方式和思想观念的比较得出结论："总是与'人性'联系在一起的根本不是人的天性，而是后天学会的特别复杂的行为。"① 在既定的文化背景中，人的行为必然反映出所拥有的文化的特征，甚至在饮食男女这些人的自然方面，也会在实现的过程中反映出文化特征。文化塑造了人和人的行为方式，离开了文化，人性就是一种无从理解和无从把握的抽象判断。如果说人的本性是自私的，那也是由竞争文化中塑造出来的，在人类历史的宏观视野中看，并不存在抽象的人性。所以，我们是不应该对人的竞争行为作出人性方面的解释的，或者说，不能认为人性决定了人必然会以竞争的方式开展社会活动，而是需要从竞争文化的角度去理解人的竞争行为。

一旦我们从竞争文化的角度去理解和定义人的竞争行为，那么竞争文化在人类历史上所具有的阶段性甚至偶然性就决定了竞争行为的历史性。也就是说，如果竞争文化的社会价值已经丧失，如果竞争文化在人的社会发展和历史进步中所发挥的不再是积极作用，如果竞争文化把人类导入一种发展危机的状态，而且所有这些都为人们所意识到了，那么，就会提出终结竞争文化的要求，就会采取行动去寻找一种替代性的文化——合作文化。随着合作文化的建构取得

---

① 爱德华·霍尔. 无声的语言. 北京：北京大学出版社，2010.

了积极进展，如果人们依然持有人性的观念，也许就会说，自私不是人的本性，反而恰恰是反人性的。进而，也就会认为，合作而不是竞争，才是合乎人性的行为。

其实，人性的解释框架仅仅是源自对文艺复兴否定神性的思考，只是在工业社会这个特定历史阶段才被人文社会科学所信奉。一旦我们认识到人的行为是由文化形塑出来的，而不是由人性所决定的，就不会再坚持用人性来解释人的行为了，就会在合作文化的建构和维护方面加倍用功。进而，人的合作行为就会因为合作文化而成为最为合理、最为普遍的行为。当然，文化是习得的，但必须指出，在既定的文化环境中，人无法自己选择是否习得这种文化。

一旦一种文化环境形成了，并成为一个社会的主导性文化，生于其中的人就会在成长过程中自然而然地习得这种文化。正是由于这一原因，对于拥有竞争文化的工业社会而言，生于这个社会就会自然而然地获得自私的本性。的确，工业社会的人是自私的，但这并不意味着人永远都是自私的。当我们看到工业社会中的人的自私是由竞争文化塑造出来的时候，也就可以断定，竞争文化的消解将同时把人的自私本性也带走。

通过对竞争社会中各种对抗性社会变革策略的考察，克尔伯格指出，那些对抗性社会变革策略在逻辑上是存在悖论的，因而在行动上会表现出无力的状况。克尔伯格认为，对抗性社会变革策略虽然在某些具体的小事件上取得了进展，但在总体上是失败的。或者说，对抗性社会变革策略根本就不可能在社会变革中发挥真正的推动作用。无论对抗性社会变革策略在近代历史上发挥过什么样的作用，但在今天，"对抗性社会变革策略已经达到其有效性的极限。虽然过去人类在社会和生态方面较少相互依存之时，采取对抗性策略可能是必要和可行的，但现在这样的条件已不复存在"①。

在今天这样一个高度复杂性和高度不确定性条件下，人类已经无法承受竞争和对抗，倒不是我们厌恶竞争、反对对抗，更不是因为我们对合作有什么情感上的偏好。根据克尔伯格的意见，"作为一个物种，我们的再生产和技术成就已经导致了前所未有的相互依赖，地球上再也没有哪个社会团体是孤立的了。在这些新的条件下，新策略不仅成为可能，而且变得非常必要。只要其成员被

---

① 迈克尔·克尔伯格. 超越竞争文化：在相互依存的时代从针锋相对到互利共赢. 上海：上海社会科学院出版社，2015.

封锁在竞争关系中，一个内部相互依赖的社会实体就不可能协调其成员共同行动。生态恶化、资源短缺、物种灭绝、全球性的疫病流行、核武器和生物污染、恐怖主义、军事冲突等，都在迫使我们寻求共同和一致行动的新模式。在这种情况下，竞争性策略已经到了阻碍社会和生态复原的地步"①。

面对工业社会的竞争文化，克尔伯格提出："要批判地分析一种文化，就需要一种文化理论——借以解释何为文化，以及它如何塑造生活于这种文化中的人们，这些人又如何反过来构筑这种文化。"② 我们认为，也许克尔伯格的这一表述应颠倒一下顺序，因为我们并不是为了批判而批判，也不是在一开始就要批判某种文化，而是因为我们在对现实的感知中发现了一种替代性的文化正在生成。只是在我们回过头来反思既存的文化并发现它的诸多缺陷时，才针对它作了系统性的分析，才形成了批判性的意见，对竞争文化的批判就是这样。

20世纪后期以来，随着社会呈现出高度复杂性和高度不确定性，随着风险社会的提法得到了传播并得到了人们的广泛认同，随着危机事件的频发已经成为人类生存的一大困扰，合作的观念逐渐形成。尽管人们持有的还是竞争观念及其行为模式，但合作的渴望和追求越来越多地萦绕于人的脑海中，而且不断地付诸言词表达。这意味着合作文化正处于萌芽之中。我们感知到了这一点，并由此出发去反观近代以来的竞争文化，发现它在我们的时代已经成为引发风险的根源，甚至有危及人类生存的可能性。

显然，竞争文化已经不再像它在工业社会中所表现出来的那样发挥着促进生产力发展和赋予社会活力的功能。所以，我们在对它的考察和分析中，提出了一些批判性的意见。我们发现，对竞争文化各个消极面的揭示，是有助于合作文化的自觉建构的，能够在消除合作文化倡言中的一些空想成分方面发挥着积极作用。在思考合作文化建构的问题时，我们应当看到，"在同一文化中，不同个体之间的思维方式也存在着重大差异。文化不是完全统一的实体。在任一特定文化中，都存在着许多态度、理念和行为的潮流、反潮流和亚潮流"③。工业社会中的人们虽然共享竞争文化，却在各个方面表现出不同。不同国家，通过制度、社会治理方式等途径去反映竞争文化时，是存在着巨大的差异的。同

---

① 迈克尔·克尔伯格. 超越竞争文化：在相互依存的时代从针锋相对到互利共赢. 上海：上海社会科学院出版社，2015.
② 同①.
③ 同①.

样，当合作文化于全球化、后工业化进程中生成后，则会表现出对差异的包容。

"然而，任何时候，在任何给定的文化中，由于共有的文化惯例或'规范'，人们一般都能够相互了解、沟通和有效地相互影响。"① 文化是联结人们的纽带，允许人们根据自己对文化的感知和理解去作出社会性的行为选择。显然，人们之间各自作出的是独立的行为选择，但这种独立的行为选择却与他人的行为选择有着某种一致性，从而以社会性接纳或社会性排斥的结果出现。其中的奥秘就在于文化发挥了作用。虽然竞争文化更多地在行为主体间表现为排斥，但这种排斥主要反映在利益方面，或者说，是从属于利益实现要求上的排斥。在超出了利益以及利益追求的方面，排斥则呈现出逐渐消退的状况，让人们更愿意协作。而且，在利益追求中，人们出于壮大竞争力量的要求，也会理性地选择协作。

在竞争文化中，除了包含竞争、博弈、斗争、对抗之外，还包含着协作的基因。正是竞争文化中的这种既竞争又协作，以及总是通过协作而开展竞争，使得拥有竞争文化的社会有着无比优异的表现。在工业社会的语境下，人们很难想象后工业社会中的合作文化是什么样的。但是，有一点是人们都能够接受的，那就是当人的共生共在成为一个基本的社会主题后，工业社会中的那种以个体的人或可以还原为个体的人的利益追求，会显得不合时宜。相应地，竞争文化如果继续为人们所拥有的话，所发挥的就必然是破坏性的作用，必然会对人的共生共在形成冲击，而且那可能是致命的冲击。

出于人的共生共在的要求，人类必须在走进这个历史阶段的时候建构合作文化。一旦人的共生共在的主题被人们所意识到，并在此问题上达成了共识，就能够建立起合作文化了。无论文化在整体上具有多么浓重的自然生成和发展的特征，归根结底，依然是由人所建构的。一旦人在社会生活中有了建构一种文化的需求，就能够成功地建构起这种文化。随着人的共生共在的主题凸显出来，除了建构合作文化之外，人类已经别无选择了。

我们说合作的社会是非排斥性的社会，也就等于说合作文化具有巨大的包容性。但是，这绝不意味着合作文化能够在整体上包容竞争文化。在合作的社会中，在具体的领域或具体的社会项目中存在着竞争行为，但在这些存在着竞

---

① 迈克尔·克尔伯格. 超越竞争文化：在相互依存的时代从针锋相对到互利共赢. 上海：上海社会科学院出版社，2015.

争行为的地方，都会表现出从属于合作文化规范的状况，而且必然会受到严格的规范和限制。在合作文化得以建构起来的情况下，必然会对竞争行为有可能引发的大范围消极社会影响进行严密防范。

我们需要认识到的是，根本性的文化转型是与社会转型同步展开的。在今天，当我们认识到人类正处在"百年未有之大变局"中，并基于这个判断去寻求促进社会变革的策略时，就能够在文化转型方面发挥积极的促进作用。从竞争文化向合作文化的转型，是与从工业社会向后工业社会的转型相一致的。或者说，它们是同一场运动的两个方面。在此过程中，我们需要格外重视文化转型任务的艰巨性，需要在合作文化建构的目标中去发现终结竞争文化的策略和路径，而不是把这一过程简单地看作对竞争文化的批判和否定。我们甚至需要一场启蒙运动来对合作文化进行规划和描绘。只有当合作文化体系、内容、特征等各个方面都变得清晰的时候，才有可能实现对竞争文化的成功否定。否则，简单地否定竞争文化，并不能带来合作文化的确立，反而会把人类带入工业社会已经否定的那种状态中。

第二节　全球化、后工业化中的科学研究

如果说社会变革必然会推动社会治理的变革，或者，需要通过社会治理的变革来巩固社会变革，那么通过社会治理而去开展的社会建构行动，更需要得到新的思维方式的支持。从 20 世纪 80 年代以来的情况来看，一方面，全球化、后工业化意味着工业社会这个历史阶段中建构起来的社会治理模式出现了结构性危机；另一方面，在全球范围内兴起的改革，往往满足于对具体问题的解决。无论是新公共管理运动还是公众参与运动，都致力于探寻战术性的解决方案，而不是系统地思索社会治理模式变革的问题。因而，危机事件发生得更加频繁了，社会失序的危险也增加了。

虽然人类社会进入了全球化、后工业化进程，虽然我们的社会呈现出以往从未有过的高度复杂性和高度不确定性，而且我们已经拥有了改革的意识和观念，但在社会治理模式是否需要根本性的变革问题上，人们思考得并不多。从既有的理论探讨和改革实践来看，人们更多关注的是通过某项改革去解决局部性的或特定领域中的问题。对于工业社会的基本社会治理框架进行反思和审视显然是严重缺位的。因此，综合性的、全面的、根本性的社会治理模式变革的

问题很少得到讨论，甚至这一问题即使被提了出来也不会得到人们的关注，更不用说有什么反响了。

之所以出现这种情况，是因为我们既有的社会科学体系有着严密的分工，被分成了不同的门类。对于这样一个综合性的问题，是每一门学科都无法单独作出研究的，或者说，每一门学科都会将这样一个问题视为畏途。所以，在全球化、后工业化的背景下，社会科学的发展需要突破既有的学科藩篱，建立起能够综合性地把握世界的科学。当然，近代以来的科学通过学科分类而实现的分工是具有合理性的。但是，在今天这样一个社会生活的一切方面都要求打破边界的时代，我们需要拥有一种统一的科学观，以便实现对世界的总体性把握。

一、科学研究背景的变化

我们谈到和想到的科学，是在工业社会成长起来的。在很大程度上，得益于认识论哲学的贡献。尽管科学史可以把科学活动追溯到很古老的历史源头，但科学活动的专门化和科学思想及其理论的系统化，则是在工业社会这个历史阶段才呈现出来的。

工业社会的发展是一个在所有方面都不断分化的行程，这种分化不仅造就了不同的社会生活领域，而且也给了科学以边界分明的研究对象。正是因为每一门学科都有着独特的研究对象，才使各种各样的学科门类出现了，让我们拥有了各门学科。当一个领域分化成诸多具体的领域时，这个过程也可以用"脱域化"一词来加以描述，即脱离原先的领域。但是，从历史上来看，脱域化还有另一重含义：在人类社会从农业社会向工业社会转变的过程中，人们走出了千年生活的地域。也就是说，脱域化就是脱离地域的过程。在人类进入了工业社会后，脱域化就是工业社会的社会分化，因为社会分化而使各种社会因素脱离了原先所在的领域。所以，"脱域化"一词应当包含着两个方面的含义：其一，是指在工业化、城市化进程中人们脱离地域的行动；其二，是指工业社会发展过程中不断地脱离领域的领域分化过程。

吉登斯注意到脱域化这种社会现象，他提出了脱域化的概念。在他看来，"所谓脱域，我指的是社会关系从彼此活动的地域性关联中，从通过对不确定的事件的无限穿越而被重构的关联中'脱离出来'"①。显然，吉登斯所说的脱域

---

① 安东尼·吉登斯. 现代性的后果. 南京：译林出版社，2011.

化运动是指在工业化、城市化进程中，是从农业社会向工业社会转变过程中的人的流动，即人在流动中脱离了原先生活的地域。在今天，我们同样遇到了新的脱域化运动。一方面，是人的全球流动，走出了民族国家的边界；另一方面，是人们因为新技术的应用而改变了原先的生活状态。特别是互联网，打破了时间与空间的界限，使"在场"与"缺席"的状态模糊了。这两个方面都引发了人际关系的改变。

如果说工业化、城市化进程中的脱域化运动造就了陌生人，那么新的脱域化运动所造就的则是匿名人。因而，展现在我们面前的是匿名人之间的新型人际关系对陌生人之间的人际关系的置换。匿名人是模糊的，无法见其身形。但是，匿名人又是透明的，在大数据得到应用的条件下，匿名人的一切都会毫无遗漏地展现在人们面前。所以，就匿名人来看，完全的脱域已经使人失去了疆域，已经不再有什么边界横亘在人们之间。工业社会中的生活经验告诉我们，虽然陌生人互相共事和交往，但是他们之间的心理距离却是必然存在的。而且，陌生人之间的心理距离可能是非常巨大的。与之不同，匿名人之间没有什么心理距离。虽然匿名人在虚拟空间中开展行动，但他们却能够在合作行动中实现无障碍的交流，特别是在感性知识的沟通方面，能够达成共识。

在以工业化、城市化的形式出现的那场脱域化运动中造就了民族国家，民族国家因为主权观念的形成而造就了权威机构。有了权威机构，就把一个地域整合了起来。鲍曼认为，"使民族始终统一在一起的，是主权国家源源不断的力量，这在原则上——即使不是在实践上——不仅是保证共同的保障和福利的唯一力量，也是解决由它们所引起的冲突的唯一力量"①。在民族国家建立起来后，因为国家而使得民族成为一个共同体。一些被认为是同一民族但实则是同一种族的人群，如果分属于不同的国家，虽然会存在着情感认同，却不会凝聚共同行动的力量。即使凝聚了某种力量，也完全无法与国家相抗衡。

民族是与国家同步生成的。如果说在民族国家产生之前就存在民族的话，那只是对种族的某种误读。种族的基本单元是家，所以我们将其称为家元共同体。需要指出的是，种族这个概念经常被生物化，作为社会性的种族，既不同于现代性的民族，也不同于生物性的种族。民族国家的基本单元是组织，而组织无非是个体的人的基于契约而整合起来的群集性存在——族。而且，这个族

---

① 齐格蒙特·鲍曼．被围困的社会．南京：江苏人民出版社，2006.

是有着地域性或领域性特征的，所以，我们将其称为族阈共同体。不过，总体看来，工业社会的人们一直致力于划定边界的活动，整个"世界正在忙着把民族等同于国家，把国家等同于主权，把主权等同于严格控制的边界……200年来，世界似乎致力于把控制人类运动视为国家力量的唯一特权，致力于建立各种关卡来防止其他的——不受控制的——人类运动，并在这些关卡配备了警惕的、装备良好的哨兵。护照、签证、海关和移民控制——所有这些都是现代政府的发明"①。

脱域化、社会分化以及人们积极的划界活动，推动了社会的发展，以至于我们所看到的是，近代以来的社会发展所取得的最为重要的成果就是使整个社会都得到了条理清晰的安排，"在晚期资本主义条件下，所有的社会和政治关系都有明确的结构，好像这些关系仅仅是'自然界的一部分'"②。然而，在全球化、后工业化进程中，这种明确的结构以及对结构稳定性的追求，却成了保守力量。正因为如此，后现代主义把"解构"作为一项优先承担的任务。也就是说，只有对工业社会的所有僵化的结构进行解构，才能使人类社会重新获得生机和活力。

事实上，在工业社会的所有领域都达到了高度结构化的情况下，所呈现出来的或给我们带来的却不是稳定、平和的社会生活，而是处处弥漫着风险和危机的社会生活。其实，全球化、后工业化使得社会生活的每一个方面都呈现出了不确定性。或者说，这种不确定性在每一个领域都强烈地展现了出来，越来越多的工作岗位具有流动性，人们越来越适应甚至喜欢临时性的或兼职的工作。这个时候，愿意通过结婚去获得稳定家庭的人，在统计学的意义上呈现出递减的趋势。即使人们受到传统观念的影响而组建家庭，往往也不去谋求家庭的稳定存续，而是不断地通过离婚和再婚去赋予家庭以新的内涵。

在全球化、后工业化进程中，人、物、信息等的流动性迅速增强，而几乎所有社会构成要素呈现出来的流动性都对整个物理空间造成了直接冲击，从而让我们感到处处弥漫的不确定性。工业社会的民族国家是建立在空间的确定性的基础上的，当流动性使空间获得了不确定性的时候，民族国家的基础也就丧失了。所以，流动性使民族国家的边界变得模糊了，使社会治理不得不更多

---

① 齐格蒙特·鲍曼. 被围困的社会. 南京：江苏人民出版社，2006.
② 约翰·基恩. 公共生活与晚期资本主义. 北京：社会科学文献出版社，1999.

地在观念上去确认民族国家的边界，即通过护照等确认民族国家人群的标识去强化民族国家的存在。这就是鲍曼所说的："地理上的非连续性不再重要，因为'速度-空间'（speed-space）笼罩着全部的地球表面，它把每个地方几乎都变成了同样的'速度-距离'（speed-distance），使所有的地方都彼此接近。"①

在同样的意义上，法默尔（Famer）从后现代主义中解读出的是一种具有历史进步意义的结果。"后现代主义思考对象的结构变化将推进非地域化的过程。我们必须对地域化手法的局限有所认识。后现代主义的交叉学科研究和跨学科研究，力图恢复已失去的知识统一性的企图，受到了误解。然而，随着人为的学术边界时代的完结，后现代性也鼓吹学科自足性的终结。公共行政的结构随着学科与分支专业之间的围墙的倒塌而倒塌。"② 我们可以看到，在社会治理的科学研究中，就出现了这样一种状况：公共行政将被一门新的更具有综合性的学科所取代。目前，我们将公共管理暂时确认为这样一门学科，认为它在很大程度上能够取代公共行政学科。

虽然后现代主义不同意把解构看作方法，更不会将其作为行动方案来对待，但解构所包含的非领域化隐喻，能够指向某种重新建构的追求。因为，"在后现代性中，所有的知识在性质和组织方面都被非地域化了。这一情形在公共行政和其他学科中也都同样适用。那被强加于我们的认识的诸假设的格式或语码都要被移除"③。这就是后现代主义要求解构的原因。其实，仅仅对现代性进行解构还是不够的，只有在解构的过程中实现对结构的重建，才能造就一个新的社会。

当然，在后工业化进程中所呈现出来的是高度复杂性和高度不确定性，它决定了根源于传统的对结构的偏爱必将带来各种各样的问题。也就是说，工业社会在所有方面都一直谋求稳定的结构，这在社会的低度复杂性和低度不确定性条件下是可能的，而且我们也能够看到，结构在所有方面都予人以经济、方便和安定。但是，在社会呈现出高度复杂性和高度不确定性后，现代性的结构无疑就过时了。可以想象，在我们拥有把握存在的结构这样一种思维方式时，就不得不承认后工业社会也必然是有结构的，只不过它的结构是灵活和富有弹

① 齐格蒙特·鲍曼. 被围困的社会. 南京：江苏人民出版社，2006.
② 戴维·约翰·法默尔. 公共行政的语言：官僚制、现代性和后现代性. 北京：中国人民大学出版社，2005.
③ 同②.

性的，而不是现代性的那种稳定的结构。

在全球化、后工业化已经构成了一个显著的社会变革现象时，鲍曼所看到的是："在现代性的'固体'阶段，空间和权力往往交织在一起。权力是一种空间观念，一种具有固定领域的观念。权力取决于其权威延伸到的地域。"① 随着流动性的增强，权力发挥作用的空间保障消失了。或者说，由于权力的作用对象十分不确定，以至于为了权力发挥作用而建立起来的一切设置，都将变成空架子。所以，关于权力如何发挥作用、权力的合法性和正当性、权力如何得到制约等一系列问题，都失去了加以讨论的价值。

不仅如此，在全球化、后工业化进程中，许多莫名的力量正在生成，"这些力量没有固定的地址；不像明显受到地域影响的国家权力，它们是超区域的；不像永久固定在某地的国家机构，它们在全球范围内自由移动。这些力量是变化莫测、难以捉摸的，它们很难被确认，更不可能被抓住"②。正是在这些力量的推波助澜之下，我们的社会才呈现出高度复杂性和高度不确定性的特征。

总之，工业社会的发展历程就是一个领域分化的过程。然而，在20世纪，一方面，领域分化凯歌行进；另一方面，领域融合也在悄悄地发生。比如，就领域融合的重要历史事件来看，基于凯恩斯主义的社会干预政策造就了社会国家化和国家社会化的局面。尽管凯恩斯在设计社会干预政策的时候并未想到这一点，但作为一种客观结果，却可以看作是凯恩斯主义促成了这一点。"社会的国家化与国家的社会化是同步进行的，正是这一辩证关系逐渐破坏了资产阶级公共领域的基础，亦即，国家与社会的分离。从两者之间，同时也从两者内部，产生出一个重新政治化的社会领域，这一领域摆脱了'公'和'私'的区别。"③

哈贝马斯将此看作公共领域的结构转型。实际上，从20世纪后期的情况来看，这不仅是公共领域的结构转型，而且正在促进领域融合。诸如非政府组织的出现、互联网的广泛应用等，都在不断地抹平公共领域、私人领域和日常生活领域之间的边界，向我们展示了一个新的脱域化景象。就领域融合意义上的脱域化而言，与从农业社会向工业社会转变过程中的那场脱域化有着本质上的

① 齐格蒙特·鲍曼. 被围困的社会. 南京：江苏人民出版社，2006.
② 同①.
③ 尤尔根·哈贝马斯. 公共领域的结构转型. 上海：学林出版社，1999.

不同。从农业社会向工业社会转变过程中的那场脱域化，主要是用领域分化代替了地域分离。也就是说，在实现了物理空间上的脱域的同时，也实现了社会空间的领域分化，即分化出公共领域、私人领域和日常生活领域。然而，发生在全球化、后工业化进程中的脱域化，既实现了物理空间的脱域，也实现了社会意义上的脱域，是一次全面性的脱域化。

在高度复杂性和高度不确定性条件下，集体与个人之间的分界变得模糊和不确定了。这一点已经在互联网上得到了部分印证。特别是在微信朋友圈中，我们无法断定任何一个微信群是集体，也没有办法把某个持续发表评论的匿名人（也许是一个组织严密的写作班子）当作个人。近代以来，在社会建构中，一直存在着集体主义与个人主义的争论。现在，在集体和个体无法得到确认的情况下，我们无法用个体主义或整体主义的观点来解释各种各样的社会现象，更不用说根据这两种观点中的某一种去开展社会治理和进行制度安排了。

我们发现，在工业社会传统色彩较为明显（诸如生产）的领域中，在官僚制组织体系中，集体与个体的边界是比较清晰的。然而，在股票交易中，多方与空方是不确定的，也许你会将散户定义为个体交易者，但就他们制造出一波大行情或股灾而言，能够确定地说他们是有着统一步调的集体吗？其实，类似的情况在社会生活的各个领域中都成了必须给予关注的现象。也就是说，在社会生活的各个领域中，都出现了集体与个体正在走向消失的迹象。如果我们的思想不停留在静止的状态下，而是转向了动态的行动过程中，就会发现，这一点是再浅显不过的现实了，根本就不需要用某种高深的理论去表述。

总之，个体主义与整体主义正在失去现实依据。一旦个体主义与整体主义的边界被拆除了，就会要求社会生活——特别是伦理生活——必须根据新的社会现实进行建构。在我们的社会建构观念发生变化的过程中，服务于新观念确立的社会科学研究，就不再能够囿于近代以来社会科学学科分立的框架去开展活动了。

二、分析性思维与科学研究

许多社会现象具有自然属性，会被认为是自然而然的。比如语言，如果刻意地将其定义为社会现象或自然现象，在科学上，并无实质性的意义。但是，在工业社会，人们却需要对此作出回答。因为，在创制秩序的观念中，在分析性思维的驱动下，人们必须作出"要么是自然的，要么是社会的"这样一种区分，从而获得真理需求得到实现的满足感。或者，在社会现象与自然现象的区分中，去理解人的位置。

然而，正是因为这种区分，将人类的认识划分为不同的领域，从而出现了自然科学与社会科学。沿着这种区分的逻辑前行，在自然科学与社会科学这两个基本门类中，又不断地进行一阶区分和二阶区分。因而，无论是自然科学还是社会科学，都不断地衍生出诸多的科学门类，以至于我们今天拥有了各种各样的学科。其实，在所有方面都致力于作出区分，所反映出来的是工业社会历史时期中人的认识特征。因为，在农业社会的历史时期中，人们并不刻意地作出这种区分。同样，到了后工业社会，对某些现象作出自然的或社会的定义，也将不是人们刻意关注的事情。

到了后工业社会，人们将不再认为对各种各样的事项进行自然的或社会的区分是有意义的，甚至会对这种表面上的、形式上的区分表达激烈的批评。或者说，由于人们对世界的认识、理解和把握都更加直接地与行动联系在一起了，以至于所关注的是那些现象之于人的行动的意义和价值，而不是要求把握它们的抽象性质。这也许是实用主义的境界，但我们却将其视为实用主义完全实现的状态。也就是说，它完全超越了实用主义，甚至可以说与实用主义的所有主张和观念都丝毫没有关系。马克思在《1844年经济学哲学手稿》中曾构想关于自然的科学与关于社会的科学将成为一门科学。在全球化、后工业化进程中，我们看到了马克思这一构想得到实现的希望。

自康德确立认识论体系后，一种稳定的、可以习练和可以操作的思维方式出现了。这种思维方式是一种分析性思维，它在现代性的全部科学研究中都得到了应用。在分析性思维的视野中，可以将理论区分为宏观、中观和微观三个层次，正如帕森斯（Parsons）在《社会行动的结构》中所指出的，"将对于社会现象的分析以最为宽泛的方式推向一个新的轨道，由此出现的提纲要领显然就会是'宏大理论'"[1]。在分析性思维展开的路线中，默顿（Maton）才能够合乎逻辑地提出把注意力放在"中层理论"上的计划。

其实，从科学体系的构成来看，对整体的分析、分解已经形成了不同的学科，每一个学科又包含着诸多理论。既然学科是各自以社会现象的宏观、中观和微观为研究对象的，那么每一个学科中的诸多理论就与学科的定位相一致。

---

① 塔尔科特·帕森斯. 社会行动的结构. 南京：译林出版社，2003.

所以，并不存在什么专门的中层理论，宏观理论、微观理论也同样是不能成立的。我们至多只能够描述人的视野是宏观、中观或微观的，就理论而言，根本就不可能有这种区分。当然，也有一些学科是横跨从宏观到微观的各个象限的，会提供多重研究视角。在这些学科中，也许会存在某些属于中间层级的研究，但若提出了某种理论的话，就不可能被认为是中层理论，更不用说存在着什么跨学科的中层理论。因为，如果有人认为理论可以区分为宏观、中观或微观的话，那肯定是缺乏现代认识论素养的一种表现，即不理解分析性思维在逻辑上所追求的是所有现象背后的同一性。

现实存在的，或者说，我们所面对的，往往是以整体的形式出现的对象。但是，对于科学研究而言，这个整体只是在静态的观照中所见到的。如果说整体具有总体性的话，那么整体也就能够转化为总体。对于总体，需要加以动态的把握，或者说，总体就是动态的把握中的存在。当我们认识一个整体性的存在时，把握了其构成要素以及这些要素的构成方式，就可以获得一个整体的概貌。然而，对于总体来说，除了需要把握这些要素及其结构之外，还要引入历史的、过程的维度，需要将每一个要素以及结构放置在动态的过程之中。不仅如此，还需要充分考虑与认识对象相关的环境等因素，因为所有环境因素都嵌入在总体性的存在之中。

关于总体的把握，还有一个不能忽视的方面，那就是，认识者也会同时在认识过程中将自己的观念、情绪、心智等投入到总体之中。所以，总体从属于过程性和复杂性的规定。单纯就对象而言，我们可以看到，如果我们去研究嘴的功能，就会遇到这样的问题，嘴不仅是用来吃饭喝水的，也是用来发声的，在特定的情况下，还可以用来接吻。所以，我们并不能仅看到嘴的某一项功能，而是需要从多方面去认识它。

然而，科学抽象往往让我们放弃了对嘴的多种功能的完整把握，而是要求我们专注于其中某一个功能。那样做，其实是一种制造神话的做法。比如，仅仅让我们看到嘴被用来接吻的功能，那实际上成了维纳斯的嘴；仅仅看到嘴的吃喝功能，那其实是饕餮的嘴。在广义的科学研究中，尽管我们没有感受到科学抽象创造出类似的上述神话，但它创造出了无数的"恶神"却是不争的事实。否则，人类也不会被引到风险社会中。鉴于人类越来越难以承受科学抽象引发的后果，所以我们必须寻求新的思维方式来替代它。

有了分析性思维，我们就有了各种各样的学科。比如，在研究经济现象时，我们有了经济学，而对运行中的经济媒介而言，当我们做出专门研究的时候，就产生了货币银行学。但是，如果我们仔细考察货币的演进史，就会发现，货币并不像分析性思维所判断的那样静止地表征商品的价值，而是出于交易方便的需要而发生变化的。这是货币演进的真实情况。然而，分析性思维无论在什么样的层面，都无法达到对这一真实情况的理解。也就是说，无论是把货币作为商品价值的符号，还是作为交换关系的表征，都无法从中分析出货币演进史的方便原则，更无法得出虚拟货币必然出现的结论。甚至可以认为，即使发现了交换关系中的信用需求、降低交易成本的需求、货币的流动性等，也都需要求助于一种不同于分析性思维的相似性思维。

如果人们按照分析性思维的标准程式建立某个（些）模型的话，那么在所建立起来的模型之中，肯定包含着相似性思维。在某种意义上，离开了相似性思维，分析性思维是无法展开的。在工业社会的行进中，告别了早期的机械论就意味着对相似性思维的某种妥协，即走上了向相似性思维妥协的行程。一方面，分析性思维走向了实证方法的确立，从而使自己变得更加具有科学性；另一方面，越来越呈现出向相似性思维"献媚"的状况。在历史的维度上，如果我们将此理解为分析性思维自我否定的举动，那也是可以的。

在历史研究中，往往会对历史的连续性与间断性进行思考。历史的间断性是以突变的形式出现的，无论是生物的进化史还是人类的历史，都包含着突变的环节。对于这种突变，分析性思维能够给出令人信服的理由，从而将其纳入因果链条的连续性中。然而，对于突变的总体性把握，需要借助相似性思维才能得到完整的理解。特别是对于认识史而言，从一种范式向另一种范式的转变，分析性思维无法对造就灵感的事件给予科学性的解释。从托勒密、哥白尼到牛顿，再到爱因斯坦，思想的灵感来源以及所促成的范式变革，是无法在分析性思维中去加以认识的。所以，也就无法通过给定的相应条件而促成又一个牛顿或者爱因斯坦的诞生。即使科学家都躺在苹果树下，也不可能从中再产生出一个牛顿。

在横向的维度上，同样可以看到连续性与间断性是一个必须给予认识的问题。其实，分析性思维在处理毗邻事物以及层次间的断裂时，必然会使逻辑的连续性从属于某种模糊判断。我们无法设想连续性可以在没有任何间断的情况下延展下去，然而，这些间断处，是分析性思维基因缺损的地方。一般说来，在这些地方，都需要求助于想象来加以修补。这样一来，我们就可以断定，无论分析性思维多么完善和多么纯洁，都得在必要的时候求助于相似性思维。在此意义上，我们说分析性思维是包含着相似性思维的，只不过在外显的形态上表现出这两种思维方式的不同。

我们说农业社会是相似性思维得到广泛应用的时代，工业社会是分析性思维占统治地位的思维方式的时代，但只是指其中一种思维方式在一个时代中占主导地位。实际上，占主导地位的思维方式又包含着另一种思维方式。在后工业化进程中，当相似性思维重新获取主导地位后，就会包含着分析性思维。

一般说来，相似性思维的空间形态是间断性的，或者说，只有在间断性的空间中，想象才能得以展开，才会有价值。想象如果不流于空想，就必须在空间上的相邻性中展开。但是，无论这种相邻性表现得多么密切，也必然是间断性的。分析性思维所要求的完全是连续性，因为逻辑不能接受任何间断性。对于分析性思维而言，在出现了间断性的地方，也就不存在合理性。所以，为了维护逻辑上的连续性，分析性思维往往会把一些非常简单的甚至不言自明的问题搞得无比繁复。

相似性思维与分析性思维的这一不同点，让我们看到，与分析性思维相比，相似性思维在认识和把握空间形态方面更显擅长。比如，在古代的几何学中确立的一些定律，可能直到今天都无法由分析性思维所擅长的手段去破解。我们猜测，古人关于几何学的研究成果是得益于相似性思维的贡献。事实上，相似性思维所要达成的正是对事物的总体性把握，更多的时候表现出了对事物的直观认识。这些思维常用的想象、类比、隐喻等工具，都具有直观的特征。所以，它不像分析性思维那样需要对事物进行分析、分解，从中分析出认识对象。

相似性思维的时空观念虽然具有一定的模糊性，但同时性与历时性、相邻与相隔、附近与遥远的区分则是明确的。而且，这种区分不仅仅局限于形式的方面，而是包含着质上的区分。与分析性思维相比，相似性思维所造成的形式方面的流失，往往会在质上得到补偿。所以，它的模糊性并不影响人们的观念共享，也不会影响人们的交流与交往。分析性思维促使人们划定边界和制造边界，而相似性思维则把人们引向消融边界的方向。拥有相似性思维的人，会尽力突破那些对人的活动形成约束和限制的边界。

就科学研究的现状来看，在分析性思维占据科学研究的主导性地位之后，比较的方法得到了广泛应用。或者说，比较的方法成了分析性思维得以展开的基本前提。就此而言，科学研究中的比较方法在两种思维方式间架起了桥梁，使两种思维方式得以和平相处。但是，即便在分析性思维占据主导地位的现代，无论是在人文社会科学还是在自然科学的领域，那些在科学研究中取得了非凡业绩的人物，从他们的思想流动的脉络来看，都有着诸多与分析性思维不符的因素。

在某种意义上，恰恰是那些不合于分析性思维的因素，为那些伟大的思想和理论成就的获得提供了支持。即使就现代哲学史上的几位对分析性思维模式的形成作出了巨大贡献的哲学家来看，他们的成就显然也不是根源于分析性思维的，反而恰恰是来自相似性思维的。所以，不仅类比，甚至比较，都反映了相似性思维于其中发挥的作用，或者说，运用比较的方法，恰恰为相似性思维得以表现提供了机会。

当然，科学研究中对比较的方法的应用，即对不同的事物中相邻但又有着一定距离的事物进行比较，往往包含着发现同一性的动机。但是，就比较的方法能够成立而言，显然是默认了可能具有联系的事物间的边界。如果说准备比较的事物之间毫无联系的话，显然是无法进行比较的。如果准备比较的事物之间没有边界，而是混为一体的，也无法进行比较。

在比较两类不同的事物时，可以有多重视角。从什么视角去观察并表达意见，是由解释框架所决定的。比如，你在比较树木与竹子的时候，可以从形式上描绘出它们的不同，也可以从它们结构上的差别入手，还可以引入一些神秘性的解释，即可以说树木的生命力蕴于其冠，而竹子的生命力蕴于其根部。但是，对于科学研究来说，当两个事物进行比较的时候，不仅仅是出于解释的需要，而是希望将认识成果转化为实践。而且，科学认识是否具有真理性的价值，恰恰需要在实践中去加以证明。所以，通过比较而展开的科学研究必然在逻辑上接受再一次的比较，从而确认科学研究所取得的认识所具有的实践价值。

正如索绪尔（Saussure）所指出的，"对象在有确定的存在前是不可分析的"[①]。在工业社会的低度复杂性和低度不确定性条件下，科学研究的对象就是确定的存在，而不是"在有确定的存在前"，因而是可以进行分析的。事实上，工业社会的整个科学在最根本的意义上所使用的都是分析性思维，都是首先确

---

① 费尔迪南·德·索绪尔. 普通语言学手稿. 南京：南京大学出版社，2011.

立了稳定的、边界明晰的、确定的对象，然后再对对象进行分析，通过分析去揭示对象的深层内容和把握对象的实质。

　　然而，在高度复杂性和高度不确定性条件下，我们面对的对象恰恰很难成为"确定的存在"，从而使分析的展开丧失了依据。当然，我们可以以科学进步为理由来证明分析是可行的，但我们在对象尚未出现之前或对象尚未成为确定的存在之前如何形成关于对象的完整表象呢？难道不是求助于相似性思维的想象吗？即使我们在想象中构建了尚未成为确定性存在的表象，那也进行了分析，那么这种分析的结果是否必定会出现？或者说，与即将出现的事实在多大程度上是相符的？一旦我们思考这一问题，就可以看到，我们当前制定危机管理预案的做法，恰恰是由分析性思维导致的行为。

　　考虑到我们现在正处在全球化、后工业化进程中，也就是说，我们所在的社会已经不同于工业社会，科学研究所面对的正是具有高度复杂性和高度不确定性的研究对象，以至于分析变得非常困难。而且，即使我们勉强去进行分析，也不能形成可靠的结论。即便是自然科学，那些简单的和确定的、低度复杂性和低度不确定性的研究对象，也已经被发掘殆尽，以至于今天不得不面对那些具有高度复杂性和高度不确定性的研究对象。

　　这样一来，如果不实现思维方式的变革，是不可能推动科学进一步发展的。如果说 20 世纪后期以及 21 世纪所呈现给我们的是一种技术不断取得突破性进展的新迹象，那么这一时期在科学理论的建构方面，是无法做出乐观评价的。为什么技术进步每日都有新的成就，而科学理论却少有新的观点，显然是因为能够支持科学理论创新的思维方式已经不再提供过去所表现出来的支持了。这也说明，如果我们期待在科学的发展中再度出现理论创新时代的到来，就需要将思维方式变革的课题提出来并进行研究。

三、学科边界的消融

　　既有的科学研究充分地反映了工业社会领域化的状况，而且是非常典型的。无论是在大学还是在研究机构中，都可以看到，"每个专业也是一个被围廓的区域，专家们在里面守护着自己的领地"①。"偏狭的学科分类，一方面限制了知

---

① 戴维·约翰·法默尔. 公共行政的语言：官僚制、现代性和后现代性. 北京：中国人民大学出版社，2005.

识朝着专业化和日益相互分割的方向发展，另一方面也可能促使接受这些学科训练的人，日益以学科内部的严格训练为借口，树立不必要的界限，以巩固学科的专业地位。"① 比较而言，人文学科的情况稍有不同，该学科拥有某些相对于科学知识的开放性，从事人文科学研究的人往往表现出了开放性的治学品质，哪怕这种开放性是极弱的。整个社会科学以及自然科学的封闭会导致专业之间的相互排斥。以伦理学的研究为例，可以看到，如果认为伦理学是一门科学的话，根据分析性思维，就应当把道德作为一个具有确定性的对象来加以研究。然而，道德的不确定性决定了任何试图把道德范畴固化的努力都不会取得成功。伦理学研究遭遇的困难意味着，分析性思维在伦理及其道德的研究中是力不从心的。科学的观念、方法越是被认为有着很强的科学性，就越会在研究中暴露出反科学的一面，特别是在人文研究方面，科学的观念和方法经常走到自己的反面，这就是科学的反科学特征。对科学的这一反科学特征，人们往往是视而不见的。所有这些问题，概由近代以来的认识论传统及其分析性思维所造成的。

从属于认识要求的分析总会将人们引向对终极原因的追寻。然而，在许多问题上，是很难找到某个终极原因的。而且，即使能够找到，也没有必要。在对社会现象的认识和理解中，更是如此。所以，辩证法虽然重视对原因的寻找，但更重视因果链所连接起来的过程，即在因果互动和互证中去理解社会现象。在某种意义上，它已经冲淡了对原因的探寻。在后工业化进程中，辩证法对事物运行过程的关注越来越显示出方法论的价值。在某种意义上，在对后工业社会的构想中，特别是对于合作行动的把握，那种动辄就追寻终极原因的分析方法，对合作行动并无多大的意义。

我们还看到，基于分析性思维的科学发展到了最高形态时，所呈现出来的就是量化分析。然而，高度复杂性和高度不确定性的总体环境本身拒绝任何量化的分析和抽象。就组织理论来看，20世纪后期的权变理论对量化分析的方式作了基本否定。其实，权变理论的组织环境策略依然是一种环境控制策略，是与合作制组织的行动原则和出发点完全不同的。合作制组织的非控制导向决定了它并不准备从环境中抽象出一些关键性的变量。而且，合作制组织在面对高度复杂性和高度不确定性的环境时，也无法从这种环境中抽象出关键变量。合

---

① 华勒斯坦. 学科·知识·权力. 北京：生活·读书·新知三联书店，1999.

作制组织面对自己所处的环境，持有的是一种系统的观念，是把环境作为一个完整的有机系统来看待的，所要把握的是环境的总体性特征，并在环境的迅速变化过程中随机地选择和调整应对方案。

我们知道，把抽象概念或范畴定义为某种固定的形式是近代以来的分析性思维的基本特征，虽然这种做法受到了辩证法的激烈批评，但其在科学发展史上的主流地位并未动摇。在全球化、后工业化进程中，社会的高度复杂性和高度不确定性，使辩证法所进行的理论批判得到了实践的响应。因为，社会生活（特别是社会治理）的实践越来越显示出了对近代以来科学的分析性思维传统的挑战。也就是说，社会生活的实践对那些理论建构赖以出发的基本概念和范畴所表现出来的凝固化，是以实际行动给予否定的。

在全球化、后工业化运动中，实践已经提出了对建构新的科学思维方式的要求。正是这种根源于实践的要求，使得那些因为继承而掌控了理论的人感到难以适应。可以相信，那些人的这种不适应性会延续很长一段时间。但是，蕴含于实践中的要求会让人们越来越清晰地认识到，必须通过思维方式的变革去适应社会变革对科学以及所有社会活动提出的新要求。所以，我们在全球化、后工业化进程中首先要做的工作，应当是谋求思维方式的变革。

在分析性思维当道的时代，辩证法（原生的、没有受到歪曲的辩证法）代表了另一种思维方式，或者说，预示着一种不同于分析性思维的思维方式。也就是说，辩证法不仅是一种方法，而且是作为一种理性的逻辑而存在的，是一种思维框架，是把世界安排在一定的理解秩序之中的坐标。虽然把辩证法看作一种方法已经足以证明它是一种在哲学发展中实现了高度整合和得到了充分发展的思维方法，但还不足以说明辩证法能够对世界的本来面目是什么样子作出准确的把握。

当我们把辩证法看作一种理性的逻辑和思维框架时，再去观察世界，就能够得到更加深入和准确的把握。这个时候，所把握的世界就不是局部性的，而是总体性的；就不再需要把自然与社会、生存环境与生活世界本身割裂开来加以把握，而是包含着对生活世界自身的科学理解和积极建构。正是在此意义上，我们说辩证法所代表的是一种不同于科学理性的另一种理性，是对工具理性的超越，在实质上，属于一种实践理性。

从人类认识史的角度来看，由于辩证法的出现，宣布了以往各种各样认识论的终结。显然，辩证法包含着人类对世界的认识，但它远远超出了认识论的认知模式。有了辩证法，如果再把哲学分为本体论和认识论，就成了一种反实践理性的理论活动了。辩证法意味着对世界的总体性把握，特别是当它运用于对生活世界的理解的时候，更不容许任何割裂对象和认识过程的行为存在。我们知道，在认识论哲学中，包含着本体论、认识论和实践论三个理论部分；在认识论的完整的逻辑进程中，包含着本体、认识和实践三个环节。然而，在辩证法的总体性观念中，它们都统一为一个整体，是不可分开的。一旦辩证法实现了对认识论体系的这种整合，就能够为开创一个新的哲学时代做好充分准备。进而，因为人类进入了一个新的哲学时代，一种完整的范式生成了，并实现了对认识论所开辟的工业社会时代的科学范式的置换。

法默尔认为："后现代性转变了已确立的思维方式，尽管并不存在一个唯一的后现代主义观点；毋宁说，后现代主义者是各持己见，其中的许多人否认这个标签。没有肯定的纲领，没有整齐划一的概念体系，没有对未来的承诺。"[①]后现代主义致力于追求和形塑的是具有后现代性的世界。但是，关于后现代性，每一位思想家都有着不同的认识和理解。尽管如此，包括后现代主义在内的所有不愿驻足于工业社会的思想建构行动，都包含着一个公认的判断，那就是，人类将有一场思维方式变革的运动。

事实上，所有在后现代主义名下的思想，所有具有后现代主义思想的亲戚和邻居，只要在理论思考方面有着较为深入的体验，都倾向于对一种新的思维方式的追寻。其实，就现实而言，我们可以相信，全球化、后工业化必将造就一个后国家主义的时代。在这个后国家主义的时代中，人们会发现国家的边界变得透明了，而且人们轻而易举地就可以越过边界，甚至在人们的许多日常活动中跨越国家边界成了自然而然的事情。

虽然我们距离后国家主义时代还很远，但某些走向这个方向的势能已经反映到了科学研究之中。在社会科学的最新进展中，我们已明显地感到许多学者不满足于原先基于民族国家框架所进行的社会科学研究结论。比如，全球化似乎预示着国家已经不再是科学分析的唯一现实依据，许多科学构想都需要超越国家的概念展开。华勒斯坦就明确表达了这一看法，"国家作为概念容器的自明性——这是社会科学中的一个既来自研究个别的历史学又来自更带有普遍主义

---

① 戴维·约翰·法默尔. 公共行政的语言：官僚制、现代性和后现代性. 北京：中国人民大学出版社，2005.

倾向的社会科学的派生物——便遇到了严峻的挑战，成为一个聚讼不已的问题"①。在全球化、后工业化进程中，科学研究将会表现出对学科边界的淡化。其实，即便在工业社会的背景下，科学研究中的那些愿意做出深度思考的思想家，往往表现出了一种对边界较为轻蔑的态度。罗尔斯（Rawls）认为，"在对具体环境尚不能做到了如指掌时，保持模糊的边界能够给理论本身以足够开放的空间"②。但是，这仅仅是在少数思想家头脑中的一种试图超越边界限定的追求，而科学发展的历史所呈现出来的却是另一幅图景。

可以认为，人类文明史直到今天所呈现给我们的都是厘定边界的努力。因为有了边界，自我与他人之间得以区别开来，专业化成为可能，国家和民族可以不受外部骚扰而创造安定和谐的生活环境。但是，全球化呈现了逆转这一历史进程的迹象，似乎是在所有打破边界的地方去示意人类走向未来的历史进步方向。当前，维护边界和打破边界已经成了两类人群间的边界。在思想上和行动中维护边界的人，都会对全球化表示怀疑和恐惧；所有主张打破边界的人，都对全球化表现出欢迎的态度。对于支持全球化的人来说，尽管会受到全球化引发的各种各样前所未有的问题的困扰，但在内心深处，总会认为拆除边界是人类社会发展中的下一个重大工程。

就全球化、后工业化是一个不断展开的过程而言，其中的几乎所有问题都未定型。因而，我们对这一进程中的所有问题的探讨和研究，都应尽可能地保持一种模糊的边界。事实上，这将成为未来科学研究的一个基本原则。全球化、后工业化本身就意味着人类社会进入了一个高度复杂性和高度不确定性的历史阶段，它决定了科学研究无法再为研究对象厘定边界。任何试图确立边界、划定边界的做法，即便提供的是模糊的边界，也会对开放性的研究造成负面影响。所以，一旦在新的起点上发展起来的科学取得了长足的进展，那么对模糊的边界也会采取消除的行动。

全球化、后工业化不仅意味着人类历史的一个新的阶段正在徐徐开启，而且也意味着科学发展将在一个新的起点上开始自己的行程。科学研究在工业社会中形成的领域正在丧失其价值，专业化并不是阻止科学边界消融的借口。相反，我们恰恰需要在对既有的所有科学边界的突破中去寻求科学发展的可行路

---

① 华勒斯坦. 开放社会科学：重建社会科学报告书. 北京：生活·读书·新知三联书店，1997.
② 罗尔斯. 作为公平的正义：正义新论. 上海：上海三联书店，2000.

径。比如，近期再度成为工程技术热点的人工智能问题，已不再是传统意义上的工程技术，而是需要在打破既有的学科边界中寻求突破口。

对于社会治理这样一种关系到整个社会的行动而言，研究者自觉地打破学科边界，实事求是地观察和思考社会治理方式的变革，显得尤其重要。然而，要使这样一种研究成为风尚，就必须改变思维方式，即用相似性思维取代分析性思维。事实上，从20世纪80年代开始的全球性改革来看，按照分析性思维所开展的诸如机构改革等改革运动，遭遇了不可突破的瓶颈。那是因为，以精简机构为内容的改革，是与全球化、后工业化的客观要求不相适应的。在这种情况下，如果我们不谋求思维方式的根本性变革，不在新的思维方式的基础上去开展科学研究，就会使人类在风险社会中越陷越深。

第三节　社会科学研究及其思维方式

对于科学发展史，人们长期以来持有一种错误的认识，即认为自然科学较早发展起来，而社会科学的历史起步较晚，甚至认为关于社会的研究迄今为止都未成为科学。吉登斯对这种看法不以为然，在他看来，"社会科学的历史与自然科学的历史一样悠久，它们都可以追溯到欧洲文艺复兴之后的历史时期，即形式上可以被称为'现代'的历史时期"[1]。

人们将现代社会与前现代社会区分开来，有没有科学，就是一个重要维度。科学兴起于人们对生活环境的思考。因为人们开始观察和思考环境，所以才有了科学。人们的观察和思考，不可能只专注于自然而忽略了社会。对自然的观察和思考是与对社会的观察和思考同时开始的，只不过在科学家这里的表现有所不同而已。所以，我们并不能在时间的意义上认为自然科学先于社会科学成长了起来，更不能认为自然科学更为成熟，以至于社会科学必须按照自然科学的模式去重塑。

正确的看法应当是，自然科学与社会科学应当相互学习和借鉴。如果提出更高的要求，那么自然科学与社会科学应当积极地寻求并自觉地把握相互融合的机遇。比如，人工智能的发展就提出了这样的要求。当然，人工智能属于技术的范畴，若这项技术仅仅满足于对自然科学的应用而忽视了社会科学的介入，

---

[1]　安东尼·吉登斯. 社会理论的核心问题. 上海：上海译文出版社，2015.

就难以取得进展。就对社会的感知而言，社会科学显然要比自然科学更为敏感。所以，社会科学的研究者首先在科学建构上作出贡献，对于自然科学的研究来说，是可以产生示范作用的。事实上，从现代科学的诞生以及发展来看，首先是哲学，然后是社会科学的诸多学科，在思维方式以及研究方法上作出了贡献，才带来了整个现代科学的繁荣。在人类置身于风险社会的情况下，社会科学的研究者需要承担起为人类历史的这一新的阶段建构新的科学体系的使命。

一、科学研究中的社会科学

在近代早期的科学中，各个学科的确立过程是以研究对象为依据的。就如梯利（Thilly）所说，"科学就是对现象进行分析，归纳和解释。为了方便有序，我们可以把现象分门别类，构成不同的学科。各门学科都为自己确定一个特殊的研究对象，这样，物理学研究物体的一般性质，生物学讨论生命状态的问题，心理学考察心理过程或意识形态。它们又可以再细分下去，直到我们有无数的与研究的各个领域相应的专门学科"①。但是，在科学发展中，也许是学科递次细分的原因，学科的对象变得模糊和不确定，人们很难为研究对象划定清晰的边界。

这样一来，对学科对象的确定，就需要建立在某种视角上，即从一个独特的视角出发将所看到的那些东西确认为研究对象。在客观存在的意义上，同一种存在会成为多个学科的研究对象；从学科的角度来看，它们所研究的又不同。大致是从 20 世纪中期开始，关于学科的研究对象问题实际上已经被淡化了，多门学科的研究往往面对着相同的、重叠的或交叉的研究对象。一个学科能否成立，往往取决于该学科所拥有的独特研究视角以及研究方法，而不再将研究对象作为学科得以成立的必要条件。

虽然我们现在看到的各门学科主要是来自近代早期的那些依据研究对象而进行分类的学科，但新产生的一些学科，基本上都是因为有了新的研究视角而得以成立的。对于这些新的学科，人们往往按照传统的方式，以研究对象为依据去判断它们是否构成独立的学科，从而将它们称作交叉学科或边缘学科。实际上，如果从研究视角而不是研究对象的视角去认识学科的话，那么这些学科的独立性是非常明显的，是不能将它们称作交叉学科或边缘学科的。就交叉学

———————————

① 弗兰克·梯利. 伦理学导论. 桂林：广西师范大学出版社，2002.

科或边缘学科的提法来看，显然反映了近代早期科学分类的标准和观念，与20世纪后期以来的科学发展现实是有一定差距的。

从近代早期的以研究对象为依据来划分学科到根据研究视角去确立学科，这是科学自身的发展，也是科学研究的转型，应当被看作现代科学发展史上的重要事件。正是科学发展中的这一事件，引起了研究中的主观主义和客观主义的争议。表面上看来，这是回到了认识论初创时期的哲学争论上，但实际上却包含着某种脱离认识论研究范式的隐喻。

总的说来，自从科学研究兴起以来，科学的学科分化就成了科学发展的一项标志。每当从一门学科中分化出新的学科，就意味着科学的发展又迈出了一大步。通过学科分化开辟道路的科学发展史给了我们如此之多的学科，以至于我们现在拥有了即便是科学史专家也很难把握的众多学科。不过，无论科学研究分化出了多少门类，自然科学与社会科学仍然是两个基本门类。一些严谨的学者会将人文科学单独地列出来，因而有了自然科学、社会科学和人文科学三大门类。这样一来，关于这三大门类的科学之间的关系是怎样的，又成了人们乐于探讨的问题。

其实，广义的社会科学是包括人文方面的研究的。所以，有的时候，人们并不严格地对人文科学与社会科学研究进行区分，而是笼统地称作人文社会科学。的确，人文科学研究与社会科学研究一样，都是从属于社会秩序的目的。或者说，这两个门类的科学研究在根本上是服从社会秩序建构的需要，尽管在研究对象上有很大的差异。所有的研究都无非是在存在中梳理出某种次序，从而将所有进入研究视野中的东西都按照一定的次序分门别类地排列起来。其中，历史的和逻辑的两种排列方式应用得最为广泛。

有了次序，也就有了秩序，至少，在次序中可以生成秩序的观念。这种次序可能是逻辑的，也可能是历史（时间）的，这就是工业社会的人文社会科学研究通向目的地的基本逻辑。但是，在风险社会及其高度复杂性和高度不确定性条件下，次序与秩序陷入了尴尬的境地，这意味着人文社会科学的研究以及社会实践，都必须转到新的轨道上才有可能运行下去。即便将视线放在了次序、秩序上，也只能进行结构性的分析。如果用量化的方法去进行处理，就会显得非常困难。事实上，在风险社会及其高度复杂性和高度不确定性条件下，次序和秩序都是一个难以把握和无法进行安排的问题，以至于结构分析的方法无法使用，更不用说用量化的方法加以处理了。

　　在我们将人文科学归入社会科学的范畴后，就需要对社会科学与自然科学的关系进行一番辨识。关于现代社会科学，人们往往将孔德作为开拓者，而孔德却认为社会科学应当成为自然科学的附庸，认为社会科学的发展取决于自然科学研究的积极进展。对此，哈耶克斥责其"荒唐透顶"。哈耶克说："在孔德的科学等级表和许多类似的论证中，都包含着这样的观点：社会科学在某种意义上必须以自然科学为'基础'，只有当自然科学大有进展，足以使我们能够用物理概念、'物理语言'来研究社会现象时，社会科学才有望取得成功。这种观点可谓荒唐透顶。"① 哈耶克认为："用物理过程来解释精神过程的问题，与社会科学的问题完全不是一回事，它是一个生理学的问题。然而不管它是否得到解决，对于社会科学来说，都必须以既有的精神实体为起点，不论它们的形成是否得到了解释。"②

　　在孔德的时代，拉美特利（La Mettrie）对人的定义是非常流行的，把社会看作是自然的投影，认为社会运行中包含的自然过程都在思想界有着广阔的市场。在一个多世纪之后，再对孔德的那些"粗糙的社会科学观点"进行批评，现实意义已经不大了。当然，哈耶克想通过对孔德的批评阐述社会科学中客观主义的错误，是可以理解的。但是，当他在完全对立的意义上提出关注精神实体时，并不能视为一种正确的观点，而是一种矫枉过正。或者说，并未实现思想的升级换代，而是在原有的水平上开展争论，其目的是要把客观主义改写成主观主义。

　　对社会的观察和理解，显然需要从实践的角度出发。所有被作为社会构成要素的东西，都需要通过实践才能够转化为现实的社会过程，不只是精神这一种因素决定了社会与自然的不同，更不用说存在什么精神实体了。哈耶克希望指出社会科学研究不同于自然科学研究，这是一个正确的意见。其实，许多人都看到了这一点。即使从研究对象这一经典性的学科判断依据来看，社会科学也是研究社会的，而自然科学所研究的则是自然现象。当自然科学研究人以及人的精神时，是作为自然现象来加以研究的。社会科学所研究的，是人与物和人与人的关系。这些关系包括与人的行为、行动关联在一起的规范、条件、环境等。

---

　　① 哈耶克. 科学的反革命：理性滥用之研究. 南京：译林出版社，2019.

　　② 同①.

考虑到人的主动性和能动性，社会科学视野中的对象又是处在互动和联动之中的，而且，研究者是否将情景体验带入到研究成果之中，也是一个重要的维度。所以，在与自然科学进行区分的意义上，我们是有保留地承认哈耶克所说的这种情况：在社会研究中，"不能从自然科学的客观角度，而是只能根据人们的信念，对这种关系进行定义。即使看似纯粹的生物学关系，如父母和子女的关系，在社会研究中也不是从自然角度进行定义，而且就这种研究的目的而言也不能这样定义：在考虑人们的行为时，它对人们相信某个孩子是自己的自然后代这种信念之对与错不加区分"①。

不过，在人类文明化的进程中，存在着一个"自然社会化"的演进维度。最为明显的是，经历了工业社会的发展，地球上的纯粹自然几乎消失了，现在我们所面对的自然，大都有着人的介入痕迹。也就是说，自然已经被改造成了社会的构成部分，铭刻着社会印记。其实，自从人类社会从自然中脱胎而出之后，就开启了自然社会化的进程。只有进入工业社会后，自然社会化的脚步才突然加速。在自然社会化进程中，首先实现了人以及直接与人相关的各种关系的社会化，然后是人所触及的自然的社会化。所有实现了社会化的自然，都是可以在社会科学研究中受到关注的。

当然，在自然科学和社会科学之间，存在着诸多交叉和重叠的地带，以至于许多具体问题的研究是很难归结到自然科学或社会科学的学科门类中的。不过总体来看，这些交叉性的、边缘性的研究要比自然科学的纯粹自然研究复杂得多。因为这种研究必须考虑对象中的人的观念、信念、思维以及文化价值等因素。

自然与社会关系的这种自然社会化现实反映在科学研究中，意味着根源于拉美特利并由孔德直白地表述出来的观点也许应颠倒过来。哈耶克所表达的似乎就是要加以颠倒的想法。不过我们认为，假如接受了哈耶克的观点，显然是过于简单化了。一方面，无论自然社会化达到了什么样的程度，它的自然一面都不可能消失，人以及社会的干预并不能改变自然的自然性。因而，自然科学的研究并不能由社会科学加以替代。另一方面，在指出社会科学研究搬弄自然科学研究的方法是不正当的做法时，也不能反过来要求社会科学为自然科学的研究提供方法，不能要求自然科学必须运用社会科学的研究方法。但是，社会科学与自然科学的融合却是可能的。至少，在风险社会及其高度复杂性和高度

---

① 哈耶克. 科学的反革命：理性滥用之研究. 南京：译林出版社，2019.

不确定性条件下，社会科学的研究与自然科学的研究之间更多的合作以及相互沟通与学习是有必要的。在某种意义上，被我们归入社会研究的哲学部分，为自然科学研究提供新的方法论是必要的和可能的。而且，哲学研究其实在工业社会的早期已经扮演过这种角色。

总的说来，科学要处理的问题是多种多样的。而且，社会科学、自然科学构成了不同的领域。在工业社会的语境中，社会科学与自然科学要处理的问题较少存在共同性。如果认为有一种适用于所有科学的方法，那是不切实际的。从 20 世纪科学发展的情况来看，也许由于实证主义在科学研究中占有了话语权，所以方法上的多样性被人们忘却了，甚至主张研究方法多样性的许多人也遭受了排挤。

实证主义对于科学发展所发挥的作用是很难进行评价的，因为它在研究方法上实现的宏大叙事，促使一切需要科学证明其普遍性的方面都取得了积极的进步，而在一切需要注重具体性的科学研究事项上，却都做了压制和排斥的选择。特别是实证主义研究方法上的宏大叙事被用于社会科学的实证研究上，就等于制作了一个模板，然后将所有的社会事项都放在这个模板中进行形塑，并称那是科学研究的结论。在这种情况下，哈耶克讲述了社会科学研究与自然科学研究的不同，所要表达的显然是一种对社会科学研究者自主探索的呼吁。

我们知道，在人类社会的发展中，所使用过的工具是不可计数的。在每一个历史截面上，我们都可以看到工具的多样性，而且工具系统是多样的，更不用说具体的工具有多少。然而，在科学研究中，由于受到了认识论哲学同一性追求的影响，所以试图用一种方法去替代其他所有的方法，即确立一种方法的垄断地位，是反科学的一种表现。或者说，它因为没有考虑到科学解决问题的多样性，排除了科学所要解决的问题间的差异，违背了科学的实事求是精神，所以正确的观点应当是主张方法的多样性。

要求社会科学运用自然科学的研究方法是认识论话语的一种表现。如果说这种做法在工业社会低度复杂性和低度不确定性条件下并未显现出消极后果的话，那么它既不可能付诸实施和得到应用，也是非常有害的。因为，它将妨碍人们面对具体问题进行方法上的创新。

二、研究方法与思维方式

在某种意义上，文明似乎是包含在方法与工具之中的，历史进步的证据大都需要在方法和工具中去寻找。所以，当科学研究转向了对方法问题的重视时，本身就是社会发展、历史进步的标志。不过，科学研究的对象是多样的，研究方法假如不单单只有一种，那么对方法的重视绝不意味着给予某种（些）方法以绝对性的地位。在选择和使用什么方法的问题上开展论辩是没有必要的，也没有什么意义。正如屠夫用刀而农夫用锄头一样。可以相信，屠夫绝不会愚蠢到要求农夫用刀的地步。然而，在社会研究的领域中，这种愚蠢的现象却普遍存在。有些关注方法的人总是声称某种（些）方法是科学的，而将另一些方法斥为不科学。其实，这些谈论科学和追求科学的人恰恰是缺乏科学态度的人，他们在方法问题上的偏见使他们远离了科学。可是，为什么在社会科学研究中会存在着方法上的争论呢？也许可以归结为一个科学研究者是否忠诚于分析性思维方式的问题。

对于工业社会这个历史阶段中发展起来的科学，奈特认为应当这样来加以认识，"这个世界'确实'是由基本元素构成的，这些元素不仅保持不变（原子、分子、以太，诸如此类的），而且它们的活动规律可谓大道至简，清晰可解。但是，科学理论还认为，这些元素数量庞大。就算它们发生很简单的变化（仅存空间做理论上的运动），都会产生千变万化的组合，要把握这些组合的详细情况，远非我们智力可及……我们不得不说，从哲学目的上说，不管这个理论认识看上去是多么令人赏心悦目，但是，从逻辑上说，我们还必须假设，我们的行为是真正的不确定，真正的变化不定和真正的断断续续"①。按照这个逻辑，我们的行为的不确定性和非连续性是源于认识的局限性，是因为真实的世界不可知，致使我们的行为无法遵循世界万千表象背后的规律。在认识论的信念之下，世界的不可知应当归结为人的认识的局限性。

在认识到人的局限性的社会，会不会产生一种悲观情绪？会不会不自觉地为人的认识设定界限？答案是肯定的，关于人的局限性的考虑会极大程度地贬低人的能力。在风险社会中，如果走在认识论的路线上，就会对人的能力加以追问，而这种追问所得到的回答又肯定是消极的答案。那样的话，人们就会产生悲观情绪，就会生成某种"末日心态"，结果，就只能是等待命运的捉弄了。显而易见，在承认人的认识的有限性的前提下去解释人的"有所能而有所不能"，并要求人们在已经取得的认识基础上确认普遍性和同一性，所形成的逻辑

① 弗兰克·奈特.风险、不确定性与利润.北京：华夏出版社，2011.

必然指向一个非常有害的结果。

我们认为，社会的高度复杂性和高度不确定性愈益凸显了人的行动价值，而人的行动恰恰需要得到科学的支持。不仅是悲观地面对未来，而且任何消极地接受命定的未来的做法，都是错误的。在风险社会及其高度复杂性和高度不确定性条件下，恰恰需要人的积极行动去开辟属于人类的未来。如果说工业社会的科学研究不能担负起这一使命，那么重建科学，就是我们这个时代必须承担起来的责任。其中，思维方式的变革、研究方法的创新，是应当得到优先重视的课题。也就是说，我们需要一种适用于风险社会的科学观念，进一步地来讲，我们需要一种不同于分析性思维的相似性思维。

从近代以来的科学发展史来看，一些造诣颇高的伟大科学家在运用分析性思维从事科学研究时，走到了这种思维设定的边疆，反而感到人的认识的局限性。如果我们实现了相似性思维对分析性思维的替代，也就意味着我们开拓了人类认识的新疆域，也就不会再受到关于世界在终极意义上可否被认识这样一个问题的困扰了。

科学的叙事要求严谨、清楚、明白，但我们会发现，在科学叙事所使用的语言中，大量的词语都具有隐喻的属性。隐喻是建立在事物的相似性的前提下的，或者说，隐喻本身就是对事物间的相似性的应用。在人类社会早期那个以相似性思维见长的时代，对隐喻的应用是非常普遍的，从流传下来的文学以及宗教典籍来看，无不广泛地运用了隐喻。即使在今天，我们看到许多尚不发达的地区中依然生产出大量令人神往的文学艺术作品，那往往是发达地区的人们无法企及的。之所以如此，其原因就在于，那些尚不发达的地区中的人所拥有的是一种相似性思维方式。

在历史前行的主轴上，随着科学的兴起，分析性思维逐渐地置换了相似性思维的位置，隐喻因而受到了排斥。一般说来，在科学文献中运用隐喻会被认为是不严谨的表现，是不被允许的。但是，科学思想如何在交流和传播中被人理解和接受，取决于科学叙事使用的词语，而这些词语包含着非常丰富的原始隐喻内涵的。这就是科学的反历史特征，或者说，科学将当下的那些存在（如叙事词语）当作科学以及科学的载体，至于当下的那些存在在来源上是否科学，并不予以关注。

就语言来看，对于直观的、可以经验感知的事物往往采取命名的方式来标识；对于需要理解、感悟的事物往往更多地运用隐喻去定义。所以，所有隐喻性的语词，都是对现实的反映。那些在漫长的历史中得到重复使用的隐喻性语词是有着明确内涵的，在人们使用它们的时候，不仅不会产生歧义，而且因为人们的习惯性接受而能够准确地传达知识和思想，即准确地反映现实。因此，科学在应用这些语词时并未感到有什么不妥，从未想过它们对科学叙事的严谨性会有什么影响。事实上，这类语词的应用从来没有削弱科学叙事的严谨性。重要的是，这类语词为科学叙事所应用时，其隐喻的属性并未发生改变。

当科学叙事应用了隐喻性语词时，就意味着科学必须接受人类的隐喻表达方式和必然求助于相似性思维。所以，科学从来没有在驱逐相似性思维方面取得成功，反而一直在运用相似性思维，只不过在现代理性话语当道的情况下否认了对这种相似性思维的使用。虽然工业社会的科学以及所取得的成就都被认为是得益于分析性思维的，但就人类曾经经历过漫长的相似性思维的时期而言，即便最伟大的理论科学家，也不会受相似性思维的影响。不仅如此，我们发现理论科学家恰恰是最偏好使用隐喻性语词的人群，这说明他们更为擅长运用相似性思维。总的说来，隐喻已经沉积到了我们的语言之中，与隐喻相关联的相似性思维方式也在我们使用语言的时候自然而然地为我们所用。

虽然我们在科学研究和形式理性的追求中被要求运用分析性思维，但在进入实际的思考过程中的时候，还是运用了相似性思维。也就是说，当我们思考的时候，特别是"使用隐喻被人们视为理所当然的时候（例如当人的惯常地将参照运用于组织结构之时），语言随之显现为对现实的反映，而不是提供本质上不完善的和不认真的对其指代现实所进行的描述。而且，当一个隐喻被断定是用来反映现实的时候，其替代选择的可信性也被有效地祛除和减少了"①。

工业社会中的科学研究在很大程度上是被用于证明的。在很多情况下，并不是对一项新发现的证明，而是对人尽皆知的某个判断的证明。在文本制作中，对证明过程的重视远高于结论。这是因为，结论相对而言并不是那么重要，或者结论早已为人知晓，或者结论是一目了然的。这意味着科学研究对于科学自身来说是没有什么意义的，之所以要做这样的科学研究，无非是让人建立起对科学的信心，要让人信服于某个已经熟知的现象，因而总是为某项社会行动的合法性、合理性提供证明。

---

① 马茨·阿尔维森，休·维尔莫特. 理解管理：一种批判性的导论. 北京：中央编译出版社，2012.

如果说科学研究的目的是科学发现的话，那么科学发现在很多情况下都主要是以一个求证过程的形式出现的。其中，也包含着作为求证过程展开的假说。如果说全部求证过程都严格地在分析性思维中展开，那么假说的提出有可能与分析性思维无关。科学研究中的所有假说的提出，都应归功于相似性思维，是想象的结果。就科学研究中的创新、创造而言，恰恰是源于假说的提出，全部求证过程只不过是为假说所带来的创新、创造寻求合理性的证明。所以，即便在分析性思维以及实证的科学研究独占话语权的情况下，我们也更倾向于将科学研究中的创新、创造归功于相似性思维。

而对于分析性思维来说，科学研究就是对某个具体的对象进行解析，一层一层地分析，一步一步地演绎。至于综合，无非是将解析后的"零件"进行有选择地再拼装。如果表现为归纳的话，就会实现抽象，创造出一般性的具有理论意义的产品。在分析性思维的视野中，即便认为存在着整体，也无非是从世界中剥离出来的、孤立存在的、作为研究对象的个体的整体，而不是相互联系的和无限展开的总体性的整体。或者说，在分析性思维的视野中，世界上的事物在表象的意义上本来就是孤立存在的，并无什么联系，只能通过解析，深入事物的内部，才能找到使部分事物相联系的因素。

其实，在分析性思维占据主导地位的工业社会中，相似性思维一直在科学研究中扮演着重要的角色。在一些不证自明的基础性概念的获得中，在创造性的思维活动中，都可以看到相似性思维的身影。在某种意义上，相似性思维成了分析性思维得以孕育的母体。而且，在分析性思维陷入困境的任何一个地方，都可以从相似性思维中获得必要的能量补充。也就是说，在运用分析性思维的科学研究中所遇到的每一个逻辑链条中断之时，科学如果希望继续前行的话，都会立即求助于相似性思维。

在分析性思维占据主导地位的工业社会，无论是社会科学还是自然科学，对于那些在科学研究中做出非凡成绩的人物，从他们的思想流动的脉络来看，都有着诸多与分析性思维不符的因素。比如，苹果落在了牛顿的头上所带来的科学成果，就不是在分析性思维的应用中产生的。可以说，正是那些不符合分析性思维的因素，为科学家们的思想和理论成就的获得提供了支持。即使就现代哲学史上几位对分析性思维模式化作出了巨大贡献的哲学家（如笛卡尔、康德等）而言，他们的成就显然也不是根源于分析性思维的，而是来自相似性思维的。所以，相似性思维带来了创新、创造，分析性思维则被用来对创新、创造进行证明，提供合理性依据。

在人类已经被抛入风险社会时，一些自诩从事科学研究的人如果把视线仅仅放在社会风险上，企图在旧的思维以及制度框架下去寻求应对社会风险的方案，那显然是走上了一条错误的道路。我们相信，治疗一棵生了病的树是必要的，但我们怎能在不关心森林以及森林生态的情况下去治疗那棵树呢？风险社会中显然遍布社会风险，但社会风险只是个案，即使找到了应对某个社会风险的措施，也不意味着我们能够逃离风险社会。所以，我们需要建构起适应在风险社会中开展活动的思维方式，并从这种思维方式中发展出包括科学研究在内的社会实践方式。

可以认为，在风险社会中，行动的急迫性对思维方式的要求转向了相似性思维。因为，一方面，根据分析性思维方式进行研究以及实践路径设计，会面临一个时间是否允许的问题。另一方面，高度复杂性和高度不确定性本身就意味着精确的判断和正确的认识不再可能。在精确判断和正确认识无法得到确认的情况下，依据模糊性判断和认识去开展行动，恰恰是合乎实践理性的要求的，而相似性思维恰恰具有这种功能。

三、超越客观取向与主观取向

哈耶克说："社会科学所持有的主观主义立场，是以我们对这些社会发展复合体的内在知识、对构成其结构要素的个人态度的知识为起点，而自然科学的客观主义则试图从外部观察它们；它不把社会现象看作人类思维也是其中一部分的现象，而是把它看作仿佛我们能够直接整体感知的对象。"[1] 哈耶克认为，社会科学研究中也有持客观主义取向的理论，主要以行为主义和物理至上论为典型。"行为主义者或物理至上论者在研究人类行为时，试图把自己限制在研究用严格的自然科学语言定义的人类对事物的反应上。因此，为了做到始终如一，他只能拒绝讨论人类行为，直到他通过实验确定了我们的感官和我们的心智如何把外部刺激物分为相同和不同的。在他能够严肃地研究人类对这些事物的行为之前，他必须先搞清楚哪些物质对象在我们看来相同，哪些在我们看来不同（以及他们为何如此）。"[2]

---

① 哈耶克. 科学的反革命：理性滥用之研究. 南京：译林出版社，2019.
② 同①.

应当承认，在 20 世纪早期的管理学发展中，行为主义的这一研究路线取得了很大成功。但是，到 20 世纪后期，这样一种客观主义却招来了诸多批评，它的简单化、模式化受到了诟病，并出现了许多替代性的管理模式。这在某种意义上是社会科学进步的标志。就哈耶克在 20 世纪 40 年代对社会科学中的客观主义研究路线发出质疑和提出批评而言，正是发生在社会科学出现研究转向的当口。

不过，虽然哈耶克指出社会科学的研究方法不同于自然科学这一点是非常必要的，但他用客观主义与主观主义来分别标识自然科学和社会科学的研究方法，显然是有些简单化了。因为，社会科学的研究方法是不能够简单地归结为主观主义的。如果不是在纯粹认识的场境中，而是站在实践的立场上，社会科学研究就不仅仅是一个主观主义的问题。因为，社会科学研究必须建立在对对象的客观性的充分尊重的基础上。同样，自然科学研究存在着对研究对象的选择问题，并不是所有的自然现象都会吸引自然科学研究者的视线和提出加以研究的要求。

严格说来，无论是社会科学还是自然科学，在认识目的的问题上，都无疑是出于实践的需求。即便心理学意义上的人的认识旨趣，在根本上也是由实践的场境引起的，能够在宏观视野中找到引起人的纯粹认识旨趣的原因。近代以来科学发展史上的客观性原则，只是科学研究者应当遵循的一种规范，它要求研究者在研究活动中采取客观的态度。如果将客观性原则等同于科学，或者，与科学的概念相混同，则是一种误解。恰恰是这种误解，对社会科学研究造成了极大的伤害，而且在社会科学研究中，把这种客观性原则翻译成价值中立，让研究者痴狂地借用和移植自然科学的研究方法，甚至走向了实证研究、量化分析等这种复制之路。

如果说在自然科学中科学研究的客观性原则并未造成明显的消极影响的话，那么在社会科学研究中，则走上了歧路。新冠疫情对人类的生活和生存造成的冲击是全方位的，这是每一个人都能够深切体会到和看到的事实，而有的量化分析却得出了否认疫情流行的"科学结论"。这个时候，是应当怀疑全人类的经验感知还是应当怀疑科学？如果认为量化分析属于科学研究的范畴，就会认为科学是可疑的；如果我们不愿意改变对科学的信念，就只能对量化分析的科学性表示怀疑了。

如上所述，将科学研究分为自然科学和社会科学，是一项根源于 18 世纪的传统。19 世纪社会分工的持续细化反映在科学研究上，所提出的是自然科学与社会科学的分类是否准确的问题。所以，在 20 世纪中期，我们看到了自然科学、社会科学和人文科学三个类别的划分。到了 20 世纪后期，社会的高度复杂性和高度不确定性使得科学研究的对象和场境发生了变化，许多研究在传统类别划分的边缘地带展开，以至于很难归类到自然科学、社会科学，抑或人文科学的某个类别中。时至今日，我们看到的是科学研究正在不断地展现出学科融合的景象，这甚至具有趋势性的意义。既然科学的发展有着这样一种变动的历史，在不同的时代具有不同的特征，也有着不同的使命和任务，那么要为科学确认一个一般性的特征显然是比较困难的。所以，哈耶克关于科学研究的客观主义、主观主义界定是无法对科学研究的特征作出准确描述的，尽管这种界定能够提醒我们，让我们对社会科学研究简单移植自然科学研究方法的做法保持警觉。

在风险社会中，人们时常面对着紧迫的、突发性的行动事项。这意味着，在社会大分工背景下产生的科学门类正在显现出某种不适应现实要求的状况。也就是说，在综合性的行动事项面前，传统的科学分类丧失了功能。出于行动的要求，科学研究必须在综合性和具体性两个方面寻求新的起点，并以此作为突破口。所以，无论近代以来的科学研究是否存在着抽象意义上的客观主义和主观主义，在今天，都需要让位于对行动事项的综合性和具体性的考量。

马克思认为，"人们自己创造自己的历史，但是他们并不是随心所欲地创造，并不是在他们自己选定的条件下创造"①。社会科学研究显然不是在自己所选定的条件下开展研究工作的，而是必须在既定条件下开展研究活动。可是，在对当前科学研究现状的观察中，我们却看到了这样一种研究路数：首先，提出几个相互关联的假设；然后，做出必要的限制；其次，根据假设搜集资料和制作数据，以便验证假设；最后，得出假设提出之前早已存在的结论。这样一种研究完全是在自己选定的条件下进行的，它在何种程度上能够满足社会的客观要求，完全是一件碰运气的事情。科学是反对一切相信运气的观念和做法的，但当科学研究结论的正确与否需要靠运气时，它在何种意义上还能称得上是科学研究呢？

鉴于此，吉登斯表达了一种社会科学研究应注重时空具体性的意见。吉登

① 马克思，恩格斯. 马克思恩格斯全集：第十一卷. 2 版. 北京：人民出版社，1995.

斯说："所谓分析各种社会活动的时空协调机制，就是研究行动者在其日常路径上运动所经历的那些场所的情境特征，研究在时空中延展的那些场所的区域化。"① 只有在时空坐标中，我们才能知道，作为研究对象的问题处在什么位置，相邻关系是什么样子。这可以说是一种关于社会科学研究的具体性的观点。不过我们需要指出，吉登斯所阐述的这种社会科学研究的主张属于一种静态地看待研究对象的观点。

在风险社会中时空的具体性是以节点的形式出现的，即不具有延展成区域的特性。这样一来，如果社会科学的研究希望把握各种各样的关系，就会显得非常困难。更为重要的一点是，吉登斯同样是在认识论的范式中去思考社会科学研究的，即将研究者与对象区分开来。其实，具体性时空中的社会科学研究是不应将研究者与对象区分开来的，研究者本身就是具体时空中的参与者，研究工作是具体时空中各种因素的耦合过程。

四、社会科学研究者及其使命

什么人适合从事社会科学研究？也许人们会说那是个人旨趣的问题。不过，从历史上来看，特别是对于工业社会的职业活动来说，如果考虑个人特质对于职业活动的适应性问题，就会发现，较为聪明、反应灵敏的人适合在实践性较强的部门工作，而显得有些"愚钝"的人，也许比较适合从事基础性的科学研究工作。也就是说，如果我们根据社会分工而把人分为思想者和行动者两类的话，那么思想者的"愚钝"往往反映在和表现出在研究中能够达到某个深度的优势，这是那些"聪明人"无法做到的。所以，"聪明人"更适宜做行动者。

当然，我们这里所做的思想者和行动者的区分也许并不科学。因为，严格说来，思想者和行动者并没有明确的边界。不过，在工业社会这个历史阶段中，又似乎是可以在含混模糊的意义上对人进行这种区分的。然而，在风险社会及其高度复杂性和高度不确定性条件下，也许思想者将会消失。我们认为，在这种条件下，每一个人都应是行动者。"愚钝"的人在风险社会中不会选择去做哲学家、科学家，而是会在行动中去发现自己辅助行动的角色，这实际上就是行动者的角色。因为，风险社会中的行动是不分主次的。也就是说，从工业社会去看这种状况，也许是无法理解的，更不用说相信和接受这种看法了。但是，

---

① 安东尼·吉登斯. 社会的构成：结构化理论纲要. 北京：中国人民大学出版社，2016.

考虑到风险社会的高度复杂性和高度不确定性，考虑到社会运行和社会变化的加速化，就会明白，让人成为思想家的基础都丧失了。当然，这并不排除那些具有坚定毅力的人能够获取成为思想家的资格，但那是极其稀有和珍贵的。

我们之所以说那些较为"愚钝"的人适合从事科学研究，而较为"聪明"的人则适合做行动者，是基于工业社会的经验而形成的认识。从工业社会的历史来看，我们可以看到科学研究中存在着一个非常奇怪的现象：在每一个时代，都有一些"科学家"活跃在社会舞台，他们不是真正的科学探索者，而是一些科学骗子，他们使用一些科学的名词来把自己装扮成科学家，实际上他们仅仅是一些三流政治家，与科学活动根本不沾边。但是，由于这些人被放在了代表科学界的地位上，有权分配科学研究的资源，学着政治家那样要弄小手段，排挤和压制那些真正的科学探索者，因而成为科学界的蠹虫。真正的科学家往往是那些默默无闻的隐士，他们在极端窘迫的境地中为了科学而苦苦探索，在崎岖的科学道路上踽踽独行。

奈特也发现了这一现象："在社会科学领域，不学无术之辈一般并不怎么尊重博学多才者的观点。没有发自内心的尊重，很难对结论做出客观的证明。如果我们的社会科学要想在提高人民生活质量方面有所作为的话，首当其冲的一条就是，它一定要能够成功地将观点'兜售'给普通大众。社会科学不仅仅要正确，要令人信服，更要尽可能地'浅显易懂'，这其中的必要性不言而喻。"[1]

在这种社会科学研究的环境中，奈特所提出的"正确""令人信服""浅显易懂"都成了空谈。不过，我们应该承认，即便奈特所说的均为空谈，也为我们确立了一个应当加以倡导和施行的行动向导，也是社会科学研究者应当用以对照自己的镜子。不过，这种状况也许将会发生改变，因为风险社会的来临，必将使科学研究体制发生变革。也就是说，风险社会将不再需要一些科学骗子站在前台表演，而是需要踏踏实实造福于人类的探索者。

吉登斯认为，对于社会科学的研究者来说，"必须理解历史是如何经由人类的积极介入和奋斗而形成的，同时它反过来又如何形塑着我们人类自身，并产生出各种以前从未预见过的后果"[2]。即使我们面对的是微观领域中的具体对象，也需要拥有一种历史意识，在这种历史意识中包含着人的互动和相互形塑

---

① 弗兰克·奈特. 风险、不确定性与利润. 北京：华夏出版社，2011.
② 安乐尼·吉登斯. 社会学：批判的导论. 上海：上海译文出版社，2013.

的内容。对于社会科学而言，并无一个静止不变的客观对象供我们去观察，而是需要时时把人的介入以及引起的变化放在我们视野中的突出位置上。然而，一些缺乏必要的从事社会科学研究素养的人，往往把方法与理论割裂开来。特别是那些声称自己从事实证研究而又不明白实证研究需要一些必要的社会科学素养的人，往往以为从大学教科书中学到的方法已经足以支持他开展科学研究，并表现出了一种自信心膨胀的状态，时时表达对理论的轻蔑。

针对这种情况，米尔斯（Mius）指出，方法与理论是不可分割的，"对于一流的社会科学家来说，方法和理论都不是独立的王国。方法是针对一定问题的方法；理论是针对一定现象的理论，它们好比是你所生活的国家的语言。你会说它，这并不值得夸耀，但要是你不会说，那么这是件憾事，还会带来很多不便"[①]。也就是说，那些在大学教科书中学了一些研究方法的人，在表示对其他社会科学研究者的轻蔑时，就像学会了写记叙文的小学生瞧不起诗人一样。因为所知甚少，所以才会傲慢，他根本不知道诗人头脑中有着丰富的想象力。

对于社会科学家而言，无论是对方法的迷信，还是对理论的敬仰，都是不应该有的，而是应当把方法和理论当作统一的东西去接受，从中发现想象力，并用自己的想象力去驾驭方法和理论。米尔斯说："作为社会科学家，我们要给自己定位。按照工作性质，我们对于社会结构，并且在一定程度上对推动其运动的历史机制有所理解。"[②] 当一个人从事社会科学研究工作时，并不明白自己在一个社会中的哪个位置上，而是把自己的全部预期都放在个人能得到什么上，那么他就不可能赋予其研究工作应当承担的社会使命。那样的话，如何能够指望他取得的成果具有社会价值呢？

从事社会科学研究的人，应当对科学自身的发展作出贡献，应像米尔斯所说的那样，抱着一颗医治病态社会的科学之心。米尔斯说："社会科学大概已被搅得一团糟；但我们应当纠正这种状态，而不是对其抱持惋惜。它可能显出了病态，但对这一事实的认知可以并且应当看作是对疗救的召唤，甚至可能是恢复常态的先兆。"[③]

当然，这还不只是社会科学研究者对自己国家的责任，如果站在时代的角度，还应当看到人类已经陷入风险社会，正面对着社会的高度复杂性和高度不

---

① 赖特·米尔斯. 社会学的想象力. 北京：生活·读书·新知三联书店，2016.
② 同①.
③ 同①.

确定性。风险社会及其高度复杂性和高度不确定性意味着，人们在从事研究工作的时候，需要置身于具体的情境之中，去解决风险社会及其高度复杂性和高度不确定性条件下的问题。总之，科学是有历史的，不存在适用于每一个时代的普遍性科学，尽管一些较为抽象的科学原理是具有普遍适应性的。

就现代科学而言，无论是自然科学，还是社会科学，它们的共同之处就在于，在不同的研究者那里，关于每一个问题的研究结论都是具有可重复性的。无论是证实还是证伪，都必须面对可重复的事项，才能施行。当人类置身于风险社会，面对着高度复杂性和高度不确定性时，特别是当我们用以判定科学问题赖以产生和存在的条件是流动的、转瞬即逝的时候，也就无法期望某种可重复性的验证及其结论了，为了证实或证伪而采取的任何举动都是多余的。

在风险社会中，如果人们持有工业社会的科学观念，那么在从事科学研究的时候，所做的就是一种对科学的否定，是缺乏科学精神的表现。如果我们看到了科学的历史性，就能够理解风险社会应当有着属于这个社会的科学。这意味着，我们既有的关于科学的观念应当改变。只有当我们关于科学的观念发生了改变，才能够认识到科学研究的对象已经不同于以往，科学研究的方法不仅不能独尊一种，而且也不是在工业社会中占垄断地位的那些方法。也就是说，需要基于风险社会的现实需要，通过思维方式、研究方法的创新去开展科学研究，造就一种能够适应风险社会的科学。

第二章
话语重构中的传统与创新

我们既已拥有的科学是在工业社会这个历史阶段中建立起来的，认识论哲学是全部科学的基础。也就是说，认识论为科学研究提供了分析性思维，并决定了科学研究的目标追求和思维路径。这种建立在分析性思维基础上的科学所取得的辉煌成绩是不容置疑的。正是分析性思维及科学技术成就，让人们深深地体验到，科学技术成了社会发展的杠杆和驱动器。然而，我们必须将这一科学范式、研究环境以及研究对象与社会的低度复杂性和低度不确定性联系起来加以认识。即便是在这一条件下，我们也可以从诸多科学成绩中看到相似性思维所作出的贡献。

在全球化、后工业化进程中，随着社会呈现出高度复杂性和高度不确定性，科学研究对象也具有了高度复杂性和高度不确定性的特征，基于分析性思维的科学正在走向自己的反面。这种科学不仅不能提供真知，反而经常性地对实践造成误导。不过，我们应当将这些现象的出现理解成科学发展的转折点。只要我们实现了相似性思维对分析性思维的置换，就能够把科学研究推向新的征程。当然，我们也应该看到，在人类社会的每一个时代中，都毋庸置疑地有着传统的因素。因为每一个时代的人都不是凭空出现的，而是从历史中走来。历史中的一些因素作为传统被保留了下来。或者，这些因素在每一个时代中都因为得到了重塑而成为传统。

人是生活和行动在现在的，而所有的现在都包含着"传统""当下""未来"三个维度。传统的维度对于理解以往人类社会的每一个"现在"都有着无比重要的价值，而在风险社会中，传统在"现在"中的复杂性却显现了出来，并与行动中的创新之间产生了冲突。在历史上，如果说人们只是在社会变革的时代才有着强烈的要求突破传统的呼声，那么在风险社会中，人们更多地感受到了当下问题的压力，不得不通过创新去应对当下的问题，以至于必须与传统保持一定的距离。就现实来看，在 20 世纪后期，日常生活领域中已经呈现出非传统化的迹象，而在人类走进风险社会时，这种非传统化的迹象变得越来越明显了。

显而易见，当人类陷入风险社会时，创新的问题变得更加突出。事实上，创新已经成为我们所处时代中的一个非常重要的课题，需要作为我们这个时代的一个重要社会维度来对待。在工业社会中，人们使用创新一词的时候更多地是指技术创新，但在推动社会发展的意义上，生产以及生活方式的创新所发挥的则是更加直接的作用。一切真正的创新都是对既有模式的冲击或扰动。风险社会中的创新更需要包含着非模式化的追求。其实，只有非模式化的行为以及行动才是创新。专业化背景下的创新往往属于技术创新的范畴，而更广泛意义上的社会生产和生活层面的创新则可能是对专业的突破。在此意义上，专业化有可能成为创新的阻碍因素。从思维方式上来看，分析性思维承担的是认识的功能，而所有创新都是与相似性思维联系在一起的。

第一节　社会科学研究中的相似性思维

对于科学研究而言，概念、范畴是最基本的研究工具，而概念则是通过抽象获得的。在抽象的过程中，往往需要剔除诸多因素才能形成概念，被保留在概念之中或者说被纳入概念之中的，只能是关于事物的某一片断的认识，或者说，概念所实现的是对事物的某个层面的把握。对于事物的整体而言，人们往往会认为概念是对它的本质的揭示。人们至少会声称，概念所反映的不是事物的某个片断或某个层面，而是对事物整体的抽象把握。既然是抽象的，就不再可能是作为对象的那个完整的整体。

其实，综观分析性思维所创造和使用的所有概念，都很难说反映了事物的整体。就概念是事物（某个或某些片断、本质、属性等）的反映而言，其清晰程度取决于事物的状况。一般说来，事物愈是复杂，形态愈是不确定，相对应的概念也就愈是难于获得清晰、明确的内涵。然而，分析性思维对清晰和明确的概念总是持有一种永不倦怠的追求，总希望在这方面能够收获相应的成果。实际情况则是，它在这方面从未取得具有客观性的成果。清晰、明确的概念往往是通过定义而获得的，是由思维来提供保证的，而不是由概念所反映的事物来决定的。在某种意义上，思维方式以及思维路径的展开，为概念的有用性提供了保证，或者，为概念的价值得到认同提供了某些暗示，才让人们以为概念是对客观事物的反映。这似乎是悖理的，却又是概念生成和得到应用的现实。

基于分析性思维开展的科学活动总是对所使用的那些概念的客观性表示满意，总是把科学活动的成果与那些不知道是否准确的概念一道推销出去。在人文社会科学的领域中，这种状况尤其突出。在全球化、后工业化这样历史性的社会转型运动中，上述状况应当得到改变。其中，最为重要的是要实现思维方式的变革，即实现从分析性思维向相似性思维的转变。

一、认识论及其分析性思维

从哲学上来看，在工业社会的历史阶段，以认识论的形式出现的哲学思想取得了无与伦比的辉煌成就。这一时期虽然出现了历史哲学、文化哲学，但在理论叙事中，所遵循的恰恰是认识论的逻辑，是在认识论所提供的基本框架中去开展哲学思考的。然而，认识论的逻辑在科学研究中往往会遇到持续追问的悖论。比如，在人的起源问题上，认识论逻辑就遭遇了这样一种尴尬局面，那就是不可能提供客观性的不容置疑的答案。"这个不可能性本身有两个方面：一方面，它表明事物的起源总是遥远的，因为它回溯到人并不出现在其中的一个日历；但另一方面，它也表明了，人因与这样一些事物相对立，即这些事物的时间任凭闪光的诞生在其深度中被察觉，人就是毫无起源的存在，是'既无故乡，又无日期的'存在，是其诞生从未可理解的存在，因为它从未'发生'过。因此，在来源的直接性中显示的，就是人与起源相分离，这个起源曾使人与人自己的生存同时代：在所有那些诞生于时间并可能死于时间的事物中间，人因与整个起源相分离，所以，人就早已在那里了。"①

关于"人的起源问题"很早就被提出来了，但关于这一问题的科学结论，却是在认识论哲学出现之后才形成的。根据认识论，因为人已经在那里了，所以才会有人的起源问题，是在人的存在中分离出了人的起源问题。"正是在人身上，事物（即使那些悬于人之上的事物）才发现其开端：与其说人是在绵延的某个任何时候留下的痕迹，还不如说人是这样的一个开启，即在这个开启的基础上，一般的时间能被重构，绵延能流淌，事物在自己的瞬间能显现出来。虽然在经验领域中，事物总是从人那里消退，事物的零点难以把握，但相关于事物的这种退却，人基本上也觉得自己处于退却之中，并且正是通过这种方式，事物才能使自己的稳固的先在性影响到初始经验的直接性。"②

正是福柯（Foucault）所指出的这样一种思维方式及其过程，使认识论陷入这样一种幻觉，那就是，凡已确立为认识对象的，都是客观存在的。随着这个认识对象的确立，分析性思维派上了用场，进入理论的科学建构过程。实际上，至少是在人的起源这个问题上，是从一个幻觉中发现了研究对象，并确信

① 米歇尔·福柯.词与物：人文科学考古学.上海：上海三联书店，2001.
② 同①.

那是先验性的客观事实。如果我们抛弃这个幻觉，还原了事实真相，就会发现，人的起源并不是与人相分离的问题，而是人本身。进一步地说，它是当下人本身的存在这样一个现实，是与人的生死相依的。那样的话，人的起源的问题就转化为人的存在，全部研究的聚焦点都在人的现实存在之上。只要我们看到了人的起源恰恰是人的现实存在的问题，就会在人的现实存在形态中去理解人，去发现人的存在中的各种各样的问题，去解决人因为环境的变动而面临的生存问题。总之，就会意识到人的共生共在在风险社会中的重要性。结果，人的存在的先验性就转换成了建构活动，即关注人的行动及其后果。

我们可以这样理解人的起源问题："一项任务就交给了思想：对事物的起源提出异议，但这样做是为了通过重新发现时间的可能性据以被构建起来的方式，来为这个起源建立基础——在事物的这个既无起源，又无开端的起源的基础上，一切都能诞生出来。这样一项任务包含了质疑所有属于时间的东西，所有在时间上被形成的东西，所有处于时间之流动要素中的东西，使得毫无年代学和毫无历史的裂缝显现出来，时间正是源自这个裂缝。那时，时间就在这个思想中悬置，但这个思想是不能逃避时间的，因为它从未与起源同时代；但这个悬置有能力使起源于思想之间的这个相互关系颠倒；这个悬置围绕着它自身旋转，而起源由于成了思想仍要并且始终是要再加以思考的东西，对思想来说，起源就在一个始终较为接近但从未完成的逼近中被允诺。那时，起源就是正在重新出现的东西，是思想所趋向的重复，是始终早已开始的一切的返回，是从任何时间以来就已被照亮的一缕光线的靠近。"①

之所以如此，是因为思想脱离了自己的本性。本来，思想应面对当下的现实而指向未来，可是，思想却指向了相反的方向，以至于它的创造最终还要回归于它自己。虽然它所创造的在返回时证明了它，从而得到了人们的广泛接受，也使现实获得了合法性。但是，在它理应指向未来的维度上，却羁绊了脚步，或者满足于故步自封。思想在面向过去而创造了时间时，却阻断了时间面向未来伸展的路，让现实凝固，或希望现实凝固。特别是在社会变革的过程中，在改革方案的设计中，运用了这种思想，或这样去思想，会显得更为荒唐。

然而，就现实来看，人们几乎都是这样去思想的。虽然改革的行动取得了一些成绩，在一些方面作出了调整，却是为了使那些基本的方面凝固得更加稳

---

① 米歇尔·福柯. 词与物：人文科学考古学. 上海：上海三联书店，2001.

固。结果，由于时间面向未来伸展的路被阻断，变成了堰塞湖，不断地积聚能量，使思想希望凝固的那个现实，变得不再稳固。如果希望去加固它的话，就会承受来自堰塞湖积聚起来的更大能量的压力，让现实以风险的形式出现，甚至是步步惊心地走向危机。也许到了这个时候思想才愿意改变自己的指向，即指向未来。这样的话，思想"退隐到未来之中，是思想所接受的并针对自身的规定的命令，即命令思想从鸽步前进到不停地使思想成为可能的一切，并在自身面前，在其镜域的始终退隐的水平线上等待这样一个日子，即思想曾来自这个日子，并正源源不断地源自这个日子"①。一旦这个日子过去了，思想又回复到原先的状态，陷入曾经历过的循环之中。

福柯认为，从 19 世纪开始，思想就是在这种循环中运动的。在这种运动中，"诞生了所有的尝试，去重新把握开始和重新开始、开端的远离和在场、返回和终点在人类秩序中所能是的一切"②。应当说，正是这些不胜枚举的尝试，构成了一种世界观、一种思维定势、一幅秩序图谱和一套行为模式。但是，所有这些都不是自我圆融和相互支持的，而是处处存在着矛盾和悖论。所以，我们所看到的是，"现代思想已确立起了一种与起源的关系，这种关系对人和对物是相反的：由此，现代思想准允——但事先挫败了并面对它们保留了自己全部的异议力量——实证主义努力把人的年代学放入物的年代学的内部，使得时间的统一性被恢复，使得人的起源只是一个日期，只是存在物的连续系列中的一个褶痕（把这个起源，随之把文化的显现，把文明的曙光置于生物进化的运动之中）；现代思想也准允相反的和弥补的努力，去根据人的年代学有条理地说出人具有的对物的经验，人已具有的对物的认识，人由此能构建的诸科学（使得虽然人的所有开始在物的时间中都占有一席之地，但是，人的个体的或文化的时间，在一种心理的或历史的发生中，有可能确定物首次与自己的真相的面目相遭遇的时刻）；在这两种走向的每一种之中，物的起源与人的起源都是相互属于的；但是，存在着两种可能的和不可协调的走向，仅仅这一事实就表明了能显示出起源之现代思想特征的基本不对称性"③。

这种基本不对称性构成了现代思想的深刻矛盾，让现代思想一方面通过科学的实证方法去证明自己，而且通过实证的方式建立了被宣称为普遍科学的科

① 米歇尔·福柯. 词与物：人文科学考古学. 上海：上海三联书店，2001.
② 同①.
③ 同①.

学；另一方面，现代思想又极力"在一种逃避任何实证主义的风格中描述这个原初的层面，这个风格就是使得我们能在这个层面的基础上扰乱任何科学的实证性并要求得到这个经验的基本的和不可避免的特征来反对这个实证性"①。应当说，在现代思想的行进中，上述两种倾向是交替出现的，而且每一次都造就了胜利者。在知识考古的视角中，所看到的就更为清楚了。

福柯指出，正是"在把重建来源领域当作自己的使命时，现代思想就在其中立即发现了起源的返回；现代思想不合情理地打算在这个退隐得以实现并不停地深入的方向上前进；现代思想设法使这个退隐在经验的另一端显现出来，如同那个通过它的退却来支撑它的东西，如同那个最接近其最看得见的可能性的东西，如同那个在现代思想中逼近的东西；如果起源的退隐这样最清晰地显现出来，那么，难道不是起源本身被释放并回溯至在它古语家族中的自我吗？这就是为什么现代思想彻底地献身于对返回的重大关注，献身于去开始的关切，献身于这个奇异的原地的焦虑，这个焦虑使现代思想有义务去复述重复"②。

事实上，分析性思维从这里获得了动力，有了把一切都弄得清楚明白的目标追求。于此之中，科学呈现出发展、进步的状态，人文社会科学也获得和拥有了强大的解释能力。"通过把人的经验与自然和生命的时间、与历史、与文化沉淀的过去都连接起来这样的来源领域，现代思想就努力重新发现处于同一性之中的人，即处于这样的重复中的历史和时间，即历史和时间使得这个重复成为不可能，但又强制我们去思考这个重复，重新发现处于其所是中的存在。"③

社会科学研究是服务于社会建构的，而且，在更直接的层面上，社会科学研究希望提供社会治理行动方案。然而，从福柯所介绍的情况来看，关于工业社会的建构，或者说，就我们既已拥有的社会而言，虽然是在科学思想的解释中和理论阐释中建构起来，却又无法将其看成合目的性的成果，反而只是现代思想为人和社会追寻起源时所形成的一种附产品。因为工业社会并不是科学建构的合目的性的产品，而是一种附产品，所以才在工业社会走到了其顶点的时候，全面地陷入了风险社会，遭遇了危机事件频发的局面。如果工业社会本身不是科学建构的附产品，而是合乎科学所开展的社会建构的目的，那么我们又怎么会陷入风险社会呢？

---

① 米歇尔·福柯. 词与物：人文科学考古学. 上海：上海三联书店，2001.
② 同①.
③ 同①.

我们知道，认识论及其分析性思维在对一切对象的把握中总是要溯本求源。福柯所描述的，是认识论根据分析性思维在历史的维度上所做的回溯。对此，福柯指出这样做的不可能性，甚至认为这样做是荒唐的。其实，认识论及其科学不仅在历史的维度中表现出了一种要求回溯到某个历史原点的追求，而且在对事物进行静态把握时，也是运用分析性思维去向纵深处挖掘，即要求透过事物的表象而深入到事物的内部。在这样一个纵深的维度中，分析性思维往往更显其长，即通过分析而抽象出不同事物之间的同一性因素，并认为这是对事物本质的把握。

的确，在分析性思维的路径中，我们已拥有的社会科学，是可以在社会的整体性中分析和抽象出一个作为现象世界的生活世界的。而且，在哲学的意义上，我们能够理解哈贝马斯对它所作的描述："生活世界是一种总体性，具有一个中心和许多不确定的界限；这些界限是可以穿透的，但不能逾越，因为它们带有收缩性质。在感知层面以及意义层面上，表层的视界知识和语境知识从它们的基础那里获得了一种世界观的特征。共同的言语情景构成了一个中心，可以供越来越集中的社会空间和三维的历史时间不顾一切客观的计量而集中到一起；因此，这个中心不是像人类学、现象学所认为的那样是每个人自身的肉体。我们所经历的空间和时间，永远都是很具体的，比如村庄、地区、国家、民族、国际社会等，或代系、时代、年代以及上帝面前的个体生活历史等，它们都是我们所处的世界的解释坐标或表现坐标。"[①]

二、分析性思维及其遭遇

正如埃利亚斯（Elias）所说："对人类文明历程的考察已十分清楚地表明，社会基本规范的历史演变，以及人与人之间各种联系的结构，在何种程度上决定了单个个人总体的类型化，并且因此决定了他的个体形态的构成。"[②] 人是社会的产物，自古形成的人文精神对人所作出的形塑，只应当看作人的现实形态的一个方面。在人的另一个方面，我们看到的则是不断发展的新的社会因素。正是这些新的社会因素，构成了人的时代特征或赋予人以时代特征。事实上，所谓人文精神，就是不断变化着的，不会停留在某个状态中，更不会凝固成一

---

① 尤尔根·哈贝马斯. 后形而上学思想. 南京：译林出版社，2001.
② 诺贝特·埃利亚斯. 个体的社会. 南京：译林出版社，2003.

成不变的形态。从共时态的角度来看，"所有社会集体，或者某一类群体，都拥有一个属于自己的心灵，一个超然于个体心灵的心灵，就是说，拥有某种'anima collectiva'（集体灵魂），或者'ground mind'（团队精神）"①。但是，这不能证明这些共有的"心灵"来自传统，反而要从时代背景以及集体行动的要求出发，才能够得到合理的解释。

显而易见，"近代社会和以往几千年的传统社会大为不同，它是一个工业化的、技术的社会，工业和技术是日新月异；于是人类就不得不告别以往基本的稳定态、常规的社会，而步入一个急剧变化着的社会。随之，人类以往备受尊敬的、习以为常的而且似乎是理所当然的种种制度、习俗、规范、思想、理论乃至感情和心态，也就被迫不断地改变去面迎这种日新月异的挑战"②。我们承认来自古老传统的人文精神在个体以及集体"心灵"的形塑中所发挥的作用，正是这些来自古老传统的因素，使我们拥有了处理人际关系的基本原则，甚至形塑出人际关系的基本模式。但是，一个时代所拥有的基本特征又是不可否认的，它对于人以及人群的塑造产生了关键性的影响，决定了人们以什么样的方式去开展行动。

勒庞（Le Bon）认为："构成这个群体的个人不管是谁，他们的生活方式、职业、性格或智力不管相同还是不同，他们变成了群体这个事实，便使他们获得了一种集体心理，这使他们的感情、思想和行为变得与他们单独一个人时颇为不同。"③ 然而，这种集体心理恰恰是非常现实的，是因为集体行动的需要而产生的。就我们使用"80后"这个概念而言，本身就有着对一种时代特征的判断。正是这个时代的各种各样的因素造就了"80后"这个群体。总之，一个群体所拥有的集体心态是由复杂原因催生的。一个国家也是如此，不可能单单从某个角度就可以看到其完整的面貌。这就要求我们既不能通过对某个具体的群体的心理特征的把握去框定所有行动者的心态，也不能从一个时代中的群体心理特征出发去议论所有历史时期中的集体心理，更不能基于既有的群体心理特征去断定未来的集体行动采用哪种模式。

除了集体心理之外，或者说，在集体心理的背后，所包含的是思维方式。

---

① 莫里斯·迪韦尔热. 政治社会学：政治学要素. 北京：东方出版社，2007.

② 阿诺德·盖伦. 技术时代的人类心灵：工业社会的社会心理问题. 上海：上海科技教育出版社，2003.

③ 古斯塔夫·勒庞. 乌合之众：大众心理研究. 桂林：广西师范大学出版社，2008.

事实上，在思维方式的层面上，除了传统因素之外，时代中的那些具有重大影响的历史性事件，特别是时代所具有的基本特征，都发挥着形塑的作用。唯物辩证法经常提起时代精神的问题，这种时代精神就是一个时代中的人们共有的心灵。其实，时代精神最重要的体现是由思维方式承载的。或者说，一个时代的人们所共有的心灵是以思维方式为基础的，是在思维方式的土壤中自动生成的。

一个时代的人们必然拥有不同于历史上的思维方式。也许这种思维方式来自历史，有着久远的历史源头，但在每一个时代中的表现又有所不同。人的思维方式既是历史的产物，又承载着时代，在更为根本的意义上代表了时代精神。在人类历史上的重大转型时期，思维方式的转变往往具有更为根本性的意义。无论通过革命还是通过和平演进的方式实现了社会转型，如果没有发生思维方式的转变的话，社会转型可能就无法维系下去，很可能还会回复到原来的状态中。就人类从农业社会向工业社会的转型来看，恰恰是思维方式的转变，使得历史一直前行不回头。现在，人类社会处在全球化、后工业化的进程中，这是一场从工业社会向后工业社会转型的运动。在这场运动中，同样需要思维方式的变革。具体地说，就是从分析性思维向相似性思维的转变。

在全球化、后工业化进程中，无论是在学术研究还是思想建构中，任何求助于传统的做法都是错误的。这是因为，不管是农业社会的传统还是工业社会的新传统，对于解决全球化、后工业化进程中出现的新问题都无所裨益。传统不是一个避难所，面对风险社会和危机事件频发的现实，到传统中去寻求问题解决的方案是不可能的。虽然我们当前直接承载的是近代以来的工业社会传统，但是，如果我们希望躲进工业文明的框架内去寻找全球化、后工业化进程中的行动方案，那是极不明智的做法。

在危机管理的各种高谈阔论中，我们看到的是对工业社会思维方式的运用。如果说工业社会的这种思维方式曾经是科学研究和理论创新的避难所，那么全球化、后工业化进程中的风雨已经将其销蚀为一堆朽木，从而让人们在危机管理的实践中遭遇了一次又一次的失败。我们可以看到，对于分析性思维来说，科学研究就是对某个具体的对象进行解析，一层层地分析、一步步地演绎；至于综合，无非是将解析后的零件进行有选择的再拼装；如果表现为归纳的话，就会实现抽象，创造出一般性的具有理论意义的产品。在分析性思维的视野中，即便存在着整体，也无非是从世界中剥离出来的、孤立存在的、作为研究对象的个体的整体，而不是相互联系的、无限展开的总体性的整体。或者说，在分析性思维的视野中，世界上的事物在表象的意义上本来就是孤立的存在，并无什么联系，因而，只能通过分析而达至事物的内部，去寻找和发现使部分事物相联系的因素。

根据归因论的逻辑，往往会将某一事件看作另一事件的原因，即使为后一事件寻找其他原因，也只不过是去寻找引起这一事件的多个原因。这似乎是客观性的科学研究所展示出来的基本状况。随着人被纳入研究对象中，特别是对于那些人的创造物被纳入对象之中，致使归因论无法再使用"原因"一词，而是需要改用"动因"，因为无法追溯到"原因"，所以只能退而求其次的揭示"动因"。

在工业社会中，归因论的科学活动是有着实践意义的。因为，只要我们能够找到引起某一事件的原因，就可以根据我们的选择偏好去开展行动，或者复制我们所偏好的事件，或者通过阻断等干预措施去避免我们嫌恶的事件出现。然而，在社会的高度复杂性和高度不确定性条件下，归因论的科学价值不复存在了。因为：其一，社会的高度复杂性和高度不确定性意味着我们无法确定事件的原因是什么；其二，当我们面对那些无法弄清原因的事件时却又不得不行动。所以，我们就无法倚重归因论的科学，而是需要另一种科学去帮助我们和指导我们的行动。

在分析性思维中建构的是科学理性，而相似性思维给我们提供的则是经验理性。在某种意义上，我们认为，科学理性与经验理性分别标示了分析性思维与相似性思维的基本特征。根据奈特的看法，"所有的推理都依赖于相似原则。假设现象之间业已建立起合理的联系，并且这种联系将一直成立，我们可以'一叶知秋'，我们能够以今推远，我们经由过去判断未来。经验告诉我们，时间和空间关系共存于现象之中。在某种程度上，这个判断是可靠的"①。然而，长期以来，科学对这种经验所表达的是轻蔑的态度，认为认识不只是停留在事物的表象上去把握相似性，而是要透过表象去把握规律，即以精准的要求把握表象背后的内在联系。对"一叶知秋"这样一个问题，按照科学的逻辑恰恰可以证明，"一叶"与"秋"之间是没有联系的。或者，科学可以列出多种可能性，只有一种可能——而且可能性极低——的答案会告诉我们，"一叶"与

---

① 弗兰克·奈特. 风险、不确定性与利润. 北京：华夏出版社，2011.

"秋"是有联系的。我们知道，科学向我们许诺的是真理，如果在"一叶知秋"的问题上并不能把我们引向真理的方向，我们又怎能舍弃经验理性而去做科学理性的拥趸呢？"一叶知秋"代表了一种判断，奈特在认识论的语境中将这一判断归于推理。其实，这个判断恰恰是根源于经验理性的想象，即通过想象在"一叶"与"秋"之间建立联系，形成了一个正确的判断。当然，举这个例子仅仅是出于证明的目的，理论思考不应满足于这个例子所示的经验理性功能，而是需要面向现实去关照实践所面对的迫切性很强的重大现实问题。

在我们置身于具有高度复杂性和高度不确定性特征的时代中，科学理性面对高度复杂性和高度不确定性的表象而无法把握其内在联系总是不可能的；或者说，基于科学理性对偶然的、随即变动的现象去努力做出内在联系的建构总会被行动验证为错误的；或者说，通过艰苦的科学研究而给出的行动方案能否带来有效的行动完全要看运气。这样的话，就只能使我们转向对经验理性的重视。如果我们在对经验理性的研究中发现其生成和运行的机理，如果我们找到经验理性在培育人的想象力方面的可行路径，就能够真正发现在偶然的、倏忽出现的、随机变动的表象之间建立联系的正确路径了。进而，也就能够发展出一种成熟的、可操作性较强的想象模式，来对我们高度复杂性和高度不确定性条件下的行动提供有力的支持。

奈特说："既然这些基本属性并不一致，那么，对于隶属不同类别的所有客观对象，我们就不能给出相同的具体内涵。"① 这种情况是科学研究经常会遇到的困难，但是，随着科学研究定格于抽象、寻求普遍性和同一性等，往往对这些问题采取了回避的态度。当然，在工业社会低度复杂性和低度不确定性条件下，对这些问题的回避并未给人类的生产、生活、交往等造成不可承受的消极影响。也就是说，在社会的低度复杂性和低度不确定性条件下，科学研究往往是把那些无法把握其内在一致性的事物排除在科学认识之外的。

这样做之所以尚未对我们的生产、生活、交往等造成无法展开和无法进行的困难，是因为这些问题在我们的生产、生活、交往的环境和对象性存在中所占的比重较小。所以，在忽视、无视或删除了这些问题的影响时，并不影响我们的生产、生活、交往。或者说，即使有着消极影响，也是我们能够承受的、能够加以克服的和能够顺利度过的。即使对特定的人、人群造成致命的影响，

---

① 弗兰克·奈特. 风险、不确定性与利润. 北京：华夏出版社，2011.

也不构成对整个社会的灾难性破坏。然而，科学研究对这类问题的回避，有可能造成整个人类都无法承受的后果。

因此，我们需要把那些被现代科学从研究对象中剔除的因素重新纳入科学研究对象中。既然现代科学因为事物间缺乏一致性而无法认识它们，我们就只能去开辟另一条道路，而不是把现代科学作为唯一可行的道路。比如，在人工智能今天所面对的问题上，我们就发现，既有的科学只能达到让机器人去做合乎逻辑的事，而不能让机器人像人一样去做不合乎逻辑的事。如果机器人做不了不合逻辑的事，那么它就始终是机器。

人工智能的问题暴露出现代科学已经不再拥有实现自己设定的那些目标的能力了，以至于必须将自己所设立的目标交予替代自己的新科学去实现。在新的科学面前，"对于有待分类的事物，要想分类有效，必须假设它们在某些方面相同。我们认为事物之间具有相似性，将它们归为一类，并由一事物的行为推断另一事物"①。我们认为，奈特在此处将把握相似性的思维方式称作推断是不准确的，其实，那仍然是一种想象。我们希望运用想象力去在事物之间发现相似性，从而建立联系。事实上，只要运用想象力能够发现事物间的相似性，就能找到事物间的纹理和脉络。这样一来，那些偶发性的、间断性的事物和事件就会因相似性程度不同而得到不同的归类。因而，它们不再是杂乱无章的，而是有序的。

分析性思维追求连续性，然而，在分析性思维的基础上成长起来的科学体系却由于专业化而在分支科学之间留下了大片断裂地带。尽管 19 世纪以来，特别是 20 世纪，不断地有边缘学科和交叉学科的出现，试图去填补那些断裂地带，但仍然留下了许多空白点，这可以看作是分析性思维的某种悖论，只是 20 世纪信息科学等一系列新的理论的出现才使这种状况发生了逆转。然而，恰恰是在这种逆转的趋势中，包含着明显的对分析性思维的否定和扬弃。应当承认，科学研究的专业化是分析性思维能够在每一个具体领域走向纵深处的前提。然而，专业化在每一个领域中都为分析性思维的展开限定了边界。正是因为有了边界的限定，才使得科学研究不会表现出无边蔓延的成长状况。也就是说，当边界被确立了之后，分析性思维就只能在单一方向上呈线性展开，而在边界处，则留下了空白，呈现出断裂的状态。在社会的高度复杂性和高度不确定性状态

---

① 弗兰克·奈特. 风险、不确定性与利润. 北京：华夏出版社，2011.

下，我们深深地感受到了人类既已拥有的科学的局限性。

在工业社会中成长起来的科学极其推崇计量和标准化，希望对作为研究对象的一切都进行量的把握，而且在 20 世纪中还进行了专门的量化研究。不过，我们应该看到，复杂性和不确定性是无法度量的。在我们区分低度复杂性和低度不确定性与高度复杂性和高度不确定性的时候，人们为我们提供了某种量的判断，但这种判断的模糊性却是显而易见的。在我们说人类社会从低度复杂性和低度不确定性转变为高度复杂性和高度不确定性的时候，所作出的只是一种感性判断，而不是实证研究的结果。也许就某个特定的微观领域，可以通过严格限定边界然后进行实证研究，从而实现对复杂性和不确定性的度量。但是，作为社会特征的复杂性和不确定性却无法在实证研究中去加以把握，而是需要借助直觉来作出判断。即使通过实证研究而求得某些数值，要让人们接受那是作为社会特征的高度复杂性和高度不确定性，也还是要求助于相似性思维才能生成作为社会特征的意象。

实际上，在面对高度复杂性和高度不确定性的问题时，任何定量判断都无法做出，而且也使得量化研究无从着手。总之，基于分析性思维的科学虽然在整个工业社会的历史阶段创造出了辉煌成绩，但在全球化、后工业化进程中却遭遇了无法克服的困难，以至于其必将受到否定。或者说，工业社会的科学尚处在人类科学发展的低级阶段。在其向更高级阶段迈进的时候，所要实现的是思维方式的变革，即从分析性思维转变为相似性思维。

三、相似性思维与知识体系重建

从近代以来社会科学研究的基本情况来看，分析性思维总是努力透过事物的表象去揭示其本质，而相似性思维则努力在不同事物的表象间建立联系。在价值的问题上，这两种思维方式采取了不同的态度。分析性思维在事物表象的层面不承认价值，即使承认某些形式具有功用，也不会把这种功用视作价值，而是要求透过事物的表象揭示价值。对于相似性思维而言，恰恰是通过在表象间建立联系的方式去获得对价值的理解，或者说，通过在表象间建立联系的方式而赋予事物以价值。

相似性思维是一种更适宜把握事物价值的思维方式。因为，相似性思维在功能上的优势就是在事物间建立联系。如果说分析性思维具有这种功能的话，在很大程度上，是继承相似性思维的。也就是说，在从农业社会向工业社会转变的过程中，实现了相似性思维向分析性思维的转变。在这一转变过程中，相似性思维的这一功能被分析性思维继承了下来。或者说，当分析性思维占据了主导地位后，相似性思维其实并未完全从我们的头脑中清除，而是隐藏在了分析性思维之中。

根据福柯的意见："正是在这里才真正有必要假定诸表象在想象中是彼此类似和相互回想的；自然存在物都彼此处于毗邻和相似关系中；人们的需求是相互对应并能得到满足的。"① 分析性思维在逻辑的严谨性意义上包含了某种达至真理的奥秘，同时，这也是分析性思维的一项根本性的缺陷。也就是说，分析性思维只能把握连续性。在一切出现了间断性的地方，分析性思维都显得无能为力。人们不愿意承认这一点，因为认识以及科学研究的实践并未表现出这种状况。

之所以分析性思维在认识和科学理论活动中总能够解决间断性给它提出的难题，或者，总能够应对间断性所造成的危机，就在于它的背后隐藏着相似性思维，相似性思维总是在它需要的时候伸出援手。这就是福柯看到的，"表象与存在的连续统一体，一个被消极地限定为缺乏虚无的本体论，存在之一般表象性以及呈现在表象之出场中的存在——所有这些都是古典认识型总体构型的组成部分"②。总的说来，在任何存在着间断性的场所，只要进入了人的视野并成为认识、理解和把握的对象，就可以看到相似性思维于其中发挥的作用。正是相似性思维，能够在类似、毗邻但又存在着间隔的事物间建立联系，进而发展成秩序。

如果说分析性思维在工业社会中确立了自然秩序和社会秩序的话，那么在很大程度上是归功于相似性思维的。正是隐藏在分析性思维背后的相似性思维对间断性的克服，才使秩序成为现实。当然，相似性思维在间断性之间建立联系又取决于思维者的想象力。也就是说，在相似性思维这里，同一表象所引发的联想会因想象力的状况而定。一般说来，由同一表象引发的联想线索所指向的方向是有限的，所以，人们并不需要什么特殊的能力就能够展现出联想。

分析性思维驾驭间断性的基本方法是在表象上互不联系的事物之间寻求同一性，即通过抽象去把握事物间的联系。的确，当人的思维掌握了抽象这一工

---

① 米歇尔·福柯. 词与物：人文科学考古学. 上海：上海三联书店，2001.
② 同①.

具后，世上万物都可以化繁为简，从而让人的生活变得简便。比如，面对繁复多样的商品，通过跨越质的差异所构成的界限而从中抽象出某种共同的价值（因素），就可以发明一般等价物。或者说，对作为一项古老发明的一般等价物作出合理性的证明。抽象必然造成事物质的流失，不过，这种质的流失不仅未在人的思维以及社会生活实践中带来无法承受的消极后果，反而使思维以及社会生活实践更加方便。然而，质的流失实际上会以对象的消失这样一种形式出现，以至于我们不知道针对什么和为了什么而去开展行动。因此，我们必须基于具体的事实去开展行动。这个时候，浮现在我们思想中的，就是具体的事实及其联系了。

分析性思维在最初的起点上是从事物的表象出发，但它在把表象转换为命题时，是有着诸多可能性的。甚至可以认为，一个表象可以转换为无限多个命题。这样一来，就会使分析性思维面临选择的困难。不过，从现代科学研究来看，研究者往往通过给定条件的方式而对命题作出限制，从而使其适应研究工作的开展。在这里，我们同样解读出了分析性思维的局限性，那就是，我们很难知道限制命题的条件是否贴切和适用。也许我们用以限制命题的条件恰恰会把我们的行动导向一个错误的方向，从而引发不可收拾的后果。因此，我们主张，不再按照分析性思维所指示的路径去把表象转换成命题，而是应当直接地从表象出发作出联想，通过增强我们的想象力和判断力去保证联想走在正确的道路上。

分析性思维在应用于对事物（件）发展原因的科学研究中是以决定论的形式出现的。根据决定论模式，一旦给定了充分的条件就必然导致某一结果。如果组织的环境是确定的，组织自身的各个方面是稳定的，那么组织活动的结果就是可以预期的。当然，这还需要考虑到另一个必要条件，那就是，所有条件（导致预期结果的原因）都已经被充分地把握。因为西蒙（Simon）意识到对所有条件作出充分把握是不可能的，所以他提出了"有限理性"的原则，但在把握条件方面作出更为充分的努力，还是能够达到所期望的结果的。所以，决定论思维被成功地推荐给了组织理论家以及整个社会科学的研究者们。可是，当社会的复杂性达到了某一个临界点的时候，其可把握性就会降到某个最低点，从而对决定论思维提出了不支持的动议。

我们正处在一个社会复杂性和不确定性迅速增长的时代，我们的社会已经呈现出了高度复杂性和高度不确定性的特征。在这一条件下，社会活动原来那种憾而不动的决定论已经不再可靠了。这样一来，几乎所有的社会活动都必须根据环境的变动以及所承担任务的变动而随时调整自身。所以，作为社会活动的人的一切行动，所指向的都是一个不确定的未来。以行动集合体出现的组织，也将处在不确定之中。在每一次行动中，以什么样的形式出现？所承担的是什么样的任务？所要达成的是什么样的目标？都是不确定的。正是这种高度不确定性，使得分析性思维认识上的独断论和实践上的线性规划都变得不合时宜了。

在哲学的意义上，分析性思维造就的是形而上学这一哲学形式，而形而上学的全部优势都反映在认识论上。在认识论的框架中，形而上学为从量的角度把握世界提供了总纲。也许辩证法在反驳形而上学时会抗议说，除了量之外还有质，但是，一旦涉及对质加以描述的时候依然会涉及量，甚至需要归结为量。比如，多元化、多样性等概念是对质的描述。然而，当"多"字出现在这些概念中时，实际上已经是在用量来描述质和规定质了。所以，一切形而上学的思考都会陷入某种悖论。人们可以在悖论中进行折中和调和，却无法避免一代又一代的人对还原论的形而上学的追问。可见，形而上学是思维的魔障，尽管形而上学在以分析性思维的形式出现时有着把握事物量的属性的优势。

我们必须承认，分析性思维只能把科学研究限定在对事物的量的把握上。现在，如果满足于对事物的量的把握，显然无法对实践提供必要的支持。因而，我们需要一场告别形而上学的运动，即实现从分析性思维向相似性思维的转变。也就是说，一旦我们将思维引向对具体问题的关注，就能够实现一场思维革命。实现这场思维革命，一切抽象意义上的宏大成绩都将不再是社会治理者值得骄傲的资本，反而是在每一项具体问题的解决中所取得的新突破，这才是社会治理成功的标志。

总的说来，人类的几乎所有行动都包含着知识、智慧、信念和信心。近代以来，为人的行动提供指导的知识，主要是某种狭义范畴中的知识。科学所提供的就是知识，尽管对知识进行分解的时候还援用了其他概念来指称不同类别的知识。科学是狭隘的，在仅仅关乎知识的时候，把智慧、信念和信心都排除在了科学研究之外。古代哲学曾宣称关注人的智慧，但到了近代，随着认识论的基本框架搭建起来之后，哲学已经不再拥有去理解智慧、关注智慧的雄心壮志了。在整个工业时代，被称作哲学的东西，无非是科学范式中的部分填充物。分析性思维生产了繁杂的形而上学知识，以至于人们围绕这些知识争论不休。尽管这些知识对于人的智力训练是积极的，但就这些知识无时无处不引发争论的本性来看，是不适宜在高度复杂性和高度不确定性条件下去认识问题和形成行动方案的。所以，在高度复杂性和高度不确定性条件下，不仅不能延续分析性思维继续生产形而上学知识，反而要像老子告诫的那样"涤除玄览"。

就科学发展史来看，也许科学在知识上的这种褊狭概由培根的误导，但这又是我们今天不得不接受的现实。不过，我们必须认识到，在科学失去了指导功能时，甚至妨碍我们开展行动时，我们就应当做出新的选择。那就是，应当终结这个作为现实的现象，即突破这个仅仅关注知识的科学范式，代之以能够同时包容人类知识、智慧、信念和信心的科学。

在我们提出这项追求的时候，首先，我们需要实现思维方式的变革。只有当我们建构起相似性思维，才能重新使智慧、信念、信心等获得荣耀。当然，在广义上，此时的智慧、信念、信心等也是以知识的形式出现的，或者说，是在知识中获得支撑力量的。但是，知识的属性发生了改变，或者说，知识不再生成于分析性思维的运行中，而是在相似性思维的基础上重建起来的，是由相似性思维创造出来并贯穿着相似性思维和建立在相似性思维基础上的知识。

第二节　社会科学研究如何对待传统

人类是有历史的，而历史中似乎又包含着传统。那么如何对待传统？在今天，这首先是一个需要科学研究来回答的问题，然后，才能落实到实践中。

我们知道，在每一个时代，都存在着不同的主义、思想流派等，但它们往往会各自夸大相互之间的差异，并陷入争论之中。实际上，它们之间相同的部分可能远多于相异的部分，至少它们会围绕某些共同关注的问题展开争论，更为重要的是，它们所用的思维方式、推理进路和叙事方式等，都是相同的，只不过看问题的视角有所不同而已。正是存在这种情况，马克思认为存在着某种时代精神，即存在着一个时代的人们普遍拥有的某种精神。然而，在每一个时代中，不同主义的主张者、不同理论的建构者，总是要为自己寻找某个传统，以求证明自己的历史正当性。正是因为这种做法非常流行，才将时代精神深深地掩藏了起来，并产生了夸大思想和理论差异的问题，以至于总想用声嘶力竭的论辩压倒对方，而不是谋求合作去共同解决时代中的那些在历史上不曾出现过的新问题。虽然各种主义、理论都拥有共同的传统，而传统往往在它们的争论中被撕裂，各自对传统作出狭义的理解和界定，进而对传统也会作出不同的解释。鉴于此，我们反对一切为了证明自身历史正当性的目的而利用传统的做法，尽管我们认为传统是当下社会生活的资源宝库。

我们可以看到，出于现实主义的要求，当人们希望在社会发展的问题上增强自觉性的时候，传统与创新的关系往往会引发人们更多的思考。这是一种哲学思考，也是实践上的一个如何选择的问题。对传统的迷恋无疑会抑制创新，而创新又不可能凭空展开，必然要建立在传统的基础上。关于风险社会的认识是相对于传统而言的，因为我们依然行进在工业社会运行的轨道上，才会把这种社会形态感知为风险社会。如果我们告别了工业社会的生存形态和世界观念，那么风险社会就应准确地表述为高度复杂性和高度不确定性的客观状态。那样的话，在寻求一种适应这种客观状态的生存策略方面，就不会受到传统的羁绊，而是需要从现实出发开展创造性的思考和行动。

一、历史、传统与现在

科学研究需要面对现实，这个现实就是现在中的事实。然而，要理解现实，就需要把握现在的三个维度：其一，过去的维度，亦称历史。这个维度中包含着传统，正是这个传统塑造了现在和规定了现在，我们回顾过去，就是要从过去中发现传统。其二，当下的维度。这个维度中所存在的是各种各样对我们的生活乃至生存构成挑战的问题，这些问题在本质上是对传统所塑造的现在的挑战，在很大程度上，就是对传统的挑战。其三，人的行动的维度。这种行动所要解决的是当下的问题，也许会表现出对传统的维护，但其目的不是要维护传统，而是要解决当下的问题，客观上，是指向未来的。

对当下问题的解决需要创新，因而会导致传统的偏离。在某种意义上，这种对传统的偏离又会开辟出新的传统。新的传统并不属于当下，而是属于未来。总之，过去、当下、未来构成了现在的三个维度，在实质的层面上，它们意味着传统、挑战和创新。

未来这个维度具有虚拟的特征，而创新则会使它变得凝实。即便创新没有改变传统的方向，也会对传统作出修正，使传统增加新的内容。实际上，这种修正意味着对传统的方向作出调整，因而可以理解成开辟了新传统。就过去、当下和未来这三个维度来看，在工业社会以及以前的历史阶段中，虽然每个时代都存在着问题及挑战，但与我们今天所在的风险社会相比，显然微弱得多。风险社会及其高度复杂性和高度不确定性意味着，传统与当下的问题之间出现了失衡，以至于风险社会中的人们必须将注意力更多地放在当下的问题上，应当根据处理问题和应对挑战的需要而对传统加以选择。更准确地说，是出于解决当下问题的需要而对传统作出选择。就其表现来看，有可能在人们处理当下问题时忽视了或忘记了传统，让传统隐匿了身形。风险社会中的人们更加注重创新，甚至会要求突破传统有可能对人形成的一切束缚。

如果人们认为历史的概念等同于传统的话，就会发现，历史支配现实的状况在某些国家、民族中表现得较为明显。一般说来，这些国家、民族都能获得长期稳定的社会秩序，因为传统本身就意味着某种自然秩序，所具有的就是促使社会稳定的功能。传统塑造了现在，因而传统对现在的一切存在的稳定性，都能形成强有力的支持。不过，一旦启动变革进程，就会表现出对传统的怀疑。如果传统的力量较为强大的话，社会变革的要求就会难产。即使产生了社会变革的要求，也会受到传统的压制，甚至会遭到扼杀。可是，在当下的问题变得非常严重的时候，不变革就有可能意味着衰亡，这致使变革的呼声和力量会对传统发动攻击，从而表现为传统与当下之间的激烈冲突。

我们也可以看到一些平稳的变革，即没有诉诸暴力。一般说来，这种在形式上表现为平稳的变革是在话语领域中完成的，实际上是通过意识形态的斗争和冲突，即通过争夺话语权的斗争而实现了思想变革，然后才在不经暴力冲突的情况下根据新的意识形态和话语进行社会安排。在此过程中，传统得到了扬弃，或者说，新传统得以开辟。总之，一切平稳的过渡和转型都无非是通过意识形态去暂时中止或消除历史（传统）的支配，从而使变革的进程显得顺利了一些。即便如此，这种社会变革的进展中也遍布风险，时时都有可能陷入动荡中。无论社会变革采取了什么形式，归根结底都是一个话语变革的问题。通过暴力革命只能摧毁旧的世界，如果没有建立新的话语，那么在重建的过程中将会表现出对旧的世界的复制。所以，只有话语变革才意味着革命的成功。如果新旧话语的替代已经发生，那么社会变革采取了什么形式，其重要程度并不是人们所能想象的。

总体看来，凡是由传统支配现实的国家和地区，社会运行的惯性都会显得较强，社会发展会变得阻力重重，前进步伐较为缓慢。在这些国家和地区中，只有那些拥有创新意识和时时展望未来的人才会成为变革的倡导者和先行者。但是，这类人往往显得弥足珍贵，很多情况下，会被社会所扼杀，这又恰恰根源于传统，是传统力量的展现。

在现代性的语境下，阿伦特对传统与历史作了分辨。她认为，"历史有很多终点和开端，它的每一个终点都是一个新的开端，而它的每一个开端又都是终止了之前在那里的东西。而且，我们多少可以有点把握地确定出传统的时间年代，但我们不能够在时间年代上标定我们的历史"①。也就是说，历史中不断出现的终点和开端都没有割断历史，反而标识了历史通向未来的绵延之维。就历史而言，"过去和未来，如今都可以通向时间的无限之中，我们不仅可以延伸未来，我们同样延伸过去"②。

传统根源于历史，却又不同于历史。因为，"历史中只有相对一小部分在我们的传统中被概念化。传统在这里的意义在于：无论什么样的经验、思想或行为，如果不能适应从开端处发展而来的规定性的范畴和标准，就会常常面临被遗忘的危险。或者，如果通过诗歌和宗教抵挡这种危险，那么没有概念化的东西在哲学传统中就必然是难以言表的，也因此，无论多么荣耀和神圣的记忆都无法具备构成性的直接影响力"③。历史不会反映在现实中，即不构成现在的一个维度，但传统是具有现实性的，是现在的一个不可缺失的维度。

历史是一个客观过程，而传统则取决于人们对它的形塑。当思想家通过理论活动而将历史的元素制作成概念后，也就形成了传统。有的时候，我们出于应对和解决当下问题的目的去回顾和反思历史，其实并不是要去弄清已经成为历史的经验、思想和行为，而是要在历史中去发现传统。正是每一代人都在传统的开辟、重建、再发现中作出了贡献，才使"传统拥有这种一个世纪接着一个世纪传承下去的影响力，甚至具有无孔不入的影响力，宗教虔敬之心所具有的全面穿透力都做不到"④。由此看来，传统并不是静止地躺在历史中的某些因素，而是由每一个时代的人们发掘、开采和重塑而成的。我们说传统塑造了现在，是就表现于外的形式而言的，在实质上，就传统塑造了现在而言，依然属于现在的人们的自我塑造，是现在的人们根据自我的需要而发掘和塑造了传统，通过塑造了传统而塑造了自身。

阿伦特给予传统以高度评价，她之所以要这样做，目的是要对现实作出批判。在她看来，"传统的缺失在政治思想传统中比在总体的哲学传统中更为明

---

① 汉娜·阿伦特. 政治的应许. 上海：上海人民出版社，2016.
② 同①.
③ 同①.
④ 同①.

显。我们很容易列举出西方人的一长串政治经验，这些经验在传统的政治思想中尚无一席之地，犹若无家可归"①。从阿伦特持续展开的论述来看，她无非是要人们关注古希腊和古罗马的政治在传统中的缺失。在她看来，因为这种缺失，使得现代政治失去了传统的支持，以至于古代政治中的美德都消失不见了，剩下的仅仅是利益上的争执。阿伦特举了一个例子来证明传统的缺失："我们的传统起源于古罗马，并有赖于古罗马特殊的政治经验的支撑，然而这种经验本身却在政治思想史上几乎没有发挥作用。"②

阿伦特认为存在着两个政治传统，一种是古希腊和古罗马的政治传统；另一个是近代以来的政治传统。在近代以来的政治传统中，古希腊、古罗马的政治传统消失不见了。在此判断的基础上，阿伦特对近代以来的政治思想传统作了分析，并努力揭示其根本缺陷，"我们的传统从一开始就表现出与不符合其框架的一切政治经验相隔绝，甚至隔绝于那些与传统最切近的过去的经验。这种隔绝，一直是传统的一个突出特征，它使得传统词汇不得不被重新解释，而词语也获得了新的含义。这种排除一切不一致的倾向，发展成一种巨大的排除异己的力量，确保传统在面对一切新的相互对立和冲突的经验时完好无损"③。

一切排斥都会导向封闭或表现出封闭，当近代以来的框架排斥了那个源于古代的传统时，就必然向一切新生的因素封闭了大门。的确，在阿伦特所说的那个"我们的传统"（其实也是近代政治及其思想的传统）中，存在着排斥那个来自历史上的传统之倾向。但是，就传统在历史绵延中不断得到重塑而言，我们又如何能够以历史的某个时点为界去划分两个不同的传统呢？所以，阿伦特出于批判现实的需要来讨论传统是令人费解的。应当承认，阿伦特是一位天生的反思型批判家，在一切她希望进行批判的地方都显示出了她的才智。阿伦特思维敏锐、言辞锋利，总能做到一针见血。然而，一旦涉及需要提出建构意见的时候，她总是躲躲闪闪，或者干脆绕开不谈。

应当说，阿伦特有着强烈的建构愿望。比如，她所提出的复数的人以及人的复数性就包含了她的建构冲动。可是，她只能将那些以灵感的形式呈现给我们，而不是从那里出发建立一个体系。所以，在传统与现在之间，她并未提出

---

① 汉娜·阿伦特. 政治的应许. 上海：上海人民出版社，2016.
② 同①.
③ 同①.

一种明确的结论性意见。也就是说，她指出了现代政治失去了源于古希腊、古罗马的传统，表现出对取自古希腊、古罗马的政治概念重新定义的状况，但在现代政治应当是什么样子这个问题上，阿伦特却避而不谈。所以，我们不得不说阿伦特代表了政治学研究中的一种遗憾。现在，当我们置身于全球化、后工业化这样一场历史性社会变革运动中，就必须在我们的科学研究中包含着建构性追求。

不仅是政治，科学的发展也同样存在着如何对待源于古希腊、古罗马传统的问题。科学的发展中显然是存在着一个古希腊传统的，而且科学的发展似乎一直是在这个传统中向未来延伸的。马克思就曾指出古希腊哲学是其后一切科学的源头，近代以来，许许多多思想家都宣布现代思想是与古希腊一脉相承的，对此，是不容置疑的。不过必须指出，现代科学和哲学都仅仅发展了古希腊思想的一些方面，而古希腊思想中的许多可以作为哲学和科学生长点的方面都受到了忽略。也许正是这个原因，我们的哲学和科学对世界的把握是不完整的，甚至可以说是片面的。每过一段时间，我们都会发现哲学、科学实现了革命性变革，实际上是用一种片面性推翻了另一种片面性，而不是走在融合发展的道路上。如果走在一种融合发展的道路上，黑格尔的扬弃概念就会给予我们更多启发，以至于后人对前人的否定就能够建立在把前人的思想当作遗产对待的基础上，而不是全部抛弃。要做到这一点，首先要对一些体系加以解构，然后在解构的基础上作出更优的组合。

在工业社会的语境下，所有体系都包含着模式化的可能性，都会强势地以模式化的方式将自己看作是传统。实际上，任何模式化的东西都具有封闭性，是不可能在向未来的延伸中形成传统的，只会在历史的行进中被否定。相反，任何可以成为传统的东西都必然是开放性地面向未来。所以，我们在认识传统的时候总会感到它是一个无从捉摸的存在，被宣布为传统的东西可能受到质疑，而被否定的东西可能恰恰是传统。现在的模式化既是封闭了未来的维度而定于一格，也是传统发挥作用的体现。一切模式化的存在物，在历史演化中都会因为人们形成对它（们）的习惯而变得僵化，反映在观念中，就是偏见。所以，对于每一个时代的人们来说，都必须尽可能地避免传统演化为偏见。一旦传统演化为偏见，那就成了具有消极功能的传统，就会妨碍和压制人们出于解决当下问题需要的创新活动。因而，就不可能在未来继续成为传统，而是成了终止在当下的传统。

如果对历史与传统进行比较，可以看到历史与传统有所不同，历史是一个巨大的资源库，包含着大量可供开采的宝藏，而传统则是那些在历史上存在的并在当下发挥作用的资源。传统在当下具有两种存在上的可能性：其一，传统实现了模式化，在当下的现实中更多地以人的偏见的形式存在，反映为人的行为上的习惯、习俗等；其二，传统被不断地形塑，人们把解决当下问题的创新注入传统之中，使传统不断地获得新的生命力，开放地面向未来。无论如何，传统都是现在的一维，存在于人们当下的行为和行动中，发挥着秩序功能，能够使社会稳定，也能够使人们的交往以及各种社会活动变得经济。

就工业社会这个历史阶段来看，传统使人们之间的交往、社会治理和共同行动变得非常经济，即大大地节约社会活动的成本。然而，在风险社会中，传统的这种经济功能消失了，反而转化为人的行动的约束力量，成了套在行动者手脚上的镣铐。尽管如此，传统的现实性是不容置疑的，"传统就是今时此地通过其蕴含被重新创造和诠释的传统，但同时也是被延续的传统"①。并不是历史上发生过和存在过的一切都能成为传统，只有那些能够持续地为人们的生活和行动提供支持的因素，才会以传统的形式为人们所接受。传统反映了历史因素的融合，许多在理性分析中可以认定为矛盾的因素，在传统中却能和谐相处。也许正是因为传统的这一品质，在更为发达和进步的文明类型中，传统往往能够得到继承和发扬。

谈到传统的时候，人们往往立即想到了历史上的过去，或者，将它看作来源于过去。实际情况则是，正是现实，不断地赋予传统以生命力，并为传统在现实中发挥作用提供了一切必要的条件。现实需要以及现实中的人的追求和行动目的，恰恰是传统的沃土。一方面，传统塑造了现在，我们置身于其中的现在是什么样子，需要在传统中加以理解。另一方面，传统又是植根于现在之中的。传统只有从现在中获取生命的营养，才能成为具有现实性的传统。在社会科学研究中，传统与现在两个维度都是不可缺失的。如果缺失了其中的一维，任何一项科学研究活动都不能被认为是科学的活动，尽管它打着科学的幌子。也许人们在探讨具体问题的时候并不讨论传统与现在的问题，但作为一种视野，甚至作为科学活动赖以出发的世界观，是必须在场的。

① 保罗·利科. 从文本到行动. 上海：华东师范大学出版社，2015.

二、变革与创新

我们难以理解，在远古时代，人们是怎样确立起神圣的观念，但人类的精神演变史却一直走在世俗化的道路上。比如，从人类早期的对人的神格的关注转变为对人的人格的关注，再到后来对人的欲望的关注，留下了人类精神演变史的清晰脉络。在这样一路走来的世俗化进程中，是对外在于人的制度、规则的不断改进和强化。但是，也许于此之中包含着另一重隐喻，那就是，需要完整地认识人。既不是从神格也不是从人格，更不是从欲望等单个方面去定义人，而是需要在人的行动中去完整地把握人。那样的话，人就因为是完整的而具有了现实性，特别是使人成为在行动中得到证明的现实的人。

可见，在如何认识人的问题上，既要看到人的现实形态，又要看到人是如何从传统中蜕变的。人是传统的产物，人从传统中获得了他当下的现实性，他作为人的一切都得益于传统而成为如此。当然，人的所有来自传统的方面是否具有现实存在的价值，则是一个需要在行动中加以证明的问题。总之，一方面，我们在世俗化的视角中看到了人的蜕变，并经历了一次又一次的蜕变而成为真正完整的和现实的行动着的人；另一方面，在人的发展的视角中，我们看到人从传统中走来，成长起来并成为现实的人，而且能够在行动中证明人的现实性和完整性。这就意味着，无论是从哪一个视角看人，都走向了同一个方向：在人真正成为人的时候，也就成了真正独立自主的行动者。

人的蜕变是在一次次革命性的社会变革中发生的，而对于社会变革来说，传统在很大程度上是有害的。"正是传统的存在带来对过去极为危害的认同。在面对许多变革，并且有时是最为激进的变革时，这种根植于常识的认同，表现为传统范畴超乎寻常的连贯性和广泛性，从古希腊的衰落到古罗马的兴盛、从古罗马帝国的垮台到政治思想的传统彻底被基督教教义所吸收，传统的范畴历经这种种兴衰而犹在，还有什么比这更令人印象深刻？虽然18、19世纪的政治和工业革命挑战了所有的道德和政治上的传统标准，但我们历史上的这次彻底变革要超过自现在伊始所发生过的任何事情……只有从传统的角度来衡量，现代的革命性变革的程度才显得更为深刻；而如果我们把现代的这种变革与我们历史上的政治巨变相比，它则显得逊色。"① 历史经验证明，在每一次变革时

① 汉娜·阿伦特. 政治的应许. 上海：上海人民出版社，2016.

刻到来时，传统都将成为受到挑战的对象，似乎只有对传统作了否定，变革才会发生，才会成为具有现实性的运动。

与启蒙时期确立的原子化个人不同，在阿伦特所设定的人的复数中，传统是不可缺席的构成因素。所以，阿伦特要求我们给予传统以足够的重视。在阿伦特看来，与传统关联在一起的是"过去""常识"等概念，但她又认为，传统、过去、常识三个概念是不同的。

在社会变革的过程中，传统所包含的危险使它容易引起人们对过去的联想，即把过去误认为是值得保留和继承的传统。就革命、变革是对过去的否定而言，任何对过去的留恋之情都是消极的和有害的。常识中包含着过去，或者说常识是过去的记忆。同时，常识中又包含着传统，受到"传统的束缚和滋养"[①]。在社会变革的过程中，常识中的过去那一部分往往使得常识呈现出消极和保守的属性。这就要求我们在很多情况下不能按常识办事，即不应该受到常识的蒙蔽。但是，常识中属于传统的那部分又有着强大的生命力，而且会在社会变革取得积极进展后显现出来。这就是每一次社会变革都未抛弃传统的原因。而且，在每一个社会中，人们都可以在当下的生活中为某些方面、某些因素追溯到某个远古的起始点上，努力证明它是根源于传统的。

不过，就传统与过去的关系而言，无论是历史遗迹、文本所记载的过去，还是常识中所记忆的过去，都存在着复活的可能性。一旦过去得以复活，人们又会将其添入传统之中。同时，传统又是处于变化之中的，每个时代都会对传统进行选择和作出自己的定义，开辟并形成新传统。所以，传统既是一个模糊的概念，又有着复杂的内容。在阿伦特将传统纳入人的复数之中时，至多只能说人的复数中包含了历史的维度，而不是像原子化个人那样是一种纯粹的抽象。

我们已经指出，对传统的守护，在行动上总是以模式化的形式出现，而模式化的行动就是制度框架中的行动。所以，制度包含着传统，在某种意义上，制度就是传统的当下形式。在制度框架下开展行动，即便在具体的事项上，面向未来而开展行动也被要求作出规划和制订计划，并尽可能按照设计路线展开。这实际上反映了一种试图把未来拉入传统之中的要求。在这里，我们所说的计划，既有通过程序制订的，也有以人的预期形式出现的。

---

① 汉娜·阿伦特. 政治的应许. 上海：上海人民出版社，2016.

从西方现代民主政治中的选举来看，在选举活动中投票给某个候选人，包含着某个预期，而实际上则是一种对未来的计划。例如，选举总统是包含着对未来几年的预期的，即选举一位国家领导人，期望他领导这个国家走向更为辉煌的未来，至少期望未来几年在被选举出来的总统的领导下能够创造优秀的成绩。但是，在新冠疫情期间，在是否应遵循这一已经构成了传统的总统选举问题上，也许人们不敢提出疑问。其实，人们根本也不可能想到要提出疑问。这个问题实质上，就是在当下面临的威胁与对未来的美好期望之间，必须做出选择。显然，人们遵从了传统而没有对总统选举产生疑问，即选择了选举总统的各种集会活动。

也许人们会说，新冠疫情只是一时的，但总统选举的集会等聚众活动却加速了疫情的扩散、流行，致使大量生命受到威胁。面对这种情况，我们不禁要问，与对未来几年的预期相比，难道现在的灾难不值一提吗？虽然从许多国家在新冠疫情期间的总统选举活动来看，并未造成不可承受的灾难，但我们还是认为，作为一项原则，是需要加以考虑的，甚至是需要加以确立的，那就是，在风险社会中，应对当下的灾难更为重要，应对现在的风险比任何美好的预期都更加迫切。也就是说，风险社会中的行动应当将时间优先性给予应对当下的问题，即更加重视当下的回应性和即时行动，而不是遵从传统所给予的模式，更不应在传统给予的那条向未来延伸的道路上去制订计划。事实上，当人们在风险社会中开展行动时，不可能将对未来的期望寄托于所制订的计划。

如果传统与当下之间出现了力量失衡的状态，即传统的力量大于当下，就会使社会趋向于封闭。虽然封闭的社会也会存在着变迁，但那种变迁是极其缓慢的，主要是因为在这个封闭社会中处理当下问题而产生的力量推动了变迁。一般来说，在封闭的社会系统中，新产生的力量往往会受到扼制，实际上这种扼制恰恰是来自传统的，除非是在遭遇了重大危机和灾变时，新生的力量才有可能转化为促使变迁的力量。"在习俗为王和标准划一的地方，创新总会普遍地引起反感，如果一代人都穿邋遢的宽外袍，那么就还会继续这样的邋邋遢遢地穿下去，至少新风格不会一下子耀武扬威地进入人们的生活。"[1] 也就是说，在一个封闭的社会中，传统的力量显得格外强大，任何与传统不相一致的因素，在萌芽的时候，都有可能遭到扼杀，传统封堵了通向未来的道路。

---

[1] 卡尔·波普尔. 通过知识获得解放. 杭州：中国美术学院出版社，1996.

在谈论传统的时候，人们更多地将其限制在文化范畴中，即谈论所谓的传统文化。在很多情况下，人们在对其他方面的传统表达怀疑的时候，仍然高调地赞颂传统文化。对于那些陶醉于自己民族传统文化的人来说，克罗齐耶（Grozier）的一段话也许是值得学习的："文化的捍卫，曾经一度是一项光荣的职责，为人们所尊重，很少受到质疑。原因在于，当时的变革节奏缓慢，而且保护文化比丰富文化的宝藏具有更重要的意义。新型的文化实践活动是逐渐出现的。它们只是后来才进入文化殿堂的宝藏之中的。毋庸讳言，这些守卫者始终在对它们的价值进行喋喋不休的争论。某些人在此之上做了一些有益的工作，另一些人甚至创造了诸种新的形式；还有一些人则对伟大的创新满怀期待：这种创新的观念既令人生畏，又令人心驰神往。而且，有些时候，一种意义深远的创新（即一种崭新的范式），的确能够从文化实践与文化成果的积累之中浮现出来，这一创新至少可以部分地令文化宝藏发生变动，从而得以超越诸种障碍，解决那些直到那时仍无法解决的问题，并且促进人类文化事业的新的发展。"[①]

一个浅显易明的道理是我们都能接受的，那就是，每一个时代总会有一些属于这个时代的独特因素。就人们能够将那些时代识别出来而言，就人们能够对他们所在的时代进行命名来看，每一个时代都在最基本的方面具有其独特性。这意味着，任何一种基于那个特定时代建构起来的问题解决方案以及理论，都不可能原封不动地搬到另一个时代。不管这些理论以及问题解决方案包含着多大比重的一般性和普适性的因素，都不意味着人们必须对不属于自己的这个时代的问题解决方案及其理论推崇备至。

每一个时代的人都是活在当下的，都会遇到一些历史上从未出现过的问题。即使一些问题在历史上曾经出现过，那也只能说是有几分形似，而在实质上则是不同的。那些以传统的名义而试图将历史上的某种理论搬到当代，希望用那些理论解释当下的问题，希望从中找寻解决当下问题的方案，只能说是一种缺乏正视当下问题的、惰于探索的懒汉做法，更何况其中还存在着诸多以传统文化的名义招摇撞骗之辈。在社会变革的时代，我们需要的是勇于探索的精神和能够发现当下问题的独特性的睿智眼光，并在此前提下去构想解决当下问题的方案和发展属于当代并启发未来的理论。

---

① 米歇尔·克罗齐耶. 法令不能改变社会. 上海：上海人民出版社，2007.

我们绝不希望未来的某一代人把我们时代的理论制作成教条，我们提供的只是供他们批判的对象，希望他们在对我们的否定中探寻出新路。所以，在社会发展过程中的每一次变革面前，传统都只是可供选择的对象，应当对所有解决当下问题的创新提供支持，而不应成为阻碍创新的力量。总的说来，我们对传统的态度应当是：在社会稳定的追求中，需要表达对传统的重视；在需要促进社会变革时，则应更加重视创新。可是，当人类走进了风险社会时，所面对的是社会的高度复杂性和高度不确定性，这使得社会稳定的追求变得不再可能，以至于我们必须将更多的注意力放在当下的行动上。

三、生活领域的"非传统化"

从建构的视角来看，工业社会的公共领域、私人领域和日常生活领域是不同的，反映出来的建构属性也不同。公共领域的建构性特征非常明显，私人领域则是在人的需要的引领和欲望的驱动下前行的，这似乎是一个自然发展的过程，却又无法遮掩人的建构性行为。日常生活领域是在社会分化中残留下来的，是某种意义上的被动的存在，是因为人对它的无法抛弃和无法割舍而保留下来的旧领地。

不过，日常生活领域的生命力是非常顽强的，空想社会主义者们竭尽心力地去改造它，试图让它具有公共性；资本、市场等每时每刻都在不停歇地挑战和攻击它；18—19世纪的文学作品处心积虑地揭示了日常生活领域中的阴暗、丑陋，并煽动人们离家出走，以求动摇日常生活的根基……然而，所有这些尝试都失败了，包括"大锅饭"，也没有让人彻底地砸碎小家锅灶。在工业社会后期，当生育率下降、社会老龄化、人的情感缺失等问题出现时，才让人们意识到工业社会这个历史时期长期贬抑、破坏日常生活的错误。而且，人们不得不承担这种错误带来的后果。

在中国改革开放初期，一些学者对美国父母子女吃饭"AA制"津津乐道（这种事情也许有，但我们不认为是美国社会中的一种普遍现象）。如果家庭、日常生活按照"AA制"的原则"经营"，是不是需要制定一个严密的指标体系？比如，当夫妻睡在一张床上时，如何保证双方占据的面积是平等的？我们说日常生活是传统的保留地，这个判断本身就意味着它不接受资本主义的理念和原则，也不能强行地贯彻公共领域的意志。同时，日常生活不是静止的，它保留了传统却不保守，是以平稳的、持续的方式开拓未来，亦如涓滴成流。只是过了一段时间后，人们才发现，整个社会已经被日常生活的前进步伐抛在了后面。因为日常生活的稳步前进，让我们看到，20世纪后期以来的诸多现象都证明日常生活走在了非传统化的道路上。

我们说日常生活领域是传统的保留地，而家庭又是日常生活领域的核心，是传统发挥作用最为显著的地方。可是，家庭在历史的行程中却经历了多次变身。即便撇开原始社会的家庭不谈，从农业社会的家庭到工业社会的家庭所出现的变化，就不仅是一个家庭规模缩小的问题，而是家庭成员与家的关系发生变化的问题。显然，工业化、城市化带来的人的社会化使人既在又不在家庭中。或者说，人的主要的日常生活都是发生在家庭中，人的社会角色扮演活动则不在家庭中。就家庭是一个血缘组织而言，血缘关系包含着对人构成压力的部分，有的家庭成员可能会利用这种血缘关系而对社会角色扮演成功者作出无尽的索取，以至于使其不堪重负。这一点构成了人们逃离大家庭的心理原因。

显而易见，工作场所与生活场所的分离为大家庭带来了诸多不便。一般来说，大家庭意味着家庭成员的数量较多，不同的人从事的工作不同，受雇佣的地点不同，这会使大家庭聚到一个共同的地理位置的成本较高。无论是时间成本，还是经济成本，可能都是承受不起的。还有，大家庭意味着多代人同在一个家庭中（如四世同堂），代际之间由于社会变化的原因，会产生代沟，工作环境不同而造成的思想观念上的差异等也有可能使他们把家庭变成争吵的战场。所有这些，都在大家庭中发挥了分离的作用，迫使大家庭解体并被核心家庭取代。

相比之下，核心家庭模式衰落的原因要简单得多，主要归结为流动性。或者说，流动性虽然是存在于和表现在整个社会的方方面面的，但在我们的时代，它却是作为这个时代的一个基本特征而出现的。也就是说，我们把流动性概括性地表述为我们这个社会的一个主要特征。在这一社会背景下，家庭所表现出的流动性正是反映了时代的特征。比如，人的工作岗位在地理上的流动，会打破家庭的稳定性。如果说夫妻都在社会中扮演各自的角色，那就意味着他们各自开展活动的地点有可能不同，就有可能在流动中不断地变换地理位置，以致相交的时间可能是短暂的。这有可能对家庭造成冲击，也许只有强大的精神力量以及道德力量才能在这种情况下成为维系家庭的纽带。

近一个时期可以明显地看到，"情侣制"已经成了一种时尚。就情侣制这种男女结合的方式而言，可以按照传统的思维惯性理解成家庭，或者，称其为

"临时家庭"，在中文里，还有"抗战夫妻"这个根据抗日战争期间人的生死不定条件下的男女结合方式而形成的概念。但是，这种情侣制的结合方式与家庭有很大的不同，实际上已经不能视作家庭了，而是一种新的婚姻和结合方式。情侣制会产生许多新的问题，无论是在需要得到法律制度、公众认知及其观念去加以承认和肯定的方面，还是在需要权威机构去加以调解和处理的纠纷方面，都对社会治理提出了新的要求。或者说，这意味着传统的婚姻制度已经无法对情侣制作出适当的规范。

可见，就家庭这一亘古就有的生活场所来看，正在因为社会流动性的增强而发生变化。或者说，家庭发生了解体、毁灭意义上的变化，以至于人的生活完全有可能失去这个生活场所。于此之中，我们看到的是婚姻家庭的传统受到了冲击。这是一种当下之中的现实力量已经大于传统力量的表现形式，即表现出了传统不得不在现实的力量面前妥协的状况。从近一个时期家庭的变动来看，也许是因为全球化、后工业化运动预示着后工业社会的来临，家庭作为一种组织形式呈现出了复杂化的状况，而且这种复杂化的状况有可能意味着后工业社会中的一种人的聚合和交往方式。

在人类历史的宏观视野中，虽然日常生活有着大致可以识别出来的发展轨迹，或者说，在诸如农业社会和工业社会这样的不同历史阶段中，日常生活有着很大的不同，但严格地来说，农业社会中并未实现日常生活与社会生活的分化，而是处于一种混沌的状态。在工业化、城市化进程中，开始打破了这种混沌的状态。在某种意义上，直到19世纪后期，才在社会分化中出现了与公共领域、私人领域相对应的日常生活领域，才出现了能够与公共生活、私人生活区分开来的日常生活。所以，日常生活是一种现代造物，是现代人才有的生活内容，尽管日常生活的内容有着浓厚的传统色彩。

也许是因为日常生活领域构成了现代社会中的传统保留地，列维-施特劳斯（Levi-Strauss）才会以为日常生活在时间上是可逆的。对于列维-施特劳斯的看法，吉登斯给予了一种近乎粗暴的斥责，认为那是"毫无根据"的。其实，吉登斯也承认，"无论时间'本身'（不管这东西到底应该是什么）是否可逆，日常生活的事件和例行活动在时间中的流动都不是单向的。'社会再生产''循环反复'等用语，展示了日常生活的重要性，展示了以不断逝去（但又持续不断地流转回来）的季节时日的交错结合为基础而形成的例行惯例。日常生活具有某种持续性，具有某种流，但它并不具有方向性；所谓的'日常'这一形容词及其同义语体现出，这里所说的时间只有在重复中才得以构成"①。

　　单纯从时间的角度来看，仅就时间的形成而言，在吉登斯所展示出的这种关于日常生活的复杂时间图景中，即便"再生产""循环反复"成了告别过去的渐进过程，在此过程中也会把诸多传统的因素从历史上搬过来。所以，列维-施特劳斯的看法并不能算是错的。也许是因为列维-施特劳斯的结构主义立场招致了吉登斯的反感，才会使他作出粗暴的批评。尽管如此，吉登斯所描绘的日常生活的时间图景是可取的，那就是，日常生活并无一个单一的时间方向，而是有着多重的时间向度。就此而言，吉登斯对日常生活的认识显然要比列维-施特劳斯更接近现实一些。至少，在吉登斯这里，我们看到了时间的复杂性。也就是说，吉登斯虽然没能作出日常生活包含着时间网络的判断，但他已经描绘出了日常生活中的时间的复杂性。

　　有了时间的概念，许多存在物都可以按照时间来进行分类。比如，可以通过时间留痕而将人分成年长者和年轻人。这个时候就会看到，在每一个时代，都有着非常明显的迹象表明，似乎年长者代表了传统，而年轻人更喜欢展望未来。所以，"在传统的社会，'智慧的长者'是不言自明的制度，长者有着突出的地位，因为他们'看到过'并且知晓'一切'，因此他们当中没有人会对生活中令人不适的地方再感到惊讶了，而这一切在晚期现代社会实际上都消失了：更确切地说，年长者往往因为他们不再通晓世界也不再跟得上这个世界而蒙受耻辱。随着年长而不断迫近的开放性和灵活性的丧失，在一个有着飞快的变化速度的社会里是令人感到羞耻的障碍……常被文化批判所嘲弄的（晚期）现代社会中的'年轻人的妄想'在这里找到了它的加速环境下的根源：年老的人的理想形象不再是'智慧的老者'了，而是一直灵活的、能够适应变化的没有——真正——变老的形象，他们并不畏惧主动地吸收新东西。保持年轻的压力或者直截了当地说就是要'永远在青春期'的压力，并不是产生于晚期现代社会的文化氛围中，而是被牢牢地写在它的时间结构中"②。

　　如果作为年长者的老人不是进取型的人，不能够时时跟上时代发展的步伐，而是像过往时代的人们那样依靠其工作时期对社会的奉献而享用社会资源，过悠闲而舒适的养老生活，那么能否得到社会认可，就有可能成为一个问题。所

---

① 安东尼·吉登斯. 社会的构成：结构化理论纲要. 北京：中国人民大学出版社，2016.
② 哈尔特穆特·罗萨. 加速：现代社会中时间结构的改变. 北京：北京大学出版社，2015.

以，在这个时代，对老人的尊重和敬畏只能从传统中去获得支撑力量。显然，在现实中，是找不到有助于对老人尊重和敬畏的因素的。既然如此，这就决定了人们直到生命即将终结的时候也不得不紧跟时代的脚步，随时准备为社会作出自己的一份贡献。在我们即将走进的时代中，传统赖以存在并发挥作用的根基像流沙一样变幻不定，以至于人们不再表现出对老人的尊重。

这就是我们在社会科学研究中需要充分注意的一个现象。因为，如何看待传统以及其发挥作用的状况，决定了我们关于现在以及未来的谋划。

四、超越传统的视界

在西方，几乎所有对现代社会进行反思和批判的思想家、学者都会表达对前现代生活模式的迷恋。这就是西方国家的理论家们总爱事事回溯到古希腊、古罗马的原因。可以认为，在他们的内心深处藏着一种观念或判断，那就是现代社会被笼罩在庸俗的物质主义之中，以至于人是浅薄的，社会也是肤浅的，社会生活的各个方面都注重形式而忽略了意义。在他们看来，古代社会中弥漫着道德，包含着高贵的精神和高尚的人格，所以，他们往往会对古代社会的传统在现代社会生活中的衰落表达了一种无可奈何的惋惜。从这个角度来看，在科学研究和学术叙事中，始终包含着一种非正典化的判断。这样一种认识和研究取向，也许应当说是源于卢梭的。

阿伦特在其论述中对道德在历史前行的过程中衰落的问题作了讨论。阿伦特认为，道德的衰落是由形成传统的历史概念化引起的，她说，"所谓过去，其实就是被传统所概念化，并仍然适用于当下状况的任何东西。这种'实践的'常识性的记忆方式，不需要任何努力，它是共同世界中作为共同分享的继承物传递给我们的。因此，常识的委顿直接会导致过去这一维度的委顿，并引发一场悄然无息但不可阻挡的肤浅化运动，将现代生活的所有领域，蒙上一层无意义的面纱"①。其实，关键的问题是，每一个时代都不是历史上的任何一个时代的复制品，而是呈现出全新的状况，从而决定了把历史上的某个时代中所建构起来的因素搬到这个时代中是不可能的。认识到各种各样的社会现象的历史性，是马克思主义为科学研究确立的一项基本原则。

在风险社会中，整个社会弥漫着流动性。社会的流动性改变了社会的层级

---

① 汉娜·阿伦特. 政治的应许. 上海：上海人民出版社，2016.

结构以及身份状况。比如，在政治生活中，人们是较为讲究社会地位的，这是传统观念在现实中的表现。然而，随着社会流动性的增强，社会地位也会变得不确定。一个人是不可能在既有的资源支撑下获得稳定的社会地位的，一个人是否得到人们的认同和尊重，往往取决于其即时表现，或者在具体领域、具体方面的能力和贡献。所以，人们不可能因为传统而获得某种社会地位，也不能够依靠传统而使自己稳定地保持在某种社会地位上。这样一来，在人文社会科学的研究以及社会观察中，社会地位的概念就越来越失去了对政治的、社会的行为以及影响力的理解功能。就实践而言，人们不应再持有谋求某种社会地位的追求。因为，社会地位将会成为某种幻影，对它的追求不再具有实际意义。即便人们凭借着即时行动而获得了某种社会地位，也无法将其保持下去。这就是传统在人的社会地位上的功能去势。

风险社会是与全球化、后工业化运动同时出现的。在全球化、后工业化运动的全球化之维上，流动性消解了地理区域意义上的"地方"，用某些被公认为文明的因素将"地方"因为历史传承而积累起来的陋习洗涤干净。当然，全球化又是与地方化并行的。这个地方化不是地理区域意义上的地方化——当然也不排除出现了地理区域意义上的地方化，而是由文化、宗教、情感偏好等原因而引起的地方化。一般说来，这种地方化是不稳定的，会表现出流动性的特征。由于地方化不是受到利益主导的，也不是受到利益驱动的，而是共享人的共生共在的理念。所以，这种地方化不同于工业社会后期的那种社群，也不会造就那种社群。

流动性表现为社会的活力，同时也是社会必须面对的一种挑战，或者说，流动性直接地对现实生活中的传统构成了挑战。所以，许多从事组织研究的学者都认识到了这一点："我们生活在一个组织形式正面临挑战同时也富有活力的时代。过去用来组织企业及其他集体力量的传统组织形式正在逐渐被看成是不符合 21 世纪情况的形式。与传统组织的根本性原则相背离的新的组织形式正在涌现。"[1] 所以，在风险社会及其高度复杂性和高度不确定性条件下，对普遍性价值的坚守将变得非常困难。这意味着，社会科学研究传统必须考虑新的问题。

我们知道，产生于一个时代的理论往往因为成功地解释了那个时代的独特现象而获得崇高的地位。一种理论之所以得到后人的认同、追捧，是因为那种

---

[1] 约翰·查尔德. 组织：当代理论与实践. 北京：华夏出版社，2009.

理论对人类的智力发展、知识建构或行动方案的优化作出了巨大贡献，因而获得了某种殊荣，进而成为传统。然而，随着时代的推移，当继承者对其进行阐释时，也许越是忠诚就越表现出背叛。后继者对那种理论的理解和阐释可能是准确的，却因时代的不同而使那种理论背负了恶名。如果后人准备对一种理论作出准确和忠实的阐释，那无异于是将污水泼向了它。

鉴于此，我们对过往时代中产生的理论应持有这样的态度：其一，发现它作为知识的价值，即看它为人类的知识增长作了什么样的贡献；其二，体悟它启发思考的功用，把握它在何种意义上成为点燃新思想火花的引信功能。如果不是这样，而是从那种理论中去寻求直接回答解决现实问题的答案或方案，必然会败坏那一理论的名声。更为重要的是，当我们从前一个时代的理论中去发现知识以及思维方式的现实价值时，已经不再将其作为传统而笼统地加以接受了，而是将其作为现在应当奉行的理论。当然，我们生活的世界是从历史深化而来的，在历史上取得巨大成功的理论参与建构了我们的世界，使得我们可以从这个世界中发现印证那一理论的因素。但是，我们生活的这个世界中所存在的那些主要的、基本的问题显然是那一理论没有预见到的。也就是说，我们当下遭遇的问题是新生的，这就决定了我们无法从既往的理论中发现直接解决当下问题的方案。

也许人们会争辩说，既往的理论中包含着某种普适性的价值观念，并认为这些价值观念在解决当下问题时是有用的。如果这样说能够成立的话，那么必须对另一个问题作出回答：既然人们一直拥有既往理论所确立的那些基本的普适性的价值观念，又如何制造出我们当下不得不面对的问题呢？随着这一追问的提出，次一级的争辩可能是：因为人们在邻近的前一个时代错误地选择了一种理论及其社会建构方案，以至于我们这个时代陷入了问题的困扰中。对此，我们同样提出的问题是：与我们邻近的前一个时代为什么会那么愚蠢而错误地选择某一个理论？

这样追问下去，也许无法形成一致的意见，但却使我们看到所谓永远正确、普遍适用的理论不再存在了。所以，任何复活历史上的某种理论的做法都是不明智的，对于解决当下的问题而言，有害无益。人们在每一个时代中，唯有实事求是地面对所在的时代中的问题，作出创造性解决问题的尝试，才能走向未来。如果背负了传统的包袱，那么走向未来的脚步就会变得沉重。

从 20 世纪的情况来看，社会科学研究之所以在各国都受到了国家权威机构的重视，是因为这种研究往往为决策提供了支持。事实上，在公私部门的诸多决策活动中，都可以看到社会科学提供的广泛支持。在社会科学为决策提供的所有支持中，都包含着对未来的某种预测。在某种意义上，可以说，工业社会所形成的行动模式就是将行动建立在科学预测的前提下。正是因为能够将行动建立在预测的基础上，才被认为是理性化的行动模式，而且也构成了一种传统。当我们置身于风险社会中，这一传统的做法是否可行，则会成为一个可以设疑的问题。

如果我们在风险社会中回望历史，可以看到，在人类历史的任何一个阶段中，相对于个人、群体以及地域的风险都是一直存在的。在科学技术较为发达的条件下，可以对这类风险进行预测、评估并进行分级，还可以通过技术手段去克服风险或降低风险。面对这类风险，不需要上升到行动模式的层面去寻求应对风险的方法。然而，在风险社会中，当我们去讨论如何应对风险时，则需要提出行动模式变革的问题，要求把未来取向的行动改变为当下的、即时的行动。这是因为，对风险的评估和分级，并不能为人的行动提供有效的指导，利用技术手段去克服、降低风险变得不可行了。如果坚持这样一些传统的做法，反而会酿成新的和更多的风险。

基于科学预测开展行动和作出行为选择，越来越变得可疑了。比如，科学有充分的证据证明人的生存环境恶化是不可避免的。根据这种预测，有道德、有良知、关心后代的人如果做出了不生育的行为选择，而且绝大多数人变得有道德、有良知和关心后代而选择了不生育，那将是一种什么样的场景？也许那就是一种没有可供关心的后代的问题了。没有可供关心的后代，也就没有了后代必须承受的风险。可是，那种情况对于不愿意生育的人而言，也许就是最大的社会风险。所以，在风险社会中，我们对科学预测需要抱着审慎的态度，更不应让根据科学预测开展行动和做出行为选择成为一种迷信。

在风险社会中，我们在阅读历史上的那些伟大作品时，需要抛弃一切偏见。在接受教育和迷恋传统时，也许某些偏见悄然形成了，并扎根于我们的思想深处，从而妨碍了我们对历史上那些宝贵思想财富的汲取，这是十分有害的。因为，风险社会中的行动意味着一切都有可能。人类在漫长的历史演进中留下的一切思想，都有可能予行动者以启发。如果我们因为某种立场而持有偏见、捍卫偏见，就会将行动者的思维禁锢起来，抑制甚至阻碍行动者基于实际需要而进行的创新。

克罗齐耶认为，知识分子往往是传统文化的守望者，但是，"一个复杂的社会需要其他的知识分子。这种类型的知识分子的存在，或许间接地但始终不断地，对传统文化至高无上的权威提出挑战"①。也许只有极少的人从小就确立了志学致思的理想，绝大多数人是在受教育的过程中生成了对历史上那些伟大思想家的敬仰，并产生了在大学任职和从事科研工作的愿望。知识分子是一群有思想的人，但一些人却走上了对自己的经济政治地位自觉的方向，产生了一种刺激-反应性行为，大声地呐喊，不愿意用实事求是的态度对待之。这群人被称为"公共知识分子"，他们用自己的行为去引起人们的关注，反而让全社会强化了对知识分子的歧视。无论他们是否求助于传统，都无非是要表达自己的怨恨，其实，他们并不是传统文化的坚守者，也没有打算在面向未来的建构中提出有价值的思想。其实，"公共知识分子"是一群心灵需要得到抚慰的人，如果我们的社会因为他们的过激言行而排斥他们和指责他们，只能说明我们的社会堕落了。

在风险社会中，我们深切地体会到，"创世者"无非是"自我"。我们不应沉迷于传统为我们建构的世界，而是应直面当下的问题去致力于创新，去创造一个世界。诚如海德格尔（Heidegger）所说："此在以自我指引的样式先行领会自身；而此在在其中领会自身的'何所在'，就是先行让存在者向之照面的'何所向'。作为让存在者以因缘存在方式照面的'何所向'，自我指引着的领会的'何所向'，就是世界现象。而此在向之指引自身的'何所向'的结构，也就是构成世界之为世界的东西。"② 正是因为自我"指引自身的'何所向'"，使世界不断展开，似乎没有边际。人类命运共同体的提出，为风险社会中的人们指引了行动方向，那就是为了人的共生共在去开展行动。

在工业社会，人们为了自我的利益追求而与他人开展竞争，自我成了世界的中心，而所有的他人都被作为自我利益实现的工具来对待。在风险社会中，人的共生共在成了我们当下的"何所在"，同时，也是行动的"何所向"。虽然传统经过过滤和筛选而有一部分被保留在了人的共生共在的"何所在"之中，但风险社会的当下则是"何所在"的现实。正是这一现实，孕育了人的共生共在的要求。当这一要求构成了行动的"何所向"时，传统的价值则取决于它对

① 米歇尔·克罗齐耶. 法令不能改变社会. 上海：上海人民出版社，2007.
② 马丁·海德格尔. 存在与时间. 北京：生活·读书·新知三联书店，2014.

行动所提供的支持。总之，风险社会中的人们并不是没有传统或失去了传统，而是将人的共生共在放在优先位置上，需要为了人的共生共在而致力于一切可能的行动创新。

风险社会的高度复杂性和高度不确定性意味着，对现实问题的回应远比对传统的维系更为重要。一方面，我们应当尊重传统，从传统中获取生活乃至生存资源；另一方面，我们需要通过创新去回应现实问题，防止传统对创新形成阻碍。在风险社会中，对传统的尊重是一种心理取向，即一种心态，而生存策略则应是直面当下的问题而开展行动。风险社会让人们空前地感知到全人类正在被动地结成了"命运共同体"，从而意味着此前由竞争文化构成的传统需要得到扬弃。实际上，风险社会中的人们对传统的尊重是有选择的，只有那些能够增益于人类命运共同体的传统才会被人们记起和提起。

我们关于传统的讨论是建立在两个前提下的：其一，我们必须承认，我们所在的民族是一个有着悠久历史的民族，有着巨大的传统资源，如何对待传统，一直是社会科学研究中的一个非常现实的问题，也是人文科学中的一个长盛不衰的话题；其二，人类已经陷入了风险社会，我们的生活和活动所面临的是高度复杂性和高度不确定性的环境，特别是人的共生共在已经成为一个必须认真对待的课题。如何在这种背景、环境中生活和活动，如何将人的生存所面对的挑战转化为人的共生共在的机遇，都需要社会科学研究去拓展思路，甚至需要社会科学研究去设计出可行的行动方案。

第三节　走进创新的时代

在 20 世纪后期，人类走进了全球化、后工业化进程之中，社会表现出了从低度复杂性和低度不确定性的状态向高度复杂性和高度不确定性状态的转变。进入 21 世纪后，人们明确地将这一社会状态感知为风险社会。也就是说，人们感知到了工业社会中旧的模式出现了极大的适应性问题，正是这些适应性的问题，使越来越多的社会风险加予人们，甚至许多社会风险是以危机事件的形式出现的。

为了解决这一问题，积极倡导创新是可以在一个时期内把鼓励创新制作成一种意识形态的，并在这种意识形态的引导下呼唤更多的创新，以应对风险社会中各种各样的问题。不过，在这一时期，不顾客观实际和社会需求的盲目创新是一种必须引起注意的现象。盲目创新是有害的，不仅会带来诸多人力、物力以及其他资源的无谓消耗，还会推动社会的复杂性和不确定性迅速攀升，甚至会把人们引入一种类似于走火入魔的创新偏好状态中。当然，反映在创新上的乱象可能仅仅是一种过渡现象，随着社会向高度复杂性和高度不确定性状态转型的完成，人类将进入一个真正的通过创新求生存、求发展的时代，那种盲目创新和为了创新而创新的状况不会再出现。

一个有着良好创新氛围并保证创新进入良性运行轨道的社会，将会让一切创新都存在于合作行动之中，会表现出根源于承担任务和解决问题的需要。为了营造这种创新氛围，为了促使创新进入良性运行的轨道，我们在今天所要做的工作就是，探讨风险社会及其高度复杂性和高度不确定性条件下的创新的各种可能性，以求最大可能地消除滥用创新之名而瞎折腾的做法。如果我们的社会科学研究不能解决创新方面的各种问题，那么在一个鼓励创新的时代，就有可能让人类因为对创新的鼓励而付出极大的代价。

一、行动而非体制化的创新

我们正处在一个需要创新的时代，而且人们已经意识到了创新的意义，并积极地鼓励创新。在这个需要创新和鼓励创新的时代，社会科学研究肯定不能缺席，而是需要提供一些建设性的意见。

一旦思考社会科学如何对创新的问题发表意见时，就会有一个研究出发点的问题。根据习惯，如果我们将研究出发点确立在人这里，就会有一个如何对人加以定义的问题。我们知道，在工业社会中，一种强调人的外在规定性的建构逻辑决定了人是被各种各样的社会因素定义的。马克思在揭示这一现象时提出了"异化劳动"的概念，认为定义了人从而造成了人的异化的根本原因是异化劳动，并认为消除异化劳动是人的解放的根本途径，这也是马克思主义实践观的基本内涵。

在全球化、后工业化进程中，我们要求用人的行动来定义人。这是因为：其一，因为社会的高度复杂性和高度不确定性，使一切外在于人的客观性设置都呈现出功能衰减的趋势，唯有在人的行动中才能发现社会规范的因素以及可预期的力量；其二，因为创新已经成为一项空前重要的社会主题，而创新的一切可能性都是包含在人的行动之中的；其三，因为此前一切用来定义人的外在性因素都不再能够准确地用于对人的定义了，人所具有的行动者特征凸显了出来，使得原先用来定义人的那些客观因素和外在性设置都显得不再重要；其四，因为对人的静态观察和理解已经不再成为可能，或者说，因为人处在一种不停歇的运动状态中，致使关于人的认识和理解，必须从人的行动入手；其五，因为劳动的形式已经发生了重大变化，即使恢复传统的劳动概念，也不足以反映人的本质，致使我们需要把劳动改写成行动，而且是合作行动。其中，创新不仅是人作为行动者的证明，也是我们这个时代的一个重要维度。

创新是自主性的事业，甚至这种自主性需要归结为个人的自主性。从工业社会的发展史中可以看到，在集体行动广泛地取代了个人行动的时代，协作模式的各种规范性要求都抑制和排除了个人的自主性，致使诸多创新活动必须由单独设立的部门做出，或者由组织中选定的部分人做出。这些单独设立的部门独立于协作系统之外，或者在协作系统中有着特殊的地位，组织中的创新团队往往在组织中享有特殊的优惠政策。同样，那些被选定为创新种子的人，也不同于组织的一般成员。也就是说，这些单独设立的部门不是用严格的规范去约束成员的，而是给予成员以较大的自由空间，让成员自主活动，致力于创新。那些被选定为创新种子的人往往拥有某些特权。这就是工业社会中的创新体制，是通过体制安排而实现创新的。这种模式及其观念有着广泛的影响。比如，从事科学研究就是专业性的活动，那些有着科学研究兴趣但不领取科学研究资助或不拿薪水的人，则被讥讽为"民科"，往往得不到应有的尊重，甚至会受到嘲笑、排斥和压制。

在人类进入风险社会后，集体行动模式将实现从协作行动向合作行动的转变。一旦合作行动替代了协作行动之后，个人的自主性就不会受到诸如规范、分工体制等因素的压制和排斥，反而会得到充分的尊重，创新权也不会再由部分组织成员所垄断。因而，合作行动体系不会像协作行动体系那样设立独立的专门致力于创新的部门或组织成员。无论是在系统外还是在系统内，都不需要设立专门的部门或人去专事创新，而是在合作行动之中实现创新。

人的一切造物活动都必然包含着人的目的，创新亦如创造，也是目的引领下的活动。对于创造（新）者个人而言，目的也许是来自某个转瞬即逝的灵感，但在他的创造物和创新成果获得社会价值的过程中，则需要以个人的目的与社会的需求相契合为前提。这些社会需求包括解决当下困扰着人们的问题，更主要的是改善生产和生活方式的要求，在一般的或宏观的意义上还有着促进社会发展的内涵。如果个人的目的无法与社会的需求相契合，那么他所创造出的物品和所取得的创新成就无论怎样使他自我陶醉，也不会有社会价值。

我们认为，在每一个时代，都有着许许多多具有创新能力的"天才"，但真正得到社会承认和历史铭记的人似乎总是屈指可数。如果排除了体制性的安排，原因就在于，那些天纵之才是否将其才能用对了地方，即是否把自己的创造力用在满足社会需求的创新成果上，决定了他在历史空间中的位置。在今天，许多人担忧某个秉性顽劣无常的"天才"设计出反人类的或恶作剧的程序，从而导致人类的毁灭或机器人统治人类的结局，其实是多虑了。也许这种情况的出现会给人类带来一场灾难，但就这种反人类的发明并不能得到广泛的社会需求的响应和支持而言，是不可能使个人的目的得到完全实现的。尽管如此，在我们的时代，一个被称为"天才"的人物是否拥有道德意识和社会责任感，也许比以往任何一个时代都更为重要。但是，我们绝不应带着怀疑和防范的心态去对待人的创造性活动，而是需要准备拥抱一切可能的创新成果。因为，我们相信，社会需求将在对创新成果的选择方面起到最终的决定作用。

风险社会将人的共生共在的问题凸显了出来，而人的共生共在必然是在人的合作行动中得到实现的。所以，风险社会的另一面是以合作社会的形式出现的。尽管在人类陷入风险社会后还没有及时显现出合作社会的特征，但人的共生共在的压力必然将人类带入合作的社会。一旦我们走进了合作的社会，人的一切活动都将发生在合作场域之中。合作场域既是一切具有社会价值的行动支持系统，也是一切行动者的行为和行动的约束机制，那种恶意的或恶作剧的反人类创造活动不仅不会发生，甚至不会出现在人的目的清单中。

近一个时期，不仅科幻作品，而且公众，都普遍担忧人工智能将带来某种风险。就人工智能产品这种创造物来看，走向反人类道路的可能性是微乎其微的。如果思考人工智能对人类带来什么样的消极影响，我们的视线其实应当放在人工智能时代的人的异化问题上。也就是说，我们应当关注的是，在人工智能时代，人将遭受哪些属于这个时代的、不同于以往的异化，只有我们在这个问题上取得了较为深入的认识，才有可能在社会治理的创新方面找到可行的路径。

其实，人类的每一次创新，无论是发生在技术层面还是发生在制度层面，都包含着对既有时间节律的扰动，甚至是对既有时间节律的打破、终止。也就是说，每一项创新成果的出现和产生社会效用，都意味着时间上的非连续性、偶然性，也可以理解为质性的跃迁。因为，创新成果的出现及其应用，把既有时间节律中的未来拉到了现在，实现了现在与未来的交叠。同样的情况也反映在把过去拉到现在。那样的话，在实现了过去与现在的交叠的时候，也就拉大了与未来的距离，使按照既有时间节律走向未来的脚步迟滞了。

在创新扰动时间节律的问题上，风险社会及其高度复杂性和高度不确定性条件下的情况又与工业社会的表现有所不同，也就是说，会让创新的效应以不同于历史上曾经发生的状况出现。从时间节律的变化来看，合作行动中的创新将会使时间的不确定性更加突出，甚至会让时间失去节律。当合作行动中的创新将过去拉入当下的时候，这并不意味着当下与未来的距离的扩大，反而会同时将未来拉进当下，使过去、当下与未来的统一构成现实。这就是在创新之维中可以实现的合作行动。合作行动中包含着合作体制，但这种合作体制不会反映在对创新活动的分工-协作上。创新活动同样是合作型的，能够包容一切创新，而不是安排、指定某些人有权创新，并给予特别资助以及特殊待遇。

与人类历史上的以往各个时代不同，创新不再与革命联系在一起，不再是告别蒙昧状态的举动。因为，这个社会已经不再有需要加以革除的蒙昧，也不再有人与人关系上的压迫、控制等。如果说我们所遭遇的风险社会是人类走向后工业社会时显现出来的一种社会特征，那么后工业社会的创新将是它的社会生活的常态。这个社会的变动，将在日常化的创新中形成一种和谐的节律，从而把赫拉克利特（Heraclitus）静态视角下的恒动转化为观察者在场的谐和。

创新将赋予后工业社会无限的生命力，创新自身就是生命力的源泉。当然，也会像在工业社会那样，一些创新成果在进入生产过程后，能够转化为生产力。但是，不仅仅是那些可以转化为生产力的创新成果才具有推动社会进步的价值，即使那些没有进入生产过程的创新成果，也会直接在人们的生活以及其他社会活动中被不同程度地共享，从而丰富人们的生活，提升人们的社会活动能力，完善人们的存在。考虑到工业社会中的人们总是从生产力的角度去判断创新及其效应，因此改变人们这一狭隘的观念，也是社会科学的一项任务。

一般说来，创新与模仿构成了一对矛盾，但它们又是互补的。模仿可以促进创新成果的扩散，一方面，可以巩固成功的创新成果，并在更大范围内获得更大的效益。另一方面，由于模仿是有所选择的，往往更多地模仿那些成功的创新。因而，模仿本身也是一种淘汰机制，即淘汰那些不成功的创新。在工业社会低度复杂性和低度不确定性条件下，模仿的上述功能是能够得到充分发挥的。然而，在风险社会中，抽象同一性因素日益消减，每一项创新成果都表现出了具体的适应性。一项创新所表现出来的成功在被移植到他处时，也许就意味着失败，从而使模仿的消极意义大于积极意义。在风险社会中，行动者的优先选项应当放在创新而不是模仿上。这说明，时代对创新与模仿提出的要求是不同的。

总的说来，工业社会的创新只是涓涓细流，而在进入后工业社会的开阔平原后，将汇成一泻千里的洪流。全球化、后工业化进程中的种种迹象已经表明，即使是那些需要推广和进入生产过程的创新成果，也不会像工业社会那样是可以无限复制、模仿和精确再生产的。成果的推广和再生产，将会以一系列个性化的再创新成果的形式出现。这说明，在不同的时代，创新的表现是不同的，创新的形式和功能也是不同的。风险社会中的创新是自主的创新，而不是由体制安排的创新。自主的创新是存在于和包含在行动中的，会在一切需要的时间和地点出现，主要从属于解决行动者所面对的问题的需要。

二、创新与非模式化

创新与创造两个概念的相似性是很强的，就创新与创造都是指一种将无变为有的活动来看，是具有相同性质的。同时，创新与创造又是可以相互规定和相互定义的。一般说来，我们使用创造一词去定义创新，即认为创新中包含着创造的属性。如果说这两个概念之间有什么区别的话，可以认为，创新意味着终结某种状态，从而用新的状态取而代之，或者，用创新成果丰富和完善了前一种状态。创造一词往往并不刻意强调作为出发点的前一种状态，或者说，是以隐含的方式将前一种状态设定为无，即从无中创造出某种有。黑格尔的逻辑学中概念的发展，也许就是在这样一种创造的意义上开展叙事的。在某种意义上，黑格尔可能是受到了基督教创世论的启发，才描绘了概念发生史。

作为宗教学说的创世论是应当受到否定的，科学必须秉持客观主义的立场。不过，在几乎所有现有民族的古老文献中，我们都可以发现与创世论相类似的思想或表述。这些表述是不是以隐喻的形式出现的对人的思考，即把对人的思考制作成了创世论的隐喻？对于这个问题，也许应视为一个需要人类学去加以破解的谜题。不过，在这些创世论的故事中，我们可以看到其背后包含的某种共有的思想。也就是说，我们从那些创世论的故事中读出的是人不应现成地接受所给定的世界，而是要走向创造世界的方向，只不过这些故事都把创造世界的行动者称为神了。或者说，创造世界的人被"封神"了。当然，把这种想法加予先人也许是不合适的。因为，今天人们把古人看作是蒙昧、未开化的人，认为古人在思维和行为上都距离文明尚远，不可能制作出如此深刻的隐喻。但是，我们相信远古的人类肯定思考过自身，从已经文明化的古希腊"认识人自己"的要求中，就可以证明那已经是一种思想传统了。

即使我们不用通过追溯历史的方式去寻求对人创造世界这一命题的正当性证明，单就现代科学来看，"不仅'概念'或'观念'，这类精神实体一般被视为一些'抽象'，而且所有的精神现象、感官中的知觉和意象，就像更抽象的'概念'和'观念'一样，也必须被看作由大脑完成的分类行为……我们感知到的性质，不是客体的属性，而是我们（个人或作为一个种群）学会归纳或区分外部刺激物的手段"①。如果认为精神是在我们的头脑中生成的，而世界又是精神的物化，就陷入了唯心主义。即便唯物主义者，只要像唯心主义者一样运用形而上学的思维方式，也同样会在形而上学的终极追问中要求分辨出决定与被决定的关系，即给出一个最终答案。正是这样，在人是否具有创造能力和能否创造世界的问题上，形成了两种对立的观点。然而，对于拒斥形而上学的实践论而言，是不会在本源的意义上去追问人的创造能力以及是否创造了世界的问题。或者说，实践论已经默认了人的创造能力，并将视线转移到了如何实现人的创造能力的问题上。

从实践论的立场出发，所看到的是人将世界原本没有的东西给予世界，从而更进一步地获得开展一切行动的信心和信念。考虑到创新与创造两个概念的相似性之中所包含的相关性，人具有创新能力并不是一个需要进行审察或提问的问题。而且，人的创新活动恰恰是人的本质的体现。对人加以区分，安排某些人专门从事创新活动，而另一些人则被排除在创新活动之外，就是人的本质的异化的一种表现形式。

在一般的意义上，我们说自然界是给定的。可是，在思想史上，有许多人是通过对自然界的观察而从中解读出"物化自然""人化自然""第二自然"的现象，并将这种现象作为人干预自然和改造自然的证据。不过，这些现象应当被正确地解读为自然的社会化，是被拉入社会中并成为社会的构成要素，是从原初自然中分离出来而被社会所占有的那一部分。一旦自然社会化，并成为社会的构成要素，也就具有了复杂性。或者说，自然社会化的结果是不能够仅仅

---

① 哈耶克.科学的反革命：理性滥用之研究.南京：译林出版社，2019.

在客观或主观这样一种认识论话语中去进行理解和处理我们所遇到的问题。社会与自然的不同决定了对社会的客观主义解读必须非常谨慎，一不小心就会偏离正确感知和认识社会的路线。

所以，社会科学与自然科学的研究不同，"当我们研究自然时，对于那些不是基于对象相互之间的表现之任何相同性而做的分类，必须被当作我们应当摆脱的'骗局'，但是在我们理解人类行为的努力中它们却有着正面意义。这些精神范畴在这两个领域中的作用的重要差别是，当我们研究外部自然的运动时，我们的感觉和思维没有与受观察的事物联系在一起，它们仅仅是关于这些事物的，而在社会机制中它们却构成其基本的环节，在这里起作用的力量，是通过我们直接知道的这些精神实体而运行的：外部世界的事物不因为在我们看来相同或不相同而有相同或不同的表现，然而我们确实是因为事物在我们看来相同或不同，而以相同或不同的方式行动"①。结果，行动表现出模式化的特征，关于行动的观念是建立在行动者所认为的相同或不同的基础上的，而不是客观存在意义上的相同或不同。

一旦基于对相同或不同的认识、判断而将行动看作天然地属于某种模式，创造和创新的冲动反而会被作为离心或出轨倾向来看待，并会受到排斥。从工业社会中的实际情况来看，这样做往往被认为是理性的，但其实那只是一种对理性的滥用。不仅因为认识、判断上的相同或不同而建构模式化的行动是不可取的，而且面对客观存在表现出来的相同或不同形塑行动模式也是不可接受的。可以相信，社会中的几乎所有事物的背后都可能有着复杂的影响因素，因而表现出来的相同或不同是不能被认为它们在实质上就是相同或不同的。如果我们根据表现出来的相同或不同开展行动，就会在具体的情境中发现许多我们无法接受甚至无法承受的偏差。所以，行动的具体性意味着，面对表现出来的相同或不同而开展行动的时候，应时时做好创新的准备，至少应在防范行动的模式化方面保持必要的警觉。

当然，人们可能对基于表现出来的相同或不同而开展的行动所带来的失误并不敏感，反而感到模式化行动带来了直接的经济效益。然而，表现出来的相同或不同与实质性的相同或不同之间的差异反映在行动上，就会得到放大，甚至可以说"差之毫厘，谬之千里"，更不用说人们并不能根据既有的相同或不同

---

① 哈耶克. 科学的反革命：理性滥用之研究. 南京：译林出版社，2019.

去开展行动，反而需要始终将注意力放在差异方面，即根据实质性的差异去设计行动方案并在行动中随时调整行动方案。实质性差异不是在反映、分析等认识活动中发现的，而是在本质直观中获得的。

自然科学研究在对象中甄别出相同或不同的范畴并不困难，而且在这种甄别中可以收获科研成果。在低度复杂性和低度不确定性条件下，社会科学也同样能够做到。但是，社会科学如果希望在对象中甄别出相同或不同的范畴，则有可能对行动造成误导。所以，认识与实践必须开拓新的道路，那就是，要促进认识与实践的统一，在一切可能的地方，都要防止认识与实践的分离。认识与实践的统一应当被正确地解读为认识与实践的融合，就是知行合一。具体地说，就是行动者在行动中因为承担任务的需要而以直观的方式将认识与实践统一起来，从而使行动成为创新活动。

在工业社会，虽然人们在理论上也时常表达对创造、创新的追求，但认识论语境中的精神、思想、意识与客观世界的一致性要求又必然会在逻辑上扼杀创造和创新。无论是唯心主义还是唯物主义，都需要遵循认识论这一逻辑。如果我们不把以物化的形式对精神的复制视为创新的话，那么西方哲学史上赞颂的唯心主义路线在创新方面同样没有提供有价值的意见。实际上，要求精神世界与物质世界相一致的所有理论都必然导致创造、创新的失败，无论行动的目标被渲染、夸大得多么新颖，都不能得到实际成果的印证。

可以说，在工业社会的发展过程中，所有创新的举措以及创新成果的取得，都意味着对认识论逻辑以及基本原则的背离。所以，应当承认精神世界与物质世界之间的差异，而不是刻意追求或强调它们之间的一致性。只有当它们之间的差异得到了承认，才能使创新活动有了回旋的余地。如舍勒（Scheler）所说："如果精神确立各种定性的目标和与转化各种现实因素有关的目标，而这些目标无论如何都不处于这些现实因素所特有的各种因素关系的回旋余地的内部，那么，他就会白费力气，因此，它的'乌托邦'也会流于子虚乌有。所谓的计划经济、'为世界政治设立宪法'或者有计划和合法的优生学和种族选择，都是诸如此类的乌托邦。"①

单是理论上的论证，无论怎样头头是道，也不会转化为有价值的实践，更不会表现为创新。总之，在所有社会生活和活动的领域中，认识论的逻辑必然

---

① 马克斯·舍勒. 知识社会学问题. 南京：译林出版社，2014.

导向某种模式的建立。然而，在任何建立起模式的地方，又都会无情地排斥和压制创新。由此看来，任何一项创新活动都是对某种模式的冲击，创新的本质就在于非模式化。

对于创新活动及其成果，是不能用某个（些）标准去加以衡量的。我们可以看到，在市场经济条件下，当生产要素需要用价格来衡量时，唯有那些稀缺的和需要在市场中获得的因素才被当作生产要素对待，才让人们觉得是有价值的，而那些无法定价的或并不稀缺的因素，往往是不被计入生产要素之中的。比如，生产活动中的方法、思想在第一次介入生产过程的时候，也许因为提高了生产率或产品质量而受到褒奖，但这些因素在被广泛复制后，就不会再被作为生产要素对待了。在工业社会的大半个时期中，空气和水都没有被计入生产要素中，只是因为环境保护意识的出现，才将这些因素考虑进来，即计算污水处理、排污权交易等带来的成本增长问题。这些例子说明，可以用价格来定义的一切，都因为价格而有了标准。有了标准，也就意味着可以衡量其价值。但是，如果一个社会并不利用价格去衡量生产要素的话，情况就会有所不同。

在风险社会中，生活从属于生产的地位也许会发生改变，即颠倒了过来，表现出了让生产从属于生活。就风险社会中人的共生共在的主题而言，生产在社会活动中所占的比重也许不能达到决定性的份额，至少不会像在工业社会中那样被放到最为重要的位置上。出于生活甚至生存的需要，用价格来定义和衡量人的活动的价值有可能显现出其片面性。至少华尔街的大亨们不能以其创造了巨大价值而为自己的高薪辩护，即使中国的"小贷金融"业主，也不能以自己高于科学院院士几万倍的年收入而心安理得。但并不是所有社会活动都可以用价格来定义和衡量的，创新活动尤其如此。没有标准就没有模式，这就是创新非模式化的理据。有了这个理据，创新将从属于任何一种模式，所有的不正当、不合理的因素一旦出现，就能够得到创新的纠正。

在工业社会，一项专利得到保护后就能够在使用中得到相应的回报，而这项专利发现所依赖的理论和思想一钱不值。所以，工业社会的思想先驱曾经宣布知识就是力量，而这个社会却没有表达出对作为知识之母的思想的足够重视。

在工业社会中，任何一种思想在付诸实践并物化为实践中所需的设置后，都有可能僵化，只有不能进入实践过程中的思想才能避免僵化。然而，不进入实践过程的思想及其理论又是不具有现实意义的，是不会得到传播和受人信奉的，它最多只会被人作为一种思想来对待。思想的僵化反映在实践中就是教条主义、因循守旧、畏惧创新，这束缚了人前进的脚步，甚至形成对人的系统性的压迫。在发展的意义上，这就是一种思想障碍，会将实践中的每一个系统导向熵值增加的状态。如果在高度复杂性和高度不确定性条件下出现这种状况的话，那可能是非常危险的。

思想僵化意味着无法适应因变而变的要求，无法应对复杂性和不确定性条件下的任何一项挑战。思想僵化主要是工业社会低度复杂性和低度不确定性条件下的一种状态。在农业社会简单和确定的社会状态中，也许几百年甚至几千年才会显现出思想僵化（如孔孟之道）的状况，而在工业社会中，却有可能在一段不长的时间内就能让人明显地感受到某种思想僵化的状况出现了。就中国农业社会的情况来看，在清末时期人们才感受到了儒家思想的僵化，而这个时期，主要是因为西方的影响才让人感知到中国先贤们的思想不能适应现实的要求。也就是说，在两千多年的时间内，中国人并未意识到儒家思想僵化了。事实上，它也从未僵化，只是在工业化的气息吹拂而来后，才让人意识到了它的僵化。可见，在农业社会的历史阶段中，很难说存在着所谓思想僵化的问题。

同样，到了后工业社会，将不会出现思想僵化的问题。因为，僵化就意味着灭亡。不仅是思想，而且是一切存在，只要变得僵化，其存在的合理性立即就会受到质疑，即陷入存在危机的状态。所以，在思想的层面上，后工业社会同样表现出一种非模式化的状况。就风险社会是后工业社会到来前的一种社会形态而言，我们置身于其中，是应当认识到这一点的。也正是这一点，对当前的社会科学研究提出了创新的要求，即带着创造后工业社会的使命感去开展社会科学研究。

三、创新与专业突破

创新是对专业化社会活动模式的突破。基于现代经验，我们对科学与技术的关系有着一种理解上的定式，认为技术是对科学理论的应用。其实，从科学到技术并不仅仅是一条单一的线索。技术创新往往不是对某种单一科学理论的应用，有可能综合运用了多种科学理论，也有可能突破了科学理论，或者，将科学理论尚未意识到和需要加以破解的问题揭示了出来。就此而言，可以将技术看作先行于科学理论的。特别是在 20 世纪后期以来的技术革命运动中，隐约包含着诸多突破既有科学理论的新技术成就。比如，信息技术、基因技术、人造细胞技术、人工智能技术等，都包含着诸多突破既有科学理论的隐喻，甚至可以说，这些新技术正在呼唤新的科学理论。

科学与技术之间并不是一种单一的线性关系，而是一种非常复杂的关系。我们可以看到，在中国、印度等东方社会中，有着发达的技术。比如中医，特别是它的针灸，是一种非常典型的技术。但是，出现在东方社会这个历史时期的许多技术，都很难找到直接对应的理论，即使是针灸技术所属的经络理论，也是含糊不明的。我们知道，东方社会有着重道轻理的传统，也许可以直接从道中领悟出某些技术，从而绕过理论这种中间性的设置。就此而言，黄帝内经以至外经，所载的是道而不是理论。当然，这只是我们的一种推测，是需要通过专门的研究去加以证明的。

不过，我们所指出的这种现象却说明，技术与理论的关系与人们通常所理解的那种"技术是理论的应用"有着一定的偏差。我们指出这一点，目的是要告诉人们，如果出现了基础理论研究滞后的问题，不应产生悲观情绪，要相信技术创新在理论缺位的情况下也是可以有所作为的。当然，技术的涌现是需要在理论的引领下进行的。没有理论，技术往往是以单个的、偶发的形式出现的。就此而言，说技术根源于理论，是理论的应用，也是正确的。但是，我们并不能执着于这一点，而是希望人们能够认识到，在尚未出现理论的情况下，技术创新的追求应当保持温度。

虽然我们谈论的专业化是物理意义上的，但它会表现为人的心理边界的生成。正是这种心理边界，可能妨碍了行动上的创新。我们知道，人的心理边界会在学习中确立起来。比如，对某个专业的学习，对某种理论的接受，对某种文化的习练……这个边界一旦形成，对于更加深入地掌握边界内的知识、文化和思维方式来说，就可以发挥促进作用。我们在评价高等教育的效果时经常说要看学生是否养成了专业意识，其实，这个专业意识就是一种关于专业的心理边界。

不过，这种心理边界往往会对接受新的思想、理论形成阻碍。对于新事物的认知，有了这种心理边界的人会经常性地出现用其所掌握的概念去框定认识对象的情况。在创新方面，也许能够在专业范围内表现出积极创新的状况，但对边界之外的新事物，往往会表现出接受困难或拒绝接受的状况，更不用说在跨学科的意义上去做出创新。所以，创新所指向的是差异化、多元化。在一般的意义上，创新还会造就地方化的局面。但是，创新成果的交流和学习，又会使差异化、多元化、地方化发生逆转。在一个创新主导的社会中，差异化、多元化、地方化的发生和逆转构成了生生不息地流动的景象。

在现代社会，科学技术活动是专业化最显著的领域，而科学技术的发展，又是与理性联系在一起的，甚至成了社会理性化的标志。根据舍勒的看法，科学发现和技术发明并不是源于功利动机，至少在技术鼎盛时期之前，人们并不是怀着功利的目的去做这些事情的，而是基于某种观念和价值去开展科学和技术活动的。舍勒说："正是与自然界相对的人类权力和人类自由的观念和价值——而绝不仅仅是一种关于功利的观念，使那些拥有'各种发现和发明'的伟大的世纪获得了灵魂。它本身只关注这种权力内驱力，只关注这种内驱力先于其他所有各种内驱力而逐渐增强对自然界的支配地位的过程。它本身无论如何都不关注一种仅仅以出于特殊意图，而开发利用当前的各种力量的内驱力——在中世纪，这种内驱力是和哲学-静观方面的各种态度一道盛行于世的。此外，它本身还关注这种权力内驱力在方向上发生的、离开上帝和众人、走向各种事物及其在某个时空系统中所具有的有意义的位置的变化。这种观念和价值还可以说明人们所做的许多有趣但却不可能成功的、技术方面的实验——旨在用某种'制造出'某物的实验，这些实验（炼金术、永动机等等）都是先于技术时代的鼎盛时期而存在的。"①

在文学艺术领域，我们时常听到人们申述"为了文学的理由""为艺术而艺术"等，也许这些说法是为了表明创作活动的非功利性，而不是当作猎获什么的手段和途径加以应用的。然而，在技术发明的问题上，历史上诸如永动机之类的劳而无功的执着反映了一种创造冲动，而在今天，技术发明的功利色彩是非常浓重的，往往事先就做了精确的计算和有着明确的目标。尽管如此，还是存在着诸多异例。比如，在中国，有一个"民科"的称谓，它是对一类人的戏谑。这类人往往穷其一生而执着于某项发明，但由于应用前景不明而得不到承认。在专业化的时代，人们甚至用"民科"这个名称来讥笑他们。但是，如果追溯他们的发明动机，可能恰恰合乎舍勒的解释。

就近代以来的历史来看，人的活动的理性化逐渐与功利化重合了。只有那些具有功利动机的活动才被视作理性的和具有合理性的。否则，就会受到排

---

① 马克斯·舍勒. 知识社会学问题. 南京：译林出版社，2014.

斥。我们认为，创新的适度功利化是必要的，但过分的功利追求就会走向其反面。功利动机会导致人的"近视"，会对目标的时空范围作出限制，即聚焦到某个很小的时空点上。这样一来，技术发明在更大、更长远的时空范围内会产生什么样的影响以及后果，可能并不能成为技术发明活动的参与者关心的问题。然而，正是在视野之外的这个时空范围，生产了社会风险并最终带来了风险社会。

考虑到这种情况，也许我们应当假设科学发现与技术发明有一种本真状态。当我们置身于风险社会的时候，应当提出一种返回科学发现和技术发明本真状态的追求。即便功利动机是无法祛除和不可避免的，也应通过倡导回归科学发现和技术发明的本真状态，以此去唤醒某种科学精神，让专业活动者在科学发现和技术发明中更为自觉地去诠释创造、创新的价值，减少这些活动的直接和短期的功利色彩。

正如哈贝马斯所指出的："有根有据的共识从概念上讲必须从规范的有效性要求的意义当中产生出来。对于其有效范围而言，行为规范一出现就带着这样一种要求，即根据不同的调节材料把所有相关者的共同兴趣表达出来，进而得到共同承认；所以，如果以把共同寻求真实性之外的一切动机都中立化作为前提，有效规范就必定会得到具有合理动机的一切相关者的共同支持。"① 即使是个人的独白，如果包含着让他人理解的期望，也必须遵从概念规范。人的思想越是合乎社会共有的概念规范，就越能为人们所接受，其发展为社会共识的可能性就越大。

当然，思维的创新总会遇到突破既定概念规范框架的要求，新思想遇到的最直接的阻力就是既有的概念规范体系。可是，新思想如果不能得到他人的认同，是没有意义的。如果不能转化为社会共识，就不能发挥作用。所以说，人生活在社会中，需要通过他人，需要在与他人的交往中，去实现自我和增益于社会。欲达此目的，就需要掌握既遵从又重建概念规范的艺术。只有掌握了这门艺术，才能与他人、与社会达成创造性的共识。这也许是对社会科学研究提出的一项较高的要求，但从事社会科学研究工作的人，无论能否达到这一要求，都应有着合乎这一要求的追求。

---

① 尤尔根·哈贝马斯. 交往行为理论. 上海：上海人民出版社，2005.

四、创新与思维方式

创新是与思维方式联系在一起的。因而，关于创新思维的研究从 20 世纪后期开始变得活跃起来。人类拥有的思维方式大致可以分为两类：一类是分析性思维，另一类是相似性思维。分析性思维具有批判性的功能，在运用这种思维方式对每一个研究对象的分析中，都需要剔除一些东西而去发现所欲寻找的东西。当找到那个东西时，以为发现了本质，但实际上，也许恰恰是那些被剔除了的东西才是本质。与之不同，当人们运用相似性思维时，并不先定地设置某个希望发现的东西，也无需剔除任何被认为是干扰因素的东西，而是承认和尊重研究对象的既已存在的事实。从这样的事实出发去发现相似性，然后，在相似性的基础上促使联系明晰化，达成建构性的效果。

当然，相似性思维与分析性思维并不是截然对立的。从既已出现的几乎所有科学创新成果来看，也许研究者运用了分析性思维，在通过分析而形成抽象结果后，只有引入相似性，才能将研究工作再往前推进一步，并取得创新性的成果。如果仅仅在分析的终点驻足，科学创新就难以发生。所以我们认为，相似性思维是可以包容分析性思维的，或者，可以将分析性思维纳入相似性思维的框架以及展开的过程中，从而将分析性思维作为相似性思维的一个步骤、阶段或阶梯。

设想能否让分析性思维包容相似性思维呢？就分析性思维所具有的一种排斥性而言，那是不可能的。因为，分析性思维的批判性和排他性决定了人们只要站在分析性思维的立场上和遵循分析性思维的逻辑，就会天然地对相似性思维作出排斥。在我们的社会中，存在着许多歧视现象，往往将一种社会存在物斥之为不科学而加以歧视。在这种歧视背后，显然包含着分析性思维对相似性思维的排斥。在科学研究活动中，即使在分析的终点处展开了相似性的建构，研究者也往往会认为那是两个在实质上不相容的步骤，认为那是思维行程的两个互不影响的阶段。总之，相似性思维具有包容性，而分析性思维具有某种天然的排异性。在分析性思维占主导地位的社会中，排斥是一种极其普遍的心理现象，同样也是一种极其普遍的行为。

与分析性思维相比，相似性思维更具有创新的潜质。从它们所使用的语言来看，分析性思维主要体现在学术研究中，而在日常生活中，人们则更多地运用相似性思维。虽然学术研究是最倡导创新的，但出于学术研究成果交流的需要，在语言方面却是严格限制创新的，不仅不鼓励，反而会处处抑制创新。日常生活领域中的活动所展现给我们的是一种完全不同的景象。如果说我们时代中的语言时常会有新的因素添加进来的话，那也主要是日常生活领域作出的贡献。这就是福柯所说的："巴黎中央菜市场在一个市场日所产生的辞格要比学术会议几天内得出的要多得多。"① 在今天，正是互联网中的那些网络社区，每日每时都创造出许许多多的新词。

福柯做了上述这段描述，说明他对此是有着深切感受的。而且，福柯将此推展到历史考察中去，从而得出了这样的判断："这个多变性在语言之初比现在要大得多，这是极有可能的：今天，分析是如此的完美，网络是如此的紧密，并列与从属的关系是如此牢固地确立起来了，以至于词几乎没有离开自己的位置。但是，在人类历史的开端，当词很少时，当表象仍被混淆不分和尚未很好地得到分析时，当情感改变了词或向词提供一个基础时，词就拥有巨大的多变力。人们也许可以说，词在变得恰当之前是形象化的：这就是说，在词被一种自发的修辞力量散布在表象之前，词几乎不拥有作为特殊名字的地位。"②

分析性思维具有明显的收敛性。虽然 20 世纪的心理学研究谋求教育的途径去培养和训练人的发散性思维，为求有更多具有创造力的人才涌现出来。从西方国家的教育模式来看，主要是出于培养发散性思维的目的。然而，一旦人们结束了受教育过程而进入社会，分析性思维模式便框定了人的思想和行为。所以，人们发现，在美国，新移民在各行各业中往往都会在创造力方面有着优异的表现，尽管他们没有严格接受美国式的旨在培养人的发散性思维的教育。与分析性思维相比，相似性思维具有明显的发散性特征。所以，在拥有相似性思维方式的人群中，极易产生新的观念，拥有相似性思维的人往往能够显现出超群的创造力。

在发散性思维占主导地位的国家、地区中，可能是因为发散性思维带来的新观念总是存在着承认困难，因而普遍存在着无视、轻视他人创新的状况。一般说来，这些国家、地区必须以政治的以及其他社会治理的安排去抑制人的创造力，防止因新观念的涌现而导致社会发生冲突，即要求将整个社会统一到某

---

① 米歇尔·福柯. 词与物：人文科学考古学. 上海：上海三联书店，2001.
② 同①.

个既有的或由少数人垄断的创新观念中。也就是说，在这类国家、地区中，会表现出一种通过社会治理以及政治上的安排去压抑人的创造力的状况。这种情况往往会致使国家、地区创新能力不足。也就是说，如果某些国家、地区出现了创新能力不足的问题，也许应当首先检视其政治和社会的体制，因为很有可能是体制而不是思维方式造成了创新能力不足的问题。

现在，人类社会呈现出高度复杂性和高度不确定性，这一现实条件提出了全面解决人的创造力以及创新能力的要求。对于拥有相似性思维的人、国家、地区而言，将会显现出在高度复杂性和高度不确定条件下开展行动的优势。不过，在人的创造力能否被释放出来的问题上，在能否赢得普遍创新局面的问题上，显然还需要把对社会治理的、政治的安排进行根本性改革作为前提，即消除一切压抑人的创造力的社会因素。即便一国的政治体制、行政体制具有行进性，能够在创新方面提供良好的支持，但若它的社会体制倾向于抑制创新，仍然会在创新方面不尽如人意。

相似性思维着重于把握事物的意义。如果说分析性思维要求弄清楚事物是什么，那么相似性思维所关注的则是事物的意义是怎样的。当然，在事物以及事物的意义这两个方面，相似性思维和分析性思维都会给予关注，它们并不是截然对立的。但是，这两种思维的侧重点不同。分析性思维侧重于对事物的认识，而相似性思维则侧重于对事物的意义的把握。正是因为侧重于对事物的意义的把握，突出了思维上的联想在相似性思维中的重要地位。进而，由于相似性思维突出了联想的功能，才使得分析性思维视野中那些毫无关联的事物联系在一起。

当我们准备建一个房子的时候，也许我们可以通过对既有房子的分析、分解而认识到砖、石、水泥、钢材等之间的联系和构成方式，然后备好这些材料，进行复制而拥有一栋新房子。但是，如果没有这样一个复制对象，那么砖、石、水泥、钢材之间的联系是怎样建立起来的？显然，相似性思维在其中发挥了作用，而分析性思维的所谓分析，是无法在砖、石、水泥、钢材之间建立联系的。同样，就建筑而言，新材料层出不穷，而且不断地引发建筑革命。当新材料被列入建筑的筹划中，显然需要多种材料的组合而成为一栋建筑。在这方面，相似性思维的优越性远高于分析性思维。不难看到，如果说这些材料事先在工程师的头脑中已经被联系在一起，就会出现一个问题：工程师是在分析性思维的帮助下找到这些材料之间的联系，还是借助相似性思维中的联想而在那些材料间建立联系？也许对这一问题的研究可以发现，工程师在设计方案的过程中仔细分析了每一种材料的属性和功能，然后确定了如何将它们组合在一起。但是，工程师为什么选取了这些而不是那些材料并在它们之间建立联系呢？工程师为什么会将一种新材料引入他欲建的建筑物中来？这些问题的回答显然都指向了相似性思维。由此可见，每一项创新行动、每一个创新主意的形成，都必然包含着相似性思维。

第三章
社会治理研究中的话语

全球化、后工业化是人类历史上的又一次伟大的社会转型运动，也是话语重构的一次重大机遇。话语与语言、符号等既有区别又有联系。在话语重构过程中，我们必须把话语与语言区别开来，但是，又需要通过语言去重构话语。思想和观念是话语的基本内容，工业社会的话语中包含着个体主义与整体主义双重内容，它们之间在表面上是对立的，但在其深层，则共有着一种思维方式——分析性思维。思维方式是话语的核心构成部分。在全球化、后工业化的社会转型运动中重构话语，最为关键的问题是要实现思维方式的变革。需要在对分析性思维的反思中认识到它对工业社会的适应性，同时，也要揭示分析性思维的根本性缺陷，以求证明终结分析性思维之要求的合理性。

全球化、后工业化将全球治理的问题推展了出来，但从工业社会的世界治理向全球治理的转变，首先面对的是一个话语重构的课题。工业社会中治理的整个话语体系及其文化在全球化、后工业化进程中必将为新的话语体系及其文化所替代。工业社会从霍布斯（Hobbes）的"一切人反对一切人的战争"出发，建构了个人主义话语体系和自由主义学说，并以竞争文化的形式出现。这种话语体系及其文化最终将人类引入风险社会，让人们空前地感受到生存危机。

新的话语建构的第一项任务就是要确立"为了人的共生共在"的主题，用以替代"一切人反对一切人的战争"的社会建构起点。从"为了人的共生共在"出发，可以建立全新的话语体系，并能够在这一新的话语体系中生成合作文化。从 20 世纪后期以来人们的观念和行为的变动中，我们已经可以触摸到合作文化生成的客观要求。一旦自觉的话语建构破题之后，合作文化的生成就会拥有光明的前景。

在思维方式的问题上，话语重构意味着用相似性思维替代分析性思维。相似性思维是适应共同行动要求的思维方式。反映在人的认知活动上，分析性思维与相似性思维所发挥的功能是不同的，分析性思维让我们获取真理性的认识，而相似性思维则是我们从世界中解读出价值因素的必要路径。由于分析性思维与相似性思维具有不同的性质和功能，在话语重构的过程中，一旦实现了从分析性思维向相似性思维的转变，就意味着一种全新的话语体系的确立。

第一节　社会治理的话语重构（一）

在全球化、后工业化进程中，因社会及其社会治理转型的需要，话语建构的问题被提了出来。这是因为，经历了工业社会的历史阶段及其科学的发展，人的自觉性程度得到了提升。在面向未来进行谋划时，会自觉地规划行动路线。而且，从逻辑上来看，在走向未来社会的征程中，话语建构应当先行。这是因为，在发展的视野中，话语具有对社会及其社会治理进行型构的功能。我们应当拥有一个什么样的未来，在很大程度上取决于我们的话语建构。建构起一种新的话语，也就意味着能够形塑出新的文化，进而开拓出一个新的传统。

在人创造历史的意义上，人的能动性的实现，可能首先反映在话语建构上。能够承担起话语建构工作的不是权威机构及其权力，而是人文社会科学的研究工作。当然，权威机构及其权力是可以营造出某种话语的，但所营造出来的话语是否有生命力，还是需要人文社会科学研究为其提供支持和证明的。如我们上述所指的，日常生活中每日每时都在生产新的语言、词语等，但不可能造就一种新的话语。

思想能够造就话语，古圣先贤们向我们展示的正是这一点。而且，近代早期，特别是启蒙运动，造就了工业社会的话语。然而，经历了工业社会的历史阶段，思想造就话语的现象成了历史遗迹。或者说，至多在某个时期的某个地区成为一种假象。所以，全球化、后工业化运动中话语重构的任务是需要由人文社会科学研究者来承担的。话语重构是一个宏大的主题，从 20 世纪后期以来的人文社会科学研究状况来看，已经很难发现愿意在宏大社会主题下写作的人了。但是，对于处在历史性社会转型中的这一代人来说，这又是一项不可逃避的任务。

一、符号、语言与话语

符号和语言是话语的主要构成要素。这意味着，在话语建构中，我们应当首先认识符号和语言的功能。我们知道，中国有着悠久的历史和文化，其社会治理经验所凝聚的传统文化是一笔宝贵的财富。在社会主义建设中，特别是在改革开放后，形成了许多成功的经验。所有这些，都需要借助符号和语言去加以表现，并通过符号和语言制作成中国话语和时代话语。

一旦谈到符号和语言，我们发现，严格地来说，符号和语言是人类所特有的。如果我们把符号视为广义上的语言，那么我们的讨论就可以突出地聚集在语言上了。就语言来看，尽管人们在动物的群体性存在与活动中解读出语言，并认为动物的语言发挥着协调动物行为的作用，但就完整的语言系统而言，只有人类才拥有。如果从话语的角度来看，就会发现，即便我们假设动物拥有语言，也可以确定无疑地认为，任何一种群体性的动物都不像人类那样发展出话语，更不用说存在着话语权的问题。在语言的基础上形成话语，并让一部分人窃取话语权，是人类所独有的一种现象。

语言包含着规则（语法），而话语中不仅包含着规则，而且包含着思维方式和自我建构、自我维护的逻辑。如果说语言是社会交往、社会生活的工具，那么话语（权）则直接地服务于社会治理，构成了社会治理体系建构以及社会治理行动的前提和基础。在人类社会的发展史中，语言是一个持续发展的过程，而话语则有着多次转型，会从一种话语转型为另一种话语。因而，在人类历史的各个阶段中，包含在话语中的思维方式和逻辑会有所不同。一种新的话语的确立，意味着一种新的社会治理模式的生成，也意味着人们关于社会以及社会治理观念的转变。进而，行为和行动的逻辑指向就会有着根本性的区别。

就语言的历史演进来看，随着语法的确立，语言实现了转型，使人类进步的轨迹呈现出连续性。正是因为语言，让人们感受到，似乎人类历史不曾有过任何间断的痕迹。然而，从话语的角度来看，特别是从话语背后的思维方式来看，人类农业社会历史阶段中的生活和活动主要是在相似性思维的基础上展开的。也就是说，这个历史阶段中的人们在思维方式上所应用的是相似性思维。当人类进入工业社会后，实现了思维方式上的变革，工业社会中的人们所使用的主要是分析性思维。

从农业社会向工业社会的转变过程中，包含着思维方式的变革。但是，这种思维方式上的变革没有引起人们的充分关注。人们在从农业社会和工业社会的变革中强烈感受到的是那些暴烈的革命行动，而在从相似性思维向分析性思维的转变方面，却未在人的心灵上留下任何明显的印记，未给人的心理带来震荡，反而开拓出科学技术进步凯歌行进的一个伟大的工业时代。当我们依据文献而回顾历史时，所看到的是，"文明和人们留给我们的作为他们的思想的纪念品的，与其说是他们的文本，不如说是他们的词汇，他们的句法，他们的语言声音（而非他们所讲的言语），与其说是他们的话语，还不如说是使之成为可能的要素：他们的语言的话语性"①。所以，我们看到了语言，却对话语视若无睹。

---

① 米歇尔·福柯. 词与物：人文科学考古学. 上海：上海三联书店，2001.

语言是话语得以展现的载体和工具。不同的话语会使用同一种语言去加以表现。同样，就不同的国家或民族有着不同的语言来看，或者说，就当今世界存在着多种语言的现实来看，同一种话语是通过不同的语言去加以表现的。这就说明，话语与语言既有着非常密切的联系又有着很大的不同。其实，这种不同是由话语中所包含的思维方式和证明逻辑所决定的。就人类历史经历过农业社会和工业社会这两个基本的历史阶段而言，属于农业社会这个历史阶段中的话语所包含的是一种相似性思维，而工业社会中的话语所包含的则是分析性思维。从农业社会转变为工业社会后，话语发生了变化，思维方式也发生了变化，但不同的话语及其思维方式却因为一个国家或民族的语言的连续性而用同一种语言表现了不同的话语及其思维方式。

当我们的视线集中在话语的语言层面时，就会看到这样一个必须给予关注的现象，那就是，人们往往并不在话语与语言之间进行区分。也许正是因为话语与语言之间的密切关系使得人们往往并不去严格地对它们进行区分。所以，话语发生了变化，但人们却没有意识到。当语言转而表现为新的话语时，人们却因为语言的连续性而在历史上较为久远的年代那里读出了现代性的思想。也就是说，如果人们不能将话语与语言区分开来，就会经常性地混淆不同时代的思想以及意识形态。

这就说明，话语的历史性特征较强，而语言的现实性特征较强。因为语言的连续性，让我们觉得那些来自遥远古代的思想非常亲切，愿意引述、愿意学着他们的声音去表达。与历史上曾经存在过的话语相比，语言比思想更具有现实意义，更具有实际应用的价值，尽管我们在引述古代的某个思想时已经将它纳入我们的话语之中，甚至是直接对它们作了歪曲而加以利用。无论一种话语有着什么样的强势地位，都会随着历史的延伸而衰亡。一种话语只能满足一个时代、一个国家或民族的要求，这就是它的历史性。但语言不同，当话语失去了它曾经具有的价值时，语言仍然活跃。

由于语言与话语的密切关系，往往会让人利用语言复活某种已经失去了价值的话语。在中国，我们听过"新儒家"等名目繁多的说法，由于我们没有去学习和研究它们，所以并不知道它们所说的是什么，但从这些名称上来看，也许是因为提出那些主张的人没有能够区分语言与话语而造成了对话语的误读，才会一本正经地做荒唐的事，即试图把启蒙了农业社会的思想用来武装全球化、后工业化时代的人。其实，出现这一现象，不仅是因为没有将话语与语言区分开来，而且对于我们上一章所谈到对传统的认识，也出现了很大的偏差。人们往往会认为从事科学研究的人有着理性的头脑，但在社会科学研究中，思维上的混乱有的时候让人难以理解，原因在于没有把应当区分的区分开来，或者，没有把不该区分的区分开来。

如果说当代人在那些历史上曾经存在过的话语中解读出了有价值的因素，那往往是语言所赋予的，即对语言进行了赋值而让语言在表现那些早已成为历史的因素中获得了现代价值。也就是说，虽然人们认为那是古已有之的逻辑和观念，但实际上，却是当代人利用语言而把现代解释强加给了古代。当然，我们承认话语是借助于语言而建构起来的，但话语并不等同于语言。与话语相比，语言往往显示出巨大的生命力，有着不断更新的功能，包含着似乎发掘不尽的宝藏。如果说我们经历了工业社会的历史阶段还能够在农业社会的话语中发现现代价值的话，那么其实是在语言中发现了自己，是把自己投射到语言之中，并将自己的身影看作古人的影像。

每一个民族乃至整个人类都必然源于古代，作为人类的起点可能是一个，也可能是多个。如果持有进化论的观点，则最好假设人类只有一个起点；否则，会在解释上遇到一些麻烦。如果人们对进化论并不抱着迷信的态度，也许就会认为人类是有多个起点的，而且不需要对人类进化过程中如何协调步骤作出回答。无论人类的起点是怎样的，都可以相信，每一个民族都用前行的脚步开拓出了各自的历史。在历史中，人们可以通过文本以及遗迹去辨识一代又一代人的足迹，以至于人们所感受到的是文化等诸多方面都有着历史传承。但我们必须指出，在思维方式上，工业社会与农业社会有着根本性的不同。正是这种思维方式上的不同，构成了工业社会与农业社会在话语上的根本区别。否则，我们就无法理解工业社会中的民主、法治与农业社会中的君主、权治之间的那种根本性的不同。

工业社会中的人们不仅在观念上、对待人际关系的态度上、社会交往行动上和共同体生活方式上都不同于农业社会，而且在语言风格上以及表意方式上都与农业社会有着根本性的区别。比如，臣民向帝王表达某个愿望时，肯定不同于公民向其代表表达愿望时所使用的语言及其语调。我们认为，这种语言风格以及表意方式上的差别并不是由语言自身决定的，而是由话语的性质决定的。在此意义上，可以认为，话语决定了社会治理的性质、功能以及实现方式，并反映到语言的变化上来，只不过在促进语言变化方面所发挥的作用太过有限，从而使语言的连续性特征更为突出。

当我们看到语言与话语间的不同时，就明白了政治学的教科书到古希腊的城邦中去寻求民主的证明是何等荒诞。在古希腊时期就有了民主一词，而且这个词语所表达的内容与现代语言中的民主一词有着很大的相似性。但是，在话语的意义上，我们认为，古希腊的民主概念与现代民主的概念是不同的。同一个词，所从属的话语不同而有着不同的含义。

对于这一问题，我们可以从话语环境以及话语要素方面来做出解读。在古希腊，虽然已经有了关于逻辑方面的思考，有了被称为修辞学规则建构的活动，但在那个时代，似乎诗学的影响更大一些。在现代性的视角中，古希腊应当属于一个美学的时代，人们所拥有的，或者说，对人的认知和思考具有支配性作用的，是一种相似性思维。近代以来，人类社会是走在科学建构的道路上的，逐步建立起科学观念，努力用被认为是科学的标准去审视一切对象和建构社会。也就是说，近代以来的这个工业社会应当被看作科学的时代。在这个科学的时代中，分析性思维替代了相似性思维而成为这个时代的主导性思维。相应地，民主的观念和实践也都从属于分析性思维的理解和安排。

在工业社会，我们所拥有的是由分析性思维再造的话语体系，它替代了农业社会的那种基于相似性思维的话语体系。到了 20 世纪后期，根据后现代主义的许诺，又一个新的话语体系正在生成。然而，我们却看到，几乎每一个有造诣的当代学者都会到遥远的古代去寻求当代思想的合法性依据。我们承认，出于证明的需要，这种做法是可以提供正统意义上的合法性（实际上是正当性）的，即证明现代性的思想及其建构物不是凭空创造出来的，而是古已有之。对于传播效应而言，会发挥重要作用。但是，从科学的角度来看，这种做法是建立在经常性地偷换语言与话语两个概念的基础上的，借用了人们对语言与话语不加区分的弱点而去达到某种宣传效果。

在工业社会中，也许是分析性思维使然，人们较为关注一切存在的合理性、合法性，所以，遇事总要首先求得证明。许多由资产阶级创造出来的东西，因为畏惧人们的质疑而要进行一番合理性、合法性证明。可见，为资产阶级民主寻找古希腊的源头，就属于这种出于证明的目的的经营。只要能够被作为证据来证明资产阶级民主政治的合理性、合法性，至于古希腊是否真的存在民主政治，并不重要。伪造一部古希腊的历史，不是什么难事，更不用说出于证明的需要而利用语言的连续性和现实性去重新对古老的话语进行梳妆打扮了。

在现代人文社会科学中，对古老话语进行现代改装的事是司空见惯的，而且在每一次改装后，总能让古老话语以与现代话语相似的话语形式出现，进而被用来证明现代话语有着古老的传承。也许追随者不能够认识到古代话语与现代话语的根本性区别，但对于现代话语的建构者而言，往往不会有对那些古老思想的怀恋，不会信奉和遵从那些古老话语，而是对思想、话语用以表达的语言做出了应用。这在某种意义上，是对语言所具有的表现力的欣赏。因为，当他们从语言中发现了它在今天依然能够像古代思想家应用它时所具有的同等表现力，便对语言的表现力进行了进一步的发挥，并引述古人的语言去表达他们现在所拥有的思想，从而给人一种印象：某个话语是来自古代的某个时点的，有着悠久的历史。这是人文社会科学研究中的一种艺术境界，但是却削弱了研究工作以及成果的科学性。

当然，对历史传承的重视，也构成了那些持有建构取向的思想家及其学者们的一个共同特征。也许是因为他们有着从历史中去发现建构素材的积极追求而有意识地模糊了话语与语言的区别，总是通过语言的相似性去指认现代话语有着悠久的历史传统。比如，我们在康有为的微言大义的阐释中，看到的就是这种追求。不过，在现代话语建构的过程中，我们看到了一个批判取向的思想和学术路线。对于持有批判取向的思想家及其学者而言，面对现实和面向未来的批判性反思是他们的思想以及学术活动的主要特征。

应当说，上述这两种取向能够在现代话语建构中发挥相互补充和相互支持的作用。离开了建构取向的思想及其学术活动，批判取向的思想及其学术活动就不会有结果，即成了不结果实的花朵。同样，离开了批判取向的思想及其学术活动，建构取向的思想及其学术活动就会把话语建构转变成对历史上曾经存在的某种话语的复制。在现代话语建构过程中，建构取向与批判取向所构成的两条路线经常性地处于针锋相对的论辩之中，但它们对于现代话语建构所做出的贡献，是同等重要的。

之所以这两条路线上的思想家和学者们能够交锋，是因为他们使用了同一种语言，或者使用了可以相互转译的语言。他们的相互交锋更多地证明了语言对于话语建构是不可缺少的工具和途径，而不是证明了不同的话语之间论战的意义是什么。一种话语中可能包含着不同的思想，不同的思想展开论战是为了获得话语权。持有建构取向和持有批判取向的学者们所展开的论战，显然是在如何对待传统以及如何走向未来的问题上做出如何选择的争执，这也是一种话语权的争夺。不过，在两种不同性质的话语之间，是根本不可能出现论战的。如果人们持有的是不同的话语，却又要掀起论战的话，那只能说这是一种滥用语言的无聊游戏，根本就不会有什么意义。所以，在人文社会科学研究中，是否需要围绕某个论题去与他人开展争论，应当看论题的话语性质。如果没有弄清论题的话语性质就盲目地论战，用一句俚语来说："那是吃饱了撑的！"

虽然语言与话语之间有着千丝万缕的联系，但话语意识是在 20 世纪后期中生成的。一方面，这得益于 20 世纪语言哲学的研究；另一方面，是因为 20 世纪后期出现了全球化、后工业化运动，让人们发现新的历史转型是话语导向的过程。我们应该看到，20 世纪后期的话语自觉是在对世界体系的反思中展开的，是因为人们在观察世界体系时发现了西方工业强国的话语霸权和依靠话语霸权支配世界的问题，才更多地从话语的角度去重新审视世界格局。可以认为，上述三个方面汇成了话语自觉的运动。因而，在思考社会治理以及国际秩序重构的问题时，人们要把注意力集中在话语上。

福克斯（Fox）和米勒（Miller）在反思现代公共行政时就是用"话语指向"来点明其著作的主题。我们看到，福克斯和米勒在对民主的反思中指出："程序民主理论——它开始于个人倾向，然后集中于大众意愿，由立法机构编纂成法典，再由各级官僚机构来实施，最后由专门的选民进行评估——缺少可信性。这种反馈循环模式不仅从整个过程上看缺乏可信性，并且它的每一阶段的运作都不像传统理论所描述的那样有效。"[1] 既然如此，他们所表达出的追求就是，"后现代主义作为一种思维模式或一种观点（而不是我们所称的后现代的历史时代），是对'他性'和'差异'的承认与合法化。这源于它对现代基础主义的攻击和对元叙事的谋杀"[2]。"从学术的层面上说，在后现代状况中，任何最终使自己成为正典这样的东西的企图（如建立一个机构或社会契约）都将受到攻击、解构和抛弃。后现代主义激进的唯名论对普遍性的诉求有着特别的敌意。类似主权的这类物化已被当作具体化的叙事而抛弃，除非通过自我指涉自己的特殊正典，否则这类诉求就毫无指望。"[3]

从福克斯和米勒的表述来看，明显地有着现代理论叙事的批判取向特征。但是，就他们的后现代主张来看，是反对人们把后现代主义的解构等同于批判

---

① 福克斯，米勒. 后现代公共行政：话语指向. 北京：中国人民大学出版社，2002.

② 同①.

③ 同①.

的。的确如此，由于关注点放在了话语上，对现代性的解构就是通过反思实现的，而不再是批判取向中的摧毁或扬弃，这标志着后现代话语与现代话语的不同，或者说，后现代正欲建构的话语是不同于现代话语的。的确，从后现代主义所提供的文本来看，对于后现代性话语的建构尚未形成蓝图。尽管如此，后现代主义对现代话语的反思还是为一种新的话语建构提供了原则性的起点。福克斯和米勒事实上已经做出了这方面的猜测：与抽象地把握世界以及在抽象把握世界的基础上物化世界不同，确切的"实性意味着完整性，而完整性反过来又意味着自足的、独立的自我，这一自我又是与完整性相一致的"①。

二、个体主义与整体主义

回顾人类从农业社会走向工业社会的历程，尽管人们从中解读出来的往往是人权观念的确立、个人主义话语的建构、自由主义学说的提出等，但是，如果没有德国古典哲学对所有这些所做出的深刻反思并建构起分析性思维方式，就不可能缔造出工业社会如此伟大的文明，即不可能取得我们今天所见到的如此辉煌的成就。

就从农业社会向工业社会转变的具体表现来看，在欧洲、美国等国家和地区，因为分析性思维方式在每一个领域和每一个事项上的应用，创造出了发达的工业社会。在其他地区，并未取得这样的成果，而是处于反反复复的状态中，这些地区被认为处在"发展中""欠发达"的状态。直到 20 世纪后期，西方发达国家已经走到了工业社会的顶点并受到了全球化、后工业化浪潮冲击的时候，这些地区还致力于向西方发达国家学习。即便是在这一时刻，对西方分析性思维方式的学习和训练也没有引起充分的重视，而是停留在表象的层面。更多的时候表现出来的是，试图直接照搬西方既有的思维方式物化成果。

对于人类历史来说，每一次重大的社会变革其实都需要落实到思维方式的变革上。只有当思维方式实现了变革，对需要扬弃的一切才能有深刻的认识，才能进入新的一切的建构过程中。从话语的角度来看，思维方式恰恰构成了话语的核心部分。对一种话语的接受，必然意味着对其思维方式的习练。

运用分析性思维对社会进行分析，逐层推进并找到其源头，发现的是以个体形式出现的人，即个人。所以，在现代话语中，个人主义一直处于主流地位，

---

① 福克斯，米勒. 后现代公共行政：话语指向. 北京：中国人民大学出版社，2002.

工业社会的制度以及全部社会设置的建构，基本上都是在个人主义话语基础上展开的。虽然存在着集体主义的社会建构行动，但并不成功。在个人主义的语境中，"群体乃是个人的意志与利益的产物。对于个人来说，群体乃是满足目的的一种典型方式，除了通过成为群体的成员之外，他不能通过别的方式来达到这些目的"[①]。在这种情况下，你可以用无比激烈的言辞批评个人主义，你可以对集体优先的原则做出强有力的证明，你可以将个人主义的社会建构逻辑颠倒过来，但那无非是制造了一个与个人主义相反的对立面，实际上，其依然受到个人主义思路的引导。我们所追求的是对个人主义的根本性超越，从根本上抛弃个人主义或集体主义话语。这样一来，我们的视线就不会被它们所遮蔽，而是能够清晰地看到行动者及其行动，从而让我们的视线随着行动而动，而不是静止地去观察个人或集体的目的以及目的实现的状况。

实际上，在社会运行速度极快的情况下，行动者及其行动是不可能站在个人主义或集体主义的立场上不变的。而且，任何一种静止的观察都不可能清晰地看到社会运行的各种具体状况，更不可能帮助行动去捕捉目标。我们看到，虽然个人主义在现代化的过程中一直处于话语的中心地位，但集体主义的观念一直发挥着话语陪衬的作用。因而，关于个体与整体、个人与集体的争论从未绝迹。在全球化、后工业化运动中，在人类已经陷入风险社会的情况下，我们的任务就是要扬弃和超越这一现代性的话语，而不是满足于对这一现代性话语作出简单的批判。

虽然鲍曼无法逃脱近代话语环境中的个体与整体之争，但他对工业社会现状的描述却是准确的。在他看来，"个体自由只能是集体活动之结果（其安全与保证只能是集体性的）。即使我们如今向着以私人化的方式来保证/确保/保障个体自由的方向发展——而且，倘若这是针对当前病症的疗法，那么，正是这种疗法，导致了最险恶、最恶劣的'医源性'病症（大众贫困、社会冗员过剩和对周遭环境的恐惧，是其中最显著者）"[②]。在自由被作为个体追求的目标时，讨论个体与整体的关系是不可避免的。只不过，不同的学者在个体的角度或整体的角度去表达意见。然而，在整个人类都处于风险社会的情况下，当自由已经成为个体不可期的梦想时，最为重要的就是去解决人的共生共在的问题。这

---

① 昂格尔. 知识与政治. 北京：中国政法大学出版社，2009.

② 齐格蒙·鲍曼. 寻找政治. 上海：上海人民出版社，2006.

个时候，关于个体与整体的争论就变得没有意义了。

到了 20 世纪后期，整体主义变形为社群主义。在福克斯和米勒看来，"社群主义本身是深深根植于古代（亚里士多德）、中世纪（托马斯·阿奎那）以及当代思想的一个成熟的哲学学派"①。但是，"当社群分裂成了常常由于其消费行为的偶然性而走到一起的一系列原子化个人时，社群就不会形成政治技能"②，也就无法开展政治生活，甚至无法在社会生活中做出具有逻辑一贯性的行为选择，这就是整体主义无法转化为成功的社会建构的原因。

在社会治理过程中，整体主义可以制作成意识形态。在宣传的驱动下，可以唤起合乎整体主义要求的行为，但无法保证个人利益追求以及出于各种各样的自我考量的行为不对共同行动构成冲击和破坏。事实上，在整体主义追求中形成的各种各样的社会安排和物化设置，都会时时感受到来自个人利益追求的压力，因此不得不通过意识形态的方式去极力压制个体主义的观念和意识。

哈贝马斯试图在个体主义与整体主义之间进行调和，他认为："每一种互动形态都必须接受双重偶然性，于是，这种双重偶然性在交往行为当中便获得了一种特殊而且棘手的异议风险，它本身存在于交往机制当中，但又始终处于在场状态。有了这种风险，每一种异议都会导致重大的损失。异议带来了多重选择；最主要的有：做简单休整；把有争议的有效性要求搁置起来，结果是共同信念的基础越来越薄弱；换用昂贵的话语，而且结果和问题效果还不确切；中断交往或转向策略行为。"③

在低度复杂性和低度不确定性条件下，人们追求长期稳定的关系，对偶然性以及由之带来的风险有着抗拒心理。因而，在异议不可避免地发生的时候，总会做出维护共识和共同信念的反应，尽可能去降低异议的影响。但是，这种反应性的行为并不总能够达成合目的性的效果。所以，共识、共同信念受到削弱的情况时有发生，以至于影响到共同行动的质量、群体的凝聚力以及社会秩序。一般说来，往往是在严重的消极后果产生之后，甚至达到了人们无法承受、无法容忍的地步时，才可能在另一地方、时间点上以另一种方式达成新的共识和确立起新的信念。这就是历史上循环出现的可以视作常态事实的现象。

现在，当我们不得不在高度复杂性和高度不确定性条件下开展交往和共同

---

① 福克斯，米勒. 后现代公共行政：话语指向. 北京：中国人民大学出版社，2002.

② 同①.

③ 尤尔根·哈贝马斯. 后形而上学思想. 南京：译林出版社，2001.

行动时，对偶然性以及风险的态度必须发生改变。或者说，我们必须正视偶然性和风险。一旦拥有了这种哲学观念，就会发现，异议会成为行动中最为常态的现象，时时刻刻都会发生，异议由谁提出、在何种情况下以何种形式提出，却是偶然的。但是，由于人们习惯于异议，而且也不高估共识、共同信念在共同行动中的作用，以至于不会让异议带来难以承受的风险。在高度复杂性和高度不确定性条件下，风险是由外部世界加予行动者的，而作为群体的行动者内部的异议所引发的风险是可以忽略不计的因素。绝大多数行动都属于策略性的，因而大大地消解了异议的副作用，以至于它很少引发风险。如果考虑到行动者个人的道德因素，为了人的共生共在的目标取向，那么所有异议就都是基于科学的态度提出的，是属于行动方案和路径方面的异议，而不是由人的利益争夺所引起的异议。因而，异议者就会表现出一种具有妥协精神的状况。在这种情况下，异议如果被坚持的话，可能意味着应对风险的积极方案得以形成，而不是引发风险。

总之，当话语霸权不再存在的时候，异议的表达就会变得更加自由。一切异议都会得到承认、尊重和包容，异议的价值也会体现在异议者的是否坚持上。但是，这个时候，异议可能会很少发生。即便发生了，其力量也是较为微弱的，并不会构成消极的影响。考虑到农业社会的君主专制常常引起农民起义，考虑到工业社会的话语霸权常常引起示威、静坐、抗议等，在话语霸权得以消除后，异议反而会变得少之又少。即使有了异议，也不用担心像在农业社会中那样以农民起义的形式出现，同样也不会以示威等方式来加以表达。

现代化的历史表明，只要人们持有个人主义的观念和思维取向，就会表现出一种倾向于夸大自己的能力和贡献的状况，甚至会夸大自己所有物的价值。比如，在一个企业的盈利中，资本家会倾向于夸大资本的作用；企业家会夸大管理活动的贡献；企业的普通成员虽然没有话语能力，但其代理人则会夸大劳动的价值。这样一来，就必然会引发冲突。应当说，工业社会在其发展过程中探索出了一整套非常完备的利益分配机制，对各自夸大自己的贡献而可能引发的冲突实现了有效控制。随着社会条件的变化，这种控制和协调机制变得不再有效，以至于可能引发冲突的那些火种呈现出蔓延的迹象。比如，2008 年全球金融危机后，发生了一场"占领华尔街"的运动，其原因莫过于此。

在全球化、后工业化进程中，一方面，我们需要探索新的社会协调机制；另一方面，我们需要直指社会冲突的那些主观源头。所以，我们呼吁人们之间的相互承认，并把他在性概念作为一个重要的哲学命题来对待。事实上，在一个合作体系中，人们之间的相互承认是首要的条件。这说明，面对个人主义大获全胜的工业社会话语时，我们需要通过一种新的话语建构去适应全球化、后工业化的要求，即实现话语转型。在这一新的话语中，个人主义与集体主义、个体主义与整体主义都将得到扬弃，而人的共生共在的观念将成为主导性的思维和观念。

我们认为，由于人的命运息息相关，出于人的共生共在的要求，是不允许有旁观者的，每个人都是无条件的行动者。这一看法表明了我们与阿伦特的行动理论的根本区别。根据韦尔默的说法，"阿伦特自己的行动理论的一个后果竟是，无利害旁观者的判断行动最后成了唯一真正的政治行动。因此，在她的判断理论中，是没有政治判断、政治话语和政治行动之间的内在联系的一席之地的"①。我们充分理解阿伦特对法西斯现象的反思。不过，我们也应看到，也许阿伦特认为如果全体德国民众各自根据自己的判断而不做出响应纳粹的行动，就不会有大规模的排犹事件发生。这不仅夸大了每一个个人的力量集合起来的社会作用，也没有对行动作出正确的评估。事实上，这种寄托于全体民众的消极抵抗，是不可能的。即便甘地的非暴力抵抗，也是以采取行动的方式去加以表现的。所以，作出判断就是为了行动。正是行动，赋予了判断以意义和证明了判断的合理性和正确性。所以，新的话语建构首先关注的是人的行动。还应指出，在社会的高度复杂性和高度不确定性条件下，这种行动是共同行动。就行动的总体目标而言，则是人的共生共在。

三、社会治理话语中的思维

在现代性话语的基础上建构了工业社会，并建构了与这个社会相适应的社会治理模式。在某种意义上，现代性话语又可以看作个人主义话语。虽然存在着与个人主义或个体主义话语相对应的集体主义或整体主义话语，而且集体主义、整体主义也同样属于现代性话语，但是，由于集体主义或整体主义话语尚未被建构成一个完整的体系，没有在理论上实现逻辑的周延性，因而无法被看作可以与个人主义或个体主义话语相抗衡的另一种现代性话语。所以，从工业社会中的理论活动来看，从个人出发去思考社会建构以及社会治理的问题，一

---

① 阿尔布莱希特·韦尔默. 后形而上学现代性. 上海：上海译文出版社，2007.

直是一种恒定的思想路线。当集体主义或整体主义开始其理论叙事的行程时，无法避免地需要从个人出发去展开论述。

其实，在启蒙思想那里个人主义或个体主义就基本定型了，在其后的理论发展中，只不过是把个人主义或个体主义制作得更为精致了。集体主义和整体主义只不过分别是个人主义和个体主义的对立性表述。在社会转型进程中开展的新的话语建构将上述所有主义都一并抛弃，尽管这一新的话语建构会要求从对人的观察和思考出发。然而，此时在对人的观察中，所获取的最为直接的印象是，"人通过物体、仪式、习惯和话语而在自己周围放置的一切，人在自己身后留下的一切足迹，都构成了一个融贯的整体和一个符号体系"①。

虽然工业社会在分析性思维中找到了原子化个人，又以个人为原点而建构了这个社会，并在个人主义精神的引导下去开展社会治理。但是，即便在这样一个分析性思维占据主导地位的工业社会，我们看到的依然是这样一种状况：人是社会性的动物，人的完整性是由社会关系决定的，在人的周围以及所有留下了人的足迹的活动领域中，遍布的都不是个人，而是与他人一道行动的物化存在。也就是说，与个人相关的和作为人的创造物的，是"一个融贯的整体和一个符号体系"。对于这一点，分析性思维是无法在整体上来加以把握的，反而是相似性思维，能够给予这一印象以合情合理的解释。

总的说来，分析性思维在用于认识、理解具体问题时，是能够证明其科学性的。对于那些微观层面的具体问题，分析性思维更能够提供有用的可操作性方案。然而，在面对宏观层面的那些关涉社会构建的根本性问题时，分析性思维是无能为力的。所以，在社会变革过程中，当需要解决那些具有基础性意义的制度设计以及其他社会建构问题时，则需要运用相似性思维。相似性思维与分析性思维的功能不同，因而适应领域和所认识的层面也是不同的，它们在社会建构和社会维系这两个方面能够各擅其长。

在工业社会中，虽然确立了分析性思维的主导性和支配性地位，但从近代早期的情况来看，相似性思维在哲学思考中占有一席之地。比如，当莱布尼兹（Leibniz）说世界上没有两片相同的树叶时，并不是基于观察而做出的归纳，而是反映了对相似性思维的某种应用。因为莱布尼兹拥有这种不同于分析性思维的思维方式，所以才能够想象出每一个单子都是与其他单子有区别的，自然界

---

① 米歇尔·福柯. 词与物：人文科学考古学. 上海：上海三联书店，2001.

中从来不存在绝对相同的事物。这也就是我们经常谈到的莱布尼兹的一个著名比喻："世界上没有两片相同的树叶。"如果基于分析性思维得出这样的结论，显然会被认为是一种武断的判断。然而，对于相似性思维而言，这种基于想象的判断则是合理的。

虽然对同一性的追求可以通过分析、抽象的方式而获得，但是，如果它不能在现象界中得到证明，那么又在多大程度上能够被认为是合理的呢？当然，在科学拥有了话语霸权的条件下，人们可以把对同一性的追求看作科学的事业。也正是因为抽象同一性与科学联系在一起，从而得到了广泛的认同。而且，在科学的物化世界中，能够不断地得到验证，以至于对同一性的追求在一定程度上变得神圣了。可是，我们绝不应将这种对同一性的追求看作科学活动的唯一路径。在表象的层面上，也有科学可以施展拳脚的空间。

在福柯所说的古典时代——那个早于文艺复兴的时代，也早于"我思故我在"的时代，也许相似性思维对于认识世界以及在世界观的形成中发挥着基础性的作用。通过相似性思维，"在表象和存在的交汇点，在自然和人性交织的地方——在我们今天认为我们能辨认人之最初的、不容置疑的和谜一般存在的地方——古典思想所揭示的正是话语的力量。这就是说，是就其作为表象而言的语言——作为命名、勾勒、组合、联结和分离物之作用的语言，当语言在词的明晰性中使物被人所见时就是如此。在这个作用中，语言把知觉序列转变成图表，并反过来在特性中切割了存在之连续性。在存在话语的地方，表象展开并并置在一起；物被集合在一起并联系在一起了"①。

这显然代表了一种认识、理解和把握世界的方式，它没有去认识事物的同一性，却呈现给我们事物密切联系的图画，通过命名、勾勒等话语活动的方式，把事物排列到适当的位置，从而展示出世界的秩序。这个秩序的奥妙就是相似性，具有相似性的事物被放置在邻近的位置上，但每一事物又不受相似或相邻事物的束缚。因为，它们之间虽然相邻，却又有足够的自由舒展空间。秩序并不要求它们牺牲自由，而自由也不妨碍秩序。对相似性的把握，应当被作为科学的使命，而且，在有了相似性思维的情况下，也能够建立基于这种思维方式的科学。一旦建立了这种科学，人们就会发现，科学活动在事物、事件表象的层面上是有许多工作可做的。我们相信，这一点必将得到历史的验证。也就是

---

① 米歇尔·福柯. 词与物：人文科学考古学. 上海：上海三联书店，2001.

说，如果我们在相似性思维建构方面取得了一些进展，那么建立在相似性思维基础上的科学就能够建立起来。而且，它将让人们看到全新的科学面貌。

相似性也是思维的结果，是通过思维活动建立起来的联系。但是，这种联系不从属于逻辑证明，而是通过领悟去获得理解并加以接受的。就相似性在思维中具有建立联系的功能而言，亦如逻辑那样，为秩序提供思维基础。而且，当建立在逻辑基础上的秩序丧失了合理性之后，也必然需要一种建立在相似性基础上的秩序来加以填补。所以，在我们构想后工业社会的合作秩序时，从相似性出发，是正确的选择。

相似性思维会形成一种时空观，历时性、同时性、纵向、横向等会在相似性思维所属的话语中发挥支配性作用，从而让话语显得更有秩序感。或者说，相似性思维在事物的表象中建立联系，并通过这种联系的展开而获得连续性。我们一再指出，分析性思维畏惧断裂，因为任何一处断裂都意味着思维的中断，相似性思维正是在断裂的地方才显现出了其功能，也就是在断裂的、没有关系的存在之间建立起联系，即赋予其相似性。这样一来，一方面，有了空间上的连续性；另一方面，有了时间上的连续性。有了这两个维度的连续性，就形成了时空聚合形态的世界。所以，在相似性思维的基础上建立起来的世界观同样是时间的展开和存在形式。

奈特描述了一个简单的却又常见的心理现象，"在日常生活中，与实际决策相伴的精神活动如梦似幻、倘惚迷离。奇怪的是，无论是逻辑学家，还是心理学家，他们都对此兴味索然，可能是……因为这方面确实没有什么好说的。预测似乎在很多方面和记忆都很相似，尽管预测以记忆为基础。例如，我们希望想起某人的名字或者回忆某段话，就算我们苦思冥想，有时也不见得就能奏效。然而，经常是当我们考虑其他事情时，需要的结果会不请自来，若非心有旁骛，结果或许就根本不会出现。对于这两个例子在大脑中的运作方式，我们完全莫名其妙，也无从说起。在某种形式下，当我们不需要决定要做出什么预期并采取哪些针对性的行动时，很可能我们做的只是一些天马行空式的漫想。突然灵光乍现，我们知道自己已经有了主意，我们行动的路线业已确定。我们对脑海中发生的一切几乎莫名其妙，它们似乎与科学探索常用的逻辑方法甚少相似之处"①。

---

① 弗兰克·奈特. 风险、不确定性与利润. 北京：华夏出版社，2011.

　　科学史上亦有诸多类似的佳话。许多科学家在描述自己的发现或发明时，讲过类似的故事。由此可见，分析性思维以及基于分析性思维的科学，只是一种证明的科学，而不是发现或发明的科学。在科学发现和发明创造的过程中，真正有价值的灵感都源于相似性思维，或者说，反映了相似性思维的特征。在分析性思维占据了话语霸权的情况下，人们往往因为相似性思维的这种源于心灵的感悟具有不可捉摸的特征，而采取了故意忽略的态度，或者，将其划入神秘的非科学的思维类别中。其实，当我们提出相似性思维的概念时，科学活动中的这类现象就不再神秘了，反而是知识生产中最有价值的材料。

　　在科学理性当家的时代，相似性往往被视为荒诞。但是，由于事物间的逻辑联系超出了科学理性能够认识和把握的范畴，以至于需要借助相似性去建立联系并用之填补空白。当然，这绝不是神秘主义的回归，因为，相似性是建立在实践理性的基础上的，能够得到经验理性的证明，因而是人们愿意接受的。在我们看来，重建的相似性思维将告别一切神秘主义。而且，能够通过相似性联想去揭示事物中隐蔽的一面。对这些隐蔽方面的揭示，始终是以经验的可理解性为原则。

　　我们倾向于把神秘主义看作分析性思维的前奏曲。正是由神秘主义激起的求知欲，激起了对"去蔽"的追求，走上了分析性思维建构的道路。在人类社会的早期，在农业社会的历史阶段，相似性思维的确孕育和生产出了神秘主义，但我们并不认为神秘主义与相似性思维之间有着必然联系。只要相似性思维奉行经验的可理解性，就不会生产出神秘主义。总之，在承认差异和包容差异的社会治理实践中，由于有了相似性所代表的思维方式而不会使行动无据，不会失去方向，更不会失去秩序。

　　在我们看到的关于西方思想史的教科书中，没有见到对观念学的只言片语的介绍。这说明，观念学所包含的思想是无法纳入现代思维范式中的。所以，从思想史中被剔除掉了。福柯出于知识考古的需要而提到了它，并将它与同时代产生的批判哲学进行比较。即便如此，福柯仍然是要把观念学纳入现代西方思想的演进路线中。因此，福柯极力去发现观念学与批判哲学的一致性方面，并断定，"在康德的批判与同时期显现为第一个几乎是完整的观念学分析形式之间存在着某种一致性"[1]。

---

　　[1]　米歇尔·福柯. 词与物：人文科学考古学. 上海：上海三联书店，2001.

不过，福柯又指出观念学与批判哲学之间不一致的方面："在拓展其对整个认识领域（从原初的感受，经过逻辑学、算术、自然科学和语法，直至政治经济学）的反思时，观念学就设法在表象形式中复述正在表象之外被构建和重构的一切。这个复述只有以一个既特殊又普遍发生之准神秘的形式才能进行：一个孤立的、虚空的和抽象的意识应该在最微不足道的表象的基础上逐渐发展有关所有可表象对象的巨大图表。在这个意义上，观念学是最后的古典哲学，有点像《朱丽叶》是最后的古典叙事。"① 如果把观念学看作纯粹古典的哲学，并认为批判哲学洋溢着现代性气息，那无疑是说，观念学与批判哲学的不同就是古典与现代的区别了。

我们并不知道康德是否了解与他同时代出现的观念学，但根据福柯的看法，"观念学的分析在一种有关起源的叙事中复述了所有形式的表象，直至最复杂的表象……面对观念学，康德的批判标志着我们的现代性的开端；康德的批判对表象的询问，不再依据从简单的要素到其所有可能的组合这样的无限运动，而是基于表象的权利界限。由此，康德的批判首次承认与18世纪末同时代的欧洲文化的这个时间，即知识和思想隐退到表象空间之外。于是，这个空间的基础、起源和界限却都受到了质疑：出于同样的事实，由古典思想确立的，观念学像依据话语的和科学的逐步方法加以浏览的这个无限的表象领域，现在显现为形而上学了"②。

在古典与现代性之间，福柯的立场显然是倾斜现代性一方的。所以，他在评价观念学时，认为观念学"显现为这样一种形而上学，即它从未绕开它自身，它是在一个未引起注意的独断论中被假定的，并且从未明确阐明它自己的权利问题"③。相比之下，福柯对康德所做出的则是肯定性的评价，甚至认为康德在形而上学的问题上实现了一场革命性变革（当然，这也是学界的通行看法，即认同康德所声称的在认识论方面实现了一场"哥白尼革命"）。福柯认为，"康德的批判凸显了18世纪哲学只通过表象的分析想要加以缩小的形而上学维度。但康德的批判同时也开启了另一种形而上学的可能性，这另一种形而上学旨在在表象之外询问作为表象的源头和来源；康德的批判使得这些生命、意志和言语

① 米歇尔·福柯. 词与物：人文科学考古学. 上海：上海三联书店，2001.
② 同①.
③ 同①.

的哲学成为可能，19 世纪将仿效康德的批判来展开这些哲学"①。正是这样，康德的传统被确立起来，而观念学却销声匿迹了，以至于我们拥有了分析性思维，而与这种思维方式不同的另一种思维方式，则从我们的头脑中完全清除了出去。

就分析性思维是与工业社会联系在一起的而言，早在 16 世纪，欲求建构这种思维方式的努力已经开始了。甚至在中世纪的经院哲学中，就可以看到，人们已经在对亚里士多德的作品的解读中找到了大量可用于建构分析性思维的素材。至于康德，只是收获了几个世纪的探索成果，对分析性思维方式的基本因素进行了较为全面的梳理，并做出系统化的整合。现在，当我们瞻望后工业社会的时候（或者说，后工业化进程将意味着思维方式的变革），完全可以认为，一场从分析性思维向相似性思维的转型运动即将发生。在某种意义上，互联网上已经明显展示出了一种新的思维特征。大数据意味着对相关性的重视而不是追求还原。于此之中，肯定包含着不同于分析性思维的一种新的思维方式。就人工智能中所包含的模拟来看，构成了机器人学习的重要思维基础。所有这些，都给予我们一些强烈的暗示，那就是，我们正在走进一个终结分析性思维的时代。至少，分析性思维将不再是新时代中的主导性思维方式，而是将其主导性的地位让给了相似性思维。

可以断定，全球化、后工业化所代表的社会转型将包含着思维方式的转变，用相似性思维置换分析性思维，将是一个显现出必然性的趋势。随着相似性思维方式的确立，新的话语就有了坚实的思维基础。在社会治理的过程中，人们依据什么样的思维方式，决定了行动方式以及行动的性质。事实上，社会治理模式以及构成其模式的整个制度和行动方式都是由思维方式决定的。就此而言，我们相信，随着相似性思维在全球化、后工业化进程中对分析性思维的替代，我们就能够获得一种全新的社会治理模式。

第二节　社会治理的话语重构（二）

福克斯和米勒认为，应当在具体的情境意向性中去看待行为的标准，而不是根据任何预先的假定对行为作出判断。他们说："我们认为，就像讨论我们提出的问题的文献所认为的那样，有些重复性实践会导致赞成平等的愿望的形成，

---

① 米歇尔·福柯. 词与物：人文科学考古学. 上海：上海三联书店，2001.

而其他的实践形式却在试图挫败它。作为一个优先前提，我们也假定对那些期望的人来说，民主愿望的形成是一件好事。然而，就像我们的理论基础规定的那样，所有这些预先假定都是有争议的，而且它们自己也得服从于矛盾斗争的话语实现。"① 比如，利益集团这个概念就只有在民主政治中才具有解释价值，在非民主的任何一种政治形态中，使用利益集团的概念都属于无内容的呓语，人们根本就不知其所指。如果学者们在农业社会中离析出利益集团的话，就不仅是分析者的主观臆造了，而是百分之百的胡说八道，就如对没有法律的治理体系谈论合法性一样荒唐。

我们可以看到，农业社会有等级，这种等级是阶级的初级形态或混沌形态，无法将其标识成利益集团。即使存在着某种可以对统治权构成压力的社会因素，也是没有话语权的，也不能将其要求表达出来并使之成为具有合法性的压力。农业社会在利益关系上处于一种尚未显现出分化轮廓的状态，甚至它的等级也不能被理解成经济关系意义上的阶级，尽管人们在现代性的解释框架中总是将农业社会的等级关系视为经济关系。农业社会中的农民在一定程度上可以看作农业社会的全部，只是到了工业社会，即工业社会的经济关系以及民主制度出现后，农民才以利益集团的形式出现。也就是说，农民在农业社会的历史条件下并不能构成利益集团，而是到了工业社会才成长为利益集团。真实情况应当是在 20 世纪稍晚的时期，农民才组成利益集团。就此而言，工业社会中的农民与农业社会中的农民在政治、经济以及文化关系中的地位是不同的，所具有的社会性质也是不同的。同样，后工业社会中依然会有农民，但后工业社会中的农民在社会地位和社会性质上必然不同于工业社会中的农民。

由此可见，不仅如马克思所说，个人是社会关系的总和，而且群体也是历史的产物，是由历史赋予其性质的。在社会科学研究中，如果不对一个群体生成和发展的过程进行考察，如果不对它在特定历史阶段中的经济、政治和文化体系中所处的位置作出准确判断，仅仅去简单地断言这个群体在立场上的激进或保守，都是不负责任的做法。从这个例子中可以看到，话语是有历史性的，必须在特定的历史背景下去理解话语、建构话语和用话语去解释社会现象，并促成行动。

---

① 福克斯，米勒. 后现代公共行政：话语指向. 北京：中国人民大学出版社，2002.

一、理论与现实的冲突

昂格尔看到，"每一个理论问题都会被发现是与一个生活中的问题相对应的，而只有通过政治对经验的转化才能够真的得到解决。正是由于思辨思想的权威性被如此紧密地限制了，其努力的主要部分才在每一个时代中被致力于对现存观念的批判，并且它不能伪装其建构能够一蹴而就，正如其同样能够被朝夕间毁灭"①。政治本身所遇到的问题也是如此，往往是理论探讨指出了这些问题，而不是将其转化为正确的政治实践中的问题，在某种意义上，也不得不被看作是要加以解决的问题。结果，往往会让人们生成对理论的怀疑。

在后工业化进程中，管理型社会治理处处都显现出了失灵的窘状，政治本身也陷入了挣扎无力的困境中。然而，当旨在替代管理型社会治理模式的服务型社会治理模式被提出来后，却未能得到人们的正确理解。那是因为，政治家、学者以及普通民众在对经验的感知方面出现了偏差，他们受到了工业社会话语的束缚，带着管理型社会治理模式的观念，并使用由这个观念制成的有色眼镜去观察经验和撷取经验，仅仅认为服务型政府是一个较好的称呼，或者将其庸俗化为评定公共服务状况的参照物。

在实践中，人们总是把300年来已经无数次向政治转化的经验再作一次重复，并准备下一次再改换一个名称继续重复一次，至于服务型社会治理模式的建构问题，则处在经验之外。虽然出现了诸多在服务型政府建设名义下开展的行动，但所展现出来的，只是一种在管理型社会治理模式中促进公共服务的状况。在实质上，仍然是在完善管理型社会治理模式。然而，全球化、后工业化的历史进程却不会因为这种政治失误而稍稍放缓脚步，而是会持续地对旧的观念以及治理模式造成冲击。结果，使得政治陷入更多、更大的危机之中。

总的说来，全球化、后工业化虽然把服务型社会治理模式的观念以及服务型政府的理论构想推展了出来，但理论上的批判性工作明显做得不到位，与服务型政府相适应的话语建构尚未见功，以至于学者们囿于管理型社会治理的观念去探讨服务型政府，并对政治领域的行动者进行误导。明显可见的事实是，全球化、后工业化进程中凸显出来的那些经验被忽视了，或者是被有意识地漠视了，甚至被掩盖了，因而无法实现向政治过程的转化。这也说明，服务型社

---

① 昂格尔.知识与政治.北京：中国政法大学出版社，2009.

会治理模式的理论建构活动是需要在批判管理型社会治理的观念方面首先取得突破的，只有这方面的工作取得了进展，才有望在政治实践中出现服务型政府建设的行动。

全球化、后工业化进程中的治理变革，明显地受到了工业社会话语的制约。人们在口头上声称要开展服务型政府建设，实际上却走在了捍卫管理型政府模式的路上。可见，在关于服务型社会治理模式的理论受到了这样一些限制的情况下，只能在对与管理型社会治理模式密切联系在一起的观念、思想和理论作出更为深入和彻底的批判情况下才能获得话语权，才能转化为政治实践，才能促使政治转向对后工业化进程中新产生的经验的关注，并实现这些经验向政治过程的转化。那样的话，服务型政府建设才能走上一条正确的道路。如果不实现对管理型社会治理模式相关理论的总体批判，服务型社会治理模式的理论就会像昂格尔所说的那样，能够被朝夕间毁灭。

在全球化、后工业化进程中，理论与现实的冲突随处可见。比如，在学者们总是耽于用集权与分权的思路去认识和理解现实时，甚至能够在话语中发展出诸如"威权主义"等令人费解的词语，甚至会有人公然倡导"新权威主义"。对于从事社会科学研究的人，有思想固然是好事，因为有思想就不会变成书呆子。有思想的人如果不从事社会科学研究，不会令人鄙视。但是，如果从事社会科学研究，至少需要让思想合乎某些逻辑，此外，还需要有一些基本的常识。类似于"新权威主义"的提法，姑且勿论倡导者，即使加以谈论的人，也应知晓自己身处人类历史的什么时点上。如果不是出于某种刻意逢迎的目的发明了"新权威主义"这个概念并加以谈论的话，那肯定是无知而又无聊的事儿。

我们认为，集权与分权的问题是近代以来人们一直较为关注的政治问题和管理问题。或者说，在工业社会的语境中，只要涉及组织的运行，人们立马就会想起集权与分权的问题。在政治学的话语中，集权是受到诸多诟病的权力配置方式。因为，人们受到民主政治话语的影响，往往较为推崇分权形态。可是，在管理学的视域中，虽然一直存在着对分权的追求，但是现实却总是用集权的方式去诠释组织的协调与控制。因而，在整个工业社会的语境中，是难以摆脱集权或分权问题的话语纠缠的。

随着合作制组织在全球化、后工业化进程中得以出现，集权与分权的争论不再有意义了。因为，合作制组织不会出现权力结构化的问题。在合作制组织中，任何一种权力的出现和存在，都具有暂时性。或者说，合作制组织中的任何一种权力都是暂时地与某个（些）组织成员联系在一起的，会随着组织承担任务的不同而转移到相关专家的手中。即使某个（些）组织成员长期掌握了组织权力，合作制组织的实质民主机制也能够保证这种权力不表现为任何一种专断的力量，不具有强制性的支配属性。

当然，如果合作制组织正在萌发的现实反映到话语中，那么人们可能还需要很长一段时间的合作行动及其研究工作来提供支持。目前看来，虽然全球化、后工业化运动客观地构成了对工业社会的挑战、扬弃、否定等，但工业社会的话语力量仍然显得非常强势，因而使合乎这个时代要求的行动受到压制、受到阻碍、受到扭曲。所以，亦如服务型政府建设一样，合作制组织建构因为话语方面的问题而扭曲变形。所以，在全球化、后工业化进程中，社会科学研究者所扮演的可能是极不光彩的角色。因为，他们没有在否定工业社会的话语方面作出积极贡献，反而总是带着那个已经失去了历史合理性的话语去处理一切新的社会建构设想，将其扭曲，然后纳入旧的话语框架之中。

即使在工业社会的框架下，我们发现，政治的领域与管理的领域在话语形态或性质上也有着很大的差别。同样，在不同的政治类型中，存在着完全不同的话语。一般说来，在民主政治的生态中，组织管理意义上的领导者往往只有一个，权力往往集中在一人手中，这是为了保证责任明确。无论组织的结构呈现出什么样的状况，都必须保证组织有一个最高领导者对整个组织负责。比较而言，在集权政治的条件下，组织管理意义上的领导者往往是一个群体，而且这个群体是结构化的，沿着垂直的方向分权。我们可以把这种组织管理理解成领导者与管理者尚未分化的形态。也就是说，民主生态中的组织运行需要有人负责，而集权生态中的组织运行则要求一个集体共同负责。

由此看来，民主政治背景中的组织管理基本上是将权力集中于一人之手的，而集权政治背景下的组织管理基本上是权力分散的状态，每一个管理者都是领导者，都拥有决策权与执行权尚未分化的完整权力。所以，在组织管理方面对集权与分权的问题进行评价时，是不应依照政治话语而在集权与分权的问题上作出褒贬的。之所以在不同的政治类型之间表现出严重的意识形态冲突，会基于自身所拥有的话语而对对方提出严苛的指责和批评，就是因为没有意识到话语上的这种差别，没有生成承认和尊重不同话语的意识。在某种意义上，可以认为，正是这种话语冲突，导致了许多无谓的行动上的冲突，甚至有可能通过武力、暴力去解决这种冲突。

　　从对民族国家的比较来看，当语言地理学的观念被应用于公共行政时，所反映的是民族国家构成的世界。也就是说，没有任何一个国家可以声称它所拥有的公共行政模式是不同于"方言"的"普通话"。事实上，每一个国家的公共行政模式只能被视作一种特定的"方言"，它有自己独特的历史与现实。即使受到全球化的冲击，只要民族国家的框架尚存，它就仅仅属于它所在的国家。假设有一天民族国家从地球上消失了，那么它也仍然是属于其所在的地区，是作为"方言"而存在的。如果说在资本主义世界化的过程中发现了"方言"，那么在全球化的过程中，我们所面对的则是一个承认"方言"的问题。资产阶级所表现出来的无尽追求就是要推广普世性的一切，希望将整个世界构造成同一性的存在。但是，正是民族国家这样一种设置，使资产阶级的那种追求无法实现，从而使这个世界构图中有着"方言"和"普通话"两种现象存在。全球化将拒绝一切普世性的追求，而是处处都表现出对地方化的尊重。所谓全球化，应当被合理地理解成全球的地方化。

　　历史呈现给我们的景象是，从中世纪后期开始，关于非欧洲世界的想象性文学描绘就不断出现，甚至一度成为风行的文学主题。这为欧洲人海外探险、发现新大陆和征服世界作了思想上的准备，至少激发了欧洲人的这种需求。随着世界上的每一个角落都被征服之后，非欧洲文明的各种类型都得到了发现和认识，甚至被作为科学研究的对象而得到解剖和准确的描绘，接下来就是这些非欧洲类型的文明能否得到承认的问题了。然而，认识是一回事，承认则是另一回事。事实上，在资本主义世界化过程中所造就出来的这个拥有中心-边缘结构的世界，使得处于世界中心的人们自然而然地生成了某种霸权心态，这种心态阻碍了他们对边缘地带的承认。

　　因为这个世界有着中心-边缘结构，使得处在中心地带的人们总想将边缘地带改造成与他们相同的存在，穿着与他们同样的衣服，说着与他们相同的语言，拥有与他们同样的思维方式，有了科学发现后都到他们所办的刊物上去发表……所有不一样的方面，都是他们希望扼杀的。然而，在他们的这些努力收获到某些成效时，却发现其内部的多样性正在迅速成长，他们已经深深地陷入了多元化、多样化的海洋之中。当这种多元化、多样化在全球范围内扩散时，霸权心态和消除差异的行动也越来越显现出了保守的特征。他们固守资本主义世界化进程中生成的那种正在失去历史合理性的旧秩序，却又总是感到力不从心。正是由于力不从心，所以他们不断地去选择过激的行为，并对人类的整体生存构成威胁。

根据哈伊因（Huynh）的看法，发展中国家在发展过程中所进行的行政体系建构"有两条途径看来是值得探讨的，一是是否有可能搞出一条行政管理的新路，以促进连续的、由经济环境的不稳定所必然要求的自行适应和转变的过程；二是是否有可能促进行政管理的'内成性'，使之面对不稳定的经济环境，能重新发掘社会-文化方面的起源，恢复行政管理的稳定性。对这两条途径的探讨应同时进行"①。也就是说，现实与历史是发展中国家行政体系建构的两个必要的维度。当然，这并不意味着不向西方学习。事实上，西方现代化的治理文明集中地反映在其行政管理之中，是需要加以学习和借鉴的。但是，发展中国家在学习和借鉴西方行政管理的经验以及理论时，必须立足于自身的现实和历史。也就是说，必须拥有一种本土视角，并基于这一视角去决定学习什么、如何学习。而且，一旦拥有了本土视角，就能够在自身的行政改革中发现那些源于现实和历史的丰富资源，并能够真正走出一条适合自己的道路。

如果我们相信有着一般原理或经验——某种"普通话"——的存在，就会认为，共同拥有的语言或者"普通话"可以构成广泛的交往和交流赖以展开的基础。可是，每一项具体的行动又有着特殊的环境和内容。因而，行动者基于这一特殊环境下的特殊任务而开展的行动，又会生成特定的"方言"。也许这种"方言"的生命力仅仅体现在具体行动之中，是一种偶然的、暂时的"方言"，但它在行动中所发挥的作用却是很大的。甚至可以认为，它构成了一个特定行动者群体的标志，也许会在一项任务终结和另一项任务出现时被带入新任务的行动中。

还有一种可能，这种"方言"会向"普通话"转化，构成"普通话"的新因素，也给予"普通话"以新的内容。总的说来，我们认为合作行动包含着大量默契，人们会于此之中更多地通过默会的方式进行交往。这种默会并不意味着弃绝语言的应用，而是运用一些独特的、极简单的语言。我们这里所说的"方言"就属于这种语言，它是具体场景中关于具体情境的语言。对于这种语言，"只有从参与到语言交往过程中，并因此而沉浸于语言交往中有争议的实质性关切和有效性问题中的那些人的施为的视野，才能把握语言意义的这种存在。

---

① 史光远.公共行政管理对不同社会：文化环境的适应问题.北京：农村读物出版社，1988.

在说话者的这种施为的视野之外，语言意义无存在可言"①。

当然，全球化、后工业化意味着工业社会正在走进历史，作为与历史一词本意相对应的现实，呈现出的是工业社会话语与正在生成的适应全球化、后工业化要求的现实之间的冲突。正是在此意义上，法默尔指出："后现代性不承认任何认识论方面的特权话语，不承认某一种通向真理的方法是更为可靠的方法，实证主义就认为，真理就是通过运用那所谓的科学方法而得以可能的。后现代性是一种后实证主义；'科学'和其他话语是一样的。"②

其实，在 20 世纪中期，学者们就已经发现了话语的多样化，在提出多样话语间的承认与包容的愿望时，也要求基于具体的现实去考虑话语的解释和建构功能。法默尔提出的一个原则是，"在一个话语多样化的时期，我们应当讨论为何任何文本都不具有优先性。我们不必否认现代性的文本；相反，应恰当地理解它们的贡献"③。按照这个要求，虽然因为利益诉求的不同而在直接的交往过程中会发生冲突，但在对不同于自己话语的其他话语的承认和尊重中是能够更为有效地发现新的有价值的经验和做法，并将其引入自我的现实之中。

二、文化与实践中的话语

话语是文化与社会实践的中介。在绝大多数情况下，文化之所以能够对社会实践发生影响，文化之所以能够反映在社会实践中，是由话语的中介而实现的。虽然拥有共同文化的行动者在社会实践中能够表现出更多行为上的默契，但话语的功能仍然不可或缺。因为，即便人们共享一种文化，落实到具体的社会实践行动中，也还是要达成理解上的一致。至于理解上的一致之所以能够获得，就需要以话语为中介。话语具有可言说、可思考的双重属性。通过言说，人们可以实现沟通；通过思考，则达成对文化理解的一致性。而且，这种理解是发生在具体场景中的，是关于具体行动上的理解。

话语承载着知识，而文化则包含着价值观念。在它们分立而在的时候，无法有效地作用于社会实践，只有当它们结合在一起的时候，才能对社会实践产生影响。所以，文化是通过话语中介向社会实践转化的。这个过程其实可以看

---

① 阿尔布莱希特·韦尔默. 后形而上学现代性. 上海：上海译文出版社，2007.
② 戴维·约翰·法默尔. 公共行政的语言：官僚制、现代性和后现代性. 北京：中国人民大学出版社，2005.
③ 同②.

作文化与话语相结合的过程。通过这种结合，文化的功能显现出来并发挥作用。话语在未实现与文化相结合的情况下，或者说，在得不到文化支持的情况下，也能够作用于社会实践。但是，这种情况下所表现出来的力量是较弱的。一般说来，只有在那些技术性特征较强的领域中，才能看到知识在与文化相分离的情况下单独发挥作用。一旦超出这类领域，知识脱离文化而发挥作用的情况就会随着技术性特征的弱化而降低。在那些技术性较弱或技术需求较弱的社会实践领域中，知识往往需要实现与文化的结合才能发挥作用。如果说知识在这些领域中可以在与文化相分离甚至相冲突的情况下发挥作用的话，那么这应该是一种偶然现象，是不可复制的，往往不会重复出现。

由于文化与话语是可以结合在一起发挥作用的，而且因为文化与话语总是结合和缠绕在一起，所以我们体验到了一种话语环境的存在。其实，话语环境正是文化与话语相结合的一种状态，它在形式上表现为话语，而其实质性内容则是文化。正是文化与话语的这种结合方式，使得既定话语环境中同质性话语显得更为有力，而异质性的话语显得极其虚弱。由此看来，一种新的话语必然要通过与自己同质的话语环境的建构，才能使自己的力量得到增强。至于话语环境的建构，是一个话语向文化转化的过程。

与文化相比，话语显得较为活跃，在人类历史的行进过程中，往往是话语先行。既有话语环境中的异质性的新话语的不断增多，对既有的话语环境形成了挑战和冲击，直至改变话语环境和营建新的话语环境。在此过程中，文化实现了量的积累，并在新的话语环境形成的同时，形成了新的文化体系。一旦一个新的文化体系得以形成，话语环境就会表现出成熟的状态，并使这一新的话语环境中的同质性话语要素表现出作用于社会实践的状况。

根据我们对话语与文化之间关系的分析，工业社会竞争文化生成的轨迹就清晰可见了。当霍布斯指出我们的社会存在着"一切人反对一切人的战争"时，所确立的是一种话语，这种话语是对中世纪的整个文化体系的挑战。当这一话语在启蒙运动中得到了系统的建构和阐发时，人们根据这一话语去思考和观察世界，发现了人类早已存在的竞争行为，并逐步实现对竞争行为合理性的强化，使竞争行为凝固成竞争文化。所以，"在最近几个世纪，西方社会战争不断。这符合霍布斯的观点。的确，西方社会完善了现代战争和大规模破坏工具，并且应对我们这个物种在历史上发动的最具破坏性的战争负责。除了真正的战争实践外，涉及军事的比喻也充斥于西方人的语境中。在经济学中，我们常说'市场战争'、'贸易战'和'不良收购'。在政治学中，我们常说，'战争钱箱'资助的选举'战役'，以'口水战'为特征。在媒体上，几乎每个社会问题都经常借战争的比喻来表述，如从'堕胎战'到'向贫困宣战'再到'向毒品宣战'"①。

霍布斯确立了个人主义话语，随着这种话语向竞争文化的转化，随着竞争文化的生成，人们戴上了这一文化的有色眼镜，然后再去观察世界，发现满眼所见皆是战争，或者说，把人的绝大多数互动行为都比喻成了战争。这样做，无疑增强了人的竞争甚至战争观念，同时形塑了人的行为取向，让人变得具有进攻性，乐于开展竞争。在竞争时，会感受到强烈的恐慌；在失去了竞争对手时，会觉得生活走向了死寂。

所以，从西方人的行为特征来看，总处于不断发现竞争对手并开展竞争的忙碌中。在无法发现竞争对手的时候，要强行制造出竞争对手。这样一来，我们就不难理解，中国在进入 21 世纪后一再表示要做其他国家的合作伙伴，而一些国家总是无比坚决地要把中国变成它们的对手。无论中国作出了何种妥协，也不管中国作出了怎样的退让，这些国家总是步步紧逼，要求中国去扮演它们的对手。竞争文化使得世界——特别是使得一些国家——已经着魔而失去了理智，根本不去考虑竞争、战争会带来什么样的后果。这就是在由霍布斯为工业社会话语建构确立的起点上不断展开的一幅文化画卷。随着这幅画卷向外展开，哪怕只展开一时，显露出来的也许就是"末日审判"的图景。

当我们认真地审视工业社会这幅洋溢着竞争文化气息的画卷时，所看到的是，竞争文化使一些人在理解现实和欣赏历史的时候，会为一切冲突、对抗性的行动而兴奋不已；在对历史的描述中，为了迎合人们的某种审美偏好，总是将那些对抗性冲突事件描写得绘声绘色，从而强化人们的一种观念：人类历史是在对抗性冲突中实现了进步。结果，人类历史上的合作经验受到了忽视，甚至一切不以对抗性冲突形式出现的推动了历史进步的因素都受到了忽略。人们总以为唯有对抗性冲突、斗争、竞争才是历史进步的动力。

在工业社会中成长起来的人，所拥有的都是由竞争文化铸炼而成的观念，带着这种观念，就会认为每一个人天然就是竞争伙伴。一个人如果不愿意在生

---

① 迈克尔·克尔伯格. 超越竞争文化：在相互依存的时代从针锋相对到互利共赢. 上海：上海社会科学院出版社，2015.

活和职业活动中开展与他人的竞争、斗争，就会不为他人所理解。甚至被作为一个非常危险的人物而加以排斥，他可能不得不频繁地调动工作，从一地转到另一地，从一个单位转到另一个单位。即使全球化、后工业化已经预示了合作文化对竞争文化的替代，人们也会以为，合作文化对竞争文化的替代过程必然包含着斗争、竞争和冲突，是合作文化与竞争文化间的斗争、竞争。如果将此种认识带入合作文化建构的过程中，带入全球化、后工业化进程中，以及带入其他社会的实践中，也无法摆脱竞争文化的纠缠，真正的社会变革也就不可能发生。

诚如克尔伯格所指出的，"历代以来，全世界无数人默默地为建设性的社会变革付出努力，然而他们的努力却很少在社会变革的纪录中被提及，因为它们在对抗主义话语中几乎是隐形的。但是很明显，对抗性斗争并不是实现社会变革的唯一途径。实际上，如果我们阅读一个真正的社会变革纪录就会发现，在绝大多数历史时期内，有意义的社会变革主要是通过非对抗的方式实现的，而对抗策略占用了人类的大量精力，引起了巨大轰动，取得长久成果的却寥寥无几……在这个社会与生态相互依存不断增强的时代，对抗策略已经走到了效用递减的边缘，而非对抗策略正在兴起，成为持久的社会变革的最有效方法"①。

我们承认，竞争行为可以溯源到人类历史上的早期阶段，学者们也许可以从人类学中找到大量证据证明竞争是植根于人的本性。但是，作为一种文化类型，显然是建立在霍布斯的话语基础上的，是在近代以来的这个历史阶段中建构了竞争文化。正是因为近代以来这个社会拥有了竞争文化，使得竞争行为具有普遍化、模式化，无论人们在身份、种族、社会角色以及职业活动的性质上有着怎样的差异，其社会生活的基本内容都无一例外地通过竞争行为去诠释，通过竞争行为去证明自己的存在和建立起与他人之间的关系的，每日每时思考的也是与竞争相关的问题。竞争构成了一种综合性的话语或文化形态，人们"按照竞争和冲突性方式进行思考、谈话和行动时显得是正常而自然的。这些话语体现了有关人性的方式倾向于按照个人的作用和行为加以制定和表现。他们也构建那些组织和调节我们的共同行为的社会机构。总之，他们构筑了一个全面的竞争文化——不仅在其心理结构，而且在其社会结构维度内——它对其中

---

① 迈克尔·克尔伯格. 超越竞争文化：在相互依存的时代从针锋相对到互利共赢. 上海：上海社会科学院出版社，2015.

的人来说似乎是自然的，不可避免的"①。

一些科幻小说描述人类受到地外文明攻击的景象，设定地外文明远高于地球文明，有能力到达地球并实施侵略。其实，竞争是文明的限度。或者说，竞争只是在文明进化的初级阶段才能够赋予社会发展以某种动力，而在社会发展达到某种程度时，竞争就会成为社会发展无法突破的瓶颈。假若存在着地外文明，而且是一种高等文明，它所拥有的绝不可能是竞争文化，不会有着进攻性、侵略性的行为。也就是说，不可能实施对人类的攻击和侵略。如果地外文明具有攻击、侵略的本性的话，那种文明也就不可能进化到比地球文明更高等的地步。所以，关于地外文明侵略的担忧是没有必要的。

在我们基于全球化、后工业化的客观要求而提出合作社会的构想时，其实已经充分地估计到，在合作社会中存在着竞争行为，也包含着不断再生产竞争行为的市场经济。而且，这种市场经济仍然是经济生活的重要形式。但是，我们认为，在这个社会中，竞争文化必将被合作文化所置换，而且这将是一个不可逆转的历史趋势和客观过程。在合作文化处于主导地位的合作社会中，竞争行为以及市场经济无论在形式上还是在性质上，都会发生根本性的改变。当然，走向非对抗的社会进程将是长期的，我们不可能设想已经顽固地占据了人的观念并已经成为一种思维习惯的竞争文化能够一下子消失。但是，只要合作的意识生成了，只要人们基于合作的观念去开展行动，只要人们充分认识到人的共生共在的迫切性，只要人们意识到社会高度复杂性和高度不确定性条件下的竞争是非常有害的，就肯定会在合作行动中养成合作习惯，并逐渐建立起合作文化。相应地，竞争文化则逐渐消退。

就如海水退潮并不是斗争的结果，竞争文化的消退也不是在与合作文化的博弈中落败而隐形的。合作文化的建构将意味着近代以来的所有历史观都将被抛弃，人们将用一种合作的历史观重新审视历史，并描绘出一幅完全不同于斗争、竞争、冲突的新的历史图景。应当相信，这样做是完全可能的。因为，虽然"人类历史确实充满着竞争性社会团体之间的各种历史争斗，但是与此同时……人类历史并不仅限于这些表现，霸权斗争也从来不是人类文化的唯一决定因素。互惠与合作同样在人类历史中发挥着巨大的作用——尽管它们经常被

---

① 迈克尔·克尔伯格. 超越竞争文化：在相互依存的时代从针锋相对到互利共赢. 上海：上海社会科学院出版社，2015.

忽略。对抗主义和霸权斗争只是问题的一半，另一半则是互惠与合作"①。但是，我们必须认识到，这一进程绝不可能是一个自然的历史过程。正如霍布斯为竞争文化的建构提供了一个话语起点，合作文化的生成也需要有一个话语上的起点。这个时候，我们立马就会想到，从"一切人反对一切人的战争"转变为"为了人的共生共在"，是再合适不过的一个新的话语起点。

我们一直以无比敬仰和赞叹的心情来看待工业社会所取得的科学进步和社会发展成就，即便我们对这个社会所拥有的竞争文化表达了诸多批评意见，但也并不认为这个社会在亚文化的层面上一无是处。尽管工业社会是一个竞争的社会，在竞争文化的主导下，随着普遍性的竞争走到了无以复加的地步，合作的呼声开始出现，而且在实践中也不乏合作的事例。"联合国的问世，以及在20世纪下半叶，许多其他国际机构和非政府组织的诞生，都是互惠与合作在全球层面的表现。尽管这些机构现在仍存在各种缺陷（这些缺陷的部分原因在于，它们产生且受制于竞争性的国家主权体系，以及无序的全球资本主义环境），但是它们宣告了一些原则……这些原则正在对国家内部和国家之间的公共话语产生深远的影响。"②

与竞争行为的强势相比，合作话语尚显得非常弱势。在许多情况下，人们在谈论合作时，可能是服务于一种竞争策略，但我们却能够从中感受到，合作话语处在不断增强的过程中。这可以说已经是一个显而易见的事实了，甚至已经汇成了一种趋势。如果说合作在工业社会竞争文化占主导地位的情况下至多是一种可以生成亚文化的种子，那么在全球化、后工业化进程中，合作文化替代竞争文化的进程已经启动，而且也进入了加速行进的行程中。

三、为了人的共生共在的话语建构

在工业社会这个历史阶段的社会治理中，竞争被当作一种非常有效的社会控制手段而加以利用。比如，促进利益集团争夺话语权等，都是一些在现代社会应用起来非常娴熟的手段。所以，社会治理者每当遇到一些较为棘手的社会问题时，总能想到引入竞争机制去解决问题。的确，随着竞争行为无孔不入地渗透到了社会的每一个角落，促进了社会的分化和分裂，使得社会治理者对社

---

① 迈克尔·克尔伯格. 超越竞争文化：在相互依存的时代从针锋相对到互利共赢. 上海：上海社会科学院出版社，2015.

② 同①.

会进行分而治之非常方便。为了使社会的分而治之格局维持下去，又需要不断地去制造新的竞争项目、凝聚新的竞争热点和激活新的竞争力量，以保证社会治理者花费较少的精力就可以实现对社会的稳固控制。在某种意义上，可以把社会治理者看作竞争的旁观者和准备得利的"渔翁"。事实上，社会治理者在社会竞争中总是受益最大的一方。

如上所述，就工业社会的话语体系而言，霍布斯提供的是一个建构起点。在这个起点上建构的话语体系可以贴上个人主义的标签。在对个人主义的证明和进一步理论阐释中，出现了自由主义学说。自由主义渗透和体现在工业社会的所有方面，无论是在意识形态上，还是在政治经济实践中，自由主义都是一个基准性的坐标。即便是在需要集权的公共行政以及广泛的组织管理中，自由主义的精神都是不可亵渎的。

可以认为，在工业社会这个历史阶段中，政治与经济的同一性集中地反映在自由主义的学说中，"西方自由主义哲学假设，一种政治体系的首要功能之一就是以功利主义方式使社会中互有冲突的利益达成一致，尽可能最大范围地满足这些利益，所以，西方社会倾向于借以评价政治体系的标准，非常类似于他们评价经济体系的那种标准：据称是他们在多大程度上尽可能地满足互有抵触的私利"①。可以认为，个人主义话语是对经济的反映，而政治则是基于自由主义学说建构起来的。

正是个人主义话语及其自由主义学说，将政治与经济联系了起来，使"政治舞台的建构酷似资本主义市场。正是在这个舞台上，个人以及他们创立的党派力图以利己主义和竞争方式来推进自己的理想和利益"②。从竞争政治的发生史来看，政党并不是竞争政治的始作俑者，反而是这种建立在自由主义学说之上的竞争政治，提出了建立政党的需要。显然，政党的出现助推了竞争政治的成长，使竞争政治中的竞争者变得更加强大和有力。因为政党的出现，使得"西方政治体系已经在很大程度上演变为源于市场模式的'政治企业家'的舞台。这种情况的出现起先借助于代表相互对抗的利益集团的形成。于是，富有竞争性的'政治选战'就影响着领导阶层和政党内部及政党之间的管控。因为

① 迈克尔·克尔伯格. 超越竞争文化：在相互依存的时代从针锋相对到互利共赢. 上海：上海社会科学院出版社，2015.
② 同①.

政治家和党派会组织起来，为赢得选举而进行战斗"①。"在其致力于'击败'对手，'赢得'这些选战的胜利过程中，政治家参与针锋相对的交锋，其特点通常是公然敌对的表述，正如开始充斥许多当代竞选运动的那些毁谤和负面广告所表现的那样。"②

经济过程中的竞争是直接地出于利益实现的需要的，尽管其中也存在着为了竞争制胜而使用的各种各样不正当的手段。与经济过程中的竞争不同，政治过程中的竞争——以选战最为典型——往往把人们的视线从利益诉求方面引开了，从而演变成了竞争而竞争的活动。不仅如此，竞争政治激发出或形塑了人的好斗本性，使人变得具有攻击性。我们可以推测，因为建立了竞争政治，才使西方人无论是在国内还是国际上都显得非常好斗。美国是一个最为典型的竞争社会，它所拥有的竞争文化显得无比纯粹，所以，我们总能看到美国到处发动战争，而且经常性地通过军事演习等方式去展示武力。所有这些，都表明竞争文化使人变得好斗。如果不是诸如基督教等来源于农业社会的宗教仍然发挥了一些矫正作用的话，也许人类早已在西方的那种好斗行为中毁灭了。当然，新建的规范也发挥了制衡竞争的作用。

竞争社会以理性的名义而实现了竞争话语的全方位建构，学者们在口头上也承认竞争之恶，但在理性的视角中，正如克尔伯格所指出的那样，"从竞争文化提供的有利之处来看，人性和社会组织的非对抗模式似乎是幼稚和不切实际的。结果，思想、谈话和行为的替代方式便被竞争文化塑造的'现实主义的态度和行为'或实力政策边缘化"③。我们将这种现象称为竞争文化悖论。

从现实来看，竞争文化悖论在行为上的逻辑走向是：不仅在经济领域中会走向垄断，而且在政治以及广泛的社会生活中也会导致霸权的出现。在政治领域中，由竞争引发的话语霸权往往是既不能避免也无法加以规范的。不过，当我们把视线投向话语建构的起点时，正如我们已经指出的，既然竞争文化是在"一切人反对一切人的战争"这个话语起点上建构起来的，那么我们要相信，合作文化必将在人的共生共在的前提下建构起来。文化是一种社会现象，是社会建构的产物，至于人是否拥有竞争还是合作的基因，都不足以证明竞争文化还

---

① 迈克尔·克尔伯格. 超越竞争文化：在相互依存的时代从针锋相对到互利共赢. 上海：上海社会科学院出版社，2015.

② 同①.

③ 同①.

是合作文化的合理性。正如从人的利己本性出发去证明竞争文化的合理性一样，从人的利他本性出发去证明合作文化的正当性也同样是一种错误的做法。对于文化，必须从共同体的类型以及存在状况和根本需要出发去加以理解。

大致是从 20 世纪 70 年代起，随着生态学的兴起，一种生态系统观逐步确立起来。可以看到，"在 20 世纪最后 25 年里，整体论和相互依存成为新兴生态世界观——一种'环境意识'的觉醒——的核心概念，这种世界观不仅改变了人们思考和谈论自然环境的方式，也改变了社会环境的方式"①。如果从政治的角度来看，可以发现，一种话语转向正在悄悄地发生，对生态问题的关注已经把人们的视线引向了人的相互依存，而不是像过往那样将全部注意力都放在对人权是否得到实现和维护的问题上。当然，生态学视野中的人的生存问题也可以被纳入人权解释框架之中，但毕竟话语中心已经从个人的人权转移到了人的相互依存上来了，这无疑催生了"为了人的共生共在"的话语建构，或者说，为"为了人的共生共在"的话语建构作了某种程度上的准备。

的确，在 20 世纪后期，"整体论和相互依存逐渐成为人们理解人类社会的生动隐喻。这种'社会生态学'隐喻将关注点投射在了一套彼此关联和相互影响的复杂网络上，而这套复杂网络正是社会中个人或群体之间关系的特征所在。在这套相互依存的复杂网络里，对抗主义变成了一种具有反效果甚至破坏性的社会规范。譬如，我们知道，压迫、贫穷、人口增长、环境恶化、食物匮乏、社会冲突、政治动荡和战争，这些事件之间存在着千丝万缕的联系。尽管关于这些联系的确切本质众说纷纭，但是许多观察家逐渐认识到，正是通过这些复杂的相互关联，任何族群遭受压迫和贫穷，都会影响一个更广阔的社会生态圈里的所有成员。譬如，我们看到，贫穷与人口增长存在着紧密联系……二者又与环境恶化和食物缺乏有关——这些状况导致社会永远处在冲突和环境不稳定的状态之中。继而，这些冲突和不稳定的状态必然导致警察和军队预算的增加，给社会成员——不论贫或富、压迫者或者被压迫者——造成负担，其结果只是加重了冲突和不稳定这个恶性循环，无法从根源上解决问题"②。生态学的贡献在于，让人们意识到人类拥有一个地球，而生存在地球上的人们是相互依存的，进而，在国际社会上推动了生态政治理念的生成。

---

① 迈克尔·克尔伯格．超越竞争文化：在相互依存的时代从针锋相对到互利共赢．上海：上海社会科学院出版社，2015.

② 同①．

可是，在竞争文化的环境中，名副其实的生态政治尚未生成，世界各国反而围绕生态环境等话题展开了新一轮的博弈。在某种意义上，生态、环境等话题成了竞争政治的工具。处在世界中心地带的国家总是利用这些话题去确立自己的道义优势和增强自己的话语霸权，并努力通过促成生态和环境保护的国际策略去将边缘国家置于依附的位置上。当生态和环境问题被处在世界中心地带的国家作为国际政治的新工具而加以利用时，经济上的和政治上的世界中心-边缘结构不仅得到了进一步加强，而且人的相互依存也被纳入了更加不平等的框架之中。不过，我们认为，这只是旧文化终结时所表现出来的一种行为上的疯狂，不会使历史逆行。因为，我们相信必将有越来越多的人拥有人的共生共在的新观念，并在这个观念的引领下建构一种新的话语体系。

第三节　话语体系建构中的思维方式

话语中包含着语言、符号、知识、观念和思维方式，而语言、符号、知识、观念和思维方式之间的关系又是极其复杂的。关于符号，可以理解成广义上的语言，可以作为知识、观念的载体。人们在应用语言、符号时，除了交流信息外，主要就是传递知识、观念。知识、观念不能等同于语言、符号，但在不由个人所占有的时候，又必然是包含在语言、符号之中的。思维方式不仅是由语言、符号来承载的，而且也包含在知识、观念之中。同时，思维方式又能实现对语言、符号、知识、观念的整合，将这些话语要素联系在一起，使它们处在互动以及运动的状态中。在任何一种话语中，思维方式都是最为重要的构成要素，语言、符号、观念只有得到思维方式的整合，才能成为话语的要素。同样，只有通过语言、符号去加以表现，思维方式才是可以认识和理解的，由思维方式确立和证明的观念才能够为人们所持有。

我们已经指出，在人类历史上，我们看到了两种基本的思维方式，即相似性思维和分析性思维。如果去观察人们是如何为事物命名的，就能够看到这两种思维方式的区别。一般说来，为事物命名，就会求助于某一确定性的符号去标识这一事物，因为符号的标识而能够与其他事物区别开来。一事物因为有了名字，变得容易识别和容易把握，人们不会再将它与其他事物混同。所以，在为事物进行命名时，就会要求符号具有排他性，以其特殊性而标明所命名事物的特殊性。符号因为其命名的需要而不可以与其他符号相混同，目的是让人们认识到所命名事物的特殊性。但是，这种符号的区别以及借助符号而对事物的区分首先是在相邻事物间进行的，是一种把原先相联系的事物割裂开来的做法。到此为止，相似性思维与分析性思维是相同的，但在接下来的行进中，这两种思维方式的分野就显现了出来。

相似性思维在为一个事物命名之后是要寻找其他关联物的，而这种寻找往往是通过想象去将原本不相关联的事物拉近，建立起联系，关联到一起；分析性思维通过对事物的整体加以割裂而对其中的一部分加以命名，在作出命名之后，则把命名过程中所实现的割裂作为前行的起点，继续进行割裂的行动。具体地说，分析性思维的表现是，深入事物内部继续前行。在分析性思维所留下的行进轨迹中，路过的每一个关节点或每一个层面，都会再进行命名。也就是说，在每一个关节点或每一个层面都进行割裂，直至前行无路的时候，或者，在自认为取得了满意成果的时候，才以综合的方式表达对分析过程的回溯。这说明，分析性思维走到行进的终点时又回到了它的起点。比较而言，相似性思维没有经历分析性思维的行进过程，而是站在分析性思维行进的终点等着它。

认识到分析性思维与相似性思维的这种不同，是我们在全球化、后工业化进程中进行话语建构的前提。如果说工业社会在思维活动方面呈现给我们的是分析性思维占主导地位的话语存在形式，那么在全球化、后工业化进程中，我们面向后工业社会的话语建构则需要在思维方式上实现根本性的转变。可以想象到的前景应当是，用相似性思维替代分析性思维。当然，作为一种思维方式，相似性思维是可以包容分析性思维的。所以，历史性的替代或超越并不意味着对分析性思维方式的废止。

一、两种思维方式

从人类历史的演进来看，在每一个历史阶段中都存在着一种占支配性地位的思维方式。人们往往感受到的是世界上的不同地区、不同民族之间有着思维上的巨大差异。实际上，如果在历史的线索上把不同地区、不同民族间的差异按先后顺序排列的话，我们所获得的则是不同历史时期中思维方式上的差异。比如，各地区或民族在工业化、城市化的进程中有着先后之别，在有些地区或者民族进入了工业社会的时候，而另一些地区或民族还停留在农业社会的历史阶段。可见，在共时态的意义上去解读各地区、各民族间的差异是不科学的做法。不同于这种做法，如果把不同地区、不同民族间的差异放在历史的序列中，把它们按照时间上的先后次序加以排列，就会清晰地看到它们是处在不同的历史发展阶段的。因为它们处在不同的历史阶段上，所以在发展水平上是不同的。也就是说，共时态中的差别在实质上恰恰是历时态的差别。

就思维方式而言，我们认为，在从农业社会向工业社会的转型中，人类思维方式的革命性变革就是分析性思维替代了相似性思维。或者说，经历了这场思维方式的变革，工业化进程才宣告完成，标志着人类正式步入工业社会，建立了工业社会的话语体系。现在，当后工业化已经成为我们必须直面的现实课题时，当我们提出了新的话语建构的问题时，思维方式变革的要求再一次被提了出来。我们认为，这场新的思维方式变革运动将是相似性思维的光荣回归。比如，在对东西方社会进行比较时，可以将东方与西方的差异理解成农业社会与工业社会的不同。但是，在发展的维度上，可以看到，东方社会由于把握了全球化、后工业化所提供的社会变革契机，所以在思维方式上顺利地实现了对农业社会的相似性思维的改造而赋予了这种思维方式以先进性，即建构了适应后工业社会需要的思维方式，那么东西方的差异在性质上就出现了变化。也就是说，西方社会由于背负着发达工业社会的包袱而停留在工业社会的模式之中，而东方社会则将脚步踏入了后工业社会的门槛，特别是在思维方式上，超越了工业社会的分析性思维而牢牢地把握了相似性思维。

当相似性思维光荣归来时，将携带着复杂性的属性，而这一属性是农业社会历史阶段中的人们拥有相似性思维时并未发现和意识到的。在此意义上，后工业化进程中得以复兴的相似性思维可以被称作复杂性思维。但是，我们不同意使用复杂性思维这样一个概念。因为复杂性只意味着程度上而不是性质上的区别，而且复杂性仅仅是相似性思维的一个方面的特征。显然，分析性思维可以是简单的也可以是复杂的，有的时候在某些分析性思维应用者那里，可以充分地诠释分析性思维的复杂性，甚至会达到令人敬仰的地步。可以说，无论是就思维展开和运行路线来看，还是就思维的内容来看，都有着简单与复杂之别，分析性思维与相似性思维都具有复杂形态。也就是说，相似性思维同分析性思维一样包含着诸多特性，复杂性仅仅是它的诸多特性中的一种。所以，如果根据具有复杂性的特性而为相似性思维命名的话，将是一种简单化的做法，显然是不可取的。

在农业社会的历史阶段中，各个地区、各个民族在思维方式上所拥有的都是相似性思维，或者说，相似性思维在这个历史阶段中处于主导地位。在非西方地区，这个方面的特征是非常明显的，也是人们都充分意识到的思维特征。至于西方，我们认为，一方面，总体上它的社会形态在农业社会这个历史阶段中不甚发达；另一方面，它的农业社会历史已经受到了工业社会中的人们的改写，是用工业社会的思维方式对农业社会的历史事件进行了重新解读，抹去了它在农业社会历史阶段中的思维方式既有的色彩。由于西方社会的工业社会得到了典型化的发展，以至于把工业社会的意志强加到了它的农业社会历史阶段中，在书写历史的时候，基本上是按照工业社会的标准重新塑造了一遍它的农业社会。当然，从经院哲学中关于"一个针尖上能够站多少天使"的争论中，已经可以看到分析性思维的某种迹象。

事实情况是，在工业化、城市化进程中，西方率先实现了思维方式的变革，实现了从相似性思维向分析性思维的转变。在思想发展史上，我们首先从笛卡尔的《谈谈方法》中看到了某种分析性思维的端倪。事实上，笛卡尔为分析性思维确立了四条标准，其中，"第二条是：把我所审查的每一个难题按照可能和必要的程度分成若干部分，以便一一妥为解决。第三条是：按次序进行我的思考，从最简单、最容易认识的对象开始，逐步上升，直到认识到最复杂的对象；就连那些本来没有先后关系的东西，也给他们设定一个次序"[1]。福柯将此归类到类型学的范畴。其实，正是这种被归类到类型学的思维方式，为分析性思维提供了前提性的准备工作。正是在福柯的这种分类中，我们更加清晰地看到，类型学中包含的分析性思维是从确立界限开始的，即通过确立界限而将事物分成不同的类别。与之不同，相似性思维不仅不确立界限，反而要突破界限。

福柯关于分析性思维产生的历史起点的判断显得有些保守，他认为，"从17世纪以来，相似性被赶到知识的周边地区，知识最低级和最低下的边缘。在这些地方，相似性与想象、不确定的重复、模糊的类推联系在一起"[2]。不过我们也承认，福柯在知识考古中获得的这一发现是真切的。在科学理性兴起的过程中，分析性思维是科学理性的支撑因素，或者说，分析性思维表现为科学理性。在此情况下，由于相似性不合乎理性的标准和无法应用于分析性思维的展开，因而其受到了排挤甚至扼杀。也许只是在日常生活领域、文学艺术活动之中，才得以苟延残喘。

---

① 笛卡尔. 谈谈方法. 北京：商务印书馆，2000.
② 米歇尔·福柯. 词与物：人文科学考古学. 上海：上海三联书店，2001.

在全球化、后工业化进程中，相似性的意义不断地被推展出来，并在想象的力量的成长中，朝着一种新的思维方式建构的方向运动。今天，在全球化、后工业化进程中，在人类社会的又一次伟大的转型运动中，相似性思维正在萌发之中，正在对想象的应用中去努力突破科学理性的限制，并必将取代科学理性在工业社会的那种地位。我们认为，历史必将证明，是全球化、后工业化进程中所出现的高度复杂性和高度不确定性选择了相似性思维，要求相似性思维成为行动的前提和基础。

福柯认为，康德是分析性思维建构中的一位最为重要的哲学家，把康德的贡献说成是现代社会获得分析性思维最为重要的文本。的确，康德开拓了分析性思维，但在康德的理性建筑术背后难道不包含着相似性思维吗？他的"星云假说""潮汐假说"显然都是基于相似性思维的创见。也许可以这样说，对于康德这样一位分析性思维建构史上具有里程碑意义的哲学家来说，正是运用了相似性思维，才建构了分析性思维。或者说，如果康德不是运用了相似性思维的话，就不可能将古希腊时代以来一直包含在文献中的分析性思维发掘出来，并使之系统化。然而，在由康德所开启的这样一个时代中，他在建构分析性思维的过程中对相似性思维的经典式应用却受到了冷落、受到了排斥。这不能不说是一种讽刺。也可以说，得益于康德的后世哲学家和科学家们，吃了康德培育的桃子，却不关注康德是怎样培育出了桃子，用中国人的一句话说，就是数典忘祖。

在农业社会中，相似性思维占据主导地位，但同时存在着分析性思维。同样，在工业社会中，分析性思维成了主导性的思维方式，而相似性思维仍然存在。当我们说农业社会的人们所持有的是相似性思维时，并不意味着对这一时期中的分析性思维的否认。显然，分析性思维并不是滥觞于近代的。在农业社会的历史阶段中，分析性思维已经开始孕育和萌芽。在这方面，由现代人撰写的西方哲学史给我们提供了大量的证据。虽然现代人撰写的西方哲学史在客观性上是存疑的，但就现代学者能够在相似性思维所建构的话语世界中发现大量从属于分析性思维和证明分析性思维的材料而言，这的确是一项非常了不起的工程。

总之，分析性思维在古代社会就已经开始用自己的脚步去丈量历史了。而且，分析性思维在这段历史中留下的蛛丝马迹也被现代学者充分地发掘了出来，并将其作为基本线索而重绘了古代社会，提供给我们一幅完整的——虽然是绘制出来的——关于古代社会的图景。在工业社会这个历史阶段中，相似性思维仍然在文学艺术活动以及各种各样的创新活动中发挥着基础性的作用。就工业社会分化成的公共领域、私人领域和日常生活领域来看，相似性思维在日常生活领域中一直顽强地存在，即使分析性思维及其科学理性对它进行了清洗和排斥，它也总能得以再生，而且在形式和内容上都能够与时俱进。不仅文学艺术可以证明这一点，人类学的大量发现也能证明相似性思维在现代日常生活领域中发挥着重要作用。

面向后工业社会去探讨合适的思维方式，已经成为我们的一项不可推卸的任务。这项任务的承担，必然是以全球化、后工业化进程中的话语重建的形式出现。就思维方式是话语中的基础性构成要素而言，我们发现或确立了什么样的思维方式，也就可以认为同时确立了相应的话语。所以，全球化、后工业化进程中的话语重建，包含着对相似性思维的呼唤。在这样一场革命性变革的过程中，在大多数场合中将相似性思维与分析性思维对立起来，是可以理解的。但是，这绝不代表对分析性思维的任何轻视。在后工业社会，只要还存在着认识的领域和需要认识的问题，就必然会表现出对分析性思维的需求。

对于人类的认识活动而言，相似性思维能够提供一种认识路径，却不能替代分析性思维，而是需要表现出对分析性思维的承认和包容。不过，我们也相信，在后工业社会中，不会像分析性思维占据主导地位的工业社会排斥相似性思维那样，将分析性思维从科学领域中排除出去，而是会表现出两种思维方式的并行。而且，这两种思维方式是相互影响、相互渗透和相互包容的。

克罗齐耶说："社会角逐是一种复杂的游戏，在此游戏中，诸种间接的手段谋略——它造就了斗争得以展开的氛围——比斗争本身更重要。特别是，保持那种模糊的状态，构成一种先在的防范，它使人有时得以掩盖业已施加的压力，有时又能让封闭变得更显著。"① 在克罗齐耶的这一表述中，我们其实读出了一种关于思维方面的观念，那就是，在必要的时候保持一种模糊的态度。显然，分析性思维用于科学研究中是有价值的，但它的清晰属性用在日常生活中也许是有害的，因为日常生活本身就存在着清官难断之事，有的时候是需要一些模糊的。

在工业社会这样一个科学发展的低级阶段中，人们需要运用分析性思维去

---

① 米歇尔·克罗齐耶. 法令不能改变社会. 上海：上海人民出版社，2007.

把各个方面搞得清清楚楚，而且也一直是这样做的。不过，在社会这样一个复杂的系统中，在处理复杂的社会关系时，保持一种必要的模糊，应当是被允许的。至于那些能够让人清晰地看到各个方面的事情，往往都是发生在一个很久远年代中的事件。历史越久远，事件越清晰。这是从事历史研究的人们所拥有的一种共识。超出了历史研究的范围，或者说，在我们处理当下的事务时，保持一种模糊的意识是明智的。这样做，就是顺应复杂性的要求。

全球化、后工业化把社会的高度复杂性和高度不确定性推展到我们的面前，许多事物和现象超出了我们理解的阈限。但是，这并不意味着人们在面对不可理解的事物和现象时无所作为。借助相似性思维及其想象，人们可以获得对那些不可理解的事物间联系的把握。在不可理解的事物与可以理解和已经理解的事物间建立起联系，其实就是将不可理解的事物纳入可以理解的范畴中，从而获得开展行动的依据。

既然分析性思维在遇到每一个事物、每一个问题时都要搞得清楚明白，既然社会的高度复杂性和高度不确定性意味着这样做已经变得不可能了，那么分析性思维就无法派上用场了，以至于我们必须谋求相似性思维对分析性思维的替代。我们认为，成熟的、理性化的相似性思维天然地属于高度复杂性和高度不确定性条件下的思维方式。这是因为，相似性思维不需要求助于分析、分解将事物变成碎片，而是直接地在完整的事物间去发现联系和建立联系。

总之，分析性思维在工业社会中的广泛应用为我们提供了一笔宝贵财富，让我们面对全球化、后工业化进程中的风险时并不畏惧。分析性思维所作出的贡献，让我们深深地感受到，"在现代经验中，在知识中创立人这个可能性，这个新形象在认识型领域中的出现，都包含了一个从内部萦绕着思想的命令，这个命令，无论是以一种道德的形式、政治的形式、人文主义的形式、负责西方命令这样的义务和形式而被兑现，还是以在历史中履行一种官员使命这样的单纯意识的形式而被兑现，都无关紧要，重要的是，思想对它自身而言并且就其工作的深度而言，既是自己所知的一切知识，又是其改正，既是它的反思对象的存在方式之反思，又是其转化"①。

今天，我们能够如此的思想，我们能够冷静地面对后工业化进程中出现的各种新生事物，甚至，我们能够识别出这些事物并呼吁作出准备，都得益于分

---

① 米歇尔·福柯. 词与物：人文科学考古学. 上海：上海三联书店，2001.

析性思维。分析性思维造就了现代社会，特别是造就了我们业已拥有的话语体系。同时，分析性思维正在不断地创造出否定这个社会的力量。当我们提出话语重构的问题时，实际上就是要自觉地扬弃工业社会的既成事实。在我们提出否定、扬弃和超越分析性思维及其全部物化时，这一在工业社会具有基础性地位的分析性思维，能够给予我们面向后工业社会而进行思维创新的勇气，让我们有了谋划社会重建方案的能力。

二、真理与价值追求中的思维方式

分析性思维可以淬炼技术却不能增益思想。近代以来，出现了许多思想空前活跃的时期，对于这些时期以及各种思想纷涌而出来说，人们可能会将其归功于分析性思维。然而，事实情况恰恰相反。任何一种有价值的思想，都是由相似性思维成就的。近代以来的所有被视为大师的思想家，虽然能够娴熟地掌握和应用分析性思维，但在形成那些伟大思想的时刻，都必然得益于相似性思维。一个基本事实是，在始于近代以来所有大师的学术谱系中，他们的徒子徒孙如果仅仅在分析性思维的路径中用功，都不可能实现对他们思想的超越。只有那些表现出了离经叛道的学者，才能树立新的思想丰碑。事实上，在其思想建构的过程中，无一例外都是受益于相似性思维的。

我们可以看到，当分析性思维在一处取得了成果后，往往会被局限于该处。如果希望将这一成果移植到另一处，就必须得到相似性思维的支持。比如，在物理学的研究中发现了微观世界中的粒子具有吸引力，能够发挥吸附功能，这是一项研究成果，可以用于人工降雨。至此，还无法断定相似性思维的介入，但是，如果将此项成果应用于经济活动中的招商引资，那就肯定是应用相似性思维的结果。也就是说，某地希望通过招商引资去提振经济，但如果它没有那种可以吸附资本的项目，就不可能达成愿望。这些项目是可以比喻成微观物理世界中的粒子的东西，是物理学成果在经济活动中的应用。无论在何种意义上，分析性思维都无法促成这种应用，只有相似性思维才能做到这一点。

从近期人工智能的发展来看，人们往往并不关注那些与人工智能有关的因果关系，而是把视线投入到相关性的问题上。如果去把握与人工智能有关的因果关系，就必须对所有方面进行因果分析，对每一个算法、每一个数码以及所发挥的作用都需要做出清楚明白的分析，然后把握其逻辑线条，很显然，这样做是不可能的。事实上，人工智能的智能化程度越高，越不可能把握其分析性的逻辑性，而是需要在模糊性的意义上把握其相关性。这说明，分析性思维在人工智能的领域以及以人工智能为标志的时代必然会走向日益式微的方向，而相似性思维则会迅速地崛起，并填补因分析性思维退场而留下的空间。其实，人的思维活动是在追求真理与价值两个向度中展开的，就此而言，说明了人的思维活动在追求真理的道路上必须运用分析性思维；在追求价值的道路上，则需要运用相似性思维。或者说，在人追求真理与价值时，分析性思维与相似性思维各擅胜场。在真理追求中，分析性思维具有优异的表现；在价值追求中，相似性思维则更显优势。

在现代性的话语体系中，我们看到的是分析性思维让"所有经验认识，只要关涉人，都能充当可能的哲学领域：在这个领域中，认识的基础、认识界限的限定以及最终所有真理的真理，都必定被揭示出来。现代哲学的人类学构型在于把独断论一破为二，在于把独断论分为相互依赖和相互限制的两个不同层面：对就其本质而言人之为何的前批判分析变成了对一般而言能赋予给人的经验的一切的分析"①。结果，全部哲学和科学都是为了分析而存在。

这样一来，不仅那些没有致力于分析的思想活动、研究工作被认为不是科学，受到冷落和排斥，而且整个科学活动似乎除了从事分析之外，再也没有什么工作可做了。为了分析，在经验匮乏之处往往强行地制造经验，在没有数据的地方往往编造数据，甚至一些冒充科学家的人——社会科学领域中常见这类人——往往为了发表的目的而去编造假数据。所有这些就是为了让科学有事干，至于是否要解决那些与人相关的甚至威胁到了人的存在和影响到人的生存质量的问题，则在其次，甚至不会予以考虑。

根据福柯的看法，由于分析性思维的发展，从19世纪开始，人文科学的发展所显现给我们的是，"人之存在方式的分析并不处于表象理论之内；相反，这种分析的任务是要表明一般的物如何能被赋予表象，在什么条件下，在什么基础上，在什么界限内，物能出现在一个比各种知觉方式都要深远的确实性内；并且，在人与物的这一共存中，通过由表象打开的巨大的空间展开，如此被揭示的，正是人的根本的限定性，是那个把人与人的起源区分开来的同时又向他保证这个起源的散布，是时间之不可逾越的距离"②。

_____

① 米歇尔·福柯. 词与物：人文科学考古学. 上海：上海三联书店，2001.
② 同①.

当分析性思维透过表象而深入事物内部时，往往发现了事物的一般；回过头来再将事物的一般赋予表象时，则会导致表象的部分内容流失，甚至导致绝大部分内容遭遇流失。在分析性思维的认识路径中，虽然向纵深处打开了一个巨大的知觉空间，但在此物与他物间的联系上却只能寄托于它们共有的同一性。然而，这种同一性是单薄的，不像相似性思维在事物间所建立的那种联系一样丰满。同时，同一性的发现本身，取决于认识的路径和手段。因而，关于其路径和手段的恰当性、适切性和正确性，就成为一个时时需要得到检验、调整和矫正的对象，以至于方法论变得越来越繁复。

假设路径和手段出现了偏差，那么关于同一性的真理性就成了可疑的问题。那样的话，求助于同一性而在事物间建立起来的联系在真实性方面则是一个需要存疑的问题。事实上，这正是科学发展史上的基本状况。正是这种状况，使相似性思维的优越之处显现得更加清楚了。虽然相似性思维在真理性认识方面不见所长，但通过相似性思维，在表象的完整性不受任何变动的情况下，却能够在事物间建立联系。这种基于相似性思维在表象间建立的联系，不会导致表象的任何方面的流失，而会使得事物间的联系变得非常真实。

在人类近代以来的认知史上，具体地来说，从 19 世纪中期开始，当哲学开始关注并探讨存在这个概念时，表面看来是一种向古希腊（如巴门尼德）的回归，而在实际上，则应当被理解成是对分析性思维的某种怀疑。尽管哲学家没有明确地意识到这一点，但显而易见的是，在这些对近代以来的哲学表达了批判的理论叙事中，包含着某种完整地理解和把握世界的冲动。可以认为，在存在的概念中，已经极大地淡化了分析，并把形式与质料（在此借用亚里士多德的概念）整合了起来，甚至将思想的重心转移到了事物的质的方面。

不仅是存在的概念，而且这个概念所指的，都是抽象的产品，应当视为分析性思维的造物。但是，当存在成为思考的对象时，则包含着强烈的告别分析性思维的要求。事实上，我们如果不是把视线放在真理上，而是去关注意义与价值，就会发现，意义、价值都是无法在分析性思维的运行中得以发现的。比如，当我们去关注社会生活对正义的要求时，就会看到，虽然可以通过分析性思维活动而给予这种正义要求一个合理的解释，但为了获得这个解释而作出的理论证明，往往会让我们感到苍白无力。同样，如果把正义的实现寄托于形式化的安排，从未见到达成正义之结果的状况，反而会让人陷入更激烈的争论之中。在分析性思维的作用下，无论是关于正义的理论探讨还是实践安排，至多只是使正义的问题得到表面上的缓解，而不是给予我们一个关于正义的人人都能接受的方案。由此可见，在意义、价值的发掘以及实现中，分析性思维是无能为力的。正是这一原因，让我们把视线转向了相似性思维。我们相信，在所有牵涉到价值的社会议题时，相似性思维都能够显示出其优越性。

从思维的角度来看存在的概念，我们可以看到，这个概念无论是在海德格尔还是在萨特（Sartre）那里，都或多或少地包含着原子化个人的隐喻，只不过，个人不再是分析性思维所创造的主体或客体了，而是一个不可切割的硬核。由于这个存在不可避免地被置于世界、社会之中，因而必然受到此在与他在之区分的困扰。那样的话，作为此在的存在在何种意义上能够使自己的自主性得到保证，就成了一个难以解决的问题。

由此看来，从个人出发去思考人与社会的关系、人的生存状态、人的命运等几乎所有与人相关的问题，都会陷入无尽的烦恼之中，这是工业社会中各种思想都会遭遇的主要烦恼。在全球化、后工业化进程中，社会的高度复杂性和高度不确定性将人的共生共在的主题推展了出来，让一切出于个人、服务于个人、理解个人和从个人出发的思想都显得像是一种无病呻吟，完全是一种需要祛除的资产阶级情调。人的共生共在的主题所呼唤的是共同行动的方案，一切思想活动都应围绕共同行动的科学性和有效性展开。对于出于人的共生共在之目的的行动而言，无论行动者是以个人还是群体的形式出现，都要在谋求人的共生共在的行动中去使自己的自然生命得以保障和使自己的社会生命得以实现。

在哈贝马斯提出一种后形而上学设想的时候，也对哲学史进行了考察。他在谈到胡塞尔（Hussert）时表达了这样的意见："胡塞尔提出了形象化的方法，亦即对于修饰世界的自由想象，或设计出对立的世界，它们能够揭示出我们潜意识中稳定而又难以把握的规范期待，并且能够把我们日常实践的直观基础表现出来。"① 这得益于对日常生活世界的关注而形成的认识。因为，就工业社会的情况来看，当完整的社会分化为公共领域、私人领域和日常生活领域后，就使这个社会的不同部分有着不同的表现。在对三个领域的比较中可以发现，唯有日常生活领域是拒绝形式化的，表现出一切事情和任何事件都发生在具体语境中的情况，而不是某种形式的重复。

当然，作为哲学家，胡塞尔依然在一定程度上受到了认识论思维方式的限

---

① 尤尔根·哈贝马斯. 后形而上学思想. 南京：译林出版社，2001.

制，尽管那是他希望从中挣脱出来的。所以，对于胡塞尔来说，没能够从近代以来的领域分化的事实出发，而是从对社会生活整体的分析中分离出一个日常生活世界，即在社会生活的现象层面去把握那个被称为日常生活的世界（胡塞尔的日常生活世界得到了哈贝马斯的继承，并在必定成为日常生活领域后而得到了广泛传播）。即便如此，他仍然看到，无论是在公共领域，还是在私人领域，日常活动中都包含着大量无法通过抽象的方式去把握的内容。所以，胡塞尔倡导运用形象化的方法去把握日常活动。的确如此，如果哲学家们低下高傲的头颅，正视近代社会领域分化的现实，就会发现，整个社会在日常生活中所表现出的那些情景化的特征，完全是根源于日常生活世界（领域）的，是因为存在着日常生活世界（领域），才使整个社会有了日常生活，并表现出诸多情景化的特征。我们甚至可以说，胡塞尔依然受到分析性思维的影响而抽象出了一个日常生活世界，而这个日常生活世界仍然是一个不真实的现象。

如果说胡塞尔抽象出来的日常生活世界在理论上能够成立的话，只有将它们与领域分化后出现的日常生活领域联系起来才能看到其根源。最为重要的是，当我们把视线投向日常生活领域而不是日常生活世界时，就从根本上告别了对分析性思维的依赖。也就是说，在我们对胡塞尔提出的以及哈贝马斯进行了进一步阐释的日常生活世界表示怀疑的时候，就会走向这样一个方向：我们可以直接从因社会分化而形成的日常生活领域这一现实出发开始思维的行程，而不是求助于分析性思维，从社会整体中分析出那个日常生活世界，更没有必要去描述日常生活世界与反映了科学设计原则的另一重世界的不同。

不过，我们应当对胡塞尔在哲学史上的贡献给予肯定。因为，胡塞尔在思想创新方面虽然表现出了犹犹豫豫的状况，不愿意彻底告别分析性思维，但因为他在分析性思维的路径中把视线投向了现象世界——日常生活世界，从而有了新的发现。这就是哈贝马斯所说的，"胡塞尔已经把他对生活世界的分析和危机主题结合了起来。胡塞尔从客观主义对世界和自我的遗忘中，归纳出了现代科学所导致的危机。这样一种世界历史或生活历史的危机情境所带来的问题压力在客观上改变了主题化的条件，而且，只有这样才能同最邻近和最自明的事物保持一种明确的距离"①。

不用说在工业社会所造就的日常生活领域这个包含着全部质性内涵的系统

---

① 尤尔根·哈贝马斯. 后形而上学思想. 南京：译林出版社，2001.

中，即便在胡塞尔设定的作为现象而不是系统的那个生活世界中，也可以清楚地看到哈贝马斯所描述的那种状况："和一切非主题知识一样，生活世界的背景也是潜在的，通过前反思才能表现出来。生活世界背景的第一个特征是一种绝对的明确性。它赋予我们共同生活、共同经历、共同言说和共同行动所依赖的知识以一种悖论的特征。背景的在场既让人觉得历历在目，又让人感到不可捉摸，具体表现为一种既成熟而又有不足的知识形式。背景知识与可能出现的问题之间缺少一种内在联系，因为它只是在被言说出来的一瞬间才和可以批判检验的有效性要求发生接触，才被转化为可能出错的知识。绝对的明确性始终都是牢不可破的，直到它自己突然消解。因为从严格的可错性角度来看，它根本就不是什么知识。"①

这种悖论，即知识的可错性、知识与事实间内在联系的缺乏等，都只不过是包含在分析性思维之中的问题，是在科学真理观视野中所看到的问题，它们对于工业社会技术化的行动而言，确实是一些经常性地引起偏差的问题。在胡塞尔的生活世界或现象世界中，这些问题是无法得到解决的。其实，直到日常语用学出现后，才找到了补足分析性思维的方案，那就是，在有效性的意义上肯定了这种悖论的合理性。

这也说明，如果我们的观察对象不是生活世界而是日常生活领域的话，如果我们看到运用分析性思维并不适合于对日常生活领域的研究，即认为日常生活领域中更多地适应相似性思维的把握，那么就会看到，日常生活领域中包含着完全不同的秩序图景。的确，基于分析性思维来看世界，也承认世界的变化，但在根本上，由分析性思维所建构的科学观念坚信变化的世界背后有某种不变的因素。这就是奈特所说的，"我们将世界分解为大体上能够表现一致的对象。也就是说，我们对事物的认识是，某些本质不变的元素按照某些变化的方式形成事物。如果我们可以穷尽这个过程，那么，对我们来说，世界就是完全可知的。从现实意义看，这仍然是一个保持不变的世界……我们解释变化的思路是将变化消去。在思维领域，具有重要历史意义的是真正意义上的变化。对我们而言，按照已知规律发生的变化（遵不遵循规律，我们都称之为变化），不会产生不确定性。在实践中，在我们心中的静态世界里，所有的变化都具备这个特

---

① 尤尔根·哈贝马斯. 后形而上学思想. 南京：译林出版社，2001.

征"①。

根据分析性思维而形成的结论能够告诉我们的是，世界万变不离其宗，不会显现出复杂性和不确定性持续增长的趋势。因为，再复杂、再不确定的世界之中都包含着同一性的因素，都可以从中抽象出某个单一性的存在物。即使复杂性和不确定性在某个时期处在持续增长的过程中，但由于其背后或深层的某种不变的因素发挥着平衡、制约的作用，也不至于没有边界，不至于陷入某种增长无极限的状态中。然而，我们在社会发展的总趋势中所看到的却是，复杂性和不确定性的增长并无尽头。这样一来，我们怎能相信分析性思维及其科学观念展示给我们的那个变动世界中的不变因素是真实存在的呢？如果没有那个（些）不变因素的话，我们既已拥有的科学观念以及生成这种科学观念和为这种科学观念提供终极性支持的分析性思维是不是值得怀疑呢？进而，科学研究以及全部认识论向我们承诺的那个认识规律、揭示事物的本质和发现真理的路是不是从根本上就是错误的呢？

在工业社会这个历史阶段中，科学成就之辉煌是令人叹为观止的，我们享受着科学给我们建构起来的一切，沐浴在科学成就的阳光中。所有这些，都是科学以及分析性思维对人类作出的积极贡献，以至于我们在惊叹科学之伟大时，陷入了一种失语的境地。但是，我们可以于此之中想象一下：一个人在设备齐整、水温适宜的游泳池中表现出了高超的泳技，在历次比赛中都稳坐冠军的宝座。可是，当他刚刚涉足大海时，一个浪头袭来便将其击昏过去。这个时候，我们能够相信他的高超泳技吗？

所以，我们不能相信工业社会中的科学是唯一的科学形态，也不能认同分析性思维就是独一无二的思维方式。无论是科学还是科学所拥有的思维方式，都有着其未来形态，而且将实现对既有的科学以及既有的思维方式的超越和替代。

三、基于相似性思维的话语建构

如福柯所说："只有从同时代的一切出发，并且肯定不是依据相互影响，而是依据在时间中所确立起来的条件和先天性，知识史才能被撰写。"② 也就是

---

① 弗兰克·奈特. 风险、不确定性与利润. 北京：华夏出版社，2011.
② 米歇尔·福柯. 词与物：人文科学考古学. 上海：上海三联书店，2001.

说，认识史在被植入某个语境之后，才能成为有意义、有价值的因素，才能得到理解。如果在既有的语境中缺乏可以理解认识史上某些思想或理论的因素，它们就会成为神秘的东西。比如，当分析性思维传入中国并得到普遍接受之后，诸如"河图""洛书"等许多东西就成了无法理解的认识史上的神秘事件。

历史上不仅留下了许多无法通过分析性思维来加以解读的东西，即便一些被作出解读的思想和理论，在何种意义上还包含着原有的精神，都是非常可疑的。因为，那些东西生成于相似性思维的语境中，而我们今天加以解读时，所运用的却是分析性思维。我们可以在哲学史、思想史等名义下去撰写各种各样的著作，但我们所述的，也许只是我们基于当代语境所理解的部分。在某种意义上，我们所写的，恰恰是那些活在当代的思想和理论，甚至可能是与它的原有精神以及造就了它们的年代毫无关系的。这就是福柯在谈到人的起源时所认为的，人的起源处就是人的立足之地。也许我们可以通过某些考古发现为我们现在所写的历史提供某些佐证，可是，那些作为证据的因素，显然需要加以解读。

当我们对考古发现进行解读时，在这种解读中，也许就会表现出只对我们已经掌握的东西进行比较的情况。比如，我们从遗迹中复原了古希腊雅典的广场，以之与同样复原的中国皇帝听戏的戏台进行比较，从而得出了关于治理方式以及制度的某种结论，即认为戏台表演是皇帝专享的，因而是专制的，而广场是公民辩论和投票的地方，因而古希腊雅典的广场证明了民主政治。然而，我们是否想过，在亚里士多德的文本中，我们已经读出了一种是我们的（即当代的）而不是古希腊的民主政治，我们又用一个复原了的证据去证明我们在文本中所获得的错误解读。这样一来，它在何种意义上属于古代，不是一个值得怀疑的问题吗？所以，认识史就是当代史，是当代人身临其境的现实。"正是在这个意义上，考古学能说明普通语法、自然史和财富分析的存在，并由此开放了一个科学史、观念史和舆论史能随意嬉戏的未分裂的区域。"[①]

同样，我们也看到了自然界本身并不存在等级，只是在人有了等级观念后，才对自然界作了等级化的理解。即便如此，只有在生物链的某个环节的有限范围内，等级化的理解才能得到证实。如果把整个生态置于我们视野中，关于自然存在物的等级观念就有可能让人感到尴尬。这说明，自然界允许多重理解，

关键要看这种理解是从什么角度出发，以及视野的宽度有多大。你可以像列子、庄子一样理解自然，也可以像牛顿、爱因斯坦一样理解自然。社会现象显然是人所建构起来的，是人的行动的足迹，但人的这种建构以及所留下的足迹一旦成为客观存在的事实，就能够从多角度进行观察和允许多重理解了。这种理解权应交给观察者和理解者，而不是事先要求观察者和理解者全都拥有同一种观念。

分析性思维在人类认识史上的表现是让所有的观察者、认识者、理解者都拥有同一观念和运用同一方法，并坚信这是消除分歧和实现真理的唯一途径。这究竟在多大程度上获得了真理性的认识？一旦对作为认识的全部根基之分析性思维方式表示怀疑，就同样变得可疑了。所以，在对相似性思维的构想中，我们应当表达的一个基本观点是：基于相似性思维去把握世界，体悟、想象、隐喻等这些路径是可以共同使用的，但理解和把握的视角、方法、观念等则属于理解者的自由，每一个理解者都有着自己的主动权。只有完成了这一步，人们才会开展讨论和谋求共识。所以，在相似性思维这里，真理和共识不是预设的，不可以在逻辑上预成。

当分析性思维遇到了那些无法分析或分析不清的问题时，就会将两个或多个无法进行清晰而又明显关联或相邻的问题合并起来。在进行合并时，假设这两个或多个问题都有自己的特殊点，那其实是因为我们没有找到可行的路径或方法而无法把握其特殊点。因为无法找到它（们）的特殊点，所以才将它（们）合并起来。在完成合并的工作之后，确实发现了某个（些）特殊点，从而形成了科学结论。然而，这样做本身，是不能接受分析性思维的检验的。因为，在何种意义上，合并后的问题或事物的特殊点与合并前的问题或事物相同，是一个在分析性思维中去看会显得非常可疑的问题。我们认为，这实际上是分析性思维自己制造出来的问题，是在分析性思维遇到分析的极限时产生的悖论。在相似性思维这里，就不会出现类似的问题。

相似性所代表的联系是需要想象来提供支持的，或者说，想象使那些联系得以确立。正如福柯所说，"相似性位于想象一方，或者更为精确地说，只有求助于想象，相似性才能得到体现，反过来，想象也只有依靠相似性，才能得到实施"①。相似性与想象之间的这种相互促进关系，决定了想象的训练和应用都

---

① 米歇尔·福柯. 词与物：人文科学考古学. 上海：上海三联书店，2001.

必须建立在相似性的前提下，通过对相似性的格物致知而养成想象的习惯，并借助想象去把握事物之间的联系、过去与现在的联系、现在与未来的联系等。所有这些，在分析性思维的科学追求中都是不可能的。

基于分析性思维去认识上述所有联系，所提出的都是对规律的把握，而规律无非是同一性的代名词。在分析性思维等同于科学的时代中，在科学研究主要还是一种依靠分析性思维的活动时，规律显然是一种抽象。然而，在更多的时候，规律似乎是迷信的对象。分析性思维及其科学允许迷信，但不允许想象。在科学理性和分析性思维作为实践的基础时，想象以及相似性思维是受到排斥的。人们在这种情况下往往认为想象是不可靠的，是属于一种极易招引价值"巫魅"的思维方式。然而，当分析性思维在高度复杂性和高度不确定性条件下变得无能为力时，相似性思维的优越性就体现了出来，想象的功能和力量就会得到放大。

分析性思维一旦在事物间确立了界限，那就是不可逾越的。在某种意义上，分析性思维只在研究对象的纵深方向上保留了开放渠道，而在事物间所确立的则是边界。任何一种边界的确立，都是从属于封闭的要求的。而且，一旦人们有了确立边界的行为，一旦人们有了边界意识，那么围墙就会越筑越高。这一点反映在现代科学的专业设置上，也反映在诸如政府的组织边界上。据此，我们认为，分析性思维在实质上属于一种封闭性思维。

现代社会在每一个表现出封闭特征的地方，都是分析性思维物化的结果。在开放性的视角中，可以清晰地看到相似性思维排除了一切封闭。也许人们会说，当相似性思维建立了事物间的联系时，需要以对事物的命名为前提，而命名本身就是排除，就是厘定边界。但是，如我们上述对相似性思维和分析性思维的命名过程进行比较中可以看到，在排除的问题上，两种思维方式只在整个过程中的一小段上是相似的。准确地说，只有在分析性思维这里，命名才意味着排除和厘定边界；在相似性思维那里，命名是为了建立联系，或者说，包含着建立联系的内容。

分析性思维始终对偶然性抱持着畏惧的心理，因为偶然性的出现意味着逻辑链条的断裂，从而使分析性思维发生中断。当然，从现代科学的发展来看，偶然性往往成为理论创新的机遇。也就是说，一旦遭遇了偶然性，就会要求在偶然性的时间维度和空间维度周边去发现其他因素，以便把断裂的链条接续起来。这样做的时候，的确把偶然性纳入必然性之中了，从而消除了偶然性。因为分析性思维是这样对待偶然性的，所以产生了畏惧一切偶然性的思维定势。因而，在每一次遭遇了偶然性的时候，都要求将其消除或转化为必然性。

与分析性思维不同，相似性思维从不畏惧偶然性，反而会表现出非常习惯于偶然性的状况。相似性思维会把偶然性作为一种常态而加以接受。而且，相似性思维总是能够轻而易举地在很多偶然性之间建立联系，从而实现对偶然性的驾驭。在面对偶然性的时候，运用相似性思维，就能够在偶然性之间建立联系。而且，一切希望在偶然性之间建立联系的追求，只要运用相似性思维，就会变得非常容易实现。正是因为相似性思维具有驯服偶然性的功能，才需要借助相似性思维在高度复杂性和高度不确定性条件下建构行动方案和开展行动。

当我们在历史的维度上去观察思维方式时，指出了农业社会是相似性思维占主导地位的历史阶段。其中，我们所看到的是，在农业社会这个历史阶段中，存在于相似性思维活动中的主要元素是想象。这个时期的相似性思维更多地得到了想象的支撑，而且这种想象一直停留在形象化的方面，以至于只能够在事物的表象间建立联系。这种联系一旦建立起来之后，就会满足于这种联系的获得，而不是通过这种联系的建立而去开展进一步的行动。在经历了工业社会分析性思维的充分发展后，如果后工业社会实现了向相似性思维的回归，那么分析性思维就会为相似性思维的重建提供充分的支持，此时的相似性思维就是人们在高度复杂性和高度不确定性条件下开展行动的思维方式。一旦我们实现了对相似性思维的重建和重新拥有，或者说，当人们得到了相似性思维的武装，就能够在社会的高度复杂性和高度不确定性条件下获得开展行动的力量。

在全球化、后工业化进程中，因为社会转型的需要，我们直接感受到了话语重建的要求。这是因为，我们拥有了什么样的话语，就会开展什么样的社会建构活动，就会拥有什么样的社会建构方案。工业社会的发展史充分证明，我们之所以有了今天所看到的政治生活、经济生活、科学活动以及各种各样的社会生活方式，是得益于启蒙时期所确立起来的话语。同样，在这一次社会转型的过程中，在我们瞻望后工业社会的社会生活方式时，首先遇到的仍然是话语重建的问题。在我们承担话语重建这项课题时，显然需要把视线转向思维方式上。

促进分析性思维向相似性思维的转变，是我们在全球化、后工业化进程中必须承担的一项重要任务。一旦我们再次拥有了相似性思维，人类在工业社会这个历史阶段中所建构起来的话语就会被一种新的话语所替代。这就是我们一再指出的，思维方式是话语的核心构成部分，是话语的性质和功能的决定性因素。在工业社会这个历史阶段中，无论是科学话语，还是包括政治、经济、文化等在内的社会话语，都是建立在分析性思维的基础上。现在，当我们在全球化、后工业化进程中促进了思维方式的转变，也就意味着一种新的话语将在相似性思维的基础上得以重建。这说明，在我们谋求话语重建这一历史性课题的破题时，对思维方式的探讨是研究的重心，只有我们找到了从分析性思维向相似性思维转变的道路，才能使话语重建有光明的前景。

第四章
思维方式与理性问题

在现代社会，科学因其所取得的巨大成功而具有了信仰的属性。然而，当人类社会出现高度复杂性和高度不确定性的特征时，对科学的信仰却有可能是有害的。科学与人类社会的发展是一致的。在人类社会的不同历史阶段中，会要求建立与这个历史阶段相一致的科学。科学研究是思维方式的外显形态，在科学研究活动的背后，必然包含着特定的思维方式。

现代科学拥有的是分析性思维，它表现出了认识和把握世界的巨大功能。然而，当科学的研究对象以及社会背景具有了高度复杂性和高度不确定性的特征时，分析性思维不仅不能把我们引向对真理的认识，反而会对我们的行动形成误导。在全球化、后工业化时代，我们所处的社会具有高度复杂性和高度不确定性的特征，科学研究对象同样具有高度复杂性和高度不确定性的特征，从而要求我们必须实现思维方式的变革，即用相似性思维代替分析性思维。只有当科学建立在相似性思维的基础上时，只有当科学研究活动运用相似性思维时，才能形成科学结论，并转化成正确的实践方案。

知识与科学之间的联系是非常密切的。科学显然是知识生产机制，但并未垄断知识生产权，因为除了科学之外，其他社会活动也能够生产知识。知识生产至少有两条路径：其一，是社会实践；其二，是科学研究。在社会实践和科学研究之中却包含着共同的因素——思维方式。所以，在知识生产过程中，思维方式发挥着基础性的作用。我们已经指出，人类的思维方式大致可以分为分析性思维和相似性思维两大类型。分析性思维是在工业化、城市化进程中发展起来的，是康德建构起来的哲学认识论，为分析性思维方式的定型提供了理论基础。

相似性思维在农业社会的历史阶段中得到了广泛的应用。在工业社会中，相似性思维方式更多地反映在日常生活领域中。分析性思维和相似性思维都在知识生产过程中发挥着作用，但所生产出来的知识在性质上和形式上又是不同的。而且，它们在知识生产过程中采取的路径也是不同的。在社会低度复杂性和低度不确定性条件下，分析性思维生产出来的知识更能满足科学研究和社会实践的要求，而在社会呈现出高度复杂性和高度不确定性的时候，则需要更多地求助于相似性思维生产出来的知识。

工业社会也是理性的社会，在社会生活的每一个领域，人们都表现出对理性的向往、崇拜和信赖。不过，在不同的领域，理性的表现还是有着巨大差异的。而且，理性的功能以及人们对理性的需求程度，也有着很大的区别。在工业社会，科学理性是主导性的理性，但在实践中，特别是在非模式化的行动中，往往是经验理性发挥了更大的作用。可是，这个时代的人们对经验理性往往采取的是怀疑和排斥的态度。

从 20 世纪后期的社会发展来看，特别是在直接反映了社会生活现实要求的政治领域中，出现了一种脱离理性和告别理性的趋势，这应当被视为一种对科学理性的反叛。随着人类进入高度复杂性和高度不确定性的状态，随着模式化行动方式的日益式微，经验理性发挥了越来越重要的作用，而且在经验理性得到越来越普遍的应用时，相似性思维在人们认识和实践活动中的主导性地位将变得稳固。

第一节　思维方式的变革

所谓科学研究，就是要在认识的过程中将复杂的对象简单化。任何在思维中将对象复杂化的做法都不被认为是科学研究活动，是受到科学研究排斥的。所以，科学研究就是进行化简的事业，所遵循的是化简原则。库恩（Kuhn）将其作为范式革命的一个动因来看待的，其实不仅是在范式革命的过程中，化简提供了驱动力，而且在常态的科学发展中，化简也是科学研究的主要内驱力。科学研究的化简主要体现在公理化、数学化方面。在科学发展史上，当一系列作为公理的判断被提出来之后，当世界可以还原为若干数学符号并代入方程进行运算时，至少，在我们的思想和观念中，世界被简化了。

应当承认，在对自然界的认识和把握方面，这种化简的做法取得了极大成功。只是到了 20 世纪中后期，随着复杂性问题成为热议的话题后，化简的做法受到了质疑。显然，在低度复杂性和低度不确定性的领域中，对研究对象进行化简是可能的。而且，不用说科学研究所实现的化简取得了非凡的社会效应，即便对于人的思维而言，也显示出了经济和效率，让人更少受到复杂问题的困扰。然而，当科学研究面对高度复杂性和高度不确定性的对象时，化简原则及其做法所显现出来的则是一种妨碍人们认识和揭示世界真相的负面作用。

对于自然科学而言，由于人们将视线投向了宇宙以及微观世界，因此倍加感受到复杂性的挑战。其实，与自然界相比，社会本身就具有复杂性和不确定性的特征。只不过工业社会所呈现出来的是低度复杂性和低度不确定性，才使科学研究所奉行的和致力于实现的这种古典的化简原则屡试不爽。也正是这一原因，使得研究者对化简做法的科学性深信不疑，甚至没有打算把自然科学在 20 世纪中形成的一些新观点、新理论应用于社会科学中，以至于我们在社会的高度复杂性和高度不确定性面前变得手忙脚乱。一方面，社会科学家们无比忙碌；另一方面，高度复杂性和高度不确定性的应对之策几近于无。正是因为看到了这一点，才迫使我们渴望透过科学研究活动的表象去观察思维方式，并希望通过思维方式的变革为科学的发展开拓新的道路。

一、社会科学与思维方式变革

近代以来，特别是经历了 19 世纪的科学爆发性发展，使得"科学"一词变得神圣了起来。这不仅是因为科学如恩格斯说的那样，像魔法一样呼唤出了巨大的生产力，而且是因为科学给了我们每一个人对人类未来的信心。科学的发展使得我们的信心日益增强，而且也使人们确立了一个无比坚定的信念：科学无所不能。人们在中世纪时认为上帝是万能的，这一点肯定会受到一些人的质疑，至少那些不信教的人会对这一点表示怀疑。比如，我们在历史上就看到一些人被定为不信神的罪名而判处死刑。然而，就科学而言，人们却不会产生这种怀疑。在某种意义上，科学已经成为现代社会的基本信仰，是所有人的信仰。

在科学变成一种信仰的情况下，科学家扮演起重要的角色。不过，各种科学机构中充斥着的官僚主义致使科学家的形象总有几分怪异。当然，如今科学家的怪异形象不那么引人注目了。特别是对于某些夸夸其谈、只认金主不认真理的社会科学家来说，哪怕他是一条变色龙，也不会有人对其表达反感。不仅如此，有的时候，社会科学家鼓捣出来的一些数据反而会赢得掌声。在每一次受到一些棘手问题的困扰时，人们会求助于社会科学家。

我们的社会处在问题丛生的状态中，这使得社会科学家的活动能够给予我们极大的安慰。但是，我们若天真地相信社会科学家用扎实的实证研究和成堆的调研数据制作的问题解决方案能够使我们的社会状况得到改善的话，那只能说明我们因为缺乏科学态度而变得过于轻信了。在我们这样说的时候，并不意味着我们对科学抱有怀疑和排斥的态度，而是因为科学在工业社会获得了太多的殊荣而变得像宗教。更何况一些社会科学家是为了自身的利益而开展研究活动，是利用我们对科学的信仰而频繁地运用各种欺骗的手段，是假借科学的名义制作了研究报告，一次又一次地表现出了愚弄我们的高超技能，让我们相信他们的科学研究成果能够有效地解决我们所遇到的问题。事实上，我们社会的总体状况因为用了他们提供的解决方案而变得越来越糟。一个简单的事实是人们不得不承认的，在科学发展高歌猛进的社会，在人们对科学的信仰日益增强的时代，人类陷入了风险社会。当人们陷入风险社会时，如果还不承认科学在此之中所扮演的角色，就会放任宗教化的科学继续危害人类。

其实，社会是处在发展变化中的，每个时代的人们所遇到的问题都是不一样的。我们时代中有些社会科学家总是紧抱着他们所习得的理论和方法不放，将其当作教条，以至于以科学的面目出现的研究成果反而是最不科学的，甚至是反科学的。我们相信，"今天冒充科学的东西昨天也许是科学的，但今天已经不够格，因为它再也不能就任何事物表达任何有意义的论述。它仅仅是盲目固守原有的程序，就像教会坚守宗教仪式一样"①。

在今天，我们的社会呈现出的是高度复杂性和高度不确定性，从而使人的共生共在变成了一个如此迫切的问题。可是，有些社会科学家却向我们不厌其烦地传授竞争的技巧，迫使我们必须承认每个人都有着自私的本性。他们在这样做的时候，其实只是在不断地复述着近代早期的一些教条，要求人们从竞争出发去做出制度安排，通过竞争的方式去解决我们所遇到的一切问题。我们按照他们的要求做了，所以人类的生存处境也变得迅速恶化。如果我们看到科学是在发展中的，我们就会认为既有的科学并不是唯一的科学形态，科学在发展中，必将走上自我否定的道路。历史上的科学在今天可能就是神话，而我们今天致力于建构的科学，也许在未来就会被人们当作神话来看待。也就是说，我们在未来将会拥有一种完全不同于今天所见的科学。

从科学发展史来看，正如维纳（Wiener）所描述的，"牛顿物理学曾经从17世纪末统治到19世纪末而几乎听不到反对的声音，它所描述的宇宙是一个其中所有事物都是精确地依据规律而发生着的宇宙，是一个细致而严密地组织起来的、其中全部未来事件都严格地取决于全部过去事件的宇宙。这样一幅图景绝不是实验所能做出充分证明或是充分驳斥的，它在很大程度上是一个关于世界的概念，是人们以之补充实验但在某些方面要比任何能用实验验证的都要更加普遍的东西。我们决计没有办法用我们的一些不完备的实验来考察这组或

---

① 爱德华·霍尔. 无声的语言. 北京：北京大学出版社，2010.

那组物理定律是否可以验证到最后一位小数。但是，牛顿的观点就迫使人们把物理学陈述得并且用公式表示成好像它真的是守着这类定律支配的样子。现在，这种观点在物理学中已经不居统治地位了，而对推翻这种观点出力最多的人就是德国的玻尔兹曼和美国的吉布斯"[①]。维纳所说的这种情况，是适应于描述社会科学的，可以说是科学发展的基本历史状态。

我们可以看到，当维纳在 20 世纪 50 年代作了上述描述时，相对论、量子力学作为一种替代牛顿经典物理学范式的新范式尚未成为一种公认的看法。所以，维纳在作出这一描述时，所提出的基本判断还显得不甚果决。尽管如此，维纳还是正确地指出了牛顿经典物理学统治的终结。今天看来，科学发展已经引发了一场思维革命。在大学中，关于自然科学方面的基础理论教育已经很少开设关于牛顿理论的课程，而是把这些内容交给了中学老师。然而，在社会科学研究中，生成于牛顿范式的方法以及思维方式，依然顽固地坚守阵地。因而，在高度复杂性和高度不确定性条件下，社会科学没有发挥对人的行动的指导作用。甚至可以认为，对于风险社会以及危机事件频发而言，社会科学的研究是负有一定责任的，在某种意义上，是此前的社会科学提出了社会建构意见，把人类引入了风险社会。

显然，运用经典思维的社会科学研究往往满足于提出假设和验证假设，正是这样一种提出假设和验证假设的活动，使得科学研究活动必须确定或在思维中确定一个封闭系统，从而获得理想环境，以至于经常性地出现与现实严重脱节的问题。表面看来，科学所说的是现实中的某种现象，而现实一旦进入研究者的视界，则是以抽象的形式出现的研究对象，而不是完整的现实。结果表明，研究结论与作为研究对象的现实之间，往往并无什么关联。然而，正是这些研究结论，被大量地应用于行动方案的设计，成为开展行动的科学依据。这正如虚火甚旺的病人用猛药大补一样，怎能不使我们的社会陷入风险状态呢？

当然，我们不能说社会科学家都是带着游戏心态从事研究的人，即便在中国这样一种以课题为导向的科学管理体制中，也不乏有追求科学的人。也就是说，并不是所有的社会科学研究者都是预设结论和为了发表而做研究。虽然我们很难发现带着真诚的科学态度从事研究工作的人，但我们相信，肯定存在着

---

① 维纳. 人有人的用处. 北京：北京大学出版社，2010.

一些出于解决问题的愿望而开展研究的人。即使存在着这类严肃的科学家，他们会不会不自觉地陷入某种为科学而科学的研究活动之中呢？果若如此，他们也许就空有解决现实问题的愿望，却无法面对一个完整的研究对象。因为，他们受到了牛顿范式的束缚而以严肃的科学态度玩了一场游戏，他们以为自己是在从事严肃的科学研究活动，实际上，却是不自觉地在玩一场没有结果的游戏。在某种意义上，这类科学研究可能比那些怀着游戏心态去对待科学研究活动的人所取得的研究成果更加有害。在我们看到这一问题时，其实已经把我们引向了对思维方式的关注上，因为一切科学研究活动中都必然包含着一定的思维方式。也就是说，当我们谈论这个问题时，所要表达的观点是：对于社会科学研究而言，并不取决于科学研究活动是否采取了严肃的科学态度，而是由思维方式决定了研究活动的性质和结果。

在不同的环境中，人的行动会有不同的特征。人类的总体环境是由时代所决定的，人类社会的不同历史时期意味着不同的总体环境。人们在工业社会中所开展的行动不同于农业社会，这说明作为总体环境的工业社会与农业社会是不同的。现在，人类进入了全球化、后工业化进程，这意味着人类社会一个新的历史阶段的到来。因而，人的行动环境将不同于人类历史上的任何一个阶段。从全球化、后工业化已经显示出来的迹象来看，人的一切行动都将发生在高度复杂性和高度不确定性的历史条件下。在人的行动背后，显然是思维方式发挥着决定性作用。不同形式的行动背后，必然包含着不同的思维方式。如果全球化、后工业化意味着人的行动在模式上不同于工业社会，那么在思维方式上，也会有着根本性的不同。应当说，在今天这样一个变革的时代，对人的思维方式的把握，恰恰是社会科学的一项重要任务。在今天，为了认识全球化、后工业化进程中正在生成的行动，或者说，为了建构这一历史条件下的行动模式，社会科学研究就应当从思维方式入手。

全球化、后工业化是一场客观的历史运动，如果说我们正处在全球化、后工业化进程中，那就可以认为，人类社会正在走向后工业社会。在此过程中，社会科学应当发挥什么样的作用？或者说，社会科学研究将从什么地方寻求突破口，即通过什么样的研究去为人类的全球化、后工业化规划行动路线？正如我们一再指出的，需要将视线放在思维方式上。实际上，社会科学必须承担建构一种新的思维方式的任务，即建构一种不同于工业社会的思维方式。只有这样，我们才能在全球化、后工业化的进程中提升行动的自觉性和主动性。

在评述近代早期的科学时，福柯说："无论有多么遥远，科学总是设法完全找出世界的秩序；科学也总是为了发现简单的要素以及这些要素之间的逐渐结合；并且在科学的中心形成了一张图表，在这张图表上，认识展现在与自己同时代的体系中。"① 其实，在 19、20 世纪的科学发展中，科学的这种追求一直没有发生改变，只是表达得越来越充分、细致了。工业社会的科学及其知识结构，特别是作为工业社会科学的主干部分的那些因素，在 17 世纪就基本建立起来，直到 20 世纪末才受到冲击。

在 20 世纪后期以来，信息科学、网络技术、复杂性理论以及具有创世色彩的克隆技术涌现出来，向我们展示了动摇工业社会科学结构和突破其思维框架的前景。如果说信息技术、网络技术以及新世纪中日益引人关注的各种新技术的背后或多或少地包含着一些不同于分析性思维的因素，或者说，或多或少地包含了一些相似性思维的因素，那么可以认为，相似性思维不仅适应于解决复杂问题，而且也能在精细化的微观领域中展现其所长。一些极其微妙的意义和价值，可能是分析性思维所无能为力的，而在相似性思维的领域中，往往非常容易得到认知。

二、与社会相对应的思维方式

在历史性的社会转型期中，根据克罗齐耶的观点，改革的重心应当放在改变人们的思维方式上。"不改变人们的思维方式，就无法改变社会结构，而不改变社会结构，也就无法改变人们的思维方式，然而，要改变行政管理体系与社会之间的关系则是可能的，由此可以改变塑造人们的思维方式与社会结构的诸种条件。"② 如果是这样的话，那么社会科学所要承担的就是这项责任，即通过科学研究去为人的思维方式的变革探寻道路。其实，科学研究自身也面临着思维方式变革的任务。只有当科学研究率先实现了思维方式的变革，才能够在对现实问题的认识上获得真知，才能够去构建解决现实问题的正确方案和行动指南。然而，恰恰是在这一问题上，我们的社会科学研究做得不仅不够，反而在拖后腿。在某种意义上，实践者走在了社会科学研究者的前面。

---

① 米歇尔·福柯. 词与物：人文科学考古学. 上海：上海三联书店，2001.
② 米歇尔·克罗齐耶. 法令不能改变社会. 上海：上海人民出版社，2007.

在对 20 世纪 80 年代兴起的政府改革进行观察时，彼得斯（Peters）形成了这样的看法："政府常常选择从一套假设（不言明和言明的）中推论出'非专门设计的'改革方案，同时也选择建立在完全不同甚至相互对立的假设基础上的其他改革方案。政治家和行政主管们在选择这些方案时，总是期望这些改革方案能够一起发挥作用。但实际上，在许多情况下，这些方案不仅没能一起发挥作用，相反，这些方案相互作用的结果有时却产生了负面的影响。"① 可以认为，政治家以及行政主管是有理想的，他们意识到改革需要有综合性的方案才能达到所期望的结果。但是，社会科学家们是受过专业训练的一批人，他们习惯于从专业的角度来看问题，他们总是根据自己的专业知识以及思维训练去提供改革的方案，以至于无法满足政治家及其行政主管的要求。也就是说，在这场行政改革中，我们深深地感受到，社会科学已经无法对改革提供支持，致使改革总是停留在应对枝节性的、某些具体领域的问题上，无法取得综合性的效应。虽然在许多具体方面取得长足的进展，但在社会治理模式的大幅度变革方面，并未有突破的迹象。

奈特认为，"自从人类出现在这个星球上，他们就一直在观察和处理物质和运动的现象，尽管人们的方法比较原始。然而，仅仅是几代人之前，人类才建立起人与人之间的竞争关系。根据科学方法进行清晰思维的习惯，运用假设，从偶然特定的事例中分理出一般原则，这样的做法只存在于文明程度更高的那些阶层，只存在于受人尊重的那些人脑海之中"②。分析性思维、市场经济以及规范人的竞争关系的法治，都是具有现代性的造物。因为它们是在人的自觉的过程中学会设计和安排的作品，是属于工业社会的，可以将其比喻成人类的处女作。一旦人类开始告别工业社会，就意味着人类变得更加成熟，就应当创作出新的作品，并用新的作品去替代那些在工业社会中所创造出来的作品，至少要让新的作品表现出对那些作品的超越。人类没有理由陶醉于自己的处女作而驻足不前，而是需要构思更伟大的作品。人类社会本身就是一列加速奔驰的列车，而且是一列从未安装刹车的列车，想要停下来稍事休息，是根本不可能的，无论对身后的道路有多么深情的眷恋，都必须一往直前。所以，我们的使命就是开创未来，用新的作品去覆盖曾经引以为豪的处女作。

---

① 盖伊·彼得斯. 政府未来的治理模式. 北京：中国人民大学出版社，2012.
② 弗兰克·奈特. 风险、不确定性与利润. 北京：华夏出版社，2011.

奈特在谈论经济过程中的不确定性时探讨了人是否有能力应对不确定性的问题。对此，奈特在思考中自问自答道："哪一类意识能够预知未来，这个谜团根本就无从破解。我们只知道这样一个粗浅的事实：越是复杂的适应，意识越是如影随形。至少我们被迫推导出这样的关系。我们无法通过科学找到这样的关系，运用因果关系也无济于事。"① 其实，这里所说的无法把握、解释人们应对复杂性和不确定性能力的科学是指现代科学，是包含着分析性思维和建立在分析性思维基础上的科学。如果科学实现了思维方式的转变，用相似性思维置换分析性思维，那么人们应对复杂性和不确定性的能力，或者说，在复杂性和不确定性条件下开展行动的能力，是能够得到认识和把握的。

其实，奈特在一定程度上已经趋近于形成正确的猜测，特别是他准确地指出了这种思维的经验特征意味着构想一种新的思维方式的行动已经有了坚实的起点。奈特说："如果非要对这种适应调整立于文字的话，我们只能勉强用刺激和反应这两个词。不过，经验告诉我们，我们并不是针对过去的刺激进行反应，而是针对我们大脑中的'图景'做出反应。这里所谓的'图景'，就是我们对事件未来状态的认识。就常识而言，无论在哪里，只要适应与直接的刺激脱钩，意识或者说这个'图景'就一定存在，而且发挥作用。"②

可以认为，也许这个图景并不一定是现状或关于未来的完整、准确的映现，但是，却可能是全息的。更为重要的是，这个图景处在不断变化和调整中，会随时随地得到修正。这也是相似性思维的一个基本特征。如果说分析性思维通过对对象的抽象分析等方式把握的是一些基本的抑或基础性的线，那么相似性思维所获得的恰恰是全息图景。正是思维方式上的这种差别，使人获得了应对复杂性和不确定性的能力，或者，使人有了在复杂性和不确定性条件下开展行动的能力。在人的行动能力的历史延续性的意义上，可以理解成人的能力得到了大幅提升。

我们发现，20 世纪在管理学的领域中提出这样的观点已经非常前卫了，"系统思维是一种丰富的语言……它的最终目的在于帮助我们更清楚地看见复杂事件背后运作的简单结构，而使人类社会不再那么复杂"③。然而，到了 21 世纪，随着复杂性问题引起更多的关注，系统思维的任务也就不再是把复杂性还

① 弗兰克·奈特. 风险、不确定性与利润. 北京：华夏出版社，2011.
② 同①.
③ 彼得·圣吉. 第五项修炼：学习型组织的艺术与实践. 北京：中信出版社，2009.

原为简单结构，而是要寻求和建立一种直接地把握复杂性的思维方式。不过，圣吉（Senge）看到，"系统思维是'看见整体'的一项修炼"，系统思维是一项看清复杂状况背后的结构，以及分辨高杠杆解与低杠杆解差异所在的一种修炼"①。这就为我们在社会行动中直接把握复杂性提供了启发性的切入点，即从系统的整体出发，而不是从系统结构中的要素出发。

显然，"复杂性意味着更多和更深的相互依赖，从而更多的偶然性节点"②。对于这些偶然性节点，显然是无法通过分析性思维的应用去加以把握的，而是需要在直观、想象中去把握这些节点。就想象本身来看，是在系统的整体性层面上进行的，而不是从其要素出发的道路上展开的。当然，在低度复杂性和低度不确定性条件下，确如奈特所说的那样，会以为"所有的人类行动，甚至最纯粹的常规行动，都在一定程度上以某种方式表现出前瞻性的特点，也包括应对无法预期的形势，并做出决策"③。正是这种前瞻性地预测未来的行动，要求通过对分析性思维方式的应用而达成预期的效果。

也就是说，只要拥有了相应的信息，并掌握了事件演进的规律，行动者就能够运用分析性思维去开展对未来的预测，从而做出谋划，表现为前瞻性地回应未来可能出现的事项。在某种意义上，就社会科学这个门类的出现而言，就人们总是希望掌握具有可操作性的社会技术来看，都可以理解成服务于预测未来的需要，对人的行动的前瞻性也提供了巨大的支持。但是，信息会呈现出爆炸式增长的情况，而可供我们预测未来的信息却是匮乏的，即便运用大数据技术，也无法发现那些对于我们预测未来有用的信息。没有相关信息的支持，分析性思维就无法展开。

总的说来，现有的科学及其技术是在低度复杂性和低度不确定性条件下发展起来的。在其最根本的思维方式方面，与高度复杂性和高度不确定性条件下的行动要求相去甚远，往往会导致错误的决策。可以认为，在高度复杂性和高度不确定性条件下，预测能够成功的概率是很小的。因而，前瞻性行动往往会成为一种奢望。也就是说，基于既有的科学观念，人们总希望将未知的未来转化为已知的未来。为此，就要求发展出预测的科学及其技术。

奈特针对人的预测追求指出，"预测不确定性有两种方法，一种方法针对个

---

① 彼得·圣吉. 第五项修炼：学习型组织的艺术与实践. 北京：中信出版社，2009.
② 詹姆斯·汤普森. 行动中的组织：行政理论的社会科学基础. 上海：上海人民出版社，2007.
③ 弗兰克·奈特. 风险、不确定性与利润. 北京：华夏出版社，2011.

别情况，通过规律加以预测，第二种方法是通过归类进行概率判断。在日常生活中，这两种方法也都用得束手束脚。不管用哪种方法，都需要花费成本，也需要花费时间来收集信息。对于一次行动的决策，这么做殊为不值"①。总之，预测是可能的，奈特所推荐的这两种办法也是有用的。即便如此，奈特也提醒我们关注预测活动本身所产生的成本问题。在社会的高度复杂性和高度不确定性条件下，预测是否可能，本身就已经变成了一个非常严峻的问题，更不用说这种预测会造成高昂的成本了。

我们可以看到，20 世纪后期以来，在全球风险社会中，危机事件频发已经深深地困扰着人类。在这种情况下，人们之所以热衷于编制危机预案，显然是包含着积极面向未来而开展行动的自觉性的。但是，这样做在基本思路上却又是可疑的。无论它取得了多少次成功，也不能证明这种思路的正确性，因为用于评价是否成功的标准是尚未确定的。我们认为，凡属于高度复杂性和高度不确定性范畴的事件，不管它是否会以危机事件的形式降临，都是不可预测的，更不用说危机预案的编制以及大量的物力、人力消耗和作为储备的闲置。

事实证明，人们所编制的大量危机预案都是无用的。人们在编制危机预案时，也许期待着某个危机事件如期而来，可是，所期待的危机事件却总也不来，而人们所未想到的也未编制危机预案的某项危机，却不期而至了。所以，奈特所推荐的两种预测方法是无效的，即使我们在既有的科学及其思维方式中发展出了新的预测方法，也不比摇签算卦更有价值。不仅如此，人的行动就是具有不确定性的。奈特看到，一旦引入人的行动这一变量，就无法形成关于未来的确定性的知识。"未来受到我们行动的影响，未来的情况取决于无数客观对象的行为，同时还受到许多因素的影响。因此，我们绝无可能将这些情况全部纳入考虑，更不要说评估和汇总各自的影响了。"②

在这种情况下进行决策，如果携带对普遍性知识的迷信，如果囿于分析性思维而强行对未来做出精确性预测，虽然能够制作出貌似科学的文本，却无法导向积极的行动，甚至有可能对行动造成消极的影响。如果强调行动对于政策执行的严谨性的话，还会使得行动与实际需要之间发生偏离。事实上，此类问

---

① 弗兰克·奈特. 风险、不确定性与利润. 北京：华夏出版社，2011.
② 同①.

题是我们司空见惯的。当我们在高度复杂性和高度不确定性条件下观察这一问题时，其中所包含的逻辑就会变得更为有害。

当然，社会的高度复杂性和高度不确定性并不是我们在思想上向不可知论回归的理由。在某种意义上，我们认为，可知论与不可知论的争论是在同一个思维框架中展开的，都是基于分析性思维而做出的思考，是在同一种思维模式中形成的两种不同意见。我们所追求的，是对分析性思维的扬弃，即用相似性思维取而代之。当相似性思维以科学的形式出现的时候，同样承担着知识生产的功能。不过，这种知识生产充分考虑到社会高度复杂性和高度不确定性的现实，从行动出发和为了行动而进行知识生产，关注知识的行动效用。如果对这类知识的外在特征进行静态描述，可以说，这是一类相似性的、具体性的知识，是合乎经验理性的知识，是在社会高度复杂性和高度不确定性条件下开展行动的必要知识。

社会的高度复杂性和高度不确定性凸显了人的行动的价值，而人的行动恰恰需要得到科学的支持。悲观的和任何消极的接受命定的做法，都是错误的。在社会高度复杂性和高度不确定性条件下，恰恰需要人用积极行动去开辟属于人类的未来。这就需要一种适用于社会高度复杂性与高度不确定性的科学观念。进一步地来讲，高度复杂性和高度不确定性条件下的行动需要的是一种不同于分析性思维的相似性思维。

三、思维方式的知识建构功能

当培根提出知识就是力量时，并不是要提出一个客观判断，而是表达了近代早期新生的社会力量所拥有的非凡信心，那就是，可以通过认识世界以形成知识，有了知识的武器，就可以改造世界，以致无所不能。在这种语境下，一些有着较高思想深度的哲学家提出了不可知论，但这显然是不合时宜的，受到唾弃是在情理之中，因为思想的深度远超出了时代的需要而受到了抛弃。总体看来，现代科学是在人的激昂自信心的驱使下走出了今天所呈现给我们的这样一条道路。因为自信而展现出了无比巨大的创造力，也因为自信而忽视了许多需要反思、反省的地方，从而在大踏步前行的时候将人类领进了风险社会。

就此而言，在科学理性的背后，却深深地隐藏着一种非理性的驱动力。我们认为，正是这种非理性的驱动力，使科学走上了片面化的发展道路，将人的思维框定在了分析性思维的单向度模式之中。在社会的低度复杂性和低度不确定性条件下，人们并未觉得这有什么不妥，反而因为科学的巨大成功而形成了对科学的迷信。然而，当科学面对越来越多的无法透过表象去把握同一性的事物时，就使片面的、单向度的现代科学承受越来越强大的挑战。其实，科学不应仅仅臣服于分析性思维，而是需要更多地倚重于相似性思维。事实上，在社会高度复杂性和高度不确定性条件下，基于相似性思维的科学将有着更大的施展拳脚的空间。

相似性思维同样具有知识生产的功能，但基于相似性思维而生产的知识更多地属于具体性的知识而不是普遍性的知识。因而，在实用性方面会有着更优异的表现。需要指出，建立在分析性思维基础上的科学有着对普遍性知识的偏好，对于具体性知识则表现出轻蔑，甚至将具体性知识贬为经验，认为它们是作为理性知识对立面的感性知识。就思维方式具有高度普遍性的特征而言，工业社会的人们在知识追求上表现出了对普遍性知识的偏爱，而且这种偏爱达到了偏执的地步。在这种可以称作偏爱而实际上是偏执的引领下，让科学活动走上了非理性的道路，科学不再是理性的，而是非理性的。

如果我们需要对思维与知识进行区分，那么科学的理性自觉就应放在维护思维与知识的非同质性或非同形化方面，思维具有普遍性的属性，而知识则应是具体的。用这个标准来审查现代科学，只能作出否定的评价。至少，如果我们需要进行科学重建，即建立不同于现代科学的新科学，就需要避免思维的普遍性与知识的普遍性走在同一条道路上。也就是说，需要对建立在分析性思维基础上的现代科学加以扬弃，进而在相似性思维的基础上建构新科学。相似性思维具有普遍性，而基于相似性思维的科学，则致力于生产具体性的知识。

奈特说："我们生活在一个充满悖论的世界里。其中最核心的一条悖论是：我们之所以需要知识，是因为未来不同于过去；而能否获取知识，却又取决于未来和过去是否相似。"[①] 可是，分析性思维所提供的和展示给我们的是既定思维框架所包容的未来，只允许那些分析性思维能够触及的和在逻辑上能够容纳的未来，并将其称为新知。在分析性思维作为一种模式确立起来之后，在基于分析性思维而建构起来的科学范式成为科学的唯一形态之后，虽然知

① 弗兰克·奈特. 风险、不确定性与利润. 北京：华夏出版社，2011.

识迅速积累了起来，但也有许多可能成为知识的因素——比如诸多人的经验、思考所得、想象的创造物等——被斥为神秘的或荒诞不经的东西，不被接纳为知识。

当人类面对社会的高度复杂性和高度不确定性时，一方面，我们感受到的是知识爆炸；另一方面，能够助益于我们在高度复杂性和高度不确定性条件下开展行动的知识，却又极度匮乏。追踪溯源，是因为分析性思维方式阻碍了我们形成具有另一种属性的知识，也阻碍了我们运用另一种属性的知识。所以，我们不得不构想一种不同于分析性思维的相似性思维。只有当我们拥有了相似性思维，才能够在获取知识和应用知识方面表现出一种包容性。

由分析性思维所建构起来的科学所追求的是精确性。"精确科学无非是进行抽象，最理想的方法是解析法。解析与抽象实际上同出而异名。我们的任务是将那些盘根错节、相互关联的变化之复杂现象梳理得井井有条。也就是说，首先，我们要对复杂的现象进行抽丝剥茧，使之成为前后一致的事件序列或者行为，也就是规律；其次，我们要将各种基本事件序列分离出来，然后对每一项进行单独的研究。"① 按照这种思维方式，当我们面对的研究对象的复杂性和不确定性程度越来越高时，就必须通过方法的改进去实现抽象的目标。但是，当复杂性和不确定性到达了某个临界点的时候，就会同时在方法的改进上遭遇瓶颈，从而无法再通过方法的改进去赋予对象以秩序，即无法在各种现象之间找到事件前后一致的关系，无法再将事件安排到前后一致的序列中。同时，虽然每一个事件都是孤立的，但若对每一个事件进行单独研究的话，又是没有意义的，无法对行为提供指导性的意见。这个时候，建立在分析性思维基础上的精确科学也就失去了应有的价值。

事实上，分析性思维所追求的认识客观性、观察精确性和推理严密性都将成为无法实现的奢望，甚至是荒谬可笑的妄想。一切专注于形式合理性的追求，都会因为与实践理性的不合拍而显得毫无合理性可言。所以，如果说人类依然需要科学的话，就必须发展出另一种科学。这种新的科学的出现，在根本上取决于思维方式的变革。也就是说，新的科学将不再建立在分析性思维的基础上，而是建立在相似性思维的基础上的，或者说新的科学是由相似性思维建构起来的。

---

① 弗兰克·奈特. 风险、不确定性与利润. 北京: 华夏出版社, 2011.

　　早在 20 世纪初，奈特对基于分析性思维的精确科学提出了质疑。奈特认为，"不管什么类型的问题，运用解析方法总是相当的不完全。对于复杂现象之诸因素，如果我们将它们置于正常而现实的情况下，就像我们在现实生活中必须应对的情况，解析法对其中绝大多数都将无能为力。解析法是否有价值，取决于以下事实是否成立。在一堆问题构成的某种情况中，某些特定的因素是共性因素，这些因素不仅无处不在，而且数量众多，更兼具作用巨大，足以成为此种情况之主宰。这样，对于这些为数众多的因素，洞悉它们之间存在的规律，将会使我们得到总体情况之近似规律"①。而且，它必须以研究对象是一种静态存在为前提，或者说，是可以加以静态地把握的。

　　根据奈特的看法，即便以研究对象的静态存在为前提，解析方法也是具有局限性的，更不用说研究对象处在急速变动中了。也就是说，解析方法只适用于理想条件。然而，"所谓的理想条件，仅仅指的是这样的条件：对于那些数量众多、变化万千但重要性稍逊的'其他事情'，只要我们的规律未将它们纳入考虑，那么，这些事情就被假定为完全不存在"②。显然，当科学无视这些事实时，或者，当科学假定这些事实不存在时，都不可能将这些事实从现实中真正抹去，它们只不过是被科学判定为不重要的因而可以无视的事实。

　　的确，如果现实即科学所面对的对象世界处在低度复杂性和低度不确定性的状态中，那些被忽略的事实可能并不构成对科学结论的威胁；如果现实即科学所面对的对象世界处在高度复杂性和高度不确定性的状态中，情况就不一样了。也就是说，对研究对象的静态把握和对理想条件的追求本身，就具有反科学的性质。而且，任何事实在受到忽略时，都会立马引起反击，从而对强行获得的科学结论作出否定。

　　相似性思维包含着认识，或者说，在人对世界的认识中，可以运用相似性思维。但是，与工业社会的认识论不同，基于相似性思维的认识可以看作是一种翻译。正如不同语言之间的翻译实现了文本在不同语言之间的转换，这种认识只是为了把一种形式的存在物转化成另一种形式的存在物，目的是使其更加方便人们去把握。也许人们会说，这种基于相似性思维的认识如果满足于翻译的话，就只能实现对事物表象的把握，无法深入事物的本质。如果你提出了这

---

① 弗兰克·奈特. 风险、不确定性与利润. 北京：华夏出版社，2011.
② 同①.

样的问题，只能说明你持有的是认识论的思维习惯，还没有理解相似性思维的目标。

对于相似性思维而言，并不打算去认识事物的本质。或者说，相似性思维并不希望通过分析、分解去打碎事物，并不打算到事物的碎片中去认识事物的本质，而是希望在维持事物整体不变的条件下认识事物。而且，相似性思维是把重心放在了对事物价值的认识上。就此而言，在事物整体表象的意义上所进行的翻译，已经达成认识的目的了。如果我们仍然带着认识论的现象与本质的观念，就会看到，恰恰是相似性思维的直观，才能真正地把握对象的本质，而分析性思维的抽象，无非是从对象表象上的形式一层层地深入对象的每一个被上一层形式掩盖了的下一层形式。

基于相似性思维的认识往往不会停留在和满足于简单的翻译，而是通过想象的应用在事物之间建立起联系和创造出意义。经过翻译，事物的存在方式得以转换，以符号系统的形式呈现出来并为人们所掌握，成为可以交流的语言，从而使事物的意义和价值能够在行动者之间分享。这样一来，旨在发现事物价值的相似性思维也就达到了目标。不难想象的是，一旦事物的意义和价值通过语言交流而在行动者之间得到分享，就会看到，"表象并不扎根于它们从中获取自己意义的世界；它们自身向自己的空间敞开，这个空间的内部横肋产生了意义。语言存在于表象为自己创立的间距中。因此，词并不构成一张从外表复制思想的衬度较弱的照片；而是首先从内部，在所有那些表象其他表象的表象中，去回顾思想，指明思想。"[①] 由于语言的介入，事物间的间断性不仅得到弥合，而且获得了意义。在翻译中所实现的形式转换，使意义变成了价值，并被注入行动中。这种价值既是行动者的观念，也是行动的目标。

在工业社会中，分析性思维的知识生殖功能得到了无比充分的展现，由分析性思维方式创造出来的知识体系呈现出的是爆炸式扩张的状态。在历史比较中，如果说农业社会历史阶段中的人们所持的主要是相似性思维的话，那么工业社会在知识增长和科学发展方面的表现则会让人们坚信，分析性思维所具有的知识生殖优势是相似性思维无法比拟的。这的确是历史事实，但我们在理解这一现象时需要考虑两点因素：其一，农业社会中的相似性思维及其认识对象

① 米歇尔·福柯. 词与物：人文科学考古学. 上海：上海三联书店，2001.

都较为简单和具有确定性，而且认识的动力是有限的，因而在知识生殖能力方面远低于工业社会；其二，虽然农业社会和工业社会的人们所持的是相似性思维和分析性思维这两种不同的思维方式，但人类的认识史是一个连续的过程，即使知识结构的断裂使认识史包含着间断性，但作为历史的连续性并未受到根本性的影响，因而知识生殖表现出了累积的状况。也就是说，基于分析性思维的科学，或者说，在分析性思维当道的时代，继承了农业社会历史阶段中由相似性思维生产出来的知识，从而使工业社会的知识体系更加庞大。

应当承认，在知识体系的创造和建构中，分析性思维对那些基于相似性思维生产出来的知识进行了清理，甚至对整个基于相似性思维的知识体系作了扬弃。但是，这个批判、扬弃和清理的过程也是知识生殖的过程。而且，因为有了批判的对象作为参照系，使新的知识体系的建构显得更加方便。所以，分析性思维的知识生殖能力以几何倍数的形式提升了。总之，工业社会知识体系膨胀的事实并不能成为相似性思维知识生殖能力较弱的证明，也不能说它像熊猫那样存在着生殖功能退化的问题。

在全球化、后工业化进程中，如果实现了相似性思维对分析性思维的替代，那么相似性思维将会展现出比分析性思维更强的知识生殖能力。因为，在高度复杂性和高度不确定的条件下开展行动的客观要求，决定了相似性思维必须拥有更强的知识生殖能力。就相似性思维的重建是在分析性思维已经取得的全部积极成就的基础上进行的而言，就相似性思维在扬弃分析性思维的过程中保留了其全部积极的方面来看，就后工业社会的相似性思维包容了分析性思维而言，它具有更优越的知识生殖能力。所以，相似性思维是在历史发展中被推展出来的。在相似性思维的基础上，我们将看到科学获得了一种全新的面目。或者说，随着相似性思维被建构了起来，不仅社会科学的研究，而且所有被认为是科学研究的活动，都将开始新的征程。

既然我们处在全球化、后工业化时代，既然我们的社会呈现出了高度复杂性和高度不确定性的特征，既然我们遇到了诸多前所未有的问题，那么在新的历史征程中，我们所需要的是新的思维方式。所以，我们的社会科学研究需要于此之中发挥作用，需要把对新的思维方式的建构作为自己当前必须承担的一项责任。实现对分析性思维的超越以及致力于相似性思维的建构，在某种意义上，应该成为当前社会科学研究的重心。不过，我们需要认识到，虽然科学中包含着诸多理论，或者说，虽然每一门科学都是由诸多理论构成的，但在致力于促进分析性思维向相似性思维转变的过程中，我们是不能求助于任何既有理论的，而是需要持有一种实践取向的科学活动原则。我们认为，唯有对事实的观察，才能在从分析性思维向相似性思维转变的过程中让我们获得所需要的推动力，科学以及实践发展的现实要求是我们获取这种思维方式建构之必要资源的场所。

现实情况是，科学研究以及社会实践都如此之深地陷入了分析性思维的桎梏，在突破分析性思维的既有束缚方面，显得那样艰难。但是，当我们构想这场思维方式变革的运动时，完全可以从科学研究和社会实践的蹒跚步履中发现一种热切的期盼。这种期盼就是我们行动的动力，其中也包含着丰富的资源。就人类的后工业社会拥有不同于工业社会的思维方式而言，可以相信，科学的发展和实践的要求，都会把相似性思维推展出来。

第二节　知识生产中的思维方式

人类的知识是处在累积中的，人类历史上的每一个时代，都会为知识宝库增添新的内容。我们既已拥有的知识，是在人类社会发展中由一代又一代人创造的。但是，人类社会在每一个时代都会有不同特征，人际交往、社会生活以及社会治理都会不同。因而，仅仅依靠先民的遗泽，还不足以应对时代中新的问题。为了解决新的问题，每一代人都处于探索之中，从而不断地创造出新的知识。我们正处在全球化、后工业化进程中，我们的社会在这一进程中呈现出的是高度复杂性和高度不确定性，并对人的社会交往、社会生活和社会治理提出了新的挑战。在高度复杂性和高度不确定性的条件下，人们的社会交往、社会生活和社会治理需要什么样的知识？如何去生产这些知识？这些都是需要我们去加以思考的问题。

唯物辩证法认为知识来源于实践，但这种实践应当是广义上的实践，可以是生产活动的实践，也可以是人类改造世界的实践，还可以是科学研究活动的实践。在某种意义上，人的创造性思考在实现了物化后也是可以以知识的形式出现的，虽然无法将人的思考活动归入实践的范畴，但也能扩展实践概念的边界。或者说，知识生产的路径是多样的，我们并不能囿于一隅去断定谁在何处生产了知识。无论如何，在知识生产的背后肯定包含着某种思维方式，无论知识生产是以作用于物质世界的行动的形式出现，还是以科学研究以及思考的形式出现，都包含着思维方式。可以认为，知识生产的过程直接受到思维方式的影响。所以，对知识生产问题的思考，将会把我们引到对思维方式的关注上。

一、知识生产史上的思维方式更迭

福柯提出了知识考古学，在他那里，是把知识、思想、理论、科学以及思维方式放入流变的历史河流之中的。所以，福柯发现，"现在，西方知识的空间摇晃不定了：分类学巨大的普遍的平面曾经相关于一种智力训练的可能性而得以展开并构成了知识的强拍（即分类学既是知识的初始可能性，又是知识的完美终结），而分类学现在将依据模糊的垂直性而使自己获得秩序：这个垂直性将定义相似性法则，规定临近关系和间断性，创立可感知的排列，并宣告分类学向有点次要的结果区域实施的重大的和水平的展开"[①]。

福柯在发现了西方科学及其思维方式面临的这一困境时，深信分类学的发展走向了这样一个方向，并将赢来这样一种结果："欧洲文化就为自身创造了一种深度，在这个深度中，问题将不在于同一性、不同的特性、永恒的图表及其所有可能的路径和历程，而是在于在其初始的和难以达到的核心的基础上发展起来的隐藏着的巨大力量，是起源、因果性和历史。"[②] 基于这种认识，福柯所规划的科学发展路线是："从现在起，只有从这个向自我隐退的深度的深处出发，物才会被表象，物因这个深度的模糊而也许变得混乱和黑暗，但物又紧密地与自身结合在一起，物被隐藏在下面、隐藏在这个深处的力量所聚集或划分、无援地集结。可见的形式，这些形式之间的联系，把这些形式隔离开来并勾勒出它们的轮廓的空白，所有这些只有在一个地下的黑夜中被合成，早已被确定时，才会呈现给我们的目光，这个黑夜用时间激发了这些可见的形式。"[③]

从 20 世纪后期科学以及技术的发展看，纳米技术、单原子材料的发现、基因技术等，可能就是沿着这条路线行进的，并在这条路线上进行深度的挖掘。然而，信息技术、克隆技术、复杂性研究等所走的可能恰恰是一条相反的路线；人造细胞技术同样不是向远离我们现在已经认识的深度的再深处发掘，而是走上了一条新的科学发展路线。现在，科学与技术呈现出两种情况：一方面，沿

---

① 米歇尔·福柯. 词与物：人文科学考古学. 上海：上海三联书店，2001.

② 同①.

③ 同①.

着现代科学所开辟的道路不断地向纵深发掘；另一方面，直接地在表象的层面上取得创新性的成果。虽然这两个方面是相互促进的，相互以对方为前提，但就科学活动自身而言，却包含着两种不同的思维方式。

沿着现代科学发展的道路持续地向纵深挖掘，所反映的是一种分析性思维方式；在表象的层面上开展科学创新，则反映了一种相似性思维方式。显然，从福柯上述的论述看，他的诸多设想仍然没有走出近代分析性思维的传统，他更没有想到面对高度复杂性和高度不确定性时无法从容地去进行深度挖掘。与其说憧憬和向往隐藏在表象深处和更深处的那个未知世界，还不如直接地在表象这个层面去进行观察、思考和作出判断。因为，这样做更有益于行动，更能真实地反映行动的要求。

考古学从属于认识历史的需要，即尽可能地去还原历史上的真实状况。不过，亦如其他形式的考古一样，知识考古必然会先植入一个观念，那就是，后起的并成为主流的因素肯定是人类进步的标志。所以，在对观念学与康德的贡献进行比较时，福柯表现出了对康德的敬仰，给予了康德高度评价。福柯在认真地进行知识考古的时候，发现了康德同时代存在着一种不同于康德纯粹理性分析的观念学，认为观念学提供了一种知识生产的传统。

福柯发现，观念学所代表的传统与康德所开辟出来的这一传统是不同的。但是，为了表达对观念学的肯定，福柯又需要做一些将其纳入现代传统的理解中的工作，即努力去发掘观念学与康德理论一致的方面。根据福柯的说法，"虽然在形式、风格和目的上都有所不同，但康德的问题与观念学家们的问题都具有相同的适用点：即表象之间的关系。这个关系创立并证明了这个点，但康德并不是在表象的层面上去寻找这个关系的，即使表象的内容减弱了，直至表象在被动和意识的边缘只是纯粹而简单的感觉，也是如此；康德是在这样的方向上对这个关系作询问的，即什么使它一般地成为可能"①。

观念学则不同，它不需要对表象提出问题，也不会遇到表象的内容减弱的问题，而是在表象和关系的延伸中构建起整个表象的领域。所以，即使到了表象领域的最边缘，依然会将表象之初始的和完全简单的形式保留在感觉之中。虽然这会让思想显得具有笼统性，却又是表象世界的最为真切的反映。而且，基于体验、想象、领悟等所建构的主观世界，并不像机械论所追求的那样，是

---

① 米歇尔·福柯. 词与物：人文科学考古学. 上海：上海三联书店，2001.

一种照镜子式的反映。如果说康德所开辟的是一个纯粹的认识传统，那么可以认为，观念学所代表的可能是一个创造的传统。在认识的传统中，我们看到分析性思维占据着支配性的地位，而且处处都能体现出其优势功能。在创造的传统中则存在着相似性思维。正是相似性思维所凭借的想象、领悟、类比等，可以在互不关联的表象之间建立联系，从而取得创造性的成果。

福柯之所以要调和观念学与康德所代表的传统，是因为他没有认识到两者所代表的是两种不同的思维方式，更是因为他站在了康德的理论框架下去认识历史。对于福柯来说，一方面，后现代主义的躁动在他心中激荡；另一方面，可能是教育训练的原因，又使他所有较为深入的思考都不自觉地落入了康德的窠臼。如果说康德曾经代表了一种新的理论，而且这是依然活在当下的理论，那么如昂格尔所说，在一种新的思想出现后，"在一个短暂的时期内，新创立的理论会有力地揭示出那些支配某些知识分支的原则之间所存在的联系，以及那些原则与关于心与社会的更为一般的观念之间所具有的关系。但是，新出现的思想体系一旦成为主导性的思想体系，就开始沦为一些无法再被拼合在一起的碎片"[1]。

一旦一个思想体系成型后，就会受到知识的诱惑，就会被知识所征服，从而被纳入宏大的知识体系之中。此时，这个新产生的思想体系为人类贡献了知识。但是，在它贡献知识的同时，却把自己变成了人类知识体系中的一部分，而且是极小的一个碎片。尽管知识体系在将其纳入其中的时候会用逻辑的线条将其串连起来，但它毕竟是在有用的时候才会被人们想起。而且，在人们加以运用时，是作为一个碎片拎出来利用的。所以，福柯是在知识的意义上而努力去调和观念学与康德所代表的传统。在我们看来，发现两者之间在思维方式上的不同也许更为重要。因为，这将促使我们在全球化、后工业化这样一个历史转型的过程中去寻求新的思维方式，以便我们在社会的高度复杂性和高度不确定性条件下开展行动的时候，能够得到一种适用的思维方式的支持。

我们不断地申述一个判断：在伟大的历史转型时期，人类社会必将实现思维方式的更迭。我们之所以重复地申述这个判断，目的是希望引起人们的重视，并基于这一判断去思考和行动。如果说自康德之后我们一直在分析性思维的驱

---

[1]　昂格尔. 知识与政治. 北京：中国政法大学出版社，2009.

使下去开展各种各样的社会活动，那么全球化、后工业化将意味着相似性思维的再度登场。其实，在 20 世纪，对分析性思维方式的否定已经开始了。我们看到，在一定程度上，20 世纪成长起来的系统理论已经向分析性思维发出了挑战，尽管这种挑战是遮遮掩掩地进行的。

我们知道，分析性思维的主要表现就是还原主义，"与还原主义者多是关注当代科学的做法不同，系统理论采取整体或系统的关注方式，从而揭示某个系统中的关系或关联。在社会系统中，这种关注方式针对社会关系……基于这些见解，许多系统理论者提出了一些替代性途径，以取代西方社会中典型的规范性对抗主义"[1]。克尔伯格认为，"系统理论的根本假设是，不同类型的复杂系统——物理、生物、心理、社会等——在结构和功能方面存在诸多的相似性。在这些相似性当中，最首要的当属整体和相互依赖这些特性。复杂系统是一些有机的整体，而非仅仅是各部分相加的总和。按照系统论的说法，复杂系统的突显特性在单独部分中并不会体现出来。正是通过系统不同部分之间的相互依赖关系，系统的特性才能呈现出来。而这些不同部分是通过一些复杂的关系网络而存在，它们相互影响，相互交换"[2]。

对于分析性思维而言，系统各要素如何在一个复杂关系网络中进行互动，往往是无法分析的，因而，会使这些方面显得十分神秘。然而，对于相似性思维来说，所关注的只是复杂的关系网络运行的过程，至于这一过程中的机理，并不需要作出科学理解。也就是说，相似性思维需要了解的是系统各要素的相互影响能够达成什么样的结果，并通过对系统各要素互动性的强弱进行调节而达成所期望的结果。

相似性思维并不是静态地把握系统的要素，也不是去把握各要素间的静态关系，而是把握它们互动的过程，认识其互动性的强弱与结果间的关系。因而，在实践上，相似性思维会着力调节系统各要素互动性的强弱。就此而言，也可以说基于相似性思维的行动具有较为明显的目的论特征。所以，"系统论者坚称进化系统与目的论之间存在诸多相似之处：它们都是由规模小、动力弱和组织结构复杂程度低，向规模大、动力强和组织结构复杂程度高的方向发展。这些相似性既可以从单个有机体的生长和发育，也可以从物种进化中看出来此外，

---

[1] 迈克尔·克尔伯格. 超越竞争文化：在相互依存的时代从针锋相对到互利共赢. 上海：上海社会科学院出版社，2015.

[2] 同[1].

它们还可以从人类思维的心理发展，以及社会系统的社会政治演变中体现出来"①。其实，系统本身就是适合于用相似性思维加以把握的，或者说，它是分析性思维无法进入的禁地。

在高度复杂性和高度不确定性条件下，即使存在着同质性的事物、人群等，也会迅速地朝着异质化的方向运动。在这种运动中产生的事件，必然是互不相同的。因而，处理某一事件的方式、方法，根本不可能在处理另一事件时得到复制。在这种条件下，每一个事件都是具体和特殊的。其实，由于其失去了一般和普遍性，使用特殊和具体的语词来指称它们已经没有意义了。也就是说，每一个事件都具有独立的完整性，不可与其他事件通约。每一个事件的完整性就意味着我们必须将其当作系统来对待，每一个事件都是系统，即便不是物理意义上的系统，也是虚拟性的系统。所以，要求我们必须从整体上去加以把握。

一旦我们真正地从整体上去把握每一个事件的时候，就会发现，我们需要有针对每一个事件的不同于以往也不同于其他的处理方法，甚至不存在通行的和通用的处理方式。但是，我们又需要看到，不同事件之间的联系依然存在。或者说，人们可以借助相似性思维方式而在不同事件之间建立起联系。所以，正是社会的高度复杂性和高度不确定性，而且也正是因为人们不得不在社会的高度复杂性和高度不确定性条件下开展行动，决定了分析性思维必须为相似性思维所替代。一旦我们确立了相似性思维，科学以及知识生产就会在一个新的起点上重新展开。

二、理性以及两个知识谱系

从 20 世纪后期的情况看，历史进步的推动力已经由物质生产转为知识生产。当知识生产成为生产的主要内容时，近代以来的那种出于摹仿对象世界的需要的知识已经在内涵上发生了根本性的变化。这样一来，我们发现，知识不再是达致真理和表述真理的工具，而是创造世界的素材，反映和体现了人的意志和理性追求。这种知识生产意味着构建后工业社会这座大厦的砖瓦的增多，或者说，后工业社会的建构就蕴涵于知识生产之中。

其实，在 20 世纪中，后现代主义就已经表现出对工业社会进行全面反思和

---

① 迈克尔·克尔伯格．超越竞争文化：在相互依存的时代从针锋相对到互利共赢．上海：上海社会科学院出版社，2015.

批判的状况。可以认为，后现代主义的积极贡献就在于对工业社会的知识体系进行了大胆解构。经历了这一后现代主义的解构过程，不仅工业社会的知识体系，而且工业社会的价值观、生活方式和行为模式等，都受到了一次洗礼，那些边缘性的芜杂存在物得以祛除，剩下的核心构成部分将会洋溢着无限生机而步入后工业社会，成为后工业社会可资继承的遗产。

从思维方式的角度看，在经历了工业社会的历史阶段后，特别是因为教育所发挥的巨大功能，使得我们在今天所看到的是，"感知和推理之间其实并无严格的分界。我们的感知能力也训练有素、精微复杂。因此，就算是最简单的情况，等到反映到意识中时，也已经携带了更多推断的内容，融入更多的想象力，而不仅仅是来自神经终端器官的直接信号。对于理性动物和有意识的动物来说，它们二者之间的区别也仅体现在程度上而已，前者更有意识些。我们说究竟感知多还是推断多，其实是无关紧要的。从科学的角度说，我们能够将精神活动内容分解为知觉数据和想象数据。不过，就意识本身而言，我们很难做出这种区分。至少从实用角度可以这么说。即使我们从狭义的'思维'角度看，就算对外界对象的反应根本没有通过感觉，思维经历的过程其实一般无二。意识的功能就是推断。所有的意识多半都是推断的、理性的。我们认为，不诉诸感官的事情能够有效地指导行为。理性或者所有的意识都是有前瞻性的"①。

如果不是在动物的刺激-反应机制的意义上去看人的感性经验，而是专注于人的经验，专注于有着科学素养的人的经验，那么人的这种经验本身就可以被认定为是理性的，是能够在人做出行为选择和开展行动的时候发挥重要的指导作用。如果说在简单的、确定的条件下，或者说，在低度复杂性和低度不确定性条件下，人的这种经验理性在人的行动中都能够发挥作用，甚至人的行动必须求助于这种经验理性，那么在高度复杂性和高度不确定性条件下，则更加需要人的经验理性去为人的行动提供支持。

从历史上看，在农业社会，由于科学尚未兴起，也由于人的认识和实践对象在简单的和确定的条件下是可以以感性的形式去加以把握的，从而使人的经验理性在人的行动中能够发挥主导作用。在工业社会，随着科学的发展，因为康德表达了对感性经验的极端化贬抑，致使人们不再相信经验是理性的，不认为经验中包含着理性，进而走上了通过科学去获得理性和用理性去指导行动的

---

① 弗兰克·奈特. 风险、不确定性与利润. 北京：华夏出版社，2011.

道路。

　　就工业社会在各个领域中都取得了无比辉煌的成就看，这样一种思维方式和行动模式是成功的。但是，我们也必须看到，人们在工业社会这个历史阶段中所面对的认识和实践对象——无论是自然，还是社会——都可以归入低度复杂性和低度不确定性的范畴。这意味着，科学和以科学的形式出现的以及包含在科学之中的理性，是能够实现对对象的把握和驾驭的，是能够赋予人的行动以合理性的。即便如此，仍然存在着未尽的方面。亦如各种各样的批评意见所指出的，人的行动的合理性仅仅是形式合理性，而实质合理性却未曾出场过。

　　在全球化、后工业化进程中，不仅是抽象表述中的社会，而且人的认识和实践所面对的对象，在整体上呈现出高度复杂性和高度不确定性，以至于既有的科学范式及其理性的思维方式在认识和把握对象时的固有信心不断受挫。在这种情况下，行动是必须的，而且在以风险和危机事件加予人的时候，更加凸显了人的行动的必要性，要求人必须通过行动去应对风险和危机的挑战。但是，人的行动绝不可能降位于动物式的刺激-反应，而应是理性的，这种理性又不能是工业社会科学范式中的理性。

　　正是在这种排除性的思考中，把我们的视线引向了经验理性。经验理性包含于人的广义的意识范畴之中，或者说，经验理性是人的意识的一种表现方式，尽管不像科学理性那样需要在每一次展开的过程中经历反复的归纳和演绎程式，但其所具有的推断能力是不可怀疑的。当这种推断能力与人的想象力结合在一起，或者，以想象的形式出现，就会显得比科学理性的推断能力更加优越。其实，在面对高度复杂性和高度不确定性的认识和实践对象时，如果科学理性显现出了力所不逮的情况，那么也只有谋求经验理性来支持行动这样一条途径了。

　　理性一词在工业社会中得到了定义，正是因为对理性一词所作出的定义使我们形成了一种狭义的理性概念，即有了一种与经验和感性相区别甚至相对立的理性概念。结果，被认为是理性知识的东西，就代表和反映了分析性思维。或者说，在理性知识之中，包含着分析性思维。继而，人们对理性知识的接受和应用就是分析性思维在个体这里的形成过程。一旦个体获得了分析性思维，也就能够在对理性知识的接受和应用方面变得更加高效。可以认为，理性知识的传播和扩散是得益于人们普遍拥有分析性思维的。比较而言，经验知识、感性知识中所包含的是一种相似性思维，或者说，经验知识、感性知识是相似性思维所创造的。反映在人际交往和共同行动中，经验知识、感性知识往往显现出默会的特征。通过相似性的语言、符号等，经验知识、感性知识能够在人们之间实现共享，而不是像理性知识那样，需要借助于准确的概念、清晰的图表和模型等才能做到知识共享。

近代以来，之所以理性知识战胜了感性知识而成为主导性的知识，是因为相似性思维的衰落。一旦人类重建相似性思维，感性知识的传播和扩散就会迎来一个全新的局面。因为这个时候，经验知识、感性知识能够得到思维方式方面的支持，而不再像分析性思维当道的时候那样受到轻慢、排斥。总的说来，在近代以来的社会中，除了日常生活领域中还保留着大量的经验性知识以外，在公共领域和私人领域中，人们学习、接受和使用的基本上都是理性知识。而且，这里所说的理性，主要是指科学理性和工具理性。

具有工具理性和科学理性的知识在获得途径上是不同于经验知识和感性知识的。一般说来，经验知识、感性知识并不是通过正规的教育途径获得的，而是在日常生活中习得的。正规的教育途径所传授的，基本上是具有科学理性和工具理性特征的知识。如果说一个社会中存在着文化冲突的话，那么可以认为，主要是由这两种知识获得途径派生出来的。因为，一个地区、民族肯定会拥有某种可能是源于久远历史的文化传统，人们在经验知识、感性知识的获得途径中能够习得并拥有这种传统文化。然而，正规教育的知识获得途径所给予人的是另一个知识体系。而且，理性知识也携带着另一种文化观念，并倾向于塑造人的不同于日常生活的行为方式。因而，文化冲突就发生了。

也许人们会以为文化冲突发生在不同文化群体之间，其实不完全是这样的。事实上，所谓文化冲突，首先是人所拥有的不同文化间的冲突，其次才表现为拥有不同文化的人之间的冲突。也就是说，虽然会出现不同文化群体间的冲突，但在现代政治文明的各种政治生活技巧面前，不同群体间的文化冲突根本无法构成一个较难解决的政治问题或社会问题，反而是人们所持的不同文化的冲突导致了人们的心理裂变，并派生了千奇百怪的社会问题，使得政治家以及整个社会治理体系都显得束手无策。

回到知识的话题上来，我们看到，理性知识追求同一性，经验知识、感性知识恰恰是以差异的形式出现的。对于理性知识所构成的体系而言，逻辑上的同一性是不容置疑的，任何矛盾或逻辑缺环都是不能容忍的。与之不同，经验知识、感性知识并不遵循什么逻辑。表面看来，经验知识、感性知识会给人以大杂烩的印象，每一种知识都构成一个似乎是独立的种群，相互之间并无什么联系，却又黏结在一起，和谐共在。

　　当人们拥有差异性很强的经验知识、感性知识时，不会产生在它们之间建立逻辑联系的冲动，不会产生将它们打通的要求，而且，不会因为不同种类的经验知识、感性知识的并存而产生烦恼。我们还看到，理性知识并不能完全排除经验知识、感性知识。理性知识虽然有一条脱离经验知识、感性知识而独立发展的道路，但其起点往往是问题的提出。然而，问题意识在很大程度上是感性的，是来自经验的，只是在成为问题时才表现为理性对它的确认，理性只是证明了问题是个问题，而最初萌生出来的问题意识却是感性的。

　　当然，问题一旦经过理性确证，就可以在问题的引领下进行探索，并形成理性知识。即便如此，在理性知识的形成过程中，也不排除大量感性因素的介入。就感性知识的生成来看，存在着问题触发机制。不过，这种情况是较少的。更多的经验知识、感性知识的生成过程中是包含着直观和想象的，是直接地在直观和想象中获得经验知识、感性知识。在高度复杂性和高度不确定性条件下开展行动，时时面对的都是全新的情况，行动者拥有的和获得的是大量的经验知识、感性知识。在经验知识、感性知识未向理性知识转化时，情景已经发生了变化。因而，在行动中发挥作用的，主要是经验知识、感性知识。

　　经验知识、感性知识的离散式分布决定了它在扩散过程中没有明确的方向性，会表现出无目的扩散的状况。不过，一般说来，只有在目的性不强的日常生活领域中，经验知识、感性知识才会表现出无序扩散的状况，而在公共领域和私人领域中，则表现为附着于理性知识上，随着理性知识的扩散而扩散。这个时候，经验知识、感性知识往往不被人觉察，是以隐性知识的形式存在的。

　　在信息技术得到普遍应用的条件下，经验知识、感性知识借助于网络平台而得到扩散。在网络平台上，经验知识、感性知识的扩散依然是无目的、无方向性的。而且，经验知识、感性知识因为网络的自由属性而得到了迅速的、覆盖面更广的扩散，使得具有目的性和方向性的理性知识相形见绌。于此之中，我们可以设想，经验知识、感性知识将会逐渐地在社会生活中发挥更大的作用，社会也会因此而重归感性化。但是，毕竟人类在工业社会的历史阶段经历了理性的洗礼，这种社会的感性化绝不是向农业社会的回归，而是一种对工业社会的超越，是在更高水平上的社会感性化，是因为信息技术而赋予社会再度感性化的特征。总之，信息及其技术改变了我们的社会，使我们的社会呈现出新的特征。

经验知识、感性知识向理性知识的转化，是在抽象概括中进行的。首先，形成概念；然后，用概念存储知识和运载知识，使知识得到传播和扩散。在理性知识反过来作用于实践的过程中，首先要实现与经验知识的契合，实现向感性知识的转化，去除概念的形式，最高的境界是达到"得意忘形"的地步。这就是知识的潜移默化，即转化为理性知识接受者所拥有的感性知识，然后才能在实践中发挥作用。

不过，我们不能认为理性知识高于经验知识和感性知识。在这两类知识之间，并不存在孰高孰低、孰优孰劣的问题，尽管自康德以来把某种认识论偏见深深地植入了人们心中。其实，理性知识、经验知识、感性知识是相互转化的，在广泛的社会实践活动中，经常会出现相互转化的情况。理性知识并不能直接地作用于实践，而是首先需要实现与经验知识的相互印证，实现向感性知识的转化，然后才能发挥作用。理性知识出于实践的需要而实现向感性知识的转化是一个非常普遍的现象，而且社会生活的实践中也存在着理性知识向感性知识转化的要求。

当我们将潜移默化这个词用于描述知识习练和学习的过程时，所指的就是理性知识与经验知识的契合、印证以及向感性知识转化的过程，在某种意义上，还包含着所达到的某种境界之意。经过潜移默化的过程，理性知识得到了扬弃，转化为感性知识，或者以经验知识的形式出现。只有经历了这一过程，理性知识才能在人的社会实践和生活中发挥更大的作用。更为重要的是，经过这种转化的知识是能够得到灵活运用的。

由于理性知识在其源头上是由经验知识、感性知识转化而来的，那么在全球化、后工业化指向的那个合作社会中，假设存在着知识管理的问题，那主要是对经验知识、感性知识的保护。当然，也会有着促使感性知识向理性知识转化的工作。经验知识、感性知识是呈现离散分布的，因而显得缺乏方向性，不像理性知识那样可以集中地指向某个问题和行动目标。不过，明确指向问题和行动目标的知识恰恰会存在着命中率低的问题。相反，离散分布的经验知识、感性知识却在随即响应方面显现出巨大的优势。

在高度复杂性和高度不确定性条件下，经验知识、感性知识是具有直接应用价值的。在对这类知识的应用中，经验理性发挥着重要作用。这意味着，需要向科学理性意义上的理性知识转化的内容可能是很少的。鉴于此，对于合作社会中的知识管理而言，需要促进经验知识、感性知识向理性知识转化的工作是较少的，工作重心将会放在对经验知识、感性知识的维护上，形成保护这类知识的机制和措施的建设上。这种对经验知识、感性知识的保护重心将放在促进人们对经验知识、感性知识的相互承认方面，使其得到无障碍的扩散。

行动中的个体是知识的创造者，而且首先表现在对经验知识、感性知识的创造。如果说理性知识的形成是与社会精英联系在一起的，那么经验知识、感性知识的创造权则归于每一个行动中的人。合作社会中的知识管理就在于把个人所创造的经验知识、感性知识直接社会化，使个人拥有的经验知识、感性知识能够无障碍地为社会所共享。

三、比较两种思维方式的知识生产

分析性思维要求从诸多具体的事实中抽象出一般，用形式逻辑的语言表述，这个过程被称为归纳。在从一般回归到具体的道路上，则被要求使用演绎的方法。这两条道路构成了一个闭合的圆圈，它构成了分析性思维的完整特征。与分析性思维不同，相似性思维用联想代替了抽象，因而废弃了归纳和演绎这两条道路，从而直接地在具体的事实之间建立起联系。

分析性思维始终把同一性作为思维活动追求的目标，而相似性思维只在不同的事物间建立联系。相似性思维不要求去把握不同事物间的同一性，更不会产生证明它们属于同一种、同一类事物的冲动。尽管相似性思维会把诸多相邻的事物归为一类，即有着归类的要求，但这种归类并不意味着会有把握同一性的追求。相似性思维在建立事物间的联系的同时，是承认它们的差异的。因而，根本不可能产生抹平事物间差异的追求。也就是说，相似性思维表现出对世界原本状态的尊重，它不去谋求同一性，也就不会要求消除世界原本就有的差异，而是要在差异间寻求联系，建立桥梁。

在分析性思维中，事物之间的联系体现为逻辑，或者说，分析性思维是用逻辑的线把事物串了起来。相似性思维并不寻求这条串连事物的线，而是通过想象在事物间确定联系。在分析性思维遭遇了间断性的时候，表明逻辑链条在某处断裂了，一般说来，这个时候需要引入一个新的概念或一个（组）新的变量将断裂处接续起来。对于这一点，我们不得不问：分析性思维自身包含着引入新概念和新变量的能力吗？显然，这种能力并不属于分析性思维，而是属于隐藏在分析性思维背后的相似性思维。

对于相似性思维而言，想象是前提和基础，而且想象也是相似性思维得以展开的驱动力。"如果没有想象，事物之间的相似性就将不存在。"① 没有想象，相似性思维就没有意义，也就无法作用于行动。在把握事物表象上的相似性时，人们的直觉或直观性的想象已经能够给予支持。一旦人们试图把握事物间更为深刻的联系，就会对通过专业训练而培养起来的想象提出要求。在高度复杂性和高度不确定性的条件下，培养人们的想象力将成为教育的主要目标。对于行动者来说，我们还是主张在实践中学会想象。在实践中，人们能够获得经验理性。一旦拥有了经验理性，人们就能够获得想象力，并在对想象力的运用中有所收获。

简言之，分析性思维所追求的是同一性，而相似性思维则从相似性出发去展开全部思维行程。所以，分析性思维在空间表现上是从一点到另一点的线性展开，而相似性思维总是发散的，即从当前的现实存在出发发散开来，并形成一个网络而不是一个线条。基于这种空间表现形态，我们可以说分析性思维属于线性思维，而相似性思维则天然地属于网络思维。

作为一种思维方式，由于相似性思维不同于分析性思维，即不是分析性思维的线性展开过程，也就能够在复杂性和不确定性条件下有着优异的表现。在行动的环境、任务等各个方面都非常复杂并具有不确定性的情况下，相似性思维能够让行动者从网络中去发现某个节点，并以此为切入点而开展行动，收获快刀斩乱麻的效果。相反，在环境相对稳定、任务相对简单而且具有较高的重复性等条件下，分析性思维的优点就较为明显，它可以让人沉静地、从容地进行条分缕析的分析性工作，以弄清楚事物的因果关系，并设计出科学合理的解决问题的路径。

总的说来，相似性思维能够在事物表象的完整性不变的条件下使事物间建立联系，分析性思维也想找到这种联系，但它是在对事物进行分解的过程中致力于这项工作的。也就是说，分析性思维是首先将事物割裂成碎片，然后再从碎片中去发现同一性，从而在同一性的意义上使事物之间建立起联系。对此，我们需要指出的是，姑且不论同一性能否等同于事物间的联系，单就被打成碎片的东西能否被重新聚集起来和复原出原生的完整性来看，就是一个难以作出肯定性回答的问题。

就我们的行动而言，在风险社会及其高度复杂性和高度不确定性条件下，

---

① 米歇尔·福柯. 词与物：人文科学考古学. 上海：上海三联书店，2001.

所面对的都是事物完整的整体，我们只能直面事物及其表象的整体而去开展行动。这些完整的整体不是静止的，而是处在运动中的，就此而言，我们将这种整体理解成总体，是在赋予了整体以总体性的情况下去接受、把握、应对这些总体性的整体的。所以说，只有当我们行动的环境、任务是极其简单的时候，在不需要求助于思维方式的选择时，分析性思维才会给我们提供正确的行动方案。一旦环境和任务变得复杂了起来，人们依然受到分析性思维的影响而热切地将行动方案托付于分析性思维，所收获的就有可能是错误的行动方案。持有分析性思维的人们可能会提出把对象作为一个整体来加以把握的要求，但他们是把整体看作所有碎片的总和，至多说那是由碎片整合而成的整体。在相似性思维的视野中，不存在与部分、碎片相对应的整体，所存在着的是完整的、有着时间性的总体。

其实，20世纪后期以来，在我们的直观感受中越来越深切地体验到，当人们依然把公共政策的整个过程寄托于分析性思维的支持时，所获得的行动方案也许暂时地和表面上看来让我们有了收获成功的喜悦，但在我们陷入根本性的和系统性的失败之时，却没有意识到，恰恰是这些政策造成了失败的后果。事实上，当我们步入风险社会时，在我们面对危机事件频发的时候，却不知它们来自何方，更不愿意承认那是经我们之手创造出来的。在此意义上去看分析性思维在公共政策过程中的应用，可能会让人不寒而栗。

分析性思维的分析、分解是从属于还原论的。一方面，分析、分解被设定为将千差万别的事物还原成某种终极的本真存在的途径；另一方面，分析、分解的目的是要在稍后的综合中获得高水平的还原。一般说来，作为现代认识论哲学的还原论主要表现为前一方面，以至于以形而上学的哲学观的形式出现，即事事寻求终极性的本原。相似性思维不求助于分析、分解，而是通过想象、类比、隐喻等方式在事物间建立联系。所以，相似性思维从来不会受到还原论的纠缠。比如，在审美活动中所获得的直观体验就是总体性的，根本不可能还原为某些美学元素。同样，善恶体验也是总体性的直观，并不是通过分析、分解而达成的认识。

相似性思维从表象开始，基于对表象的体验而进行想象，即创造出一个相似物，或者，在两个相似的表象间建立起联系。随着这种联系被建立起来，还会不断地对两个相似物进行比较，以验证联系的可靠性。而且，会将比较的结果以知识的形式确立下来。随着想象的扩展和频繁运动，相似物间的联系也得以推及更大的范围，并形成结构、层次和秩序。事实上，就是再创造一个意识空间。

在起点和结果上，分析性思维与相似性思维一样，都从表象出发，并再造出一个意识空间。但是，不同于相似性思维所走的通过想象创造意识空间的道路，分析性思维所走的是一条分析、分解、归纳、演绎的路线，拒绝想象和排斥想象。即使在思维展开的起点上，分析性思维也不愿意承认关于表象的体验，而是强调表象的客观性，即把表象作为感觉材料的来源地，甚至要求防止表象因体验而变得扭曲。所以，分析性思维所走的路径是不同于相似性思维的。当然，分析性思维所创造的是一个同一性的意识空间，而相似性思维所创造的则是一个相似性的意识空间。虽然它们都创造了意识空间，但在性质上是不同的。

也就是说，分析性思维通过抽象、概括而实现创造，但它自身并不认为这是创造，而是宣称这是对认识对象本质的揭示，即通过概念的发明而使事物（认识对象）的表象得到超越，从而深入认识对象的内部和深层，把内部或深层中的那个被称为本质的部分揭示出来并加以命名。与之相比，相似性思维则通过想象而实现创造，第一，两个原先完全无关的事物，通过相似性思维而建立了联系；第二，在表达对某一事物的认识时，出现了没有可以建立相应联系的另一事物存在的情况下创造出另一事物，可能所创造的只是一种意象，却能够在实际的存在与所创造的事物间建立联系；第三，随着所建立起来的联系被连接起来，即使存在着诸多断裂和可疑之处，依然能够构成一个完整的世界图谱，或者说，会以一种世界观的形式出现。

虽然相似性思维所建构起来的世界观会被认为是关于全部事物的表象的认识，是作为表象的认识所汇集而成的整体的观念，但由相似性思维所建构起来的联系和所创造的非现实形态的事物，是我们所在的这个世界的图谱中的必要构成要素。而且，相似性思维所创造的事物，让我们所拥有的世界观包含事物本质方面的内容，而不是被视为仅仅由事物表象的观念构成的世界观。结果，就事物乃至世界的意义和价值而言，恰恰可以认为，是包含着世界及其事物的本质的，无论这种本质是被赋予的还是被揭示出来的。

分析性思维在大自然的无序性中去寻找规律，并反过来用这一发现去框定自然现象，赋予其秩序。当分析性思维应用于社会秩序的建构时，是通过创设法律而实现了创制秩序的建构。相似性思维则在具体的事物间确定联系，并通过想象去判定所确立的这种联系具有什么样的价值。分析性思维是在逻辑的连续性中去显示其科学性的，当相似性思维通过想象延伸开来时，会显现出联系片段间的断裂，即出现诸多不连贯性。但是，相似性思维所遭遇的这种片段间的断裂以及思维行程上的不连贯性并不会削弱相似性思维的秩序功能，只不过这种秩序是得到行动者诠释的秩序，而不是由外在于行动者的制度、规则所确定的秩序。所以，与分析性思维在秩序理解和建构中倾向于逻辑证明相反，相似性思维更注重实践以及实践中的功用，是通过行动者的想象和行动而在实践中对秩序加以展现和证明的。

分析性思维必须在一系列限制条件下展开，与这种思维相伴始终的，是不可穷尽的规则。在任何一处，规则的缺失都会使思维发散开来，以至于成为对分析性思维的逃避。所以，分析性思维是需要相应的规则来为其提供保障的。只有遵守了全部必要的规则，才显得自由。相似性思维则不需要过多过繁的规则。在某种意义上，经验的可理解性和经验理性已经可以构成对相似性思维的完整规范。因而，在相似性思维这里，思想显得无比自由，只要遵从了经验的可理解性，自由的联想、自由的想象、自由的创造等都可以不受约束。

对于相似性思维而言，差异发挥着举足轻重的作用。这是因为，如果相似性思维并不限于在两个事物间建立联系，而是要把众多的联系排列在秩序图谱中，那么事物间的相似性中所包含的差异，不仅不会把事物隔离开来，反而会将事物联系起来，呈现出光谱那样的从一端到另一端的连续的差异。在分析性思维形塑出来的观念中，因为对形式方面的注重，会认为每一个差异都意味着间断。然而，在相似性思维这里，间断的连续展开恰恰构成了一个延伸开来的序列。

所以，只有当人们拥有了相似性思维，才能够理解求同存异的含义；只有拥有了相似性思维，才能够找到求同存异的具体做法。如果我们所运用的是分析性思维，就会在追求同一性的过程中排斥差异和否定差异。当差异呈现出对排斥和否定的抗拒时，斗争就发生了，并必然导致冲突的发生，又必须通过同一性的力量去摧毁差异和消除差异。从实践来看，在西方霸权国家推行民主制度的过程中，这种为了世界的同一化而消除差异的过程就是以经常性的战争的方式去加以表现的。与之不同，相似性思维在不同事物间建立了联系，这是求同的表现。同时，又把这种联系建立在差异的基础上，则是存异的真正内涵。

当我们拥有了相似性思维，就可以获得一种新型的世界观。这种新型的世界观不同于工业社会中的任何一种世界观。拥有了这种新型世界观，就可以在一切行动中确立起求同存异的原则。一旦求同存异的原则付诸行动后，所建构起来的就是完全不同于工业社会的新型秩序。我们可以说，相似性思维正是在承认事物差异的前提下而在事物之间建立联系的。如果抹平了事物间的差异，就没有必要在它们之间建立联系了。或者说，就不可能在它们之间建立联系了。

对相似性思维谋求事物之间联系的追求来说，风险社会及其高度复杂性和高度不确定性条件下的差异必然构成挑战。不过，与分析性思维所追求的同一性相比，这种挑战的力道就不足为虑了。而且，经历了工业社会的历史阶段，人们拥有了分析性思维所建构起来的知识体系。有了日新月异的新技术的支持，人们在事物间建立联系的能力是能够为行动者提供迎接挑战的信心的。在此意义上，我们认为，工业社会的知识建构过程虽然是在分析性思维的主导下进行的，但在后工业化进程中，许多知识会作为遗产而得到继承，而且会成为相似性思维展开的依据和支持力量。相似性思维在继承了这些知识之后，只需要稍稍增加一些知识创新产品，就可以获得一个完整的属于相似性思维的知识体系了。

第三节　从科学理性到经验理性

在我们的日常生活中，许多事情并不需要做到非常准确，往往了解个"大概如此"足矣，而且，这往往并不影响我们的生活以及各项行动。以时间为例，我们知道一年可以分为365天多一点，是因为多了那么一点，才会有闰年。这就是我们与天文学家的不同。因为，天文学家必须知道，太阳年是365天5小时48分46秒，恒星年是365天6小时9分9.5秒，近点年是365天6小时13分52.9秒。

然而，在科学实现了对生活殖民的情况下，人们总是试图消除日常生活中的模糊观念和经验思维。结果，反而大大地削弱了生活的和谐度。即便我们所例举的上述时间是模糊还是精确的问题，如果较起真来，也是很成问题的。因为，科学并未给我们一个真正的时间，而只是以地球、以人为参照性原点的时间。如果不是以地球、以人为参照性原点的话，年、月、日、时、分、秒的精确性应如何判断呢？更何况地球以及太阳系的运转也会处在变化之中。所以，科学所给予我们的精确时间，其实是一个仅仅对于人所在之处的现时点上的精确性。超出了这个空间和时间点位，就无法去衡量它的精确性。这样一来，是不是说科学无非是一种眼界的问题？是的，在一定的眼界中，科学以精确性为自己获得了权威地位和荣誉，而在另一种眼界中，科学可能就是儿戏。

我们所关注的，并不是日常生活中是不是需要科学的精确性问题。因为，日常生活中的许多事情都是具体的，同时也可能是极其复杂的，而且其中许多被认为复杂的东西所具有的是一种隐形的复杂性。对于诸多隐形的复杂性，即使人们并不刻意地关注，也能明显地感受到。工业社会的科学在总体上所拥有的基本特征就是通过抽象的方式去谋求普遍性、同一性，日常生活中的事件的具体性，显然会令科学无处着力。同样，科学所能达到的精确性也必须是在复杂性程度较低的情况下才能实现的。

事物、事件越简单，就越能对其作出精确的判断和把握，一旦复杂性达到了某种程度，在对其的判断和把握中，也就无法实现精确化。正是因为日常生活中的事物、事件总是复杂的，无法实现对它们的精确判断和把握，才使人们养成了对它作出模糊认识的习惯。比如"清官难断家务事"所说的就是家庭生活中的事情非常复杂和纷繁无绪，任何一件事情都可能是由无数微妙的因素共同发挥作用而造成的，根本就无法厘清因果关系。日常生活中的这一现象是具有启发意义的。因为，当人类社会具有高度复杂性和高度不确定性特征时，既有的谋求普遍性、同一性和精确性的科学思维，就无法发挥作用了。或者说，在社会的高度复杂性和高度不确定性条件下，当人们需要在这一条件下作出判断的时候，把握了事物的基本轮廓和事件的基本演化趋势，就能够满足开展行动的要求了。

尽管普遍性、同一性和精确性可以成为一种人们永恒追求的目标，但在社会的高度复杂性和高度不确定性条件下，即使无法达至这个目标也必须行动。所以，我们对科学的期望就反映在经验理性这个概念中。也就是说，根据我们的构想，在社会的高度复杂性和高度不确定性条件下，科学的重建需要围绕经验理性去寻找出路。具有后工业社会特征的科学，即适应社会高度复杂性和高度不确定性条件下人的社会生活实践要求的科学，必须在每一个方面都体现出经验理性。

一、对科学理性的反思和怀疑

是否理性，是需要在判断和行动中去加以确认的。就行动而言，是集权条件下的行动更为理性还是民主条件下的行动更为理性呢？或者说，在这两种不同性质的行动中，哪一种属于理性的行动？对于普通的政治人来说，会毫不犹豫地给出一个答案，然而，对于学者来说，却会表现出犹豫不定的状况。因为，很难判断集权还是民主条件下的行动更为理性，这是需要根据具体情况去作出判断的。一般说来，理性化的行动是目标明确的，行动路线也应当是明确的。同样，对理性的判断以及判断是否合乎理性，需要在实践中加以检验。也就是说，需要放在行动中去进行观察和再判断。

模式化的行动中肯定包含着诸多需要作出判断的事项。也就是说，即使目标模糊的行动，也不像展现了理性功能的"傻瓜"型用品那样，让设计者将所有的判断都留存了下来，而使用那些产品的人却无须作出判断。不过，无论在何时针对何种对象，只要人们打算作出判断，判断标准就应当是理性的，而且是合乎科学理性的。一般说来，基于科学理性的判断标准是先于判断行为而制定的。人们往往是在理性的审视、预测等一系列科学研究的基础上制定标准的。因而，所制定的判断标准都是具有科学性的标准，也是具有合理性的标准。然而，合乎理性的标准还会存在着一个是否适用的问题。比如，对人实施安乐死的标准是否能够用于屠宰场？尽管这个问题在动物保护主义那里不是一个不可争议的问题。

阿伦特在谈到判断所依据的标准时，就对标准的适用性表达了怀疑。阿伦特说："正如通过宣传偏见确实不具有实用性，我们可以清楚地表明我们不再依赖偏见、判断的标准以及基于这些标准的前提判断，基于每个人所承认的稳固的标准对已经发生以及日常发生的事情作出判断，将那些事件作为某些众所周知的普遍原则的具体事例，这些都不再可能了；与此密切相关的是我们难以为现在应该发生什么提供各种行动的原则。这些现代世界的标准失范问题常常被描述为内生于我们时代的虚无主义、价值贬值、诸神的黄昏，一切世界道德秩序的灾难。"[1] 其实，只是理性标准与现实的冲突，即理性标准不能适应在现实中作出判断的要求。

如果考虑到阿伦特是在 20 世纪 50 年代说出了这段话，显然反映出她是一位极其敏锐的思想家。就社会当时的状况看，标准化运动正在如火如荼地开展，这一时期人们对标准的崇尚是具有某种意识形态色彩的，可以说渗透到了社会生活的每一个方面。正是在这个时候，阿伦特通过巧妙的叙事顺序提醒人们把

---

[1] 汉娜·阿伦特. 政治的应许. 上海：上海人民出版社，2016.

标准与偏见结合起来考虑，然后，才指出标准失范的问题已经成为一个非常重要的社会现象。我们知道，二战后，社会经过一段时间的恢复进入了常态运行，常态运行的社会恰恰对理性表现出热情。也就是说，当社会运行于低度复杂性和低度不确定性的状态中的时候，人们在社会生活中依据标准进行判断是惯常的做法。然而，阿伦特却在此时对标准化运动表达了质疑。

可以认为，虽然阿伦特在当时的现实中发现了某种非标准化的蛛丝马迹，却又是一种对高度复杂性和高度不确定性条件下社会生活状态的预见。可以认为，阿伦特已经在不甚明确的意义上对高度复杂性和高度不确定性条件下人的行为、人如何进行判断等问题作了思考。正是因为阿伦特有了这种前瞻性的而且非常深入的思考，才会要求人们从对判断的关注转向对判断力的关注。"只有在人们拥有标准时，才能指望他们给出判断；判断力仅仅是为个案在其所适用的并且是所有人一致同意的普遍原则中指派正确且恰当的位置的能力。"① 我们知道，康德是将判断力给予审美活动的。因为，在认识的活动中，理性的行进是不需要判断力的；同样，在实践活动中，人在尽自己的义务时也没有表现出对判断力的倚重。当阿伦特在广泛的社会生活中突出强调判断力的意义时，无疑是将人的自主性推展到一个非常显著的位置。或者说，标准化不应以牺牲人的自主性为代价。

虽然阿伦特在这里对判断力的适用性作了严格的限定，但在判断无法进行或在无标准做依据的情况下，显然就只有求助于人的判断力了。阿伦特认为，这是政治生活中的一个重要问题，而人们却忽视了它，即没有得到认真对待。阿伦特是这样议论这一现象的，"就算我们知道判断力强调，且必须强调，在没有任何标准的情况下直接作出判断，但是这类判断所发生的领域本身——各种各样个人的或公共的决定，以及所谓的品位问题——并没有得到认真对待"②。之所以如此，"原因在于这类判断绝无强制性，它从不强迫别人赞同一个逻辑上无可反驳的结论，它只能说服"③。

依据判断力而不是依据标准的判断，所提供的只是一种意见，可能不会强制人们接受它。对于行动者而言，在无法依据标准作出判断的情况下，显然是需要凭着判断力去作出判断的。对于这种判断而言，显然是不可能加以强制推

---

① 汉娜·阿伦特. 政治的应许. 上海：上海人民出版社，2016.
② 同①.
③ 同①.

行的。就如审美一样，一种美是否引起的共同感受，需要在有着相同或相似品位的人之间的交流中才能得以确认。高度复杂性和高度不确定性条件下的合作行动者由于有着共同承担任务的压力，行动的经验、能力等也在合作制组织的开放性和流动性中得到淬化，而且合作者之间拥有信任的关系，从而决定了基于判断力的判断能够得到高水平的分享。

根据阿伦特的意见，即便是依据标准的判断也不应具有强制性。之所以人们会认为依据标准的判断具有强制性，那完全是一种偏见。阿伦特说："只要标准依然具有效力，标准之内就不存在具有强制性的证据；而标准同样是以有限的证据为基础的，这一证据内在于某个我们完全赞同且不再需要反驳或论证的判断之中。唯一的强制性证据来自我们所做的归类、标准的衡量与运用以及安置个别的具体之物的方式。这些努力从本质上假定了标准的有效性。这种归纳和安置更多的是与作为演绎推理的思考而非与作为判断行为的思考有关。它们所决定的仅仅是我们是否在一种能够证明对错的方式执行我们的任务。"①

从实践的角度看，基于标准的判断不应具有强制性，不是强制性的判断，更不会强制地施予他人。但是，在逻辑的意义上，标准却又包含着一定的强制性内容，那就是，标准是通过归纳和演绎推理的方式而建立起来的，具有逻辑上的合理性。当判断基于标准作出时，实际上有了标准的逻辑合理性。因而，也就有了逻辑合理性意义上的强制性。但是，一切判断都是为了实践，也必然是在实践中发生的，实践展开的条件、环境和执行的任务能否完全纳入逻辑和理性之中，就需要做具体分析。一旦需要进行具体分析，就无疑是对基于标准的判断的怀疑或否定，也就谈不上什么强制性了。

阿伦特认为，20世纪中期，新社会思潮中的"虚无主义、价值贬值、诸神的黄昏"等所表达的标准丧失并不意味着判断无法进行，更不意味着因为没有判断而导致"道德世界的一场灾难"，反而证明了人们拥有了判断力，甚至拥有了一种创造性的判断力。阿伦特说："标准的丧失，确实界定了现代社会的真面目，借由回到过去的好日子或是武断地颁布新的标准和价值，都无力逆转标准的丧失。然而，除非我们假定人们对于事物本身实际上没有判断力，假定人们的判断力不足以做出原创性的全新判断，假定我们对判断力所能要求的至多是正确运用那些从既定标准衍生出来的众所周知的规则，我们才能说标准的丧失

---

① 汉娜·阿伦特. 政治的应许. 上海：上海人民出版社，2016.

是道德世界的一场灾难。"①

从阿伦特关于判断标准的上述讨论中可以明显地看到一种对理性的怀疑。如果说判断力在康德那里并未被归入理性的范畴中，那么当阿伦特放弃了标准而要求用判断力取而代之的时候，则是对康德的再阐发。不过，康德在道德的意义上所倡导的是一种义务论原则。就义务论而言，又是建立在理性的基础上的，是被作为实践理性的实现来看待的。阿伦特在这个方面表现出了对康德的某种反叛。因为，阿伦特把社会的健全以及道德生活的存续寄托在人的判断力之上。这就使康德的判断力被从审美的领域移植到了道德生活的领域。的确，道德生活是需要得到人的判断力的支持的。虽然道德有着系统化的原则和德性标准，但对这些原则和标准的掌握，还仅仅属于良知的范畴。在人需要作出判断的时候，发挥决定性作用的是人的良能。人的良能虽然不能完全归结为人的判断力，但首先会表现为人的判断力。或者说，判断力同时存在于良知和良能之中。

我们认为，人类在工业社会的最为伟大的发明就是民主制度以及与民主制度伴生的或作为民主制度构成部分的法律制度。我们经常性地将它们称为民主与法制。民主与法制被理解为是合乎理性标准的，而且被要求严格地在理性的轨道上运行。然而，在 20 世纪中期，一度出现的多元主义民主理论却包含着某种脱离理性的内涵。

艾丽斯·杨（Iris Young）在谈到多元主义民主理论思潮时，将之命名为聚合型民主理论。艾丽斯·杨说："聚合型民主模式将民主解释为公民在选择公共官员与政策的活动中的偏好聚合过程。这种民主决策的目标是，确定哪些领导人、规则与决策将最符合那种得到最广泛与最强烈支持的偏好。运行良好的民主政治允许存在着多种偏好的表达与竞争，并且拥有各种值得信赖的和公平的方式来加强它们，以实现某种结果。"② 艾丽斯·杨认为，这种聚合型民主的理论所关注的是作为民主行动主体的多元性群体，而这些群体又是以偏好而聚合起来的，或者说，人们因为偏好而聚合成群体，然后以群体的形式参与到民主的过程之中。

艾丽斯·杨之所以要把这种在 20 世纪中期精英民主之后兴起的一种民主理

---

① 汉娜·阿伦特. 政治的应许. 上海：上海人民出版社，2016.
② 艾丽斯·杨. 包容与民主. 南京：江苏人民出版社，2013.

论称为聚合型民主，判断的标准就是，这种理论依据拥有公民权的人在偏好驱使下聚合到一起开展行动，依据影响领导人的选择和决策过程的状况。也就是说，这种民主理论完全是建立在人们的偏好的基础上的，民主本身就是人们因为偏好而聚合起来开展的行动。这显然是根据行动的动因来对民主进行定义的，而不是像学术界惯常的那样仅仅根据其表现形式而将其称为多元主义或利益集团多元主义。

如果说民主政治中出现了这种受到偏好影响的问题，就意味着民主政治异化成了民粹政治。进而，民主政治在实现方式上所表现出来的那种竞争政治性质，又决定了它在异化成民粹政治的时候会变成极为有害的政治形式。不过，正是艾丽斯·杨对多元主义民主理论的实质所作的这一揭示，让我们看到民主政治在演化中走上了对原先刻意强调理性的背叛。也就是说，参与到民主政治生活中的人，不再是理性的经济人，而是因为偏好而聚合到一起并投入到政治活动中，这意味着民主政治在源头上变得非理性化了。

我们知道，偏好是一种心理因素，会表现为人的行为特征。表面看来，"在政治体中，人们在关于他们想要政府机构做什么上，会拥有各种不同的偏好"①。但是，在政治生活中，偏好并不像饮食、着装那样稳定，与人们的政治观念、政治态度相比，偏好对行动的影响要弱得多，即便把政治观念、政治态度中的倾向性理解成偏好，反映到行动之中，理性特征也会显得极为薄弱。经验告诉我们，政治是所有社会活动中理性色彩最浓的地方。对于民主政治来说，是一直被要求在理性的轨道上运行和开展行动的。就民主与民粹的不同而言，其判断标准就是能否得到理性的指引和是否具有理性的性质。民主是理性的，而民粹则是非理性的。所以，根据人们的偏好来理解民主行动中的聚合，虽然具有很强的解释功能，但又有可能对实践造成误导，让人丧失了在民主与民粹之间作出区分的判断能力。

如果民主政治需要建立在因偏好而聚合起来的群体的基础上，就有可能走向反对民主制度最初设计原则的道路上，即变成非理性的政治，更何况民主政治本身就是竞争性政治。因为民主政治是竞争性政治，一旦人们以偏好为前提和为了捍卫偏好而在政治生活中开展竞争，那么在竞争中所形成的力量就必然是非理性的力量。进而，就会把整个民主政治引向非理性的方向。其实，这已

---

① 艾丽斯·杨. 包容与民主. 南京：江苏人民出版社，2013.

经是民主政治在 20 世纪后期以来的一种现实表现了。虽然这种情况的发生是悄悄进行的，但又明确地显现出了告别理性的信号。如果说这种趋势并不是由人们的偏好带来的，那么结论就是：告别理性已经成了一种客观的历史趋势。

二、经验：走出科学理性的阴影

当人在贪享片刻的欢娱中丧失了性命，或者，落下了终身残疾时，人们会说那是非理性的。与此相反的做法，无疑会被人们认为是理性的。比如，为了养生而合理饮食是理性的，而为了享乐而纵欲被认为是非理性的，因为我们不会认为醉卧泥潭中的人是理性的。可是，在可以确定的各种理性类型中，我们作出上述这个判断时用以与非理性相对立的理性，是指科学理性、技术理性还是工具理性呢？显然都不是。

这样一来，我们实际上就遇到了一个问题，那种不同于非理性的理性应当属于什么样的理性呢？我们是不是需要对这种理性进行命名？在我们产生了为这种理性命名的想法时，想起了一种可能是认识论无法包容、无法认同的经验理性一词。也就是说，在认识论范式中，经验理性本身就是一个矛盾的词，是一个不合乎形式逻辑的词。然而，在我们跳出了认识论的限制并拥有了经验理性这个概念时，则可以这样去解读它的内涵：理性与情感融合到了一起，从而使包括情感在内的经验、感知等都具有了理性的属性，至少，实现了理性与情感的共在而不是相互排斥。

经验理性这个概念所要表达的是人的一种状态。人的这种状态是近代以来的人们有意或无意忽略的一种状态，是走出启蒙以来的人的理性与情感对立的一种状态。因为人有了这种可以用经验理性一词来加以描述的状态，也就不仅在我思之中成为主体，而且能够在多种体验中成为完整的行动者。经验理性是由行动者所承载和反映在行动之中的，不是存在于主体与客体相分离的状态之中的，而是将主体与客体消融于行动中的时候才能获得的一种状态。

在低度复杂性和低度不确定性条件下，人们在拥有了科学理性、技术理性、工具理性的情况下已经能够满足组织化的集体行动的要求，所以，基于经验理性的行动可能在社会生活和活动的意义上是人们无须关注的。可是，人们绝大多数的行为选择也许都要基于经验理性来做出。这是因为，行动者在决策之前几乎没有时间去谋划或精心组织和评估有关信息。因而，各种理性模型是无法派上用场的，致使行动者只能凭着经验开展活动。

因为经验的价值远高于任何理性模型，所以全部注意力都需要集中在对当下任务的承担中。既然未来是无法预知的，就应在承担当下任务的同时回顾已经走过的路程，从以往的经验中发现成功的秘诀和失败的教训。这样一来，以往的经验就会成为承担当下任务的重要资源，因此赋予了当下行动以经验理性的特征。

有了经验理性的概念，也许我们就会想到诸多令人印象深刻的历史事件。比如，牛顿从苹果落地而获得了引力的概念，并从此出发而建构起了完整的理论体系。也许将来有一天人们不再把科学技术活动建立在牛顿理论的基础上，但牛顿与苹果的故事依然会赋予人诸多启发。也就是说，牛顿的理论得到了否定，而促使牛顿创造其理论的那个经验仍然具有价值。我们相信，人们是可以从经验中获得无比丰富的思想资源的。事实上，经验是一个开采不尽的富矿，会源源不断地为人的科学创新提供支持。

经历了工业社会理性高扬的时代，人类的认识已经走出了拘泥于经验的状态。这个时候，当我们强调经验价值的时候，是不会再受到经验主义的纠缠的。我们相信，经历了工业文明的洗礼，人们将不可能再堕入经验主义的非理性状态。如果说在 18 世纪末和 19 世纪初人们需要把经验与理性区分开来，那么在认识论的缺陷已经为人们充分认识之后，在科学理性与实践理性努力媾和的追求中，经验正在发生性质上的改变，即包含着理性和获得理性的特征。所以，我们不应再在工业社会认识论的思维框架中去看待经验。事实上，模式化的思维方式属于文化的范畴，认识论是与工业社会的文化联系在一起的。当我们在全球化、后工业化进程中致力于新的文化建构时，当我们面对社会的高度复杂性和高度不确定性压力而要求改变思维方式时，关于经验的认识就会发生根本性的改变。

在工业社会中，理性所造就的是模式化的行动。对于这种行动而言，有一整套操作规程。只要遵循规则、程序，就可以使行动顺利开展。然而，对于非模式化的行动来说，前人的经验就会显现出其参照和模仿的价值。一般说来，非模式化的行动意味着每一项新的行动开启之时都需要首先考虑对相似性的经验进行学习，从而发现加以模仿的可能性。模仿在这里是第一步，只有在这个第一步的基础上，才有创新的可能性。基于相似性的行动可能会更多地以模仿的形式出现，而且在行动环境、目标等较为相似的条件下，模仿是低成本的。

与复制相比，模仿已经包含了一定的创新。事实上，在工业社会的历史阶段中，无论是在生产还是生活的领域中，常规性的行动基本上是以复制的形式出现的。在某种意义上，工业社会的全部技术都是服务于复制的。科学意味着创新，当科学成果转化为技术时，既可以认定为创新，也可以认定为复制。技术是理性的，当技术解决了复制问题之后，只需要"傻瓜"去行动。所以，工业社会的技术所追求的就是"傻瓜"技术。

行动的任务在每一次出现的时候都会有所不同，而且无法从中抽象出同一性和普遍性，以至于以复制的形式出现的行动将失去意义，甚至会失败。在这种情况下，谨慎的模仿是经验理性的体现。所以，我们可以断言，在思维方式上，从工业社会向后工业社会的转变将是一个从摹仿的时代转变为创造的时代的过程。在行动特征上，这将是一个从复制的时代向模仿的时代的转变。在我们使用摹仿一词时，所要表达的那种行动中鲜有创造的内容，而在我们使用模仿一词时，则要说明那种行动中有着创造的内容。

在工业社会理性化的进程中，经验在不同领域中的地位以及价值是不同的。人们在日常生活领域中一直坚守着对经验的信任。也就是说，人们更多的是凭着经验生活，也是凭着经验去安排与他人的交往。经验以及从经验中领悟出来的道德，在人的生活中，在人际关系调节中，都发挥着重要作用。不同于日常生活领域中的状况，人们在私人领域中为了利益的谋划而促进经济人理性的发育和成长时，为了利益的实现而开展的所有活动，都会对自己提出一个要求，那就是不要受到经验的误导。也就是说，在私人领域中，人们对经验抱着怀疑的态度，时时对经验怀着戒备心理，以防经验将人们引入陷阱。同样，在公共领域中，经验常常与经验主义一词联系在一起。经验主义又是被作为一个贬义词而加以使用的。当然，也存在着把自己的理论称作经验主义的哲学流派，但那往往是自命无视公共领域、私人领域和日常生活领域差别的一般性世界理论。总的说来，公共领域被看作是理性的堡垒。在公共领域中，任何非理性的因素都会引来激烈的批评和指责。

这就是工业社会晚期三个领域的基本状况。然而，自20世纪后期开始，领域融合的迹象显现出来。可以相信，在全球化、后工业化进程中，领域融合的步伐将会加快。这样一来，就会向我们提出一个问题：如果我们打算在推动领域融合方面有所作为的话，应该如何处理理性与经验的关系？

在全球化、后工业化进程中，回顾历史，就科学理性表达了对经验的轻蔑而言，将会被认为是不应当的。其实，即使在工业社会中，科学理性也不应该表达对经验的轻蔑。因为，几乎所有的科学理论都需要得到经验的验证才有可能会被认为是有价值的。即使一些被认为属于基础理论范畴的科学理论成果，如果无法在经验可理解性方面得到某种认同，也会被归入胡思乱想之列。在此意义上，经验可理解性是衡量科学理论的一条底线。所以，我们在任何时候都没有理由对经验作出简单的一概贬斥，更不用说经验理性了。

在某种意义上，我们倾向于说，经验理性是基础性的和根本性的理性。无论是科学理性、技术理性还是价值理性，都需要建立在经验理性的基础上，都需要得到经验理性的支持。如果说在农业社会简单和确定的条件下开展行动是直接从经验出发的，那么在工业社会低度复杂性和低度不确定性条件下，要求用理性去否定和代替那种粗糙的经验，应当视为历史进步的标志。然而，对粗糙经验的否定并不意味着可以无视经验理性的价值，更不意味着可以无视经验理性之于人的行动的意义。所以，在人类走出了工业社会这个高扬科学理性、技术理性的时代时，需要在理性的问题上做一些拨乱反正的工作，那就是，重新承认经验理性的价值和重新确立经验理性的地位。

在工业社会中，科学理性和技术理性已经能够基本满足行动的需求。所以，只是在思考人的存在和交往等社会问题时，人们才会羞羞答答地引入价值理性。即便把工业社会认识论框架下发现的所有类型的理性都汇集到一起，也不能满足行动的要求。因而，就需要把经验理性发掘出来，并应用于行动。

从人类认识史的角度看，由于经验理性是更为基础性的和更为根本性的理性，致使人们在工业社会的历史阶段中尚未实现对它的认识和把握。这是可以理解的事情，因为人的认识总是由浅入深、从简单到复杂的。然而，经历了工业社会人类认识的发展和认识能力的提升，在今天我们应当有信心而且也有能力去认识经验理性，遑论高度复杂性和高度不确定性条件下的行动对经验理性表现出了渴求。

我们已经指出，一切模式化的行动都必然是建立在规则、规范的前提下的，当然，更为主要的是建立在规则的前提下，基于规范的行为在模式化程度上要弱得多。因为，与规则的明确性、刚性相比，规范本身就具有一定的模糊性，在功能上取决于人们的理解。规则本身只能看作人所生产出来的存在物，只有当规则被人们所遵守，才发挥了规范功能。所以，规范一词可以用来指规则发挥作用的状态。在规范与遵守规则的行为之间，我们是能够解读出某种经验理性的。

尽管关于规则的功能和意义、规则得以生成的前提和基础等问题是需要从工具理性和科学理性的角度去加以审视的，但当人们遵守规则而获得了行为规范，却有可能丝毫不受工具理性和科学理性的影响。首先，我们必须承认遵守规则的行为是理性的；其次，只要规则存在并被要求遵守，那么遵守规则的行为就不是在对规则的规范作用进行合理性、合法性进行审查之后才作出的行为选择。事实上，遵守规则的行为是建立在规则的规范作用已经作为一种经验事实而存在的基础上，因为有了这种经验作为前提才愿意遵守规则。所以，在一切模式化的行为中，我们都可以看到，一方面，规则以及对规则的遵守都是根源于规范的要求；另一方面，因为以往遵守规则的经验促使人们遵守规则，即以往的经验得到了借鉴和利用，表现为经验的连续性。

如果考虑到规范类型的多样性的话，我们看到，法律以及那些类法律的规范是可以从工具理性和科学理性的角度去进行分析和审查的。不过，也有着更多类型的规范不接受这种分析和审查。比如，道德规范以及许多具有狭义文化特征的规范，显然是无法从工具理性、科学理性的角度去进行分析的。规则和规则的规范功能是接受工具理性和科学理性的分析和审查的。就不是功能意义上的规范来看，是很难纳入工具理性、科学理性的分析和审查中的。不接受工具理性、科学理性的分析和审查的规范得到了实践理性的观照。

人们可能会问，规则是否接受实践理性的审查？一般说来，只有在规则得到了人们广泛的自愿遵从的情况下，才能对之做出实践理性的解读。在现实中，在所有规则得到人们遵从的背后都有着某种强制性的力量，虽然有人会自愿遵守规则，但也可能存在着非自愿遵守规则的人及其行为。因此，很难说规则能够得到实践理性的审查。在实践理性的视野中，所看到的只有规范而没有规则，因为规则是在转化成了规范后才进入实践理性的视野之中的。所以，只有少数类型的规范能够被纳入科学视野中进行分析，即便这些类型的规范在是否得到遵守的问题上是一个经验的问题，那么也是需要在经验理性的建构和培育中形塑人们遵守规范的良好习惯的。

我们同样看到，不仅遵守规则的行为反映了经验理性，而且一切模式化的行为都不是基于科学判断作出的。一种行为模式一旦生成，属于这种行为模式的行为就会表现出一种自然而然的状况。其中，许多具体的行为是合乎经验理性的。当然，也会存在一些非理性的行为。就此而言，"从属于某种行为模式的行为"与"遵守规则的行为"是两个不同的概念。后者反映了行为主体的自觉性甚至自主性，而前者则表明行为主体的自觉性和自主性较为稀薄。当然，关于经验理性，是不应在行为的意义上去加以观察和解读的，而是需要在行动的意义上去认识。行动中的经验理性超越了主体与客体二分的观念，是由行动者所承载的，是反映在行动之中的。因而，也不再表现为对规范的遵守，而是经验理性本身发挥规范功能的状态。

霍尔（Hall）探讨了无声的语言，认为人的交往中存在着大量不用语词的沟通。这类沟通之所以成为可能，是因为其并不从属于逻辑判断。他坚信，"在神秘、困惑、混乱的表象背后，生活肯定有井井有条的一面"①。正是因为有了这一面，使得人们相互理解对方的肢体语言以及无声的安排。然而，对这种沟通形成支持的显然是一种经验理性。所以，在人们的日常的社会接触和交往活动中，经验理性在人的沟通中发挥了更为重要和更为经常性的作用。这也说明，如果我们的视线总是停留在科学理性、技术理性、工具理性上，是不可能实现对这个多样性的复杂世界的理解的。

经验理性是包含着反思性能力的，会在从经验到行动之间建立起反思的中介。但是，这种反思并不是传统的哲学或社会科学所理解的那种分析性的反思。经验理性中的反思可以从曾子的"吾日三省吾身"中去加以理解。对于这种反思，即便通过分析而能够从中发现分析性的理路，也必须看到这种作为经验和行动中介的反思在表现上更类似于本能，尽管它不是本能。正是由于这一点，决定了经验理性有着不同于其他类型理性的特征。在针对偶然性的、具体性的、独特性的事项而开展的行动中，经验理性是能够在每一项针对性的事件处理方法的形成中发挥作用的。

从社会进化的角度看，我们认为，对经验的承认，肯定经验的实践价值，这本身应当看作是理性的进步，是理性真正得到了表现的情况，因为科学理性、技术理性、工具理性在对其他形式的理性加以排斥时，往往表现出了非理性。既然对经验理性的承认意味着人类变得理性了，也就真正体现了经验理性的价值。也就是说，经验理性以及对经验理性的发现，使得人类——而不只是个人或人群——变得理性了。所以，自18世纪启蒙时代以来，人们一直高歌理性、追求理性，而真正理性时代的来临却以对经验理性的发现和承认为标志，人们因为承认了经验理性，使整个人类获得了理性的特征。

对经验理性的承认，意味着理性对经验的接纳，从而将经验纳入理性的范

---

① 爱德华·霍尔. 无声的语言. 北京：北京大学出版社，2010.

畴中。一方面，突破了工业社会早期理性的纯粹性，也可以认为，这是理性向经验的妥协；另一方面，也证明经验与理性之间并无严格的边界，如果说在工业社会的行进中人们将经验与理性分离开来，那么现在的任务正是需要将它们融合在一起。实际上，经验的类型是复杂的，某些经验本身就是理性的，不仅有着理性的甚至超越理性的功能，而且具有理性的属性。

三、基于经验理性的思维方式

在工业社会低度复杂性和低度不确定性的条件下，在工具理性已经完全俘获了思想者和行动者的境况下，重申人的经验的意义，其实只能在想象着与目的意识相对立的阐述中做出。那就是，"在日常的规范性行动中，我们只是按照我们在工具性的来往活动中所学会的那些信号阐发世界，这种信号只是向我们显示了有效行动的可能性。在这样的情况下，我们从事物之中只是体验到这样一些狭隘的层面，作为工具的领域而发挥作用的那些层面。就此而言，现实只有在这样的情况下——在现实不再受到目的行动的控制而得到展开的情况下——才能更加丰富地、更加综合地进入人的经验领域。这只能在这样的情况下发生，即工具性的关注消退，以便为一种更加漫不经心的状态或者更加昏糊半醒的意识状态让路"[①]。可以认为这种经验是一种纯粹经验。

所谓经验领域，实际就是我们所说的日常生活领域，而且更多地存在于人的无意识的行动中。在私人领域和公共领域中可以离析出一个经验领域，但那主要是与职业活动相联系的。由于私人领域、公共领域的理性化已经达到了较高的程度，即使存在着经验领域，也没有引起人们的关注。其实，在理性已经征服了人的世界的情况下，经验以及经验领域的社会价值都很难被重视。所以，康德之后的人们对经验所表达的往往是轻蔑。但是，霍耐特（Honneth）所说的经验是有着久远历史的再生性存在，是一种智识形态。在农业社会中，与人相伴随的主要是这类经验。

作为人的一种智识形态，纯粹经验在工业社会中能够被理性所超越应当作为一种历史进步来看待。但是，历史的脚步并不会驻足于工业社会已经达到的理性水平。也许正是在此意义上，经常有学者提出超理性的说法。就这个说法而言，显然是很成问题的。因为，超理性究竟是超级理性还是超越理性？要予

---

① 阿克塞尔·霍耐特. 分裂的社会世界. 北京：社会科学文献出版社，2011.

以回答的话，就需要进行肯定性的描述，而不能满足于否定性判断。在我们看来，如果说工业社会是一个理性的时代，那么在人类历史的一个新的阶段——后工业社会——中，将重回经验的时代。不过，绝不是向农业社会那个经验时代的回归，而是经验重新在人的行动中发挥主导性的作用。就后工业社会中的经验而言，由于经历了工业社会这个理性的时代，已经不再是纯粹经验，而是理性化的经验。所以，我们将其称为经验理性。也许人们会将这种状态称为超理性的，但我们不同意这种命名，我们是根据它的性质而将其称为经验理性的。

对于人类社会发展史来说，工业社会绝不是人类所走过的一段弯路，而是一个必经的历史阶段。人类在这个历史阶段中所创造和所取得的文明成就是会得到继承的。所以，人类在工业社会这个历史阶段中所达到的理性水平是建构理性再出发的起点。也许如工具理性、技术理性等理性的具体形式会得到扬弃，因为它们不仅不能满足高度复杂性和高度不确定条件下的生活和行动需要，反而会产生消极作用，但理性的实质性构成部分却会得到继承，并能够融合到经验之中，从而赋予经验以理性的内涵。所以，在历史背景中去看经验和理性的问题，就能够看到，后工业社会中的经验是包括了理性的经验，它拥有经验所具有的所有灵活的形式，又具有理性的严谨性，能够适应高度复杂性和高度不确定性条件下行动的要求。

工业社会的科学认知方式使人形成了一种线性的分析性思维方式。拥有分析性思维的科学体系发散出去的每一条线都构成了一个专业。所以，科学认识是以专业化的形式去破解各种各样的课题的。人们对科学体系的寄托是在每一个专业化的认识都达到了真理性认知之后，再进行综合而成为对世界整体的完整把握。然而，由于哲学也在运用线性的分析性思维方式，以至于没有任何一个学科去承担把全部认知成果综合为整体的任务。

面对这种情况，有一些学者提出了复合性的感知世界的方式之设想。比如，霍耐特在评述本雅明和荣格的思想时，就注意到他们的这种设想，"正如我们现在所看到的那样，本雅明和荣格都赞同这样的说法：工业化世界所引发的社会文化变革导致了我们感知能力的扭曲，导致了魔力般经验的丧失；本雅明也赞同这样的想法：针对这种经验丧失不断推进的进程，我们必须找出方法上的出路，从而为我们这个时代重新赢得这样一种复合性的感知世界的方式"①。但

---

① 阿克塞尔·霍耐特. 分裂的社会世界. 北京：社会科学文献出版社，2011.

是，他们除了对经验的反复申述之外，并未找到感知世界的方式的变革出路。而且，在他们把注意力集中于经验的时候，仍然是用分析性思维去观察经验的，是把经验纳入理性建构物中进行评判的。

其实，经验只是一个出发点。可以成为分析性思维行进的出发点，也可以成为其他的思维行进的出发点。对经验自身的过多关注和重新定义，并不能实现思维方式的变革。正是基于这一无可辩驳的看法，我们提出了人类可以发展出一种不同于工业社会中的分析性思维的思维方式——相似性思维。当我们提出相似性思维方式的时候，对经验所持的态度就是，将经验纳入相似性思维方式中进行重新定位和定义，肯定经验的理性属性。总之，相似性思维是我们一再努力去证明其在后工业社会出现的合理性的思维方式。

根据社会加速理论的看法，人的体验与人的经验在量上是呈反比的。人的体验越多，保留下来的经验就越少。或者说，保留在记忆中的经验就越少。这个认识是可信的。但是，如果人的经验并不只是表面经验，而是有着作为经验凝聚物的经验理性的话，那么情况就不再是社会加速理论所认识到的那样了。人的体验，无论是社会体验还是生活体验，都会呈几何级数增长。而且，在社会运行和社会变化加速化的条件下，深度体验会越来越少，人的绝大多数经历都可能属于浅层体验的范畴，因而得到记忆的经验可能是很少的。但是，人的经验理性却能够在此过程中得到良好的发育。就经验理性不从属于量的方面的规定而言，并不存在着多或少的问题。所以，经验可以有多少之分，而经验理性反而会因为经验越多而变得越厚实。

在人的体验较少的情况下，虽然会生成较多长久记忆的经验，但这些经验往往会促成人的偏执，人们在心理取向上，往往会对自己的经验高度信赖。也许正是这个原因，在康德的时代，人们表达了对经验的轻视。而且，在很长一段时期内，特别是在实践的领域，经验主义一词也是一个带有很强贬义的词语。然而，如果人的经历丰富、体验多样，在记忆中保留的经验可能会变得很少。的确，社会的高速流动必然会造成人们无暇在自己的经历中去做出深度体验的情况，因而很难在记忆中形成清晰厚重的经验。但是，这种情况对于经验理性的生成而言是有益的。在某种意义上，通过这种方式形成的经验理性是具有智慧的特征的。

我们已经指出，经验理性在思维特征上会表现为相似性思维，它与基于科学理性的分析性思维是不同的。其实，在学术研究中，学者们已经注意到一种法律推理的思维现象，并准确地描述道："法律推理过程是发现案件事实之间的相似性和差异性以及相关法律的含义的能力。"① 可以认为，这已经超出了推理的范畴，是一种联想，是通过相似性而建立联系的做法。

我们知道，法律是实践性的，而且法律实践是理性的。但是，这种理性又是与科学理性不同的。当我们举法律实践的例子时，实际上是抓住了一个极端的典型事例。正是在这种典型性的实践事例中，我们看到了一个极度理性的领域是如何发生蜕变的，甚至是在理性高扬的时代就表现出了与总体社会环境的不一致性。因为，当法律推理关注相似性和差异性的时候，意味着人们在工业社会中极度推崇的理性受到了背叛。

法律的实践性决定了人们在行动中为了满足法律适用的要求，不得不把关注点放在勘定相似性与差异性方面，并在此基础上建立模糊但合理的法律适用关系。就思维特征来看，这已经是相似性思维了。之所以在分析性思维占支配地位的时代中法律实践会运用相似性思维，是因为法律条文的普遍性与案件的具体性无法满足理想中的那种同一性的要求。

显然，普遍性的法律条文与具体的案件之间总会存在某些不一致。事实上，立法者对法律条文的普遍性追求决定了它不可能与任何具体的案件完全一致，以至于执法者只能在它们之间去把握相似性。而且，是通过联想去把握相似性的。正是因为这种把握相似性的操作方式存在出现偏差的可能性，才会有律师、多级审理、庭审辩论等设置，以求所把握的相似性更加合理和更加合乎实情。其实，相似性思维并不仅仅存在于法律实践中，在公共行政的实践中，甚至有着更为广泛的应用。就行政执行中的自由裁量权的设置来看，赋予行政人员的其实就是对相似性思维的应用之权。

总的说来，在社会治理的实践中，广泛地存在着应用相似性思维的事实。它说明，实践的具体性和复杂性决定了分析性思维无法在此派上用场，以至于必须求助相似性思维。对此，怀特（White）举了这样一个行政管理中的案例："有一个经验丰富的人事处长面对一个不合期望的试用雇员。这位处长该如何决定对这个雇员的处置呢？这位处长会把这种情况与以前的情况作对照，以此作为决策的指导。实际上，他会询问并回答下面的问题：这种情况的事实真相是什么？它们与其他情况相似吗？在那些情况下是怎么做的？在这种情况下应该

---

① 怀特. 公共行政研究的叙事基础. 北京：中央编译出版社，2011.

照样做吗?"① 在这样一个决策过程中,贯穿其中的是相似性思维,是对经验理性的重视。所以,在社会实践中,随处可见的都是相似性思维及其经验理性在发挥作用。

相似性思维的实践品质决定了它在具体问题的处理中能够适时适事地去把握问题的本质方面,经验理性使人们从过往的经验中去汲取有益的参照性因素,从而做出合情合理的处置。相反,如果运用分析性思维的话,就会要求在形式上按照某个标准去做出决定,从而表现出官僚主义、形式主义等。当然,对于公共行政实践中的这种决策所包含着的相似性思维,怀特是不可能理解的。但是,他描述的案例却给我们一个准确的说明,那就是,这样做并无什么道理可讲,不合乎什么理论上的原理,而在经验上去看,却有着积极效应。

关于上述案例,怀特接着描述:"假定那位试用雇员声称他正在离婚,是情绪紧张影响了他的工作,而他现在正在寻找咨询服务,希望它有助于他的工作绩效。他请求延长他的试用期。人事处长可能会先确定这些说法是不是真的,然后,他可能根据以前的情况并看看过去是怎么做的。假设他想起以前有一个雇员因为喝酒妨碍了他的工作绩效而被留下来察看,他寻求'戒酒协会'的帮助而成功,如今表现出众并结束了察看期。那种情况相似到足以沿用于这个雇员的试用期,同时既对他公正,又有助于留住可能有用的雇员。"② 这对于拥有分析性思维的科学管理而言,可能会被判定为一种不讲原则的做法,但在行政管理的经验中,却是一种受到鼓励的做法。

所以,即便在工业社会中,相似性思维及其经验理性在实践中是具有积极价值的。事实上,在管理活动中,凡是涉及人的事,如果能够运用相似性思维、能够拥有经验理性,往往能够在管理上达到卓越的境界。相反,如果带着分析性思维及其技术理性、工具理性去处理那些与人相关的事,就会以冷冰冰的面目出现,就会透着官僚气息。总之,经验理性以及相似性思维是有着广泛的应用价值的。在风险社会中,随着模式化行动变得不再可能,大量的行动需要根据具体情况而作出行动方式的选择,以至于行动者只能求助于相似性思维及其经验理性的支持。

---

① 怀特. 公共行政研究的叙事基础. 北京:中央编译出版社,2011.
② 同①.

第五章
建构相似性思维的任务

人的一切认知都是为了行动，而行动则是为了人的生活和生存的需要。关于人的认知活动，是需要在具体的条件和具体的历史场境中来加以理解的。在人类历史的不同阶段，实际上形成了不同的认知体系。在工业社会所拥有的认知体系中，分析性思维通过分析、抽象、推理等方式而实现认识，并将认识成果作用于实践。在风险社会中，能够适应合作行动要求的认知方式是与相似性思维联系在一起的，而想象则是相似性思维的构成要素和重要环节。对于人的行动而言，想象意味着创造、创新，因而，在人类历史转型的过程中，在遭遇了风险社会的时候，在我们致力于思维方式重建的任务时，需要突出想象的功能。

其实，想象本来就是人能够思想的标志之一，在科学研究中，想象发挥了非常重要的作用。在近代以来的科学发展中，由于分析性思维成了科学研究中的主导性思维方式，才表现出了对想象的排斥。表现最为突出的是社会科学中的实证研究，不仅排斥了想象，而且造成了抑制人的想象力的后果。与科学研究排斥想象不同，日常生活是想象最为充盈的领域。在工业社会，虽然在科学认识、社会生活、生产实践中想象遭到了排斥，但在日常生活领域以及文学艺术活动中却得到了认可。正是日常生活以及文学艺术活动中保有了想象和促进了想象的进化，才培育了科学研究者的想象力。

与人类历史的以往世代相比，风险社会表现出对想象的强烈要求。那是因为，高度复杂性和高度不确定性条件下的认识和行动都需要得到想象的支持。想象是相似性思维的构成要素，或者说，是相似性思维行进中的重要环节。在风险社会中的认知和行动对想象的渴求，必将引起人们对相似性思维方式的联想，并将走上重建相似性思维的道路。当然，对于认知与行动来说，想象能够在更为直接的意义上发挥作用。想象是人的认知活动中的一种重要方法，或者说，是人的认知活动的一条重要路径。

第一节 相似性思维及其想象

人工智能专家明斯基（Minsky）认为，一个人所具有的创造力不是因为他能够提出多少种想法，而是取决于他如何从各种想法中选择新的想法。"所谓'有创造力'的思想家脱颖而出的不是其想出了多少种想法，也不是这些概念有多新颖，而是他们如何选择新的想法，从而继续思考和发展。"① 有想法是必要的，就如常话所说，"没想法就没办法"。想法本身其实就是创造力的标志，但能否因为想法而取得创新成果，则取决于从想法中选择了新的想法。选择新的想法的能力，才是真正的创造力。

想法所代表的是人的联想、想象的能力，是人的创造力的基本构成要素。不过，想法在某种意义上只是创造力的胚芽，只有当作为联想、想象结果的想法经历了反思性的审查，或者，接受了直觉判断的定性，并从多个想法中选择了具有新的属性的想法，才是成熟的和具有现实性的创造力，并能够导向创新成果。也就是说，人的创造力源于人的想象力，想象是创造的起点。但是，并不是随便一种胡思乱想都能够以人的创造力的形式出现，只有那些能够经得起审查的想象，才能够转化为创造力。

科学上的理论探索绝大多数都是通过想象进行的。比如，相对论是以假设为前提的，是从假设出发所进行的想象。这个假设就是，如果乘着一束光旅行，所看到的宇宙将会是什么样子呢？爱因斯坦对此作了想象，结果是提供了相对论。同样，看到一只下落的苹果，牛顿所想象出来的是万有引力定律。没有想象，我们就无法想象科学是如何得到发展的。在某种意义上，只是在想象的结果需要验证和传播的时候，逻辑证明才会介入，才能让人看到理性所发挥的作用。对于一种科学理论的创立者来说，他并不在意理性，也很难说理性在他的想象中发挥了作用。当然，能够经得起审查的想象必然是理性的，只不过这种理性是不能归入认识论哲学所描述的那种可以分析的理性。具有理性属性的想象是不需要通过逻辑去证明的，因为它只服务于创造和创新。

一、想象之于科学研究

在现象与想象之间的关系问题上，尼采（Nietzsche）提出了一种见解。在《权力意志：重估一切价值的尝试》的一个备注中，尼采设想，"可以尝试对现象的解释：第一，用想象先于现象的影像（目的）的方法；第二，用想象后于现象的影像的方法（数学物理解释法）"②。无论是想象先于现象还是现象先于想象，现象和想象在尼采这里都是联系在一起的。也就是说，对现象的把握是

---

① 马文·明斯基. 情感机器. 杭州：浙江人民出版社，2016.
② 尼采. 权力意志：重估一切价值的尝试. 北京：商务印书馆，1996.

离不开想象的，只不过在科学的不同形式中，它们之间的关系是不同的。

属于认识论范式的科学，是把想象放在了现象之后的。一切创新和创造活动却又必须把想象放在现象之前，因而成了因为想象而有了现象。尼采认为这两种做法构成了两种方法。我们是同意尼采的意见的，认为可以将这两种方法理解成认识的方法与实践的方法。其实，如果我们将这两种情况与不同的时代联系在一起的话，那么工业社会的科学是将现象先于想象作为一种程式化的科学观念而持有的，尽管科学研究实践中的创新、创造所走的是相反的路线。在后工业社会，我们认为，科学研究应当放弃这种程式化的观念。也就是说，在风险社会中开展行动时，不应去关注现象与想象何者为先的问题，而是应当持有一种现象与想象是处在交互作用过程中的观念。

想象源于人对在场的一切的不满足。如果在场的一切让人心满意足的话，那么想象之门就会关闭。所以，正是人们有着在场的缺憾而激发出了想象。这样一来，想象所追求的就是对在场的修正和补足。由想象汇聚起来的力量，就推动了历史的进步。在直接的意义上，想象是创新的源泉。或者说，在人的一切创造性活动中，都可以看到，想象于其中发挥了作用。没有想象，就不可能有创新。

从表现形式上看，如果说认识是在用新发现去否定既存现实，或者，是通过对既存现实的批判和否定而找到了通向新发现的道路，那么想象在初始动机上，并不明显地表现出批判和否定的追求，而仅仅是由关于在场的缺憾引起的，是出于补足在场的目的。所以，引起想象的原因要比激发认识的原因更具有现实性。但是，就可能出现的结果而言，因为想象比其他认识方式更为直接地作用于创新，所以其结果可能比某些认识所追求的批判、否定更为激烈。因而，当想象反映在创新的过程中和促成了创新的结果时，有可能致使既存的场域变成一片废墟。

就想象的功能而言，科学发展史向我们证明，科学研究中所取得的所有开创性的成果都离不开想象。科学研究中的证明可以确认某种存在，而想象则可以呼唤某种存在。几乎所有伟大的科学家，都向我们展示了想象在他们的发现和创新中的价值。"哥白尼在天文学上，爱因斯坦在物理学上本质上就是这样做的。他们之所以是重要的，不是因为发现了新的事实，而是因为他们对旧的事实发明了新的观察方法。哥白尼以后的天文学家对于天体并没有掌握新的真理，而是掌握了一种新的概念系统来组织他们已经具有的真理。"① 想象是有着这种功能的：让既有的现实获得新的存在样态和新的内容，甚至可以使既已失去生命力的现实重新焕发生命。

新的概念和概念系统的出现无疑需要求助于想象，如果不是在想象而是在分析中展开思维的行程，那么永远都不能创造出新的概念。分析只能运用既有的概念，至多将概念工具的功能尽可能地发掘出来，却不可能创造出新的概念。科学发展史上每一个新的概念的提出都是想象的结果，即使在分析的过程中有了新的发现，也只能说是借助想象而在分析的过程中提出了新的概念。有了新的概念，就有了新理论出现的可能性。事实上，一种科学理论的创立，其实只是在新的概念的基础上取得的成果。

在分析的视野中，可以看到，科学发现是有逻辑可循的。但是，如果对科学发现的某些节点进行具体观察的话，就会发现，那些节点上有着某种无法彻底弄清的神秘性因素。其实，那种神秘性的因素就是想象，是一种以直觉的形式出现的想象，也被人们称作灵感。至于技术发明，虽然人们将其放置在某种科学语境中，但在很多情况下，我们无法从中发现可回溯的逻辑，一般说来，那种情况说明，大都是灵感起了作用。如果说灵感是想象的展现，或者说，灵感是想象的一种表现形式，那么无论在科学发现还是技术发明中，都必须给予想象的作用以高度评价。

波普尔（Popper）认为，"自然科学不是以'测量'开始，而是以伟大的思想开始；科学的进步不在于事实的积累或澄清，而在于大胆的、革命性的思想，然后它们不受到严格的批评和检验"②。波普尔甚至声明这是他的基本主张，以表明他与实证主义有着原则性的不同。就这一点而言，我们是表示赞同的。如果不限于对归纳法的批评，而是指首先有了伟大的思想，然后才有了伟大的发现，那么在伟大的思想产生的问题上，就需要引入创造力的因素。事实上，一旦我们造就了伟大的思想的创造力，也就清晰地看到了创造力的形式——想象。想象与创造力总是关联在一起的，或者说，想象无非是创造力的表现形式。

如果观察科学研究者的能力，就会发现，他们间的差距主要反映在想象力上。可以认为，一切可以被视为有价值的科学研究成果都是想象的结果。或者

---

① 艾耶尔. 哲学中的革命. 北京：商务印书馆，1986.
② 卡尔·波普尔. 通过知识获得解放. 杭州：中国美术学院出版社，1996.

说，想象在科学研究所取得的每一项有价值的成果中，都发挥了关键性的作用。缺乏想象的科学研究根本就称不上研究，没有想象力的学者只是伪学者。对于社会科学研究来说，拥有想象力要比从事自然科学研究更为重要。米尔斯认为，对于社会科学研究而言，"以'自然科学'的名义限定我们研究的问题是一种过于严谨的胆怯。当然，如果技巧半生不熟的研究者希望把他们局限于这些问题，这是一种明智的自我限制；但超越这个程度之后，这种限制就没太多必要了"①。

也就是说，运用自然科学的观念和方法，仅仅对于那些准备研究社会的"半瓶醋"才可以尝试一把，对于社会科学领域中的成熟学者来说，根本不应产生这样的念头。米尔斯心中的社会科学家是这样的，"一流的社会分析家会避免僵化的程序；在著作中他尽力发展并运用社会学的想象力。他排斥对概念的组合与分解，只有在有充分理由相信使用更精细的术语能拓展理解的范围，提高引文的精确度。深化推理时，他才应用这些术语。他不受方法和技巧的制约，经典的研究途径就是这些学术巧匠的研究途径"②。

可以认为，米尔斯从自己的研究工作经历中深切地体会到，"一个人要掌握'方法'和'理论'，就得变为一个自觉的思想者，一名了解在自己研究中所运用的假设和隐含意义的研究者。而他若是为'方法'和'理论'所控制，则无法进行研究，也就是说不能竭力洞察世事。如果你对治学之道没有深刻认识，那研究的结果就不可靠；如果你不能确定某一研究能否得到重要结果，那所有的方法无非是毫无意义的伪饰而已"③。

几乎所有重大的科学发现，都是在对想象的验证中得到的。就想象而言，之所以不是空想，正是因为它是从经验事实出发的。当然，许多科学创新成果（也可以看作是发现）是在逻辑推理中获得的，但若不是有了那些被人们公认为重大发现的成果，那么逻辑进程在科学研究中就没有赖以展开的起点。由此看来，想象之于科学，是有着非常重要的意义的，需要在每一项伟大的科学成就的起点上来认识想象的意义。也许人们会认为，我们这里所说的想象是那些科学巨匠的专属。在历史上，这种看法是能够接受的，但在我们进入了一个很难建构起统一的科学理论体系的时代，则意味着每一项行动都需要得到创新的支

---

① 赖特·米尔斯. 社会学的想象力. 北京：生活·读书·新知三联书店，2016.
② 同①.
③ 同①.

持。这种创新在思维方式上亦如科学发现一样，是由想象力推动的。

我们需要认识到，今天的科学技术发展已经把人类带入一个更高的文明境界，不过，远古人类所崇拜的神却因为我们对科学的信仰而被赋予了一个新的名字——外星人——而持续地承载着人的幻想。只不过，这个新的神从救世主转化成了某种威胁，从而让人类在幻想中孕育出恐怖的情绪。不过，无论是神还是外星人，都证明了人的想象力的存在，说明人不愿意耽于所在的现实。既然人是有想象力和愿意想象的，那么如何将人的想象转化为一种资源，也许就是一个需要去研究的问题了。于此之中可以看到，无论是宗教还是科学，都离不开想象，没有了想象，人将不再是人。

二、从日常生活到科学研究

在全球化、后工业化进程中，在风险社会中，社会科学研究应当从哪里着手才会有所收获？我们认为，首先需要关注的是日常生活。

日常生活是包含着丰富想象的领域，日常生活中包含着想象的文化基因。日常生活的运行本身，就是时时处在自我批判中的。更为重要的是，日常生活中的批判往往是以可能性为依据来批判现实的，是通过对现实的批判而使可能性转化为现实性。我们知道，一切社会变革只有引起了日常生活的变化才能被认为是成功的。如果日常生活维持现状，那么社会变革无论表面上看来多么声势浩大和取得了多么惊人的进展，都没有真正实现社会变革，即不可能收获真实的变革成果。因为，那些表面上看来已经实现了的变革还会倒退回来。只有社会变革得到了日常生活变化的响应，才会取得积极进展。相反的情况是，某种经由运动的形式而发动的社会变革尚未发生，而日常生活却产生了变化。一旦出现了这种情况，那么人们就会从中发现，整个社会已经实现了某种变革。

在现代社会，一般说来，总是技术首先促进了日常生活的变化，通过悄悄地改变日常生活而推动了社会变革。如列斐伏尔（Lefebvre）所描述的，"现代技术进步替代了那些用梦幻、观念、诗歌或那些超出日常生活的活动所做的日常生活批判，现代技术进步从内部展开对日常生活的批判：日常生活做出对自己的批判，通过可能对现实展开批判，通过日常生活的另一方面批判日常生活的这一方面。拿那些具有所有先进生活设施的日常生活与较低或降低了生活标准的日常生活相比，前者呈现为一个遥远而熟悉的怪梦"①。

如果日常生活通过技术的引入和应用而实现了自我批判，那么在这种批判之中，是包含着促进日常生活变化的强大动力的。当日常生活的变化向社会的其他方面辐射时，就构成了社会变化加速化的原因。但是，技术的引入为什么能够促进日常生活变革，或者，人们为什么会引进这些技术，都是需要归结到日常生活中的可能性的。正是某种可能性，描绘出了日常生活的前景。然而，这种可能性又是包含在人的想象之中，是由想象勾画出来的可能性。

当日常生活依据可能性而对现实作出批判时，展现出了一种与科学原理以及认识论逻辑不同的运作方式。虽然科学原理的发现和科学理论的创建都得益于想象，但当科学原理确立了之后，为想象留下的空间就变得非常偪仄了。科学是注重现实的，至多也是从现实出发去想象可能，而日常生活则包含着理想。如果我们把理想解释为合理的想象，那么日常生活是弥漫着想象的。日常生活总是把可能想象得更美好，认为可能包含超越现实的力量，是可以转化为现实的。所以，如果说科学分析是现实主义的，那么想象则是超现实的。对现实的科学分析永远存在于现实之中，走不出现实；想象则使人摆脱现实的羁绊，走出现实，而且在走出现实后再回过头来创造新现实。

科学从来都没有告别想象。如我们已经指出的，一切伟大的科学家都是富有想象力的。可以认为，在科学成就之中，在科学的发展之中，所包含的是科学家想象力的贡献。没有想象，科学分析至多只是一种结不出果实的花朵。不难想象，就人的认识而言，所面对的总是那些显现在我们面前的事物，或者说，是那些事物将其容许我们认识的一面显现给了我们，至于我们在事物显现给我们的那些层面上认识到多少，取决于认识者以及所运用的认识手段。分析、抽象是一种认识手段，直观、领悟也是一种认识手段，肯定还存在着其他的认识手段。

任何一种认识手段都不能为我们提供一种担保，即保证我们对对象作出完整的认识，甚至不能保证我们所认识的就是事物原本的那个样子。就我们所认识的事物被表述为对象而言，是以我们所要认识的事物的那一面为依据作出的判断，我们把包含着我们所要认识也可能认识的那一面的东西称为对象。也就是说，无论我们使用了分析、抽象还是直观、领悟等手段，都意味着我们认识

---

① 亨利·列斐伏尔.日常生活批判.北京：社会科学文献出版社，2018.

了我们凭着自己所拥有的手段能够认识的那一面。这一面是对象显现给我们的，至于其他方面，虽然有可能包含在对象之中，但因为认识手段或认识能力的局限而没有被我们所认识。这样一来，所谓对象，是可以区分为认识的对象和可能的对象两个方面。

对象一词有着选择性内涵，是被选择为对象的。熟视无睹一词所描述的就是一种看到了但并未作为对象对待的状况。之所以没有作为对象来对待，是因为没有将意向投入其中，只有将意向投向了那个存在，那个存在才会成为对象，成为此在。比如，在我选定某个存在作为我的认识对象时，这个选定就是将我的意向投射到那个存在中去的过程。因为我将意向投射到了那个存在之中，从而将它转化为我的对象。

可见，对象此时因为有了我的意向而不同于原先的存在着的事物了。无论我们是通过什么样的方式获得了那些一直被我们认为是掩盖在事物背后的东西，也不管我们是通过什么方式而使它们得到了验证，都应当被看作是我们赋予事物的，是我们的意向与事物中的那些东西的契合，而不应认为那是本来如此的。如果我们认为我们通过领悟或分析而获得的那些东西就是事物本来如此的，也就意味着我们的认识已经是终极性的认识，即不可能再通过进一步的认识获得更多。只要我们的认识能够表现出不断深入的状况，能够有着不断地从不完全到完全的发展，就说明我们所认识到的事物中的那些东西并不是本来如此，而只是本来是什么的一部分，是那些实现了与我们的意向相契合的部分。

可见，对于我们的认识来说，一旦意向投射并渗入了事物之中，就不存在事物本来是什么的问题了，只有一个我们所认识到的是什么的问题。这样一来，我们通过什么样的方式去认识事物，如何透过事物的表象去认识其背后的东西，就可以采用多种方式，而不是只有认识论所规划的那一条道路。当然，就意向投射和渗透到存在物中来看，是可以分为两种情况的：一种是消极的投射和渗透；另一种是积极的投射和渗透。消极的投射和渗透具有认识论所描述的反映特征，而积极的投射和渗透则包含着想象。

总的说来，认识对象也同认识者一样，都具有不确定性，也都显而易见地因人而异。同样，采用什么样的认识方式，是因需要以及场境而定的。在面对低度复杂性和低度不确定性的对象时，认识论所规划的认识路线是可行的，而且也已经取得了巨大成功。表现在科学发展上，所取得的成功让人感到骄傲。然而，在面对高度复杂性和高度不确定性的对象时，认识论所规划的认识路线和提供的认识方式就不能再承载人们的期待，致使我们不得不求助于直觉、领悟、想象等直观本质的方式。

想象也许是源于经验的，但就想象的结果来看，所有的想象物都是超验的。其实，所谓创造，首先就是获得超验性存在，甚至获得一个超验世界。只有想象物是超验的，只有当想象指向了超验存在，并能够实现从超验向经验的转化，才能证明想象是创造性思维活动的构成要素。对于实践来说，如果人们满足于经验或停留在经验之地，就不可能推动社会发展，也不可能在解决新的问题方面有所作为。

当我们说人类进入了一个创新的时代，当人的创造性活动得到了支持和受到鼓励的时候，超验世界通过想象而获得的存在上的合理性就需要得到肯定。在这个问题上，唯物主义，并不是故步自封的理由。而且，就人能够想象并获得想象物而言，也不应接受是唯物主义还是唯心主义的判断。在风险社会中，既有的一切都应从属于实际行动的需要，至于理论上、观念上、文化上的各种各样的标签，都应被揭开并被抛弃。风险社会及其高度复杂性和高度不确定性条件下的行动只从属于一项原则——实事求是，一切认知和实践活动，都需要从实际出发。

放在历史的序列中，可以看到，超验物是与人的想象力的成长联系在一起的。比如，中国商代的人们把祖先当作神来看待，这只是将先祖神化了，在很大程度上具有经验的成分。后来出现的神越来越与经验无关，特别是经过宗教改造了的神，完全是想象的结果，成了绝对的超验性存在。人类社会的发展同样包含着精神进化的历史，人的想象力始终都处在成长之中。所以，在我们进入了后工业社会和置身于风险社会的时候，通过想象而创造超验物，并在此过程中表现出创新，这应当说是历史的进步。

在对中西方进行比较的时候，可以看到中国的佛教、道教等往往被人们归类到经验性宗教的类别，而西方的基督教等宗教则被认为是超验性的宗教。而且，西方在走出中世纪的过程中所实现的革命，正是用经验的世界去否定超验的世界，并在对经验的世界的经营中取得了科学技术的进步。与此同时，人的创造超验物的能力虽然在工业社会的某些领域中受到了压制，但在日常生活领域中，则一直处在提升的过程中。在某种意义上，我们认为，科学技术所取得的成果的巩固，是得益于认识论哲学所提供的分析性思维方式的，而科学的发展和技术的进步则是从日常生活中的人的想象力的储存和成长中获得了源源不断的动力。

明斯基说："程序员开发程序时，他们通常首先选择一种能够表征自己程序所需要的知识的方法，但是每种表征只在某些领域内起作用，没有一种表征能够在所有领域内都起作用……"① 所以，人工智能技术在今天呈现给我们的只是功能专业化的机器人，而不是根据复杂情境去自主行动的类人机器。显然，从机器人向人工智能的代际转变，必须以思维方式的变更为前提。只有当人工智能专家拥有了相似性思维，并把类比、联想、想象等这些相似性思维的构成要素赋予机器，才能够让机器获得在变动的环境中去把握意义的能力，即在意义与表征之间建立联系。

应当说，只有当机器也像人那样，既拥有分析性思维也拥有相似性思维，而不是仅仅拥有分析性思维，才可以宣称人工智能时代的到来。也许我们距离这个时代很遥远，也许我们距离这个时代只有一步，关键要看人类能否实现思维方式的变革，即从分析性思维转变为相似性思维，并将相似性思维移植到人工智能上。我们知道，科学家、工程师以及形形色色的专家在日常生活中拥有相似性思维。但是，由于他们在专业训练中接受的是分析性思维，以至于他们在专业活动中会按照分析性思维去寻求解决问题的技术方案。人工智能专家也是如此，由人工智能专家生产出来的机器，也就获得了分析性思维。

之所以人工智能技术的发展在 20 世纪末和 21 世纪初遭遇了一个沉静期，之所以人工智能研究兴起后又一次遇到了瓶颈，是因为从事人工智能研究的人一直走在分析性思维所铺设的道路上，所表现出来的是在专业性功能的意义上使机器人更新换代，而从机器人向人工智能转变的最为重要的一步却始终迈不开。如果科学家、工程师以及专家们回归到其"本尊"的状态，同时拥有相似性思维，那么人工智能专家也许就能够在这种氛围中找到人工智能技术发展的新路了。所以，我们认为，在人工智能技术的发展中，真正具有里程碑意义的事件将是相似性思维的确立和应用。其中，作为相似性思维的构成要素的想象，是决定性的因素。一方面，只有想象可以使人工智能专家走出受单一分析性思维所支配的状态；另一方面，只有赋予人工智能以想象力，才能超越设计时所给予的环境而开展活动，从而成为真正的智能。

在日常生活中，我们随时随地都能发现相似性思维。因为，想象是与我们

---

① 马文·明斯基. 情感机器. 杭州：浙江人民出版社，2016.

须臾不分的。在多数情况下，分析性思维的应用恰恰是由想象导入的，是在日常生活中有着对分析性思维的需求时，才由想象将分析性思维导入其中。比如，在面对一些问题时，"我们需要借助于假设-推定机制来处理。譬如汽车发动不起来了，我们必须找出原因。我们可设想一种虚构的情形：是电池没电了吗？是变速器坏了？对于我们想象得出的每一种可能性，我们用假设-推定机制来构造一个情景，如果这种可能性是真实的，那么接下来会发生什么。然后我们回到现实中来，利用想象场景得到的信息来检验这种可能性。如果是电池没电了，我可以采用助推启动方式来发动汽车，如果是变速器出了毛病，那么助推启动就不会起效。甚至一些简单的计算也需要发挥想象力，需要采用假设-推定机制，需要跳出现实外。现实不提供任何帮助，汽车不会自己启动，而这一切信息我都已掌握。为了让汽车启动，我可以独自一人竭尽各种可能情形以便从现实中获得更多信息，但是这不是一种实际的收集数据的方法，而是通过暂时搁置事实，发挥想象，并从中找出错误，我可以最佳地利用我的时间和资源来解决我所面临的问题"①。

可见，正如我们一再指出，分析性思维与相似性思维并不必然是互相排斥的，而是可以在解决一个问题时同时得到应用。其中，想象可以成为联结这两种思维方式的纽带，也可以在从一种思维方式的应用到另一种思维方式的应用的过渡中成为桥梁。其实，对于每一个在科学研究中取得成就的人来说，都会深切地感受到，正是想象把他引上了成功之路。即便在一些被说成经验研究的研究过程中，虽然其研究过程可以严格地遵循某种模式化的研究步骤，但在其研究起点上，如果得不到想象的支持，也就不可能展开。

就所有的经验研究的第一步都要提出假设来看，其实就是求助于想象的。因为，只有想象，才能使研究者获得某种假设。也就是说，缺乏想象力的人，或没有想象力的人，不可能提出有价值的假设。如果他希望开展研究工作，除非求助于他人去为他提出假设，或者，抄袭他人所提出的假设。否则，他就无法进入分析性思维的应用过程。所以，在整个现代科学发展过程中，每一项科学研究成果的获得，都与科学家所拥有的想象力有关。这也就意味着，相似性思维在现代科学发展中从未缺席，反而一直扮演着作为分析性思维向导的角色。

① 麦克斯·布罗克曼. 下一步是什么. 长沙：湖南科学技术出版社, 2018.

三、实证研究与想象力抑制

在实证研究得到了极度推崇的时代，是不应对实证研究提出批评的。实际上，我们绝无批评实证研究的想法，但我们必须指出实证研究反科学性的一面。这是因为，对风险社会及其高度复杂性和高度不确定性条件下科学研究的一种相望，对全球化、后工业化所包含的全面社会变革的认知，对人的共生共在所提出的要求的体会，让我们希望科学的发展能够承担起时代所赋予的使命。所以，我们在思考中遇到了实证研究的问题，并希望发表一些看法。

科学研究离不开想象，但许多从事科学研究的人又总是表达对想象的轻蔑。在社会科学研究中，20世纪中期兴起的实证研究对想象的轻蔑表现得非常典型。在某种意义上，实证研究是科学史上的一种极端的反科学现象，它以科学的名义，以表现出来的严格科学操弄，排斥了科学研究中的诸多必要的因素，试图扼杀科学研究中的想象。可以认为，实证研究的兴起极大地抑制了科学家在科学研究中的想象力。

不过，我们惊叹于米尔斯在20世纪50年代就对实证研究做出了系统、深入而精准的批评。因为那个时候，实证研究方式尚处于方兴未艾之时。在那种情况下，米尔斯能够对实证研究作出全面分析并予以否定，反映了一个思想家的深邃。就米尔斯的《社会学的想象力》一书所产生的广泛影响而言，是可以跻身于20世纪的学术经典之列的。然而，米尔斯对实证研究的批评意见，似乎又没有产生什么影响，甚至根本就没有为人们所关注过。实证研究在米尔斯的意见发表之后变得愈加兴旺了，这就是一个有力的证据。为什么会这样？显然需要放在时代背景中去解读。

20世纪中期开始，工业社会没落的迹象已经开始有所显现。同历史上任何一个走向没落的社会一样，原先支撑这个社会的精神力量开始变得疲软。我们看到，工业社会的两根精神支柱是法的精神和科学精神。单就科学精神而言，当人们把科学理解成一套操作技巧而放弃理性担当的时候，就是科学的庸俗化；当人们把科学活动看作是一种体力活而不是理论探索的时候，人们的行为特征就会表现为缺乏理想、惰于思考、急切求功、为朽木贴金等，而实证研究就非常典型地反映出了研究者的这些特征。

米尔斯将实证研究归类到抽象经验主义中去，并对实证研究作了详尽无遗的批评，认为这种研究方法无论是在想象还是运用中，都不可能趋向于真相，更不用说达致真理。在其《社会学的想象力》一书第十章的一个注释中，米尔斯尖锐地指出，以实证研究形式出现的抽象经验主义，在科学的名义下为独立的个体和自主的思考设立了禁忌。"这等于暗中损害了个体巧匠对自己认识社会现象能力的自信。实际上，它鼓励人们参照外在机构的权威确定自己的社会信仰，当然，它与我们时代理性的科层化一致，并且也因科层化而加强。学术生活的工业化和对社会科学问题的分割，并不能给社会科学家带来解放教育的角色。因为这些学派将事物分成一片片细小部分，并说这些细小部分是确定的。但是他们确定的只能是抽象的片断。"①

　　不过我们认为，在低度复杂性和低度不确定性条件下，实证研究方法是适用的。哪怕它呈现给我们的是假象，也会使制作的文本显得非常科学，并给人以心理安慰，使人因为被令人信服的研究过程描述说服了而似乎恍然领悟：原来如此！进而，心理变得非常踏实并按照文本所给予的思路或对策性意见开始行动。即使在行动中撞得头破血流，那么同一个（群）研究者将会向你出示一篇新的文本，并显得更加科学、更加让你信服。如此周而复始。然而，在高度复杂性和高度不确定性条件下，实证研究的这套技法变得黯然失色。因为，它在制作文本时，所限制的条件和带入的有限变量都让人一下子就看到了与现实相去甚远。

　　另外，对于开展社会治理的人来说，有着实证研究为其背书，也可以在民主体制中和崇尚科学的文化氛围中获得逃避责任的有效路径。即使社会治理过程出现了严重的问题，即使国家出现了严重的危机，在追究责任的时候，也可以将其归于专家的意见，声明那是根据专家所提供的方案做的。由于专家并不是体制内的公职人员，在法律的意义上，无论社会治理出现了多大的失误，也是不能追究专家责任的。所以，民主体制中的官员可以放心大胆地运用他们掌握的权力以及公共资源去大力支持实证研究。事实上，在社会低度复杂性和低度不确定性条件下，这样做虽然会生产大量的社会风险，却不会直接引发危机事件，所造成的消极影响也是社会能够承受的。

　　热衷于实证研究的社会科学工作者往往以科学的理由来表明价值中立，可是，与自然科学研究不同，"任何一个社会科学家都难以回避对价值的选择及其

① 赖特·米尔斯. 社会学的想象力. 北京：生活·读书·新知三联书店，2016.

在研究中的整体运用"①。如果社会科学家声称他的研究无关价值和不受价值因素的干扰，那么他要么不把研究是否具有科学性当作一回事，要么是虚伪的。如果他意识到社会科学研究无法回避价值的问题和必然接受价值因素的干预，那么他有意识地弄一堆数据、模型却轻描淡写的用几句结论打发了读者，无非是一种为了炫耀自我的故弄玄虚。这在科学道德上，是非常可疑的。

可以认为，社会科学研究者无论是以什么样的方式开展研究，都必然带有一定的价值，而且，"社会科学研究者并非突然之间面对价值选择的需要。他已经是在某一价值基础上进行研究了"②。在不同的研究者之间，在不同类型的研究之间，是否公开承认研究工作是带有某种价值观念和从属于某种价值实现的要求，是一个社会科学研究者是否诚实的问题，也是一种研究类型是真科学还是伪科学的问题。凡是在社会科学研究中宣称价值中立的研究者，在做人方面都是不诚实的，在科学研究方面都肯定缺乏探求真相和追求真理的愿望。他们所做之事，只不过是将科学研究当作生计，在根本上，就是以一种游戏心态在做科学研究。

正如一切模式化的行为、行动都拒绝想象一样，科学研究中的实证研究，特别是量化研究，表现出了对想象力的排斥。在谈到量化研究时，哈耶克评论道："在对所谓全社会的'生产能力'的量化评估中，经常可以看到这种观点。这种评估通常不是在谈论人类利用现有的组织能生产出什么，而是从不加限定的客观角度，谈论'能够'用现有资源生产出什么。大多数这样的断言，没有任何可以确定的含义。它们并不表示 x 或 y 或任何具体的人类组织能够制造出这些东西。它们所计算的是，散布于众人中间的全部知识，假如能够被一个头脑所掌握，假如这个主宰的头脑能够像他所希望的那样，让所有的人在任何时候行动起来，就能够达到某种结果。然而，除了这个主宰的头脑外，当然没有任何人知道这种结果。几乎不必指出，取决于这种条件的'可能性'断言，跟现实了无干系。脱离了具体的组织形式，根本就不存在抽象的社会生产力这种东西。我们能够视为既定的唯一事实是，有一些特定的人，他们具备能把特定事物用于特定意图的办法的具体知识。这种知识从来不是作为一个整体而存在，或存在于一个头脑中；从任何意义上说，唯一能够存在的知识，就是这些分散

① 赖特·米尔斯. 社会学的想象力. 北京：生活·读书·新知三联书店，2016.
② 同①.

于不同人中间、经常彼此不一致甚至相互冲突的观点。"①

总体而言，哈耶克在这里还是过高地评价了那些热衷于量化研究的人的科学素养，实际情况要比哈耶克所看到的更加难以启齿。因为，那些人远没有能够把分散的知识想象成可以由一个人掌握的想象力。而且，当他们进行量化研究时，无法驾驭知识分散形态的复杂性，更不用说还存在着无法量化的具体性。无论是在主观上，还是在客观上，量化研究都不是达致真相和通向真理的途径。在客观上，作为研究对象的存在有着量化研究的不可能性；在主观上，除了对一些一目了然的简单事实作了数字化描述之外，其他所有研究对象都让量化研究者显现出了能力不足的问题。

就量化研究已经存在于社会科学研究中而言，就像我们烹饪过程中会有一些厨余物一样，量化研究就是社会科学研究中的厨余物。当然，在民主体制下，量化研究更多地具有意识形态的功能，或者说，是以科学研究面目出现的意识形态的经营策略。就此而言，如果说量化研究获得了意识形态的属性，那就是厨余物得到了回收利用的一种状况，从而摇身一变而身价百倍。如果发生了那种情况，那就变成了政治过程，不再属于社会科学研究的范畴了，正如对厨余物的回收利用的得利不属于生产了这些厨余物的人一样。

在人类走向风险社会的进程中，社会科学中的实证研究所发挥的作用可能并不大，而是工业社会的思想和建构逻辑将人类推进了风险社会。但是，当我们置身于风险社会时，却不能对实证研究给予积极的评价。其一，人们所认为的实证研究方法的应用使得社会科学"科学化"了，即成为真正的像自然科学那样具有客观性的科学，这其实是一个误解。因为实证研究的客观性是虚假的，因为实证研究者所主张的价值中立是一个谎言，所以他们所选取的数据是片面的。其二，在风险社会中，实证研究的抽象性、片面性和用数字说话等方式是有害的，会生产出更多的社会风险。在一般的意义上，如果人们认为科学研究仅仅是认识那些作为客观存在的活动，显然是过于简单化的看法。

从科学研究在历史上发生的那一刻起，就不单纯是认识客观存在，而是要改变人们关于客观存在的既有观念。"社会科学和自然科学一样，其宗旨是修正人们对它的研究对象所形成的流行观念，或是用更恰当的概念取代它们。社会科学的特殊难题，以及有关其性质的大量混乱思想，恰恰是来自这样的事实：

---

① 哈耶克. 科学的反革命：理性滥用之研究. 南京：译林出版社，2019.

观念在社会科学中呈现出两种作用，它既是研究的对象，又是有关这种对象的观念。在自然科学中，我们的研究对象与我们对它的解释之间的区分，与观念和客观事实之间的区分相一致。而在社会科学中，则必须区分出两种观念，其一是那些构成了我们打算研究的现象的观念，其二是我们自己或我们打算解释其行为的那些人所持的有关这些现象的观念，它们不是社会结构的成因，而是关于社会结构的理论。"①

对于关注实践的人——如思考决策问题的西蒙，上述两类观念的交叉、重叠以及互动是无法用某种数学公式、模型来表达的。甚至可以说，上述两类观念对科学研究的理性追求构成了挑战。因此，西蒙才提出了有限理性的原则，同时提出了开展活动的成果应以涉入的各方满意为宜，认为各方的满意已经达到目的了。显然，社会科学研究存在着诸多无奈，是无法在客观主义的片面追求中形成科学认知的。在某种意义上，客观主义的追求不仅是肤浅的，而且会走到错误的方向上去。比如，对公共服务满意度的量化分析，如果不是出于营造舆论、制造虚假宣传的目的，在多大程度上属于科学研究的范畴，显然是值得研究的问题。

事实上，几乎所有的实证研究，一旦打算制作量表和建构模型，都必须舍弃一些东西。在做取舍的时候，研究者的观念已经发挥了作用。也就是说，那是以自我否定的方式去让实证研究形式上的客观性去证明某个早已形成的主观判断。也就是说，实证研究是以客观的、无涉价值判断的形式出现的，而在开展实证研究之前，为研究提供准备所设立的条件、边界和提供研究顺利进行的保障等，都是主观性的。这就是我们上述所指出的，实证研究可以说是对科学最不忠诚的一种研究方式。实证研究利用了人们对科学客观性的迷信而假装开展客观的科学研究，实际所行的恰恰是反科学之事，只不过是假借科学研究的名义猎取社会科学家的名头以及与这种名头相应的利益而已。

社会科学中的实证研究既是反科学的，同时又对社会实践以及社会发展构成了危害。由于实证研究假借了科学的名义，不仅败坏了科学的声誉，也通过人们对科学的信任而对致力于改善社会生活和推动社会发展的行动构成了误导，使人类急速地滑进了风险社会。总之，在社会科学研究中，我们必然会遇到这样一些困难，"我们必须对作为我们研究对象的人的观点与我们对他们的观点加

---

① 哈耶克. 科学的反革命：理性滥用之研究. 南京：译林出版社，2019.

以区分；而且还有另外一个事实：作为我们的研究对象的人，他们自身不但有各种观念产生动机，而且对于其行为的未经设计的结果，还有自己的想法——有关不同社会结构或形态的各种流行学说，我们与他们共享并且我们的研究必须予以修正和改进的学说"①。

所有这些，都是自然科学研究不可能碰到的问题。正是因为社会科学研究中存在着这些困难，即存在着这些在自然科学研究中不可能遇到的问题，也就对研究者的想象力、创造力提出了更高的要求。也就是说，不可能让社会科学研究按照某种事先设计好的技术路线进行。这样做，需要我们动用想象力，只有当想象力介入了科学研究之中，才能够摆脱当前科学研究的困境。

四、相似性思维再阐述

《山海经》过于神秘而不可思议，那么当我们用崇敬的眼光去看古希腊时代的那些圣哲时，当我们惊叹于毕达哥拉斯学派的宇宙观时，并没有因为他们缺乏科学论证和实验检验而有丝毫的轻慢。相反，我们需要问一下，是什么力量呼唤出了他们那些充满智慧闪光的思想？当我们产生了这样的想法时，能够获得的最为合理的解释就是，那个时代的人是有想象力的，他们善于想象，而不是像我们现代人这样，似乎想象的器官被阉割了而只有所谓分析性思维和实证研究方法。

我们知道，12世纪阿拉伯人把印度人使用的数字"零"带到了欧洲，促进了数学的发展。就数学发展而言，零的引入是一个表面现象。因为，在零的背后，是来源于佛家思想的虚空概念。因为有了虚空，世界才不再是视线所及的那些存在物，而是可以在想象中无限扩展的世界。即便如此，在今天的宇宙研究中，作为想象力边界的也许仍然是虚空。比如，物理学家宁愿相信黑洞是无限致密的实体，却不愿意想象那是虚空。当把黑洞想象成致密的实体时，实际上极大地限制了人们的想象。相反，如果把黑洞想象为虚空的话，那么人们对黑洞的想象就不再有边界了，直到其中有个想象得到验证。

对于科学而言，面对同样荒诞的宗教传说和关于外星文明的传言，有着科学观念的人更愿意相信后者。本来，按照既有的科学观念，似乎应当对一切未经证实的事物持否定态度，而外星文明或地心文明却总能引发科学家的严肃思

① 哈耶克.科学的反革命：理性滥用之研究.南京：译林出版社，2019.

考，甚至会从空间维度的角度去进行逻辑证明。这说明，从思维方式的角度看，作为学说，宗教与科学是具有相似性的，只不过科学更倾向于使用逻辑和数学模型去表达一些迷信，而宗教则擅长于用形象的语言去表达想象。

就历史进步而言，科学对宗教的否定是人类文明化的标志。但是，科学如果对宗教学说一概排斥的话，那只能说是一种简单粗暴的否定。相反，如果科学拥有对宗教学说的包容，特别是在思维方式上，从宗教学说中寻求可借鉴的因素，也许能够为科学的发展开拓出更大的想象空间。如果说在近代早期那个革命的时代提出这种设想是大逆不道的，那么在人类陷入风险社会时，在思想解放已经取得长足进展时，我们还有什么理由用一种信仰去排斥另一种信仰。难道让各种信仰融合就是一条永远不可深入的道路吗？

一个苹果变质了，以至于不能食用，这只是相对于人而言的。我们所观察到的，只是我们的观念投射到了苹果上的情况，所以，我们在苹果中看到的是它所包含的细菌的量迅速增长，属于苹果的各种成分发生了量的迅速减少，进而，我们将此概括为量变引起了质变。但是，这个从量变到质变的变化过程只是根据我们的观念而对苹果所做出的规定。其实，我们对于我们所拥有世界的认识，正是我们对世界的规定，而不是世界原本就是那个样子。由此看来，如果人的认识总是以自我为中心的话，那么永远都无法超出人的世界的边界，即无法实现对人这个自我的超越。当然，人们也可以说，人的世界就是人的认识的边界，限制了人的认识。

即使从认识论的角度看，人也是可以不断地将认识的边界向外移动的，即在人的世界的不断扩大中认识到更多的东西。而且，人的思维、经验和知识也是在人的世界中生成的，是以人为中心并被限制在这个世界之中的。但是，人有没有超越世界同时也超越自己的可能性呢？作为一种理想，是应当作出肯定性回答的。一旦我们抱着这个理想，首先就会想到，如果人不再以自我为中心的话，也许就找到了一个起点，从这个起点出发，也许就能够开辟出一条道路。如果人不是从自我出发，而是从存在的本真状态出发，或者说，从此在中的存在的本真状态出发，也许就会在超越自我和超越世界方面取得积极进展。

假如说宇宙中存在着外星文明的话，假如希望与外星文明打交道的话，就可以想象到，这种不是从自我出发的立场也许能够引导我们到达那一步。而且，假如我们有一天真的与外星文明打交道的话，不从自我出发也许能够消除许多交往障碍。当然，从自我出发而生成的防范意识也许应当被保留下来。由于人类所发展出来的文明主要是从人的自我出发来进行建构的，人的思维、知识、语言等都是从人的自我出发的，突然设想让人从世界出发，即从人之外的此在性存在出发，显然是有着理解上的困难的。最大的缺憾是，我们一时也提不出什么更好的建议。不过，作为一种立场，我们希望能够引起人们的重视和思考。因为，如果有外星文明的话，也许我们并不能排除外星人从世界出发而不是从自我出发对待一切存在。假设外星文明属于更为高等的文明，创造了这种文明的生物就不可能是从自我出发去对待存在。因为，从自我出发去对待存在的文明，必然会走上自我毁灭的道路，也就不可能发展到比人类文明更高等的地步。显而易见，对于持有竞争文化的人类，会将外星人设定为侵略者，并从此出发去与外星人交结。如果我们不是从自我出发，就不会在与外星人交往之前为外星人定性。

事实上，就人拥有想象力来看，这一点也是能够想象的。如果我们能够想象更高维空间的生物，并按照我们的想象去学着高维生物的样子去认识和思考，也许我们就走出了第一步。从近一个时期的情况看，人们的思维其实已经发生某些变化。比如，在生态观方面，已经显示出某种要求回归生态本原状态的思想倾向。像生物多样性等提法，已经把人置于生物的生态种群之中了，而不是将人凌驾于整个生态之上或置身于整个生态之外。在这方面，佛教中所说的觉者是可以给予我们一些启示的。单就佛经中使用的众生一词来看，人无非是众生中的一种，而且是胎生中的一种。当然，这需要我们带着包容的心态去认识佛教等宗教为我们描述的世界观，不应为了对科学的信仰而简单地加以排斥。

在科学拥有话语霸权的条件下，为了科学的客观性和纯洁性，分析性思维必然要求在进行分析、归纳、演绎、推理时排除多因素的干扰，即要求在理想状态中进行。所以，想象在科学研究活动中是受到排斥的。一旦思维方式实现了转变，即从分析性思维转变为相似性思维，不仅想象，而且包括类比、比喻等，都会在人们认识和把握世界的过程中得到积极应用。而且，想象、类比、比喻等并不需要得到一个理想条件的支持，反而是包含着运用这种思维方式的人所在的情境的。诸如其生活所在的气候、生存条件、情感、心境和感官体验等，都会包含在相似性思维发挥作用的过程中。同样，分析性思维的诸多要素也会得到包容。

相似性思维是具有总体性的思维，它不会刻意剔除那些与人密切联系在一起的因素。在风险社会中，思维及其行动的具体性和总体性都意味着，只有相似性思维才是适应于这种环境条件的思维方式。事实上，在这种条件下，作为分析性思维赖以展开的前提的理想条件是无法获得的，因而，分析性思维也就不能适应人们的认识和行动的要求。

与分析性思维赖以展开的科学语言相比，我们认为，作为相似性思维工具的语言更加灵活和更具有弹性。不过，它也会由于性、数、格等词形的变化而变得繁复。正如福柯所看到的，"'想象和旨趣'的秩序的语言，并不为词确定任何恒常的位置：而是被迫通过词形变化来突出这些词（这些都是'可改变词序'的语言）。反之，如果那些语言遵循了一样的词变秩序，那么，他们只需借助一个冠词来表示名词的数和性；在分析排列中的位置本身具有一个功能价值：这些是'类似的'语言"①。

从历史上看，人的想象在社会进化中变得越来越丰富，情感也变得越来越细腻。因而，在人们的交流和交往过程中，即便相互间能够得到诸如"意会""默契"的支持，但其表达的准确性要求，还是会促进词以及整个语言的变化。这些变化被积累下来，并在相似性思维向分析性思维的转变中得到了继承。随着分析性思维把语言打造得更加精确，特别是在语法确立后，词语被放在了确定的位置上。所有这些，不仅没有削弱语言的表现力，而且使既有的非常丰富的词和表达方式都有了更强的表现力，因而能够助益于认识的拓展和深入。所以，近代以来建立在分析性思维基础上的科学研究不仅没有完全征服日常生活，反而使科学研究活动带有日常生活的色彩，将想象运用于科学研究之中。

在相似性思维这里，同一表象所引发的联想会因想象力的状况而定。一般说来，由同一表象引发的联想线索所指向的方向是有限的，分析性思维在原初起点上是从事物的表象出发的。但是，在运用分析性思维去把表象转换为命题时，是可以有诸多可能性的，甚至可以认为一个表象能转换为无限多个命题。这样一来，就会使分析性思维面临选择上的困难。不过，从科学研究的实践看，研究者往往通过给定条件的方式而对命题作出限制，从而使其适应于研究工作的开展。

不过，我们在这里同样解读出了分析性思维的局限性，那就是，我们很难知道限制命题的条件是否贴切和适用，也许我们用以限制命题的条件恰恰把我们的行动导向了一个错误的方向，从而引发了不可收拾的后果。因此，我们主张，在高度复杂性和高度不确定性条件下，不能再按照分析性思维所指示的路

---

① 米歇尔·福柯. 词与物：人文科学考古学. 上海：上海三联书店，2001.

径去把表象转换成命题，而是需要直接从表象出发作出联想和展开想象，通过增强我们的想象力和判断力去保证科学研究走在正确的方向上。

能不能将分析性思维与相似性思维结合起来？或者，能不能实现这两种思维方式的融合？显然这是一个需要通过想象去加以确立的问题。在对这个问题的思考中，我们发现，福柯曾经说过："也有人想撰写一部'科学与艺术'百科全书，它将不遵循认识本身的联系，而是将存在于语言的形式中，存在于词本身中打开的那个空间内；正是在这个地方，未来的时代才必定会加以寻找，以发现我们所知或所思的一切，因为就其粗糙的划分而言，词是沿着那条标志着科学邻近知觉以及反映邻近想象的中界线而被公布的。正是在词中，我们所想象的东西变成了我们所认识的东西，反过来，我们所认识的东西变成了我们每天表象给自己的东西。"①

的确，一旦打开了语言、词中的那个空间，就发现了从历史通向未来的那条道路。在从一种思维方式到另一种思维方式的转变过程中，我们也许可以发现某个分水岭。但是，历史的连续性却是由语言及其词所焊接起来的。既然我们所想象的东西变成了我们所认识的东西，相似性思维与分析性思维之间也就找到了连接点。可以想象，在风险社会中，分析性思维与相似性思维可以实现互补。但如何运用它们，取决于行动者的认识和行动需要。

第二节　想象之于合作行动

一幅用简单几笔勾画出来的毛竹，可能会让一些有文化的人驻足流连，每个人都可以从中读出不同的意境。同样，经典的西洋油画也有着让观赏者想象的空间。比如，蒙娜丽莎的魅力就是那个微笑。这种现象表明，文本是给定的，但其中的意义却是属于解释者的。同一个文本在不同的解释者那里，往往会有着不同的意义。意义的生成，在解释者这里，就是想象的结果。在认识与实践中，我们所面对的对象就是给定的文本，认识与实践无非就是对这个文本的解读活动。在这种解读中，如果不是按照机械论的原理去做的话，就肯定有想象的介入。也只有在想象介入其中的时候，我们才能够从对象中发现意义，并取得我们在认识和实践中所期望的结果。

---

① 米歇尔·福柯. 词与物：人文科学考古学. 上海：上海三联书店，2001.

　　然而，在认识论的认识原理中，并未给想象留下多大空间。即便表现出了对想象的承认，也会在溯源时将其归入反映论的范畴之中。因而，实践中的各项具体的行动被要求按照认识结果去做。在由主体、客体所构成的认识和实践框架中，主体的能动性不在于想象，而是表现在对对象的选择，表现在建构起了知性范畴和方法去作用于客体，从而实现对对象的认识，并根据认识结果而开展行动。在人类所面对的主要是认识和征服世界的任务时，在低度复杂性和低度不确定性条件下，认识论的这一认识和实践路线是可行的，也是必要的。然而，在人类陷入风险社会后，人的生存问题变得更为迫切了，认识和征服世界的任务在重要性方面退居第二位。这样一来，认识论的这条认识和实践的路线就不是人们面对世界时的首选路径了。

　　在风险社会中，为了解决人的生存的课题，应当把行动放在优先位置上，而且需要在行动中引入想象的因素。或者说，需要根据想象去开展行动。尽管认识的结果在行动中仍然是必要的，但若没有想象的话，人们就不可能创造性地解决问题，就无法创造更多的生存机遇。所以，在全球化、后工业化进程中，我们从社会转型中读出了思维方式变革的任务。在对这种新型思维方式的构想中，发现了想象在认识和实践中的介入是这种新型思维方式的主要特征。

　　一、想象及其表征方式

　　我们多次提到莱布尼兹的一个判断："世上没有两片相同的树叶。"在每一次提起的时候，人们所关注的都是这一判断的不同方面的内涵。在此，我们再一次提到莱布尼兹的这一判断，目的是要指出，这一判断中包含着每个人都有着独特性的隐喻。的确，人在成长过程中可以不断地选择自我，从而使自己成为不同于他人的人。如果将人的独特性用来思考机器人的话，那么对于作为一个批次产品的机器人来说，如何能够保证其中的每一台都有着独特性呢？除了软件安装上有所选择之外，也许我们只能寄望于机器人的学习能力了。不过，机器人的学习能力仍然是由算法赋予的。即便拥有同样的算法，也不可能获得独一无二、不可替代的机器人。我们正在走进一个人工智能时代，可是，如果作为人工智能产品的机器人是在生产线上生产出来的，如果所有的下线产品都是相同的，那么机器人与人的区别就很大了。也就是说，用莱布尼兹的比喻，每一个人都不可能有一个与他完全相同的人存在于这个世界上，而机器人的批量生产却是完全相同的一个批次的产品。

就机器人的学习能力而言，在其智力成长能否摆脱算法的决定性这个问题上，我们可以拿机器人与人、动物进行比较。比如，如果我们拿机器人与宠物狗进行比较的话，就会看到，一只宠物狗生下来不久，就能准确地将你喂食的手与手中的食物区分开来，会准确地叼走食物而不咬伤你的手。对此，我们甚至无法确定，那是宠物狗学习所得的能力还是天性使然。如果是学习所得的判断能力，以人工智能的超级计算能力，会用多长时间的学习而形成这种能力，而不是由人通过系统及其算法去把这种判断能力赋予机器人。假如我们想象一根温度与你体温相近的香肠，你的手指沾上了香肠的气味，而且你的手指与香肠的颜色也非常相似，对于一只宠物狗来说，绝不会把你的手指当作香肠，但我们不能保证机器人在接受了把香肠切片的指令后不会对你的手指下手。这显然是一个并不需要高等智力来解决的问题，但对于机器人来说，在这个问题上所拥有的人工智能，也许属于极其高等的智能了。

人的智能是一个复杂的综合系统。人通过感觉而作出判断，从而将不同事物区分开来。面对复杂的对象，人是可以通过抽象、分析而加以把握的。如果希望将不同的事物再次联系起来，则需要通过推理、类比等，即从一事物推断出另一事物。通过归纳，可以将具有一定差异的事物归并到一个类别中。对于尚未呈现在面前的事物，则可以通过想象而将其纳入对象的范畴中，加以认识和进行创造。对于人的思维活动而言，想象是人的主动性和能动性的标志。人认识世界不是照镜子一样的反映，而是具有创造性的，其中包含着想象。所以，可以将想象视为人的更为高级的思维活动。

虽然人的生物机体会因为先天的或后天的原因而有差别，但人与人之间更大的差别是反映在人的智能方面的，即反映在人的思维活动的能力上。人的思维活动的每一个环节和每一个构成要素都可能使他们显现出智力上的不同。然而，反映在人的行动上的时候，如果不是开展模式化的行动，而是开展创造性的行动，他们的不同就是由想象力决定的。

想象不是幻想，想象物不是幻觉流构成的图像。也就是说，想象不会生成幻象，想象以及想象物是建立在事物之间相似性的基础上的。事物之间的相似性必然会有着不同程度的差异，如果以一致性为标准的话，就会有着一个趋近于一致性的相似性光谱，想象无非是以一致性为标准的一种直观地把握事物之间相似性的思维活动。或者说，通过想象、联想等，把那些似乎没有联系的事物归集到一类之中，进而，去把握它们之间的相似性程度，甚至去捕捉它们一致性的方面。而且，这个过程不是静态的，而是动态的，是在事物动态的运动和发展中对多个维度的相似性的把握。

在把握相似性的时候，也许想象物尚未显现在我们面前，但必须认识到它并不是萨特所说的虚无。即使尚未通过创造、创新而使其真实地显现出来，但作为想象中的所与物，显然已经成了一种尚未在场的实在，或者说，它是想象中的实在。特别是基于经验的想象，即使在当下因为条件的限制而未被拉入人们所共有的此在之中，也有可能显现为此在，而且这种可能性是极大的。不过，需要注意这样一个问题：对于那些富于想象力的人来说，需要避免想象异化为幻想的事情发生；对于鼓励想象的创新型社会而言，需要建立甄别和防范幻想的机制，以避免幻想对想象的发生和发挥作用形成干扰。

想象意味着对尚未在场的事物的联想，这种联想包含着把不在场的事物拉进场域之中，但绝不意味着将它们与在场的事物相混淆。在场的与不在场的事物没有因为联想而被混同，而是因为联想而运动了起来，实现了在场与不在场的转换。在场与不在场都可能具有此在性，可以认为，是因为想象而使不在场具有了此在性。也就是说，此在是一种属性，它与在场或不在场不能等同。在场的可能不具有此在性，而不在场的却有可能具有此在性。但是，如果把在场的存在定义为认识到了的存在，那又是另一回事了。因为，认识到了的存在必然是此在。

如果说想象是一种认识活动，那么想象中的存在并不在场，但因为是认识到了的而具有了此在性，是可以被作为此在来看待的。这样一来，又需要对认识进行界定。所以，想象与认识、此在与在场等概念都取决于具体情况，不能一概而论。这就是具体性的原则，是与认识论所谋求的抽象普遍性不同的，也是根据普遍性原则而无法处理的。

想象在表现形式上是直观的。直观并不单单是意向性的，也同时是所与性的，或者说，是意向与所与物的融合。为了提醒人们注意这一点，胡塞尔指出了直观的所与性。胡塞尔说，"本质直观就是直观，并且，如果它是确切意义上的直观，而不仅仅是一种或许是模糊的想象，那么它便是一种原本给予性的直观。这种直观在本质的'真实'自身性中把握本质"①。一方面，会有着面对作

---

① 如果此处的"给与性"翻译成"所与性"也许更合适一些，因为"给与性"一词包含着主体即给与者的判断，这与胡塞尔的思想是不一致的。李幼蒸在翻译胡塞尔的作品时，是翻译成了"所与性"，这一翻译显得较为合乎胡塞尔的思想。参见：埃德蒙德·胡塞尔. 现象学的方法. 上海：上海译文出版社，1994.

为此在的所与物的直观；另一方面，也存在着对尚未成为此在的所与物的直观。后一种直观也被称为想象，实际上，想象就是一种直观，通过这种直观而发现所与物，并使所与物此在化。

想象并不是直观了不切实际的、虚幻的存在，而是直观了有可能转化成此在的存在。而且，会因为以想象的形式出现，从而使存在向此在转化。所以，以想象形式出现的直观，所指向的是具有现实性的本质。这就是胡塞尔所说的，"如果我们在自由的想象中创造出某些空间形态、旋律、社会过程等等，或者如果我们臆造经验、愉快、不快、愿望等等行为，那么我们能够在其中通过'观念直观'原本地甚至有可能相应地直观到杂多的纯粹本质，无论它们是一般空间形态、旋律、社会过程等等的本质，还是有关的特殊类型的形态、旋律等等的本质。在这里，这类东西是否曾在现实的经验中被给予，是无所谓的"①。

也许人们会说，想象是在虚无中创造出某种有形的东西，并以其形而否认想象是对本质的直观。但是，形何所来，难道不正是用来表现本质的吗？即使不去过问想象所得之物的形与质的关系，只要把那种形作为表象来看待，也必须承认作为直观的想象是指向本质的。因为，表象不是形式，或者说，表象既有形式的一面也有本质的一面，而直观所要把握的正是表象的本质。

当然，我们会遇到这样一个问题，那就是，如果想象物并未成功实现向此在的转化，那么它如何能够成为直观的所与物呢？对于感性直观来说，这的确是一个问题，但在本质直观的意义上，却不是一个值得思考的问题。因为，本质直观本身就是观念性的，是发生在观念中的，也是以观念的形式出现的。只要想象发生了，就有了对想象物的直观，那个想象物也就是观念之中的所与物。这就是胡塞尔所说的，"如果自由的臆想通过某种心理学奇迹而导致对原则上新型的、例如感性的材料的臆造，而这些材料从未、并且永远不会在经验中出现，那么，相应的本质的原本被给予性却不会因此受到影响，尽管这些被臆造的材料从未是并且永远不会是真实的材料"②。

想象会在不同的场合或因不同的需要而以不同的形式出现。或者说，当一种想象物出现了，在人们的交流中，如何传达想象物，则需要在传达想象物的过程中留下想象的空间，以便接收者能够调动其想象力而对想象物作出选择性

① 埃德蒙德·胡塞尔.现象学的方法.上海：上海译文出版社，1994.
② 同②.

的接受。所以，在传达想象物的时候，诸如隐喻、讽喻、夸张、联想等就是常用的方式，通过这种方式，不是强行地让接收者原封不动地接受想象物，而是在接收的过程中，凭着想象去获得属于自己的想象物。不过，任何一种想象，只要契合了人的需要，都会凝固或积淀下来，成为知识和构成知识体系。

隐喻中所包含的是不确定的想象。也就是说，隐喻的制作者已经展开了想象，但表现出了某种犹豫不定，对自己的想象存有几分怀疑，不敢将想象和盘托出，所以，策略性地使用了隐喻。不过，隐喻的指向是明确的。与那些得到了清晰描绘的想象相比，隐喻为解释者留下了更大的空间，任由解释者沿着隐喻所指示的方向驰骋其想象。隐喻是最常见的表征想象物的一种方式。通过隐喻表征想象物，不仅意味着得到了想象的支持，而且这种表征本身所承载的就是相似性。在隐喻这一表征方式所留下的想象空间中，有着更为丰满的相似性。

当隐喻与解释者的想象、联想相结合后，或者说，当隐喻通过解释者的想象、联想而前行时，就能够确立起创新行动的目标。我们看到，如果将中国的生肖用在历史隐喻中的话，那么最后出场的是猪，它隐喻着人所追求的某种快乐状态，它的出场，代表了财富和幸福，简单地说，不再受思想困扰而变得快乐。如果不去考虑历史是否有循环的问题，那么历史走到终点的时候，每个人都像快乐的猪一样生活。这个时候，假如还有思想家的话，他的命运将是非常凄惨的。所以，根据中国十二生肖的隐喻，随着历史的脚步前行，思想家越来越稀有，甚至可以说思想家将成为一种走向灭绝的物种。而且，这个历史终点距离今天并不遥远。从当下的情况看，当实证研究被作为唯一的科学活动时，对想象以及想象力的排斥就成了时尚，思想家似乎已经成了过街老鼠。这本身意味着人类正在走进一个"灵魂无纷扰"的快乐时代。这就是我们从想象的角度看到的历史轨迹。

高度复杂性和高度不确定性条件下的沟通主要是建立在理解的基础上，通过理解而实现了意义建构。而且，这个意义建构也是意义交流的过程。这种情况与利科（Ricoeur）所描述的文本解释有很大的相似性。利科认为，"理解……就是进行或者重复进行包含着语义革新的话语活动。通过这种理解，作者或者读者'制造'隐喻……采取一种不同于句子能动性的出发点并且摒弃了话语单位——与属于语言系统的符号相比较——所具有的不可还原性。由于把从语音到文本各个语言层次的结构性同质看作是一个原则，那么对隐喻的说明就包含在把符号视为计算单位的普通符号学中"①。

其实，在行动所承担的任务以及环境的迅速变动中，作为一个意义建构和交流的过程，沟通所要实现的是与任务、环境的变动保持一致性，而不是回到某个出发点。在这里，任何还原性的要求都是不合理的。相反，隐喻因为对想象开放，为意义建构打开的是一个任凭想象驰骋的广袤空间，从而具有了在意义建构中随时得到扬弃的特性。隐喻的应用，或者说通过隐喻，可以在沟通的过程中打开相似性不断延伸的通道，每一个理解都意味着在相似性中读出了意义，实现了意义建构，从而满足高度复杂性和高度不确定性条件下的行动要求。

二、创新与创造中的想象

在空间意像中，想象是可以被认为指向未来的。与想象正好相反，回忆是指向过去的。想象和回忆都可以作为心理现象来看待，但比较而言，想象是一种积极思维活动，而回忆所反映的只是一种较为简单的思维活动，而且，在很大程度上或在更多的时候显得较为消极。虽然回忆会以体验的方式进行，但更多的时候，其中包含着分析性思维，会以分析的方式增强体验和加深体验。同时，回忆又可以将原先并无联系的事件联系起来，并有某种忽然领悟的体验出现。这个时候，就有可能是相似性思维于其中发挥了作用。如果不是在空间意像中去看想象与回忆的话，可以看到回忆中包含着想象，而想象中却不可能包含回忆。在历史研究中，回忆可以提供历史材料，但不属于历史研究的范畴，因为历史研究是一种运用了某种思维方式的研究活动。可见，回忆不包含在行动中，不能成为行动的构成要素，甚至不会对行动造成关键性的影响。

在回忆中获得的体验往往是深度体验。回忆与想象的共同之处就是，它们都包含着属于人的体验方式。通过回忆，特别是直指个人经历和行动过程的回忆，是能够从中发现失误或成功的原因的，从而使自我的经验理性化。这对于下一次的行动来说，是有益的。回忆中的体验具有反思的特征，而且这种反思可能以分析、推理等形式出现，但更多的是通过体验而获得领悟。如果想象介入回忆中，则可以使领悟到的东西更多。在某种意义上，只有得到领悟的东西，才是属于自我的经验。如果通过分析、推理而得出某个结论的话，可能只是对某种既有知识、思想的印证，而不是形成属于自己的经验。

---

① 保罗·利科. 从文本到行动. 上海：华东师范大学出版社，2015.

关于想象，我们在《韩非子·解蔽》中看到的解释是，人很少见到活象，而得一具死象的骨骼，依据死象的骨骼想像活象的样子，所以人们把想见到的东西都叫象。从死象而想见活象，就实现了创造。想象意味着创造，同时也可以说想象是一种征服，即征服虚无。想象也是一种赋予，即将某些存在尚不具有的东西附加给它，特别是所谓的赋值，更是想象的结果。想象更是一种催化剂，使得存在向此在转化，或者加速了存在向此在的转化。

想象总是突破成规，在思维上表现为突破既有的思维程式。有了想象，不可能存在的或不可能出现的东西都有可能出现。无论是现实的还是可能的或臆造的东西，都能够因为想象而成为存在的，哪怕这种存在是模糊的，也有可能向此在转化。也许只有极少量的一部分成功地实现了此在化，但那也可以认为是在创造的意义上取得的可喜成就。事实上，我们所看到的所有创新，都是得益于想象的。想象不仅在表象间建立了联系，而且在投射到表象的阴影处时，将这些地方照亮，从而证明了思维的创造能力。

一切创造都是与作为条件的现实密切关联在一起的，"人类语言的不可限制的创造性能力以及人类本能的不可控制的想象力，人的日常的话语发明以及想象的形成可以被看作是社会想象力的不起眼的原型。这种想象力在集体的创造意义的行动中非同寻常地爆发出来。在新的意义视界创造性地构成的罕见历史瞬间，在新的制度形成的罕见历史瞬间，它就以有意识的集体活动即在一切社会生活中所潜在进行的集中运动的形式来进行"[①]。在风险社会中，人的想象力、创造力能够被极大地激发出来。在全球化、后工业化进程中，人类陷入风险社会本身，就意味着人类进入了一个新的历史时期。风险社会本身就是人类历史上的一种新的社会形态，是社会发展的一个新的起点，人的想象力和创造力也在这个时候步入了新的起点，从而达到了一个新的高度。

可以认为，做设计师是需要拥有想象力的，无论是在工程技术方面，还是在社会建构方面，做设计师都需要具有想象力。其实，一切走向未来的行动都需要得到想象力的支持。关于后工业社会的图景，我们不指望有"救世主"展示给我们，而是应当发动我们自己的大脑，用我们自己的想象力去描绘。如果有人抱怨说，在我们的作品中没有找到一幅成熟的图画，我们只能用懒汉两个字来回敬他。我们这样回敬他并不是表示对他的嫌恶，反而是要激发他的想

---

① 阿克塞尔·霍耐特. 分裂的社会世界. 北京：社会科学文献出版社，2011.

象力。

关于想象力，米尔斯认为，"社会学的想象力相当程度上体现为从一个视角转换到另一个视角的能力。并且在这个过程中建立起对整个社会及其组成部分的充分认识"①。然而，由反映来定义的认识在本质上是排斥想象的。在认识论的熏染下，人们把知识分类为真实的知识和想象的知识，认为想象的知识是不可靠的。也许想象的知识不像反映过程中形成的知识那样具有可验证性，但若缺乏想象的知识，人的创造力就会枯竭。对此问题，胡塞尔是站在另一个角度加以表述的。胡塞尔认为，想象是不能接受逻辑推论之评价的，对想象作出正确的或不正确的评价本身就是错误的。对于想象的评价，只适用于效用高低的评估而不适用于是否正确的评价。

胡塞尔说："任何纯想象都可转变为一种假定、一种假设，而且这种新的变样（以与纯想象相同的方式）是服从于无条件的自由意志的。然而假设却因此是某种类似于设定的东西；被假设者则是一种'命题'，除了它是一种完全独特的信念设定的变样以外，而这种变样与上面讨论的主要特性系列是对立的和分离的。它可作为一个成员（相当于'前提'或结论的被假设者）进入可予合理判断的被设定项统一体，所以它本身应服从理性评价。我们不能对完全未定的思想说它是正确的或不正确的，但可对一种假设推论这样说。把二者相混淆，是犯了一个基本的错误，并忽略了包含在纯想象或纯思想这类词语中的歧义。"②

将想象与行动、假设与推论区分开来，指出想象、假设是不接受理性评价的，这肯定是有利于解放想象、假设的，能够呼唤出更大、更强的想象力。显然，在高度复杂性和高度不确定性条件下，想象力的缺失、贫乏，对人的共生共在构成了致命威胁。因为，它意味着许多问题还未通过行动去加以解决，就先缴械了。所以，根据胡塞尔的意见，激发想象力无疑是这个时代中最有意义的事项。

一切创新活动都是以想象开辟道路的，即首先通过想象创造了一种本质性的存在物，然后再将其拖入现实，使其成为一种现实存在。想象所得之物是直观本质的典型状态，这种本质是先于存在的，只有在想象者将所获得的想象物

---

① 赖特·米尔斯. 社会学的想象力. 北京：生活·读书·新知三联书店，2016.

② 胡塞尔. 纯粹现象学通论：纯粹现象学和现象哲学的观念. 北京：中国人民大学出版社，2014.

加以再行构造，赋予想象物以形式，并使这种形式具有能够感觉的属性，才能将想象物构造成现实存在。一旦想象物成为现实存在，就是形式与本质相统一的状态。

想象所获得的物是先有本质的，而且是纯粹直观的本质，但它在想象中的表现还是模糊的。不过，在赋予想象物以形式的过程中，则可以使它逐渐——也可能是一次性——变得清晰，从而成为经验感知的存在物。以想象为通道的创新过程，既是认识的，也是实践的。在认识的意义上是直观的，而在实践的意义上则是创造性的行动。当然，想象是一个意向展现和伸展的过程，想象物是纯粹意向性的存在物。作为纯粹意向性的存在可能是清晰的，也可能是模糊的；可能是单一的，也可能是多元的。一般说来，在想象物表现为一种模糊状态的时候，都不表现为唯一的想象物，往往是多元的，其模糊性与多元性成正比。

无论想象物是清晰的还是模糊的，都有着某种判断与之相伴随。因而，在想象中也就有了判断，或者说，想象本身就是一种判断。胡塞尔将这种想象直接地称为想象判断。但是，这种想象判断是没有时间性的。根据胡塞尔的说法，"纯粹的想象判断仅仅表达内容，表达显现之物的单一本质……想象判断对作为在真实时间中的真实存在的存在，对真实的现实存在、过去存在和未来存在不作丝毫判断"[①]。这无疑是说，纯粹本质是没有时间性的，只有当这种纯粹本质获得了相应的形式并成为现实的存在时，才有了时间性。

想象从属于创造的追求，而不是出于补足现实不完整的需要。所以，想象是存在于行动之中的。人们惯常认为现实是残缺的，又认为可能存在着整体性，即把整体性看作可能性。所以，人们总是希望从可能性中获得某种补足现实残缺的因素，或者，让现实朝着可能性的方向前进而得以圆满，再或者用可能性去转换现实性。实际上，无论现实得到了何种程度的修正，仍然是残缺的。

在现实向着可能性的方向前进时，在可能性转化为现实性或转换了现实性时，无非是从一种残缺状态转变为另一种残缺状态。就可能性转化为现实之后还保留了可能性而言，人们只是从可能性中选择出了一部分来补足现实。这样做，不仅没有补足现实，反而因为从可能性中择取了一部分，又增强了现实残缺的一面。所以，人们任何时候谈论的整体，不管是现实的还是可能的整体，

---

① 埃德蒙德·胡塞尔. 现象学的观念. 上海：上海译文出版社，1986.

除了以特别限定的形式出现之外，都是不完整的。任何完整的整体都只存在于想象之中，一旦出现在现实中，就必然会亏损。就如中国古话所说，"月盈则亏，水满则溢"。

在风险社会中，对象世界的不完整性表现得更加清楚。所以，这种条件下的行动并不一定带着某种整体性观念，反而要提防整体性观念给行动者带来束缚或成为包袱。也就是说，风险社会中的行动者，所面对的是具体性的问题，所要承担的是具体性的任务。在解决问题和承担任务中所要发现的，是其相对于人的共生共在的总体性，而不是问题和任务本身的整体性。即使对于行动者，也不能要求他们成为完人。总之，整体以及整体的观念是不利于想象的。只有当我们接受了现实的残缺性，才能为想象开拓空间，才能使想象的意义彰显出来。

分析性思维通过抽象、概括能够实现某种意义上的创造，但它自身并不认为这是创造，而是宣称这是实现了对认识对象本质的揭示。也就是说，通过概念的发明而使事物（认识对象）的表象得到超越，深入其内部和深层，把内部或深层中的那个被称为本质的部分揭示出来并加以命名。与之相比，相似性思维则通过想象而实现创造，第一，两个原先完全无关的事物，通过相似性思维而建立起了联系；第二，在表达对某一事物的认识时，出现了没有可以建立相应联系的另一事物存在的情况，此时，则创造出另一事物，可能所创造的只是一种意像（比如神灵等），并在实际的与所创造的事物间建立联系；第三，随着所建立起来的联系被连接起来，即使存在着诸多断裂和可疑之处，依然能够构成一个世界图谱，或者说，会以一种世界观的形式出现。

虽然这一世界观会被认为是关于全部事物的表象的认识，是表象汇集而成的关于世界的观念，但是，由相似性思维所建构起来的联系和所创造的非现实形态的事物也是这幅世界图谱的必要构成要素，从而使这一世界观无法被视为仅仅是关于表象的观念。就事物乃至世界的意义和价值而言，恰恰可以认为是包含着世界及其事物的本质的，无论这种本质是被赋予的，还是被揭示出来的。

由此可见，在分析性思维所展现的认识路径中，是不能生成世界观的。任何一种世界观都是在相似性思维所开拓的路径中形成的。其中，想象所发挥的是关键性的作用。人类若无想象，就不可能生成任何一种世界观。想象不仅在人的具体事项的创新、创造活动中发挥着重要作用，而且在人的世界观的生成中也发挥着举足轻重的作用。

三、两种思维方式中的想象

利科说："'想象'，不仅仅表现为不存在的对象，它还表现为从任何他人的角度进行思考，无论它所处的距离的远近。"① 这说明，想象是具有社会性的。就如我们上述所说的，想象不是一个孤立的人不在任何条件之中的胡思乱想。事实上，想象并不只是针对不存在的对象展开的，而是从既已存在出发的，是在存在与不存在之间建立起联系的思维活动。

想象是发生性的而不是反思性的。一切反思性的思维活动都是对原已有的东西的发现，而想象则是指向一个原先并不存在之物，是在现已存在之物与原先并不存在之物之间建立起了联系。有了想象，也就有了创造的可能性，或者说，人的一切创新都是源于想象的，是因为得到了想象的支持才会通向创新。同时，想象在存在与不存在之间所建立的联系的可靠性，也决定了创新活动能够取得成果。

当认识寻求同一性的时候，不同事物之间的相似性会更多地成为认识的障碍。那是因为，对严格的同一性的追求，必须排除相似性的干扰。但是，当认识者在把握相似性的时候，就会通过类比、直觉、想象等方式直接地形成对相似性的认知。对相似性的把握，可以大大地增强人的联动能力。比如，"如果每一把新椅子都会使你想起相似的物体，那么你就能看出椅子的许多用处"②。这样一来，人们就会发现或造出更多具有相似功能的替代物。如果人们从椅子那里发现的不仅是倚、坐的功用，而是发现了其他的功能，那么基于相似性的联想就会再度弥漫开来，并在增强相似性的维度上对功能进行改进、重塑，从而走上了一条改进和重塑相似性所引导的创新之路。

其实，人的一切可以被称作创新的成果，都是基于相似性的联想做出的。也就是说，基于同一性的行为、行动只能实现复制，基于相似性的行为、行动才会指向创造。在风险社会中，可以说一切行动都必然是创造性的，对任何已经发生的行动及其经验的复制都不能够解决那些在每一次遭遇时都是全新的问题。

当我们在非中断的逻辑线索上去看相似性的时候，会发现逻辑线索中的关

① 保罗·利科. 论公正. 北京：法律出版社，2007.
② 马文·明斯基. 情感机器. 杭州：浙江人民出版社，2016.

系是蒙着一层神秘面纱的。但是，对于想象、联想而言，可以轻易地从一物跳到另一物，并把相似性幻化为一条坚韧的线，从而将两物联系在一起。逻辑是线性的，不同名称的逻辑无非是单线、多线、叠加线和纠缠线等。经验不同于逻辑，无论是本质直观的经验还是想象的经验，都不是以线性的形式出现的。在某种意义上，经验是对对象的全覆盖。或者说，经验意味着意向直指所与物的关键点，实现了两者的瞬间耦合。

总的说来，世界是经验的世界，经验赋予世界以各种各样的属性，事物、事件之间的联系是由经验赋予的。在高度复杂性和高度不确定性条件下，经验失去了赋予事物、事件联系在一起的功能，失去了把握联系的能力。因而，我们无法"以果溯因"，无法把握因果关系。在这样一种经验有限性的条件下，行动必须依据经验，即凭着经验而行动。不过，经验是开放性的，它不定型于任何一种形式，也不在任何一刻停止成长。正是经验的开放性和不定型的状况，使它能够满足风险社会中的行动要求。

在认识论给予我们的思维定式中，对于一些原本是作者想象出来的东西，如果不特别标明是小说而被假托历史的话，我们都会信以为真。其实，许多东西并不是曾经存在过的现实。这就是利科所说的，我们经常谈论的"古希腊世界、拜占庭世界……是想象的，因为它是通过作品被现前化的，而世界曾经是被语言所呈现的；但是这种想象物自身也是一种文学创作，是一种文字想象物"①。

一切文本都是作者的创造，绝不可能是对某种存在的复制，更不用说文本的读者通过解释而进行了再度创作。也许文本所具有的创作属性能够使要求准确地反映世界的认识论不去对想象加以排斥，但在认识论支配了我们的思维过程的情况下，我们不能将思维狭义地理解成推理、演绎等，而是应当将想象、体验、领悟等也看作思维固有的形式。更多的时候，尤其是在日常生活中，人们的思维展开恰恰是通过想象、体验、领悟等形式进行的。

我们已经指出，在简单的和确定的情境中，也就是说，在农业社会中，想象、体验、领悟等是思维的主要形态，人们借助这些思维方式就已经能够满足生活和行动的要求。在低度复杂性和低度不确定性条件下，或者说在工业社会中，人们求助于推理、演绎等思维方式，从其表现来看，确实达到了对世界的

---

① 保罗·利科. 从文本到行动. 上海：华东师范大学出版社，2015.

理性化把握。然而，在风险社会中，实际上，在全球化、后工业化进程中，随着推理、演绎等思维方式的功能去势，致使我们不得不再度求助于想象、体验、领悟等思维方式的支持。

类比可以解决想象不着边际的问题。想象可以在跨度很大的间隔之间建立起联系，但漫无边际的想象对行动来说是没有意义的，甚至会对行动造成消极影响。所以，即使在风险社会中，想象也需要受到规范。如果我们坚持将想象建立在类比的基础上的话，所实现的其实就已经是一种较为有效的规范了，即防止想象不着边际。不过，在今天，我们所要倡导的是对想象的应用，需要在人的思维方式建构中给予想象以适当的位置。所以，我们首先应当看到的是，一切想象，一旦在事物之间建立起了联系，而且这种联系能够得到实践的检验，能够在实践中证明其价值，就是有意义的。反之，就是没有意义的。

为了避免没有意义的想象过多、过滥，需要类比这样一条更为可靠的路径。类比总是发生在毗邻的事物或这些事物的表象之间的，它所建立起的联系不仅弥补了间断性，将逻辑断裂的地方进行焊接，而且，在想象的扩展中还构成了次序以及系统秩序。也就是说，想象具有秩序功能，而且代表了相似性思维的秩序功能。在想象因为类比而有了秩序功能时，也就证明了想象在展开的过程中可以由类比来增强其韧性。也就是说，在想象展开的空间中，不会让存在留下易碎的、脆弱的环节，而是会有着展开的持续性。

虽然类比中包含着想象，但比较而言，类比要比想象显得拘谨得多。在风险社会中，行动者有可能会将类比感知为一种束缚，会感受到类比往往难以对创造性的方案形成支撑。不管怎样，如果想象能够恪守相似性原则的话，一般来说，可以避免不着边际的问题。所以，类比可以构成对想象的规范，但它的规范功能不应被想象得过大。任何时候，都不应刻意地强化类比对想象的规范功能。

近代以来，由认识论所建构起来的分析性思维所表现出来的是对各种线条的把握，是从线条中去寻找线索，再沿着线索伸展出去。不同于分析性思维，相似性思维所要获得的是意象，是对意象进行直观，通过想象从一个意象跳到另一个（些）意象，根据意象之间的相似性而对意象进行排列，形成次序和有秩序的体系。如果说推理是分析性思维借以展开的基本方法，那么想象则是相似性思维行进的主要路径。作为方法，想象是一切创造性活动必备的工具。在分析性思维被用于任何一项创新或创造的场景时，都会包含着对想象的应用。在某种意义上，可以认为这种对想象的应用是把想象作为方法来对待的。

分析性思维总是表现出对证明的热衷，因为它需要通过证明而去收获让人不得不信服的结果。这样做，却引发了某种独断论，即把决定论推向了独断论的方向，甚至会在追求真理的名义下对一些独断论的命题或判断加以证明，让人相信那是一些真理性的认识，并要求实践建立在这种真理性认识的前提下。我们可以将此比喻为一种洗"黑钱"的金融活动。"黑钱"被洗白后可以正常流通了，独断论的命题或判断得到了分析性思维的各种手段的证明而变成了真理，也就能够得到实践的信奉和遵从。然而，对社会来说，却是有害的。

我们从来都不怀疑证明的价值，但我们认为，思想观点应当属于社会，而不应为私人所珍藏。所以，对于思想观点而言，证明的意义在于让更多的人接受，而不是为思想观点赋值。然而，在认识论所构造出来的语境中，分析性思维以及与这种思维方式关联在一起的证明手段和方法，却在很大程度上剥夺了接受者的独立判断，甚至训练了人的盲从品格。如果说这样做在工业社会的低度复杂性和低度不确定性条件下造成的消极影响还是人类可以承受的，那么在风险社会及其高度复杂性和高度不确定性条件下，则会造成人类无法承受的危害，这也是我们倡导相似性思维的原因之一。

与分析性思维不同，相似性思维并不强迫人们去接受某个命题、判断，而是给予接受者以充分的自由，认为接受者有权去自行作出判断。不过，我们还应看到一个常见的而且非常有趣的现象，那就是，运用分析性思维的人在表述某个无法证明或者被认为不需要证明的观点时，往往会说"我们可以想象"。这说明，他依然是相信想象的。尽管他经常性地表现出了一种对想象的不屑或无奈，但他习惯性地使用了"我们可以想象"这个表达式的时候，却不自觉地赋予想象以价值，至少是在潜意识中认为想象具有代替证明的功能。

相似性思维是在对差异性的承认中去寻求相似性的，而且能够通过联想、想象等建立相似性。相似性思维与分析性思维都是从差异性出发的，它们的分野处是：寻求相似性还是寻求同一性，它们正是从此出发走上了不同的道路。在工业社会中，分析性思维在寻求同一性方面展现了强大的功能，人们借助分析性思维，才在工业社会中创造了伟大的业绩。

一种思维方式的外显功能能不能得到充分释放，是受到主客观两个方面的条件限定的。

其一，是人的思维能力。当人的思维能力较弱的时候，或者说，在人的思维能力还未充分发育的时候，是无法驾驭分析性思维方式的，以至于其思维会表现出相似性思维的特征。或者说，相似性思维的广谱性能够实现对思维能力较弱的主体的包容，使其思维能够得以展开。分析性思维对思维主体则表现出了某种挑剔，排斥了思维能力较弱的主体。

其二，是社会状况。当社会条件、人的认识和实践场境具有低度复杂性和低度不确定性属性时，是最适宜于分析性思维纵横捭阖的。在简单的、确定的环境和场境中，对分析性思维的应用可能是一种奢侈浪费，实际上也找不到着力点。这就如一家三口围绕着午餐问题每日都按照分析性思维进行决策一样。同样，在高度复杂性和高度不确定性条件下，分析性思维的功能也无法实现。在高度复杂性和高度不确定性条件下，分析性思维是不敷使用的，但是，当人们运用相似性思维时，则能够在这种条件下游刃有余地加以使用。

四、风险社会中的行动

就人类历史的演进看，在从农业社会向工业社会的转变中，并不是所有我们想象的东西都转变成了可以分析的事物。比如，进化论的首倡者华莱士（Wallace）就试图运用实验手段认识灵魂，最后无果而终。这不是因为华莱士运用实验的手段错了，而是因为他在分析的思路中运用了实验的手段。正是因为我们的世界中存在着很大一部分我们所想象的东西，而且这些东西拒绝变成我们所分析的东西，从而使得思维演进的历史包含着间断性。

在从分析性思维向相似性思维的转变过程中，将会出现我们所分析的东西向我们所想象的东西转变。或者说，那些在工业社会得到了分析性思维把握的东西，也将获得想象的属性，成为可以想象的和得到了想象改造的存在物。如果说思维与语言有着不可分离的关系，那么在语言及其词的转变中，我们还将看到思维方式变迁史中的连续性特征。当然，并不是所有我们所分析的东西都能实现向我们所想象的东西的转变，工业社会中的许多认识对象会拒绝转变，通过分析的方式而获得的认识成果，仍然会表现出拒绝想象的状况。不过，我们可以作出这样的猜想，凡是那些拒绝转变的认识对象和认识成果，都将或早或晚地从我们的视线以及头脑中消失，而所有接受想象和与想象相融合的认识对象和认识成果，都将继续停留在我们的生活和行动中，并发挥着延续分析性思维之香火的功能。

在人类历史早期的阶段，人们就关注到了一种虚拟现象，这种虚拟现象给人留下了无限的想象空间。在某种意义上，人们通过想象而创造出了许多虚拟物。从中国、印度等地区的古代文化遗迹看，人们所创造的虚拟物是非常丰富的。在今天，当网络技术给我们呈现出一个虚拟世界建构的可能性时，人们已经不再怀疑虚拟世界必将成为具有现实性存在的社会发展趋势了。

如果说我们有一天必然要面对虚拟世界的话，那么我们不可能按照既有的物质世界的模样去建构虚拟世界，也不可能按照既有的物质世界的模样在虚拟世界中开展活动。无论是在结构还是运行机制上，虚拟世界都将不同于既有的物质世界，相应地，我们面对物质世界和置身于物质世界之中的思维方式，也无法在虚拟世界中展开。如果说分析性思维只能限定在物质世界中去为认识和实践提供支持的话，那么相似性思维则因为有了想象而能够适应于虚拟世界中的行动要求。特别是想象，不仅能够让人在虚拟世界中表现出各种所需要的能力，而且能够在物质世界与虚拟世界间架起桥梁。

总的说来，当我们置身于虚拟世界中的时候，至少会在我们的思维中突出想象的价值。事实上，关于虚拟世界的建构本身也取决于我们的想象力。一旦虚拟世界被建构了起来，我们就会穿行于虚拟世界和物质世界之间。那个时候就会发现，我们在物质世界中形成的和无处不加以应用的思维方式，会在虚拟世界中处处碰壁。相反，在虚拟世界中形成的和应用的思维方式却会被带入物质世界之中，而且能够在一切可以应用的场景中都无碍地加以应用。如果思维的力量是强大的话，那么当我们把虚拟世界中的思维方式带回到物质世界之中时，就会展现这种力量对物质世界的影响。

人类在工业社会中是基于物质世界而建构起了我们既有的思维方式。根据这种思维方式，我们把与我们照面的东西认定为存在着的，并从这个存在着的出发去推断它未与我们照面之前就存在，并坚定地相信我们的推断。但是，这种相信是对推断的剥离，即剥开了推断的表层而将其中的一部分拎了出来，这个部分就是想象。在我们的科学研究中，经常使用的都是推断，而所有推断的内核部分都必然是想象。由此可见，想象对于认识、对于科学是有着多么重要的意义。

人们在科学研究中往往会对推断抱持谨慎的态度，要求推断所指向的结果是可验证的，即多次推断都能够有着相同的结果。可是，在高度复杂性和高度不确定性条件下，验证过程在操作上变得困难了，重复出现的事件和事物是极少的，甚至根本就不会出现重复出现的事件和事物。这样一来，就出现了一个是否需要推断的问题。到了这一步，人们会毫不犹豫地回答说需要。如果再进一步，提出我们是否应当相信想象的问题，也许人们就会犹豫起来。其实，我们同样需要承认想象的价值。事实上，在出现了推断甚至认识困难的时候，更应求助于想象。

想象的本质是一种超越性，所实现的是对现实存在的超越。如果现实有着不确定的未来，而我们又无法把握它的那种不确定性，就只能有两种做法可供选择：一种做法是等待着现实的变化，否定了其他可能性而将某个我们并不知晓的可能性转化为现实性；另一种做法就是借助于想象和沿着想象指示的方向行动。虽然现实的变化具有不确定性，但得益于想象和按照想象的指引而行动，实际上就对现实的变化实施了干预。也许这种干预并未达到预期，但其中肯定包含着行动者的积极性和能动性，所发生的影响肯定会使结果趋近于预期。

在工业社会中，在遭遇了较为复杂的和具有一定不确定性的问题时，知识与实践的关系表现出了杜威所说的一种状况，它既是知识生产的过程，也可以成为解决问题的原则。至少，杜威所说的这种情况是具有参照意义的："一切反省的探究都是从一个有问题的情境出发的，而且这种情境不能用它本身来解决它自己的问题。只有把这个情境本身所没有的材料引入这个情境之后，这个发生问题的情境才转化成为一个解决了问题的情境。想象中的观测，和已经认知事物的比较，是第一步。不过，这还不算是产生了完满的知识，只有在采取了某些外表的实验动作，在存在上发生了同化和组织作用以后，才算是产生了完满的知识。"①

可是，在风险社会的合作行动中，虽然行动的经验会凝练成知识，但知识生产并不是行动的目的。这是因为，我们并不知道应当为未来生产什么样的知识和提供什么样的知识。如果把注意力放在知识生产上，就会对行动造成干扰，致使应对当下问题的行动出现方向性的偏差。

当笛卡尔要反观自我的心灵状态时，是把自我中的那个我思的对象当作一种天然如此的实体来看待的，而且那是一个决定了自我成为自我的实质性的、支配性的自我。然而，霍耐特则认为心灵具有一种不确定性的状态，因

---

① 约翰·杜威. 确定性的寻求：关于知行关系的研究. 上海：上海人民出版社，2005.

而不能构成一种认识对象。霍耐特说："通常我们皆约略知晓自己的愿望感受，这是因为在社会化的过程中我们学会了在语言共享的生活世界的脉络中理解感知这些心灵状态。的确，我们还会一再为自己的内心状态感到惊讶，它们有时显得如此陌生与晦暗，而这正是因为它们未能经历任何语言社会化的过程，这些情况或是源于实际上的不熟悉又或是因为曾经发生去符号化的过程所致。"①

　　之所以我们没有适切的语言去准确地描述心灵状态，特别是无法表述心灵活动的机理，是因为心灵活动的复杂性和不确定性拒绝了认识对它的揭示，以至于未能发展出用来描述它的适切语言。因此，在很多情况下，人们之间的心灵沟通是通过想象、领悟等途径进行的，而不是建立在准确把握的基础上的。因为，人们无法对心灵进行分析，也就不可能准确地把握它。正是因为对人的心灵的把握非常困难，致使霍耐特要求将人的心灵活动从认识对象中剔除。但是，无数经验告诉我们，虽然心灵因为无法得到确切的认识而显得神秘，但在很多情况下，共同行动的人们之间的心灵契合又是可能的。

　　人们不难发现，在许多无法得到语言支持的场境中或情况下，人的一个眼神、一个手势便能在心灵沟通中发挥作用，并达到人们行动上的默契。就此而言，在合作行动中，也许我们需要发掘人的心灵沟通的价值，需要寻求人的心灵沟通的可行路径并对人的心灵沟通能力进行培训，以呼唤出人们在合作行动中的更多默契。之所以人们能够做到心灵上的契合，是因为实现沟通的人们都有着想象力。人们是因为想象，从而理解了对方所要传递的信息。

　　全球化、后工业化运动所指向的社会变革其实是包含在工业社会的理想与现实经验的冲突中的。在工业社会兴起的时候，即在现代社会的早期，启蒙思想中是包含着工业社会的理想以及社会规划的。这种理想在某种程度上得到了实现，但也只能说是得到了很小一部分的实现，作为这个理想的大部分并未得到实现。同时，在通向理想的道路上，产生了许许多多与这种理想相冲突的实际问题。正是这些问题，反映在了人们的经验之中。

　　由于思想家、学者们总是在早期思想家所划定的范围内思考问题和观察社会，因而未能认识到那些现实经验的价值。或者说，并未深切地感受到那些经验的真实内涵。所以，现代早期的伟大理想仍然支配着知识阶层以及绝大多数

---

① 阿克塞尔·霍耐特. 物化：承认理论探析. 上海：华东师范大学出版社，2018.

社会精英，并与普通社会成员的现实经验相冲突。在人类进入风险社会的时候，由现代早期所提出的并贯穿于整个工业社会的伟大理想与人们关于风险社会的感知和经验的冲突愈发激烈了，这必将让那些耽迷于理想中的知识阶层、社会精英等因为遭遇了危险而不得不怀疑那个理想。这个时候，全球化、后工业化所包含的社会变革就不会再遭遇不可克服的阻力了。

任何时候，平等都是合作的前提，而且在人的平等的情况下，只能采取合作行动，否则，就会走向不平等的方向。即便就消极平等来看，如果不是转化成人的合作行动，而是以其他的方式开展行动，也会将这种消极平等转化为不平等。那样的话，就会让一部分人在风险中先行受害，即通过这部分人先行受害而为其他人提供经验。或者，让一部分人做出牺牲而为另一部分人争取生存的机会。这显然是与人的共生共在的理念不相符合的。

人的共生共在的理念是风险社会中个人的信念，而且是每一个人都必须拥有的基本信念。生活在这个社会中的人们，会时时根据这种信念感受现实，基于这一信念去感知环境、自己的位置和发现开展行动的时机。在行动中，则按照这个信念的要求去调整自己与合作行动中的他人以及所有所与物间的关系，以争取行动效应的最大化。一般说来，信念是事实、价值和想象的统一，毋宁说是这三者的综合体。因而，有了人的共生共在的信念，也就能够在对它的领会和体验中将理论与现实有机地结合到一起。同时，又能够在时间的意义上将过去、现实和未来整合到当下的需求、愿望和行动中来。

其实，我们的推断是一条非常简明的线索：第一，人类社会正在发生全球化、后工业化运动，这是人类历史的一次伟大的社会转型运动，意味着人类历史开启了一个新的阶段；第二，风险社会及其高度复杂性和高度不确定性意味着人类社会的一种新的社会形态，它是人类历史上从未有过的；第三，在这一社会中，工业社会的分析性思维无法满足认识和行动的要求，因而需要寻求一种新的思维方式，而相似性思维则是可望替代的形式；第四，风险社会及其高度复杂性和高度不确定性条件下的合作行动需要得到相似性思维方式的支持，而想象则为认识和行动开辟了道路。

风险社会及其高度复杂性和高度不确定性对人的生存构成了严峻挑战，而每个人的生存都需要建立在人的共生共在的前提下。对于人的共生共在而言，唯有合作行动这一条出路。合作行动的基本特征就是创新、创造，唯有想象可以赋予合作行动以创新、创造的特征。

第三节　社会科学研究方法之再审视

在社会科学研究中推广什么方法和应用什么方法，主要是由思维方式决定的。所以，我们在全球化、后工业化这场社会变革运动中，着重解析了思维方式的变革问题。在我们看来，从分析性思维向相似性思维的转变已成必然之势。这是因为，人类在陷入风险社会时，在面对社会的高度复杂性和高度不确定性时，只有在对相似性思维的应用中，才能使行动获得思维方式上的支持。我们承认，是出于证明的需要，对农业社会的基本情况作了描述，认为在人类历史上的这个阶段中，相似性思维是一种主导性的思维方式。指出这一点，目的是要说明，人类在全球化、后工业化进程中重拾相似性思维是可以从历史上找到一定依据的。

事实上，我们在古代哲学中确实看到了相似性思维。可以认为，古代哲学并不会到事物的内部去探求同一性，而是在差异性的事物表象间建立联系，并通过这种联系去体悟、理解和把握事物的性质。然而，现代认识论的这种希望透过表象的差异性去寻求事物内部同一性的追求，所代表的显然是一种分析性思维。这是两种思维方式的区别。正是这个原因，让福柯看到了一种不可还原为古代哲学的关于同一性的思想。

古今哲学及其思想的不同，在根本的意义上其实是思维方式的不同。在此意义上，虽然西方学者对西方哲学史进行了改写，或者说，用现代性的色彩重新把古希腊以来的全部哲学都进行了重新装扮，矫饰出一条貌似合乎逻辑的走向现代哲学的历史线索，但当福柯借助于知识考古的方法去对它进行重新审视时，剥掉了那层伪装后，两种思维方式的差异也就显现了出来。当我们据此推断后工业社会的未来时，福柯的发现所给予我们的启示是：后工业社会将拥有属于这个社会的思维方式。

就相似性思维方式是适应社会的高度复杂性和高度不确定性的思维方式而言，就相似性思维方式所关注的是事物的表象并努力在表象的差异性之间发现相似性和建立起联系而言，我们认为，它是一种在形式上向农业社会（即福柯所说的古典时代）的回归，是一种相似性思维得以重建的历史行程。但是，这一得以重建的相似性思维在一切根本性的方面都不同于农业社会的思维方式，因为它仅仅属于后工业社会。

一、认识论框架及其逻辑

在西方哲学史上，认识论是哲学的一种类型，事实上，认识论意味着哲学发展史的一个阶段。如果说古代（如古希腊）的哲学基本上是以本体论的形式出现的话，那么近代以来，哲学思考基本上是在认识论的框架下展开的。而且可以认为，几乎所有的科学研究活动都是在认识论的框架下进行的，从属于认识论的理论范式，遵循的是认识论所给定的逻辑，因而，都无法超脱认识论所确立的思维定势。

尽管认识论在工业社会的历史阶段中为科学的发展提供了强有力的支持，而在人类从工业社会向后工业社会转型的过程中，它却蜕变为科学发展的桎梏。人类的认识是可以有多种途径的，认识论给我们提供的只是一条路径。在这条路径中，我们经历了凯歌行进的时代，但也似乎走到了路的尽头。为了让人们认识世界以及认识自己的行动不驻足于某一点上，我们必须去探索新路。这样一来，就会要求逃离认识论的理论范式。

人类的认识不仅从属于理解世界的需要，而且从属于实践的需要。一旦从实践的角度出发，就需要把认识与环境、条件和目的等复杂的因素联系起来考虑。总的说来，在人类社会的不同历史阶段中，人的认识是与作为历史条件的基本状况关联在一起的。在人类农业社会的历史阶段中，我们看到的社会是简单的和确定的；在工业社会的历史阶段中，我们看到的则是社会的低度复杂性和低度不确定性；现在，我们的社会呈现出来的是高度复杂性和高度不确定性，这决定了人们认识世界的条件、目的等都会存在很大的不同。

在社会的低度复杂性和低度不确定性条件下，确如卡蓝默（Calame）等人所说的："在 60 年代，科学认识工具和经济计算的发展，被视为是对'事务性质'和社会现实更理性、更'客观'的认识手段。这种发展与国家现行的国家观念相结合，强化了一种思想，即人们可以从理性出发规定共同利益，可以避开某种民主讨论的方式或者至少到最后才讨论，以便使人民承认，一个唯一的政策、一个唯一的规划肯定是明智的，因为这是多种标准的明智评估的结果。"① 其实，这是近代以来的认识论发展所造成的结果。

---

① 皮埃尔·卡蓝默，安德烈·塔尔芒. 心系国家改革：公共管理建构模式. 上海：上海人民出版社，2004.

我们知道，认识论在社会实践中必然会以独断论的形式出现。在社会治理领域中，当政府是唯一的社会治理主体的时候，认识论的逻辑赋予它以科学理性，并在科学理性的行进中发展出了各种各样的社会治理技术。这些技术为政府的一切行动提供了良好的支持，使政府可以充满信心地垄断社会治理。20世纪60年代，认识论逻辑在实践中的这一表现走到了极端状态，致使卡蓝默等人看到了一种科学替代民主和压抑民主的状况。也就是说，出现了科学的集权，以至于人们希望通过改革去革除这种科学所窃取和所实现的集权。

在认识论的框架中从事哲学思考，必然会纠结于真理的问题。哈贝马斯基于其交往理性，将真理定义为一种理性共识。这对于科学主义主导的思想界而言，无疑是一种很有力量的批判性意见。因为，在社会的运行中，在人际交往中，要求用科学的方法去求得真理确实显得比较困难。但是，在认识论已经获得了意识形态功能的情况下，往往会要求人们必须在真理的问题上发表意见。或者说，人们必须表明追求真理的态度和立场。一旦这样做了，也就说明人们的思想和实践受到认识论思维框架的约束。如果我们抛弃了认识论思维框架的话，也许就没有必要去纠缠这个问题了。

在这个问题上，哈贝马斯的学生韦尔默的批评意见是有启发意义的。韦尔默说："我并不认为真理的共识理论以及与它相伴随的推论合理性的独特解释是可辩护的……真理不可能根据一种理性共识来定义，尽管真理在某种意义上蕴含着理性共识的可能性。这是因为，极为简单地说：尽管真理是公共的，对真理的承认总是我的承认；这就是说，如果一种共识要称作是'理性的'，我们每个人都必须被论证所说服；但既然这样，就不可能由共识说服我们相信真理要求的有效性。共识也许会证实我们的确信，这是因为当共识达成时，就不再有异议了。但是，共识并不能保证真理，有异议提出这一事实也并不意味着我们必定对我们的真理要求是没有把握的。虽然真理是公共的，但它并不是公共地确定的：在每一个单独的情形中，必须由我自己确定我是否应当认真对待一个论证，必须由我自己确定一种异议是认真的还是不相干的，必须由我自己确定一种真理要求是否已经得到辩护。总之，总是必须由'我自己'来评价他人所说的——包括他们的真理要求、论证和异议。"[①]

我们之所以认为韦尔默的论述是有启发意义的，就在于他通过对"我自己"

---

① 阿尔布莱希特·韦尔默. 后形而上学现代性. 上海：上海译文出版社，2007.

这个词的应用，揭示了真理与个体的关联性。也就是说，韦尔默在这里对真理作出了可谓是经典性的个人主义论证。一般而言，人们在温习认识论时，是很少想起与认识论几乎同时诞生的诸种社会理论（后来发展为政治学的、经济学的理论），人们在那些社会理论中看到了个人主义，却没有人想到认识论中的个人主义精神要比那些社会理论更加浓重。也就是说，认识论与那些社会理论有着共同的思想内核——个人主义。

我们之所以说认识论的个人主义色彩更浓，是因为"真理"一词更容易使人联想到几乎所有被公认为真理的东西都是由个人发现的。比如，相对论包含着真理，而相对论所包含的每一个可以被认为是真理的观点都是与爱因斯坦的名字联系在一起的。就真理是与个人联系在一起的而言，就真理代表了个人主义立场和观念来看，它甚至比自由、平等等理念更加胜任意识形态的职能。对于社会治理者而言，只要以真理的名义说话，即使他是把个人意志说成真理，也会立马就令听众鸦雀无声。由此可以看到，哈贝马斯可谓是煞费苦心，希望通过提出真理是理性共识的判断去改变真理的个人主义属性。

在人类仍然需要担负着繁重的认识世界的任务时，探求真理的热情不会消减，"真理"一词的意识形态功能以及号召力，都仍然会显得很强。但是，一旦人类的中心任务转向了创造（而不是摹仿）世界时，追求真理的意愿就会减弱。相应地，"真理"一词的意识形态功能就会逐渐减弱。从科学技术的发展看，20世纪后期以来的许多新的技术成就也许都预示了这一点。比如，与信息技术相关的许多新的技术成就，就反映出了效用优先的原则，而不是去关注真理的问题。也许这本身就意味着，在从事信息技术研究的人的脑中，真理意识已经变得淡漠了。

如果说全球化、后工业化将开启人类历史的一个新阶段，而且，在这一新的阶段中，科学的发展将实现对认识论的超越，那么可以认为，效用优先也许会逐渐成为科学活动的基本原则。那个时候，当人们再去编纂历史时，就会写出一部人类追求效用的历史书，所描绘出的可能是一条完全不同于探求真理的人类前进的道路。如果科学发展的未来能够实现效用优先原则下的重建，也就意味着人类将拥有的是一种不同于工业社会科学的新的类型。

在这种新的科学的引领下，整个社会的一切方面都将不同于工业社会。这样一来，在工业社会中所发生的一切争执，都会变得不再有意义了。因为，一旦人们失去了对真理的热情，就不会因为真理在谁手里而开展辩论并发生各种各样的冲突，就不会以真理的名义实施强制，就不会迫使他人围绕在掌握了真理的"我"的周围……总之，因为真理的问题而造成的所有排斥、冲突等都将得到削弱，而人与人之间的包容性则会得到相应的增强。就社会科学研究而言，随着科学自身产生了转型的要求，对科学方法的关注也将实现重心的转移，肯定会要求建立起在性质上从属于相似性思维的科学方法论体系。

真理的问题在认识论哲学中是一个核心问题，或者说，整个认识论的发展史都是围绕着真理追求而展开的。但是，生成于认识论框架中的科学，即建立在认识论基础上的科学，却在真理的问题上陷入了悖论。也就是说，科学的逻辑决定了永远不可能出现真理的裁判者。也许正是看到了这一点，波普（Pope）才提出了证伪原则。同样，马克思也可能是因为发现了科学不可能在科学研究活动中发现真理的裁判者，才求助于实践。但是，实践是发生在既定的共同体之中的，一旦实践有着对真理的要求，就会演化为政治过程。这个时候，强权就会出来表态，从而扮演真理裁判者的角色。

对于实践而言，为了避免强权成为真理的裁判者，只有两条路可以走：一条是放弃对真理的追求，转向对实用价值的重视；另一条是承认真理的相对性、暂时性和具体性，将真理的获得寄托于对话、论辩。恩格斯之所以提出相对真理的问题，其实是包含着某种政治上的考虑的，那就是，防止集权。哈贝马斯求助于对话和论辩无非也是出于这一目的。然而，如果像哈贝马斯那样把真理寄托于对话、论辩等，其实只是在谋求共识，而不是在追求真理。就此而言，哈贝马斯远没有理解恩格斯提出的相对真理的理论内涵。即便如此，当哈贝马斯偷偷地把真理换成共识的时候，也在一定程度上表现出试图突破认识论框架的追求。

我们说认识论的核心问题是真理的问题，反过来说真理的问题从属于认识论，也同样是成立的。就近代以来哲学和科学的发展看，正是对真理的追求，激荡出了科学精神，也推动了科学的发展。然而，在社会实践中，特别是在包含制度在内的各个方面的社会建构中，对真理的追求往往更多地导向了独断论。在这方面，中国的马克思主义研究者所选择的是把实践论与认识论区分开来的做法，并用实事求是的概念代替纯粹理论探讨上的真理追求，这显然实现了对认识论的一定程度上的超越。

在认识论框架得到突破后，在独断论能够被实事求是的精神摧垮时，谋求共识的活动也就不可能单独进行了。或者说，不需要通过某种特定的制度上的安排和程序的设立去谋求某项具体的共识，而是在实事求是和一切从实际出发的意义上把共识的获得放在具体的行动之中。我们知道，在康德的认识论体系中，是包含着实践论这部分内容的，而且人们在思考任何一项理论问题时，也都绕不开实践理性这个概念，尽管可以不提起这个概念。虽然康德哲学中有着实践论的内容，但实践论是从属于认识论的，是作为认识论的功能实现的部分存在的。当中国的马克思主义研究者将认识论与实践论并列起来的时候，已经包含了突破认识论的理论取向。这样做所达到的效果是：让共识从属于行动的开展，而不是把共识作为确定某项结果的途径。也就是说，弘扬了马克思主义哲学中的实践论精神。

对于建立在认识论基础上的科学来说，对世界的把握肯定是不完整的，或者说，从来也没有打算完整地把握世界，而是把我们世界的某些方面排除在科学认识之外。我们看到，在认识论的思维框架中，对于一切社会存在都要作出形而上学的追问。如果不能获得形而上学层面的论证，就会被认为是缺乏基础的，甚至会被视为假象或幻觉。正是这个原因，使伦理学的研究陷入了对道德真理的探求中。似乎道德真理的问题如果得不到解决，它的一切原则和规范也就都不具有合理性。即便那些伦理和道德因素在人的社会生活中具有明显的有效性，也必须在理论上对它们作出怀疑甚至否定。如果对近代以来的伦理学作出总体评价的话，我们认为，所有关于道德真理的探求都是不成功的，反而徒增了许多概念和解释框架。难道那些得到了解释的就能够称得上是道德真理了吗？这仍然需要人们从伦理学家的闪烁其词中去加以领悟。

对此，我们的后代也许会感到非常困惑：工业时代的人们为什么要强行去探讨道德真理的问题呢？其实，答案再简单不过了。在这一时期中，人们是在认识论的框架下去开展科学研究的，把全部科学活动都放在了对真理的追寻之中。也就是说，在工业社会的历史阶段中，人类背负了认识论的包袱。而且，认识论在诸如科学研究等方面所取得的辉煌成就使得这个包袱变得无限沉重，从而要求按照认识论所提供的思维方式去认识人所遇到的一切现象。结果，诸多并不支持认识论解读的社会现象也被强行地拉入科学认识之中，在探求真理的追求中被戴上了不合尺寸的帽子。

其实，在我们打算认识社会时，视线是应当更多地放在有效性的问题上的。如果我们拥有了这种关注有效性和突出有效性的想法，再去把对伦理道德的研究作为科学研究的一项重要课题时，所要探讨的就不应是道德真理的问题，而是应考虑如何去增强道德的社会功能的问题。按照认识论的思路，将伦理学的研究重心放在对道德做出怎样的解释等问题上，显然是精力上的消耗和资源上的浪费。如果在探求真理的名义下去选择一顶帽子戴在道德的头上，无异于向道德的脸上泼污水。

在全球化、后工业化时代，我们深切地感受到，当认识论及其衍生学科（如关于方法论的研究）大获全胜并在人的思维中占据了支配地位后，真理的概念意识形态化了。也就是说，真理已经不再是指具体认识中的主观与客观相符合的状况，而是成了一种如哈贝马斯所说的理性共识，成了一个共同体共有的观念和占主导地位的思想。在某种意义上，作为意识形态的真理更显综合性的特征，成了包括认知上、理想上、道德上、语言上等多种维度的共识。因此，真理可以为形形色色的政治操纵所利用，只要权威可以营造出共识氛围，那就可以将任何一种思想元素指认为真理，而且是能做出严密的科学论证的。这样一来，在政治生活甚至广泛的社会生活中，真理不仅不意味着真相，反而可能与真相对立。操纵真理的人，总能在真理的名义下成功地掩盖真相。

随着人类社会走出工业社会的历史阶段，随着这个社会中的政治生活形式丧失了组织社会的功能，对这种普遍主义真理的需求就会呈现出逐渐降温的趋势。事实上，在高度复杂性和高度不确定性条件下，关于普遍真理的观念已经难以在现实中找到支点了。因为，人们更多地面对着的是偶然的、具体的、迅速变化着的问题。在这种情况下，认识以及真理追求都是针对具体事项做出的，而且仅限于某一具体事项和具体问题，所服务的也是具体的、随机性的行动。

在高度复杂性和高度不确定性条件下，固定的认识论模式将蜕变为认识行为在观念上的总和。具体的认识行为是包含在行动之中的，因为内在于行动而成为行动的环节和构成部分。这就意味着，将不再有认识与行动的分离，不再需要一个从认识到行动的转换过程。既然认识与行动是一体性的，达致知行合一，人们就不会再受到真理问题的困扰了。结果，真理追求为效用追求所替代，并在行动的有效性中去回观和评价认识的效用。

二、认识论演进中的实证研究

在今天，关于认识论演进的历史走向已经能够看得较为清楚了，那就是，在主体与客体得以确立的条件下，人们把注意力集中到了方法上。在这一逻辑中，方法决定了达致真理的可能性和把握真理的程度。所以，从 20 世纪中期开始，社会科学研究的主旋律转向了对方法问题的关注。其实，从哲学上看，这一思潮可以追溯到 19 世纪后期和 20 世纪前期。

在对科学研究方法的关注中，20 世纪中期以来，人们经常谈论的或者说科学研究使用最为广泛的是实证研究方法。其实，实证研究更应被看作一种路径。因为，实证研究有着诸多方法，诸多方法是发生在同一路径中的。其中，量化的方法是使用最为广泛的方法。事实上，就 20 世纪出现了诸多哲学流派来看，绝大多数都为实证研究提供了理论上的支持。或者说，20 世纪实证研究的兴盛，应当归功于这些哲学思想的贡献。但是，就实证研究的发生而言，可能要追溯到更早的时期。福柯将这一研究路径的兴起追溯到康德时期。

应当说福柯的见解是非常深刻的。因为，正是康德，确立起了认识论框架，而整个现代科学又都是在认识论框架中成长起来的。哲学家们认为，在 20 世纪中，胡塞尔实现了哲学转向，从而使哲学的发展表现出了与以往不同的情况，实际情况是胡塞尔的哲学直到今天仍然受到了哲学界主流的排斥。也就是说，在 20 世纪中具有主导性地位的哲学仍然是处在认识论框架中的，所运用的一直是近代以来共有的思维方式。既然哲学自身的演进仍然走在认识论的发展路线上，那么，为从认识论框架中发展出来的实证研究方法提供哲学上的论证和支持，也就没有什么不可理解的了。

不过，随着认识论取得了实证研究这一方法上的成果，也在根本上动摇了认识论的真理追求。显而易见，实证研究的科学性并不在于它能够形成真理性的结论，而在于去证明或确认已经意识到了的问题。但是，当人们对实证研究怀着极度推崇之情时，就会以为一切能够得到事实验证的结论都是具有真理性的，并希望通过实证研究去获得一切真理性的认识，甚至会对一切非实证的研究抱以轻蔑或排斥的态度。

我们一再申述无意否定实证研究，任何一种研究方法都是有价值的。不过，如果形成了对某种研究方法的迷信的话，那就不是科学的态度。对于缺乏科学态度的人，无论在什么路径上和运用了什么方法去开展研究工作，都不能通过其研究去保证科学所承担的责任。

在复杂性和不确定性条件下，当问题出现并已经被感知到，而对于问题的性质以及程度尚无法确定时，实证研究能够发挥在这些方面加以证明和确认的作用。但是，在问题的解决方案形成中，实证研究却是无法直接提交答卷的，尽管所有从事实证研究的学者都试图去这样做。实证研究的意义在于对既已存在的问题加以确认，即通过量化的方法去证明问题。即便如此，只是在低度复杂性和低度不确定性条件下，才能使实证研究的这一功能得到有效的发挥，而且，还需要将实证研究严格地限制在微观领域中。

应当说，在微观领域中，实证研究能够有优异的表现，能够形成科学的结论。但是，我们必须指出，由于偏好实证研究的科学过于注重对微观问题的分析，从而把完整的世界隔离开来，制造出了一个微观问题独立发生、孤立存在的假象，其结果就是制造了碎片状的知识。当这种知识被生产出来后，完整的世界因这种知识而碎片化了，社会秩序也因此成为碎片。当我们基于碎片化的知识去开展维护或创建某个方面、某个领域的秩序时，往往对世界的整体秩序构成破坏。也就是说，在宏观的社会层面，特别是在高度复杂性和高度不确定性条件下，实证研究往往无法发挥科学研究所应有的功能。

在微观领域中，存在着可以度量的复杂性和可以确定的不确定性，科学担负着去进行度量和确定的职责。然而，在宏观的社会视野中，复杂性是不可度量的，不确定性也是无法确定的。这样一来，科学预测以及定量分析就失灵了，唯有通过人们行为模式的变革去适应社会的高度复杂性和高度不确定性。不仅如此，在对现实的考察中，实证研究还会受到研究者个人因素的影响，因而难以合乎科学的要求。本来，实证研究是以绝对客观的面目出现的，但是，由于实证研究者的观点和出发点不同，往往会得出完全相反的结论。

从理性经济人出发，实证研究可以更为细致地揭示人的自利本性是如何影响其行为的。但是，一些学者也通过实证研究发现，"人是完全自利的这个经济学规范假设存在一个问题：在物质利益之外，很多实验对象更关注公正和至善，愿意为修正物质利益的分配而承担个人损失，同时奖励那些以合作态度行为的人，惩罚那些不合作的人，尽管这些对于自身来说代价不菲"①。可见，对于同一件事，由不同的人所开展的实证研究，所得出的结论是不一样的。如果我们提出一个假设，就是实证研究并不是通往真理、真相的路径，那么这个假设是肯定能够通过实证研究来加以证明的。也就是说，通过实证研究可以证明实证研究的可行性值得怀疑。

从当前关于科学研究方法的分类中，实证研究被分成质性研究和定量研究

---

① 赫伯特·金迪斯，萨缪·鲍尔斯. 走向统一的社会科学：来自桑塔费学派的看法. 上海：上海人民出版社，2005.

两个门类。就质性研究而言，往往通过调查、访谈等方式去获得一手资料。然而，一切实证研究的问卷都必然是为了去证明问卷设计者假设的某个问题，因而会预设对其他问题的掩盖。而且，所有调研问卷都仅仅包含某种单一的尺度，实际上是有倾向性地引导受访者在问卷列出的选项中去选择，即使受访者认为所有选项都是荒唐的，为了完成问卷，也会按照要求在问卷上勾画，或者只能尽力去选定那些荒唐程度稍轻的选项。对于调研人和问卷设计者来说，受访者非常勉强和随意的勾画都能生成科学的数据。

正如纳斯鲍姆（Nussbaum）所描述的，"他们所设计的调研问卷只包括一种单一的尺度，而受访者不得不选择一个单一的数字。虽然许多人仍会回答问卷上的问题，但这一事实并不表明答题者同意提问题者的预设，即满足可在单一尺度之上进行通约。如果这一事实可以告诉我们些什么，这就是我们已经知道的一件事：人们总是尊重权威。如果有权威的人士以一种特定方式设计了问卷，那么我们只能服从这个问卷，即便它看起来还相当粗糙。另外别忘了，有些人会因为反对问题的设计方式而选择不作答，但在结果统计之时他们并未被计算在内"[1]。一般说来，这样的科学研究是直接服务于决策的，许多这类研究是受委托的，会以课题结项报告的形式出现。即便排除了伪造数据的行为，严肃的研究者运用上述调研方法所获得的数据又有多大的可信度？如果这类研究成果成为决策依据，那么对社会治理所造成的影响也就是显而易见的了。

定量研究方法是与"重物"时代联系在一起的，是出于对实物或可拟实物进行科学研究的需要，即对可计量和可量化的研究对象的观察，目的是对研究对象进行分类，从中发现形式上的共通点。然而，"从系统科学和复杂性研究的角度看，质重于量是一个基本的出发点。任何质都必须表现为一定的量，这是没有问题的。但是，不同的质在原则上是不可比的；所谓的量化只是在特定的条件下、就特定的方面、从特定的视角、在一定的时间内的比较，千万不能没有限制地扩大其作用范围"[2]。

如果说世界是一个系统，或者说社会是一个系统，每一个系统又都不是孤立的，而是有着复杂的环境，是处在与其他系统即环境的互动之中的，那么定量方法即使满足了上述所有条件，在一个特定的系统中去研究某个受到严格限

---

① 纳斯鲍姆. 寻求有尊严的生活：正义的能力理论. 北京：中国人民大学出版社，2016.

② 陈禹，方美琪. 复杂性研究视角中的经济系统. 北京：商务印书馆，2015.

制的特定对象，所形成的结论也不可能具有科学性。所以，我们看到，在谈到组织研究的问题时，克罗齐耶和费埃德伯格对量化思维提出了批评："在我们看来，研究策略应该集中在组织上面，将组织当作各不相同的自主现象，而不是将它们作为数量单元来处理。"① 就是说，把组织当作一个系统整体看待，因为，"组织与有组织的系统，拥有足够的自主特性，这使得无论从决定论的观点来理解组织的运行功能，还是将其作为首属群体互动的推演结果，都变得不可能"②。既然量化研究不可能达到对组织自主性的理解，也就不可能真正把握组织运行的过去和未来、原因和结果。

就社会实践来看，一个组织在目标上的具体性和清晰度决定了它能够选择什么样的管理方法。就绩效管理而言，它显然最为适应那种在组织目标上是具体而清晰的组织。因为，这类组织的目标是可以被转化为具体的行为标准的。有了这些标准以及以数字的形式表现出来的量化指标，绩效管理在实用性和可操作性方面就会变得很强。但是，那些目标较为模糊的组织可能在各个方面都难以实现标准化，更无法以量化的指标体系来衡量其行为。在这类组织中使用绩效管理的方法，显然是比较困难的。也就是说，只有在可以量化的地方，只有对于那些适宜于量化的事项，才能看到实证研究成果的社会实践效用。

我们看到，政府组织在内部管理上是可以实现标准化的，在该领域，定量指标的确立是可行的，但在社会治理的意义上，政府组织的目标却具有模糊性的特征。也就是说，政府组织中往往是内部服务的部门会表现出任务以及目标较为明确、工作弹性较低的特点，可以使用一些量化指标来确定它的工作内容，但政府组织中的那些需要向社会提供服务的部门，在任务、工作内容等方面都直接地受到外部环境因素的影响，它的目标就只能是"让公众满意"这样一个极其模糊的目标。

事实上，就政府直接为社会服务的部门而言，在整体上很难达到令公众满意的目标。这样一来，以公众满意度为指标而进行定量研究，想要什么样的研究结论，完全由研究者自己来定，或者，由课题资助方的资助金额来定，至于科学性与否，可以由天定。既然公共服务以及社会管理无法在整体以及综合性的意义上实现量化和标准化，要想对它进行定量研究，也就变得不再可能。社

---

① 米歇尔·克罗齐耶，埃哈尔·费埃德伯格. 行动者与系统：集体行动的政治学. 上海：上海人民出版社，2007.

② 同①.

会治理中的这一情况，决定了那些服务于社会治理的科学研究并不能完全定格在定量研究上。其实，包括定量研究在内的整个实证研究，都有着特定的适应范围。如果以为这种研究方法可以包打天下的话，那就是一种不科学的态度。考虑到世界的多样性，有些存在是不可以量化的，如果强行选取一个角度进行定量研究，即使形成了可以令人信服的研究结论，那也仍然属于一种舍本逐末的做法。就如我们上面所说的进化论的首倡者华莱士那样对灵魂称重，不用说灵魂是否有重量，即使测定了灵魂的重量，也不可能揭示灵魂的本质，即不可能达到真理性认识。

从公共行政理论的发展看，由于在认识论的框架下从事科学研究，从而在一个单一的逻辑中走向了片面发展的道路，脱离了现实的要求。正如全钟燮所指出的，"公共行政在寻求其管理知识和概念的过程中，反映出其主流思想根植于认识论的实证主义和功能主义传统"①。现实是多面的，现实的问题总是具体的和有着复杂原因的。当公共行政的实践受到其理论片面性的制约时，就只能把视线投向现实的某个方面。这样一来，它虽然在解决现实问题时运用了科学的方法，有着明确的针对性和看似非常正确的方案，而且也确实解决了现实问题，并取得了可以得到确认的巨大成绩，但是，由于我们此时所看到的是一个片面的现实，以至于在提出的问题得到了解决的时候，却发现了更大、更多的问题纷涌而来。甚至，解决问题的方案和措施本身也制造了问题，而且是更为棘手的问题。在这种情况下，谋求新出路的要求就把我们引向对思维方式的关注上来了。

三、后工业化中的思维方式重建

认识论是在对经验与理性的区分中开始其哲学叙事的，然而，在分析性思维中，"从经验的一端到另一端，限定性与自身相对称；处于相同形状内部的正是确实性之同一性与差异性以及确实性基础之同一性与差异性"②。同一性与差异性都是确实存在的，就其包含在认识对象之中而言，都是客观的。同一性并不属于另一事物，或者说并不构成另一事物。也就是说，同一性与差异性同属于已经被确认为认识对象的事物。但是，差异性是属于表象层面的，而同一性

① 全钟燮. 公共行政的社会建构：解释与批判. 北京：北京大学出版社，2008.
② 米歇尔·福柯. 词与物：人文科学考古学. 上海：上海三联书店，2001.

则包含在事物的内部，存在于事物的深处。或者说，事物在表象层面呈现给经验的是差异性，通过分析，则可以在事物内部抽象出同一性。

在表象层面，事物的差异性将它们分离开来，但通过分析而抽象出的同一性又是具有确实性的，这种确实性的同一性则使事物联系了起来。所以，"从这一分析开始起，现代反思如何绕过表象的展开，及其在图表中的充分发展（如该图表古典知识所整理的那样），直到相同之某种思想——在相同中，差异性与同一性是相同的东西。正是在这个由确实性之重复在基本性之中打开的巨大而细长的空间内，整个限定性分析——如此紧密地与现代思想命运联系在一起——将得以展开；正是在那里，我们将依次看到先验重复经验，我思重复非思，起源的返回重复其隐退；正是在那里，从它自身出发，一种不可还原为古典哲学的相同之思想才显示出来"①。

在探讨知识生产史上的思维方式时，我们已经介绍了福柯关于观念学的诸多论述。由于观念学与康德的批判哲学所具有的是完全不同的属性，那么，为什么工业社会选择了批判哲学而抛弃了观念学，就是一个值得思考的问题。所以，我们希望回过头来再对这个问题进行一些探讨。我们已经说过，从福柯对观念学的描述看，也许它可以成长为包含相似性思维的科学。我们甚至可以推测，观念学对在历史上曾经一度繁荣并占主导地位的相似性思维进行了总结并提出了新的建构规划，却因为康德的认识论的胜利而丢失在了历史的行程中。

福柯对观念学的描述是这样的："在德斯蒂或热朗多那里，观念学既作为哲学所能具有的唯一理性的和科学的形式，又作为能向一般科学和每个特殊认识领域推荐的唯一的哲学基础。作为观念科学，观念学应该成为这样一种认识，即其类型应该相同于那些把自然的存在，或语言的词，或社会的法则当作对象的认识。但就观念学把观念、把在词中检验观念的方式、在推理中把观念联系起来的方式当作对象而言，观念学的价值就在于它是所有可能科学的大写的语法和大写的逻辑。观念学并不询问表象的基础、界限或根源；观念学浏览一般的表象领域；观念学确定在表象中出现的必然的序列；观念学定义在表象中结成的联系；观念学表明在表象中盛行的组合和分解的法则。观念学使所有的知识都安放在表象的空间中，并且通过浏览这个空间，观念学就阐明了能组织这个空间的法则所具有的知识。在某种意义上说，观念学是所有知识的知识。但

①　米歇尔·福柯. 词与物：人文科学考古学. 上海：上海三联书店，2001.

这个作为奠基者的重复并没有使观念学摆脱表象领域；这个重复的目的就是把所有的知识都强加在表象之上，人们逃避不了表象的直接性……"①

福柯在注释中标明，他对观念学的描述是基于这个学科的提出者特拉西的著作《观念学要素》做出的。从书名来看，如果说关注要素的话，那肯定是一种运用了分析性思维的表现，或者说，在这部著作的写作过程中，受到了分析性思维的影响。就现代分析性思维滥觞于16世纪而言，特拉西在18世纪末所写的这一观念学著作是有可能包含着分析性思维的。不过，我们不难想象，也许他更多的是基于中世纪神学传统而构想了观念学，从而意识到了一种不同于分析性思维的——被我们称为相似性思维的——思维方式。

也就是说，特拉西已经受到了分析性思维的影响，但他所考察的却是相似性思维方式。也许是因为他无法像康德明确地厘定分析性思维一样去厘定相似性思维，致使开辟现代科学传统的任务被他拱手让给了康德。也就是说，使现代科学失去了另一个可能出现的传统。从福柯在描述中所作的一些评价看，如果观念学果然包含着这样的追求，即成为"科学的大写的语法和大写的逻辑"，那显然是对思维方式的探讨。而且，所探讨的肯定是一种不同于康德的纯粹理性批判中所确立的思维方式。其中，肯定包含着对相似性思维方式的描述和猜测。

尽管观念学在工业社会的行进中退场了，但它的存在却表明：有一种不同于现代科学的思维方式曾经出现过。在某种意义上，也许在那个时候，即在康德为分析性思维确立统治地位的时代，一种根源于古老传统的相似性思维曾经广泛地存在于人的头脑之中，甚至有可能在人的社会生活中发挥着支配性的作用。也就是说，在科学研究以及广泛的社会生活中，人们在开展行动的时候，有可能更多地使用了相似性思维，而不是像现代人那样受到分析性思维的支配。

如前所述，认识论哲学是由康德奠定基础后而成长起来的，或者说，是由康德完成了定型的任务。如果福柯的知识考古结论是正确的话，可以认为，那个一度存在的观念学完全可能意味着另一个哲学框架。既然现代科学研究的方法是根源于认识论的，是从认识论哲学中发育和成长起来的，并在20世纪以实证方法的形式出现，那么我们就可以认为，在观念学的框架下，可以产生另一种方法。其实，方法无非是思维方式的外在性意义上的一种应用形式，现代科

---

① 米歇尔·福柯. 词与物：人文科学考古学. 上海：上海三联书店，2001.

学的方法只不过是分析性思维的外在显现。当我们认为观念学中包含的是一种相似性思维的时候，其实是说，当相似性思维以方法的形式出现的时候，是不同于我们既已看到的现代科学方法的，更不同于作为现代科学方法典型形态的实证研究方法。

科学所追求的是要把一切都转化为知识。然而，并不是世间的一切存在都可以按照科学的要求而转化为知识。比如，正义以及许多道德知觉都拒绝向知识转化，而是坚守其作为观念的本色。如果按照科学的要求把正义以及道德转化为知识的话，那仅仅是获得了形式方面的认识和把握，其实质性的内容则可能完全丧失掉。但是，我们并不能因此而否定科学，恰恰相反，我们所指出的这一点只应当被理解为现代科学的不足之处。

也就是说，由于现代科学所运用的是分析性思维，它只适用于对较为简单的、实体性事物的静态认识。在那些较为复杂的认识对象面前，现代科学便会显现出窘态，无法实现将其向知识的转化，以至于它在强行地制作出某种知识形态时，就会暴露出武断的特征，从而走向了反科学的方向。其实，面对正义、道德等社会问题，现代科学的分析模式和认识路径是无法实现科学认识和加以准确把握的。当然，我们不能以此为理由而要求诉诸感觉（直觉或情感主义），而是需要一种不同于分析性思维的思维方式。这种思维方式应当能够驾驭复杂性，以区别于分析性思维的线性思维路线。

科学的全部要义都是包含在思维方式中的，思维方式决定了科学研究的路径和方法，也决定了科学的表现形式。现代科学是从认识论框架中成长起来的，或者说，现代哲学中的认识论为科学提供了分析性思维方式。康德是认识论哲学的集大成者，人类能够拥有今天这样的科学进步成就，在一定程度上是归功于康德的。我们也看到，福柯认为在康德的同时代还存在着一种不同于康德批判哲学的观念学。这种观念学包含着或者说试图建构起一种相似性思维，其中，也包含着发展出一种不同于现代科学方法的方法论体系的可能性。

在工业社会的发展历程中，观念学没有引起人们的重视，因而，建立在相似性思维基础上的方法论体系没有成长起来。然而，在全球化、后工业化进程中，科学认识对象的高度复杂性和高度不确定性决定了我们需要通过相似性思维的建构去确立一种不同于现代科学研究方法的新的方法论体系。这样的话，假如真的存在福柯所说的观念学的话，也许我们应当去阅读一些相关文献，看一看，能否从中找到一些建构相似性思维的灵感。对于社会科学研究来说，这项工作是有一定的基础性价值的，尽管它对相似性思维的重建并不构成决定性的影响。

科学在思维方式上实现彻底革命的时代已经到来，科学范式的变革必将发生。近代以来，科学的发展一直走在认识和把握与人类社会相关的世界中的那些较为简单的事物，人类社会进入 21 世纪的时候，对于这些较为简单的事物的认识已经基本完成了，以至于科学研究开始越来越频繁地接触到那些较为复杂的事物，从而对科学发展构成了新的压力，迫使科学研究去努力发展出一种能够在复杂性的环境中面对复杂性的研究对象而进行认识和理解的思维方式。而且，这种思维方式还能够面对复杂性事物的时间性，能够在时间性中驾驭不确定性。

在高度复杂性和高度不确定性条件下，许多问题以及许多社会现象都不再能够在分析性思维中去加以观察和认识了，从而要求我们建构起新的思维方式。我们将这种思维方式称作相似性思维。虽然我们认为农业社会中的人们普遍拥有的是相似性思维，但我们在风险社会中对相似性思维的重建，绝不是对康德之前那个时代中的人们所运用的相似性思维的复制。

其实，这项工作在后现代主义那里已经开始了。我们发现，后现代主义对现代性的解构绝不是否定。对此，我们已经在前面作出考察，认为后现代主义并不打算否定现代性的一切，而是希望否定现代性中的形式化。通过解构，后现代主义剔除了认识论因其结构而凝固的一面，并发现了被认识论遮掩的阐释的一面，甚至认为存在着一个根源于 16 世纪的阐释传统。

根据福柯的考察，"在 16 世纪，阐释是从世界（既是物，又是文本）进到在这个世界中被辨认的《圣经》的；而我们的阐释，即无论如何在 19 世纪形成的阐释，则是从人类、上帝、认识或幻想进到使得这一切成为可能的词的；并且，由阐释发现的，并不是一种初始话语的至高无上性，而是一个事实，即早在我们讲出哪怕一点点言语之前，我们就已经受言语的统治和封冻。这是现代批判所致力于的奇特的注解：因为它不是从存在有语言这样的观察进到语言所想说的一切的发掘，而是从明显的话语的展开进到对处于原始存在中的语言的阐明"①。包含于阐释中的，不仅有阐释者的经验、语境，而且有对文本产生时的环境、语境的还原。这样一来，就需要更多地求助于想象。就此而言，显然

____

① 米歇尔·福柯. 词与物：人文科学考古学. 上海：上海三联书店，2001.

是与分析性思维不一致的。

在运用分析性思维的时候，人们可以进行某些阐释。或者说，分析性思维并不仅仅让人们按照同一个模式去提出论断然后进行三段式的证明，也可以通过阐释的形式去表达对事物的认识，尽管这样做会有损于科学文本的严肃性。但是，将阐释作为一条认识世界的路径专门提出来是有价值的，因为它毕竟包含着不同于分析性思维的某些思维倾向。当然，我们是不能简单地将阐释归到相似性思维的文本类型中的，至多只能说阐释是分析性思维传统中的一种异质性文本呈现方式，是从分析性思维中成长起来的与分析性思维不一致的因素。

当我们指出阐释既包含在分析性思维之中又是对分析性思维的突破时，其实是指，近代以来的认识论中并不包含一个一以贯之的阐释传统。即使后现代主义在对认识论的解构中发现了阐释，也只能说认识论在近代并不纯粹。在分析性思维独步天下的情况下，依然有着某种离心力。这就是福柯所说的，"在现代思想中，阐释方法抵抗形式化技术：阐释方法企图使语言在自身以下、在最接近通过它而说出但又在没有它的情况下说出的地方讲话；而形式化技术则企图控制任何可能的语言，并通过有可能说出的东西的法则而悬于语言之上"①。

从功能的角度看，也许可以把阐释视作分析性思维的辅助或补充，甚至能对分析性思维做出某些纠正，以防止分析性思维过度地偏离航线。所以，阐释与形式化成了一对并蒂莲。"阐释与形式化……两个分支太同时代了，以致我们不能仅仅说出它规定了一个简单的选择，或它要求我们在相信意义的过去与已发现了能指的现在（未来）之间做出选择。这实际上涉及两个相关技术，它们的可能性的共同基础是由语言的存在形成的，如同这个基础在现时代开端被构建一样。"②

其实，工业社会在所有方面自始至终都存在着矛盾。在思维方式上，阐释与形式化的对立统一也就不难理解了。而且，在有了黑格尔所提供的辩证法观念后，工业社会中的一切矛盾的现象都不会对我们造成困扰了。正如用形式化来否定和排斥阐释是不可取的一样，也不能因为对阐释的发现而将形式化一脚踢翻。我们认为，在从工业社会向后工业社会的转型中，在相似性思维的建构中，阐释与形式化都会被作为一种历史遗迹来对待。即使它在一些场景中依然

---

① 米歇尔·福柯. 词与物：人文科学考古学. 上海：上海三联书店，2001.

② 同①.

得到应用并能够成为有用的工具，也只是作为一种被保留下来的现代性思维成果，而不是后工业社会的新生事物。不过，在我们构想相似性思维的时候，从阐释中是能够发现诸多可以借鉴的因素的，甚至可以认为，阐释中包含了某些对相似性思维成长形成支持的因素。

也许人们会把那种更多地依赖于直觉的相似性思维视为低等级的思维。如果这样的话，我们认为，那应当被看作一种根源于分析性思维时代的科学偏见。其实，思维本身并不存在高级或低级的问题，只能说相对而言有着简单或复杂的问题。就此而言，无论是相似性思维还是分析性思维，都有着简单的和复杂的形态，不仅反映在思维过程之中，而且就思维的对象和内容来看，都有着简单或复杂之分。

如果说分析性思维适用于低度复杂性和低度不确定性条件下的认识活动，或者说，分析性思维适应于对作为认识对象的低度复杂性和低度不确定性事件的把握，那么我们把相似性思维确认为高度复杂性和高度不确定性条件下的思维方式，用来认识和把握具有高度复杂性和高度不确定性的对象。就此而言，我们完全可以认为，相似性思维是一种更高级的思维形态。但是，我们不主张用低级或高级来评判思维方式。高度复杂性和高度不确定性条件下的相似性思维应当被看作一种复杂性的思维方式，会有复杂的形态，会根据环境以及认识对象的变动或因环境和认识对象的不同而具有不同的形式，表现为随机变动的具体性。在此意义上，它是具有复杂性和不确定性的思维方式。但是，我们又不主张将其命名为复杂思维，因为，复杂性只是相似性思维的一种属性。

参考文献

马茨·阿尔维森，休·维尔莫特．理解管理：一种批判性的导论．北京：中央编译出版社，2012.

萨米尔·阿明．全球化时代的资本主义：对当代社会的管理．北京：中国人民大学出版社，2013.

汉娜·阿伦特．政治的应许．上海：上海人民出版社，2016.

艾耶尔．哲学中的革命．北京：商务印书馆，1986.

昂格尔．现代社会中的法律．北京：中国政法大学出版社，1994.

昂格尔．知识与政治．北京：中国政法大学出版社，2009.

诺贝特·埃利亚斯．个体的社会．南京：译林出版社，2003.

文森特·奥斯特罗姆．复合共和制的政治理论．上海：上海三联书店，1999.

齐格蒙特·鲍曼．被围困的社会．南京：江苏人民出版社，2006.

齐格蒙·鲍曼．寻找政治．上海：上海人民出版社，2006.

盖伊·彼得斯．政府未来的治理模式．北京：中国人民大学出版社，2012.

卡尔·波普尔．通过知识获得解放．杭州：中国美术学院出版社，1996.

麦克斯·布罗克曼．下一步是什么．长沙：湖南科学技术出版社，2018.

约翰·查尔德．组织：当代理论与实践．北京：华夏出版社，2009.

陈禹，方美琪．复杂性研究视角中的经济系统．北京：商务印书馆，2015.

笛卡尔．谈谈方法．北京：商务印书馆，2000.

莫里斯·迪韦尔热．政治社会学：政治学要素．北京：东方出版社，2007.

约翰·杜威．确定性的寻求：关于知行关系的研究．上海：上海人民出版社，2005.

戴维·约翰·法默尔．公共行政的语言：官僚制、现代性和后现代性．北京：中国人民大学出版社，2005.

米歇尔·克罗齐耶，埃哈尔·费埃德伯格．行动者与系统：集体行动的政治学．上海：世纪出版集团，上海人民出版社，2007.

米歇尔·福柯．词与物：人文科学考古学．上海：上海三联书店，2001.

福克斯，米勒．后现代公共行政：话语指向．北京：中国人民大学出版社，2002.

阿诺德·盖伦．技术时代的人类心灵：工业社会的社会心理问题．上海：上海科技教育出版社，2003.

尤尔根·哈贝马斯．后形而上学思想．南京：译林出版社，2001.

尤尔根·哈贝马斯．公共领域的结构转型．上海：学林出版社，1999.

尤尔根·哈贝马斯．交往行为理论．上海：上海人民出版社，2005.

尤尔根·哈贝马斯．作为"意识形态"的技术与科学．上海：学林出版社，1999.

哈耶克．科学的反革命：理性滥用之研究．南京：译林出版社，2019.

马丁·海德格尔．存在与时间．北京：生活·读书·新知三联书店，2014.

胡塞尔．纯粹现象学通论：纯粹现象学和现象哲学的观念．北京：中国人民大学出版社，2014.

埃德蒙德·胡塞尔．现象学的方法．上海：上海译文出版社，1994.

埃德蒙德·胡塞尔．现象学的观念．上海：上海译文出版社，1986.

爱德华·霍尔．无声的语言．北京：北京大学出版社，2010.

华勒斯坦．学科·知识·权力．北京：生活·读书·新知三联书店，1999.

华勒斯坦．开放社会科学：重建社会科学报告书．北京：生活·读书·新知三联书店，1997.

怀特．公共行政研究的叙事基础．北京：中央编译出版社，2011.

阿克塞尔·霍耐特．分裂的社会世界．北京：社会科学文献出版社，2011.

阿克塞尔·霍耐特．物化：承认理论探析．上海：华东师范大学出版社，2018.

安东尼·吉登斯．社会的构成：结构化理论纲要．北京：中国人民大学出版社，2016.

安东尼·吉登斯．社会理论的核心问题．上海：上海译文出版社，2015.

安东尼·吉登斯．社会学：批判的导论．上海：上海译文出版社，2013.

安东尼·吉登斯．现代性的后果．南京：译林出版社，2011.

约翰·基恩．公共生活与晚期资本主义．北京：社会科学文献出版社，1999.

赫伯特·金迪斯，萨缪·鲍尔斯．走向统一的社会科学：来自桑塔费学派的看法．上海：上海人民出版社，2005.

皮埃尔·卡蓝默，安德烈·塔尔芒．心系国家改革：公共管理建构模式．上海：上海人民出版社，2004.

迈克尔·克尔伯格．超越竞争文化：在相互依存的时代从针锋相对到互利共赢．上海：上海社会科学院出版社，2015.

米歇尔·克罗齐耶．法令不能改变社会．上海：上海人民出版社，2007.

古斯塔夫·勒庞．乌合之众：大众心理研究．桂林：广西师范大学出版社，2008.

保罗·利科．从文本到行动．上海：华东师范大学出版社，2015.

保罗·利科．论公正．北京：法律出版社，2007.

亨利·列斐伏尔．日常生活批判．北京：社会科学文献出版社，2018.

尼克拉斯·卢曼．风险社会学．南宁：广西人民出版社，2020.

罗尔斯．作为公平的正义：正义新论．上海：上海三联书店，2000.

哈尔特穆特·罗萨．加速：现代社会中时间结构的改变．北京：北京大学出版社，2015.

卡尔·曼海姆．重建时代的人与社会：现代社会结构的研究．北京：生活·读书·新知三联书店，2002.

赖特·米尔斯．社会学的想象力．北京：生活·读书·新知三联书店，2016.

马文·明斯基．情感机器．杭州：浙江人民出版社，2016.

纳斯鲍姆．寻求有尊严的生活：正义的能力理论．北京：中国人民大学出版社，2016.

弗兰克·奈特．风险、不确定性与利润．北京：华夏出版社，2011.

尼采．权力意志：重估一切价值的尝试．北京：商务印书馆，1996.

塔尔科特·帕森斯．社会行动的结构．南京：译林出版社，2003.

全钟燮．公共行政的社会建构：解释与批判．北京：北京大学出版社，2008.

马克斯·舍勒．知识社会学问题．南京：译林出版社，2014.

彼得·圣吉．第五项修炼：学习型组织的艺术与实践．北京：中信出版社，2009.

史光远．公共行政管理对不同社会：文化环境的适应问题．北京：农村读物出版社，1988.

费尔迪南·德·索绪尔．普通语言学手稿．南京：南京大学出版社，2011.

詹姆斯·汤普森．行动中的组织：行政理论的社会科学基础．上海：上海人民出版社，2007.

弗兰克·梯利．伦理学导论．桂林：广西师范大学出版社，2002.

阿尔布莱希特·韦尔默．后形而上学现代性．上海：上海译文出版社，2007.

维纳．人有人的用处．北京：北京大学出版社，2010.

艾丽斯·杨．包容与民主．南京：江苏人民出版社，2013.

图书在版编目（CIP）数据

变革时代的社会科学：话语及其思维 / 张康之著
. -- 北京：中国人民大学出版社，2024.11
ISBN 978-7-300-32503-3

Ⅰ.①变… Ⅱ.①张… Ⅲ.①社会科学—研究方法
Ⅳ.①C3

中国国家版本馆 CIP 数据核字（2024）第 018739 号

变革时代的社会科学：话语及其思维

张康之　著

Biange Shidai de Shehui Kexue：Huayu ji Qi Siwei

出版发行	中国人民大学出版社				
社　　址	北京中关村大街 31 号		**邮政编码**	100080	
电　　话	010 - 62511242（总编室）		010 - 62511770（质管部）		
	010 - 82501766（邮购部）		010 - 62514148（门市部）		
	010 - 62515195（发行公司）		010 - 62515275（盗版举报）		
网　　址	http://www.crup.com.cn				
经　　销	新华书店				
印　　刷	中煤（北京）印务有限公司				
开　　本	720 mm×1000 mm　1/16		**版　　次**	2024 年 11 月第 1 版	
印　　张	19.25 插页 2		**印　　次**	2024 年 11 月第 1 次印刷	
字　　数	323 000		**定　　价**	88.00 元	